INNOVATION HEGEMONY 혁신패권

일러두기

＊이 책의 PART Ⅲ은 공적 기록을 참고하여 저자가 재구성한 가상대화 형식의 분석적 구성물을 포함합니다.
＊해당 대화는 실제 인터뷰가 아니며, 특정 인물·기관·기업의 공식 입장을 대변하지 않습니다.

INNOVATION
HEGEMONY

혁신패권

이영달 지음

가디언

국가 혁신전략의 정수

정세균

제46대 국무총리
제20대 국회의장

국회와 정부에서 오랜 세월 국가의 방향을 고민하며 가장 많이 사용했던 단어가 '혁신'이었습니다. 그러나 그만큼 깊은 좌절과 가장 오래된 갈증을 남긴 개념 또한 혁신이었습니다. 수많은 기술 개발과 제도 개선이 이루어졌음에도, 우리는 왜 여전히 혁신국가의 문턱을 완전히 넘지 못했는가— 이 질문은 제게 늘 미완의 국가적 과제였습니다.

우리는 오랫동안 혁신을 '기술의 진보'로 이해해 왔습니다. 새로운 기술을 선도하는 기업을 혁신기업이라 부르고, 규제 완화를 규제혁신으로 규정하며, 기술 중심의 국가 전략을 혁신주도성장이라 명명했습니다. 그러나 기술만으로는 혁신의 전체를 설명하기 어렵습니다. 기술 뒤에는 사람과 자본, 시장과 제도, 문화와 정치의 변화가 함께 있어야 하며, 이 모든 것이 서로 연결되고 순환할 때 비로소 혁신은 지속될 수 있습니다.

혁신은 낡은 것을 고쳐 새롭게 하는 현상이 아니라, 국가와 사회의 깊은 층위 속으로 스며들어 스스로 학습하고 재생하며 진화하는 구조가 형성될 때 비로소 실질적 힘을 갖습니다. 이 책《INNOVATION HEGEMONY, 혁신패권》은 바로 이 지점을 가장 정교하게 설명한 저작입니다. 기술이 아닌 생태계, 개인이 아닌 집단적·유기적 지능, 단발적 성취가 아닌 내재화된 순환—저자는 혁신을 이러한 관점에서 바라봅니다. "혁신은 개인의 창의가 아니라 집단적·유기적 생태계 지능의 산물"이라는 그의 명제에 저는 깊이 공감합니다.

이 책이 던지는 핵심 메시지는 명료합니다. 혁신의 내재화, 즉 혁신이 일상·제도·정치·문화·규범 속으로 스며들어 다시 학습과 실행을 낳는 지속적 순환 구조가 없다면 그 혁신은 언제든 사라질 수 있다는 것입니다. 혁신이 반복되고 축적되며 스스로 재생산하는 이 순환이 바로 지속성장의 토대이며, 한 국가가 문명적 리더십을 확보할 수 있는 유일한 길입니다.

돌이켜 보면, 우리는 오랫동안 혁신을 외쳤지만 정작 혁신을 스스로 작동시키는 생태계를 만들지는 못했습니다. 외부의 자극이 있을 때만 움직이는 혁신, 제도와 문화 속에 뿌리내리지 못해 쉽게 꺼지는 혁신은 불안정한 '사건'일 뿐입니다. 혁신이 국가의 장기적 질서가 되기 위해서는 내부의 신뢰와 규범, 학습과 협력이 서로 얽히며 자율적으로 순환하는 구조가 필요합니다. 이 책은 그 원리와 설계 조건을 가장 체계적이고 설득력 있게 제시합니다.

세계는 이미 혁신생태계를 중심으로 움직입니다. 군사력과 경제력, 기술력은 여전히 중요하지만, 앞으로 국가의 지속적인 역량을 결정하는 것은 되돌릴 수 없는 혁신의 순환을 만들어낼 수 있는가에 달려 있습니다. 기술을 보유한 나라가 아니라, 혁신이 스스로 진화하고 축적되는 나라가 21세기의 문명적 리더가 될 것입니다.

AI 시대를 연 엔비디아도 처음부터 거대한 기업이 아니었습니다. 그러나 그들은 기술을 넘어 혁신이 스스로 진화하는 생태계를 만들었습니다. 젠슨 황이 말했듯, "우리는 혁신을 생산하는 것이 아니라, 혁신이 스스로 진화하도록 돕는다." 바로 이 메시지가 혁신패권 시대의 본질을 정확하게 드러냅니다.

《INNOVATION HEGEMONY, 혁신패권》은 대한민국이 어떤 생태계를 구축해야 미래 세대가 지속성장의 궤도에 오를 수 있는지, 혁신이 어떻게 문명적 수준에서 내면화되고 자율적 권능으로 전환되는지 그 근본 원리를 설계도처럼 제시합니다. 모든 국민이 스스로를 창조적 존재로 인식하고, 국가는 위험을 감수하는 시민을 제도로 지지할 때—그때 비로소 새로운 문명적 혁신의 흐름이 열립니다.

대한민국이 진정한 혁신국가로 도약하기 위해 필요한 사유의 토대를 이 책에서 발견하기를 바랍니다.

시가총액 1조 달러 기업의
혁신 경영전략

한정화

제13대 중소기업청장
한국청년기업가정신재단 이사장
전 한양대학교 경영대학 교수

중소기업청장으로 재임하던 시절, 저는 수많은 기업의 탄생과 성장, 그리고 실패와 재도전을 직접 지켜보았습니다. 청년기업가정신재단을 이끌며 수많은 창업가와 호흡했고, 대학에서는 기업가정신을 교육하며 그들의 가능성과 한계를 함께 고민했습니다. 그 긴 시간 동안 제 머릿속을 떠나지 않은 질문이 있었습니다.

"왜 어떤 기업과 국가는 소멸하고, 어떤 기업과 국가는 문명을 바꾸는가?"

엔비디아의 서사는 이 질문에 대한 가장 극적인 대답입니다. GPU라는 '작은 조연'에서 출발한 주변부의 스타트업이 30년 만에 AI 문명의 설계자, 그리고 인류 최초 시가총액 5조 달러 기업으로 도약했습니다.

스탠퍼드는 대학의 경계를 넘어 세계 혁신의 중력을 창조하는 고등교육기관으로 진화했고, 실리콘밸리는 지역경제를 넘어 인류 혁신문명(innovilization)이 스스로를 재생산하는 문명적 혁신생태계가 되었습니다.

그리고 미국은 기업·대학·지역·자본·정책을 하나의 생명적 구조로 결합하여 세계 유일의 혁신생태계 주도 성장 국가 모델을 완성했습니다. 이 거대한 전환은 결코 우연이 아닙니다. 문명 전체가 스스로를 재구성하는 생명적 진화의 리듬입니다.

《INNOVATION HEGEMONY, 혁신패권》은 이 거대한 패러다임 전환의 심장부로 들어가는 책입니다.

저는 공직에서 정책을 설계하고, 현장에서 기업과 창업가를 지원하며, 대학에서 기업가정신을 연구해온 사람으로서 이 책이 제시하는 구조적 통찰을 깊이 공감합니다.

스타트업과 중소벤처기업 CEO들에게 이 책은 분명한 메시지를 던집니다. 기술 중심의 경쟁이 아니라, 혁신이 스스로를 재생산하는 생태계적 구조를 구축한 기업만이 문명적 전환기에서 살아남는다는 것입니다. 대학을 이끄는 리더들에게도 이 책은 명료한 질문을 던집니다. 지식을 전달하는 대학과 혁신생태계를 재생산하는 대학 중 미래를 창조하는 곳은 어디인가?

《INNOVATION HEGEMONY, 혁신패권》은 21세기 혁신 리더가 갖추어야 할 가장 정교한 사유의 틀, 가장 전략적인 경영 패러다임, 그리고 가장 깊은 문명적 통찰을 담은 책입니다. 대한민국의 기업, 대학, 그리고 정책 리더가 미래의 지속성장 궤도를 설계하기 위해 반드시 읽어야 할 책이라 확신합니다.

비가역적 문명국가를
설계하는 지도서

에드워드 로고프 박사

뉴욕대학교 교수
뉴욕시립대(CUNY) 버룩컬리지 매니지먼트 학부장
뉴욕 롱아일랜드대(LIU) 경영대학 학장
글로벌 기업가정신 모니터(GEM) 창립 위원 및 미국 대표
아마존 창업자 제프 비조스 멘토
뉴욕 실리콘앨리(Silicon Alley) 정책 자문역
세계은행 기업가정신 컨설턴트

지속성장은 국가, 지역, 대학, 기업 어느 영역에서든 우연히 발생하는 현상이 아닙니다. 세계 여러 혁신도시와 기업가정신 생태계를 장기간 연구해온 축적된 분석은 지속성장이 단편적 성공 사례의 우연한 집합에서 비롯되는 것이 아니라, 지속적으로 향상되고 재생산되는 관계적 혁신 구조에서 출현한다는 결론으로 일관되게 수렴합니다. 다시 말해, 정부·기업·문화가 함께 구축하고 지지하는 지속성장 혁신생태계(Sustaining Innovation Ecosystem)가 작동할 때에만 장기적 성장이 가능하다는 것입니다. 이러한 관점은 클레이튼 크리스텐슨(Clayton Christensen)의 《혁신가의 딜레마(The Innovator's Dilemma)》, 리처드 플로리다(Richard Florida)의 《창조계급의 시

대(The Rise of the Creative Class)》와 같은 대표적 연구에서도 반복적으로 확인된 바 있습니다.

《INNOVATION HEGEMONY, 혁신패권》이 전 세계 혁신 담론의 중심에 두고 있는 핵심 통찰은 바로 이 지점입니다.

혁신은 개인의 창의성이나 특정 기업의 전략만으로 완결되지 않습니다. 혁신가, 창업가, 기업, 대학, 투자자, 지역사회, 정부가 상호의존적 네트워크를 형성하고 그 안에서 지식·인재·기술·자본·제도·정책·문화·시장이 단절 없이 흐르고 교차 수분될 때, 혁신은 사회 전체를 변화시키는 체계적 힘으로 확장됩니다. 이는 애나리 색세니언(AnnaLee Saxenian)의 《지역적 우위(Regional Advantage)》가 보여준 바와 같이 사회적·제도적 네트워크가 한 지역의 혁신역량을 결정한다는 주장과 정확히 부합합니다.

이 네트워크는 단순한 협력 플랫폼에 머물지 않습니다. 정보와 자원이 순환하는 반복적 피드백 구조 속에서 생태계는 공동 학습(co-learning), 공동 적응(co-adapting), 공동 진화(co-evolving)를 수행하는 지능적 상호작용 구조(intelligent interaction structure)로 진화합니다. 시간이 흐르면 이 구조는 제도적 안정성과 문화적 의미를 내면화하며, 고유한 리듬과 논리를 지닌 제도-문화적 실체로 성숙합니다.

저자는 이러한 복잡한 진화의 경로를 이론적 엄밀성(theoretical rigor)과 서사적 명료성(narrative clarity)을 바탕으로 정교하게 해석하고 있습니다. 그는 실리콘밸리(Silicon Valley)나 뉴욕 실리콘앨리(Silicon Alley)와 같이 수십 년 동안 규범·리듬·진화 임계치를 축적한 혁신생태계가 단순한 모방으로는 재현될 수 없는 이유를 명확하게 제시합니다. 이러한 분석은 브래드 펠드(Brad Feld)의 《스타트업 커뮤니티(Startup Communities)》에서 주장한 바—혁신생태계는 장기적이고 자생적인 제도·문화 기반을 구축할 때만 성공한다는 논지—와도 긴밀하게 연결됩니다. 또한 Dr. Lee는 왜 특정 도시·대학·기업·국가가 시간이 지날수록 혁신의 역동성을 가속화하는지 그 근본 원리를 설명하고 있습니다. 이들은 스스로 감지하고 학습하며 재구조화하고 재생하는 자기조직적 학습체계(self-organizing learning system)로 작동하며, 이는 빅터 황(Victor Hwang)과 그렉 호로위츠(Greg Horowitt)의 《레인포레스트(The Rainforest)》가 제시한 통찰을 심화한 관점입니다.

이 책이 입증하는 바와 같이, 지속성장의 근본 동력은 단순한 기술적 우월성이 아니라, 다중 행위자의 상호작용을 통해 새로운 질서·경로·리듬을 창출하는 관계적 진화역량(relational evolutionary capability)입니다.

지속성장의 궁극적 엔진은 외부 환경이 변화할 때 생태계가 스스로를 재구성·갱신·진화시키는 능력입니다. 이는 피터 센게(Peter Senge)의 《제5경영(The Fifth Discipline)》에서 논의된 자기조직적 학습체계의 핵심 원리와도 깊이 공명합니다.

저자의 중심 명제—혁신의 본질은 생태계에 있으며, 진정한 경쟁우위는 생태계 진화의 비가역적 동역학에서 출현한다는 주장—은 향후 글로벌 혁신 담론을 재구성할 중요한 이론적 진전을 제시합니다. 이는 세계은행(World Bank), 유엔(United Nations), 각국 중앙정부와 지방정부, 도시 전략가, 대학 리더, 기업 의사결정자들이 고도화되는 복잡성 시대에 전략을 새롭게 설계하는 데 필수적 관점을 제공합니다.

《INNOVATION HEGEMONY, 혁신패권》은 단순한 혁신서가 아닙니다. 혁신생태계가 지속성장을 창출하는 문명체제적 작동 원리(civilizational operating principles)와 진화 메커니즘(evolutionary mechanisms)을 명확히 규정하는 기념비적 연구입니다. 혁신도시의 미래를 설계하는 정책가, 국가 발전 전략을 수립하는 리더, 기업가정신 생태계를 구축하는 실무가, 그리고 차세대 혁신 리더십의 방향을 탐구하는 모든 분들께 이 책을 강력히 추천합니다.

목
차

추천사	정세균·한정화·에드워드 로고프	*04*
프롤로그	퇴장(Fade Out)과 등장(Fade In): 왜 어떤 기업·대학·지역·국가만 살아남는가?	*24*

PART I
세상을 지배하는 혁신의 힘

CHAPTER 01
엔비디아, 21세기 AI 문명 생태계의 설계자

- GPU 스타트업에서 AI 생태계 패권자로 — AI 생태계 질서를 지배하다 … *38*
- 무대 뒤에서 무대 위로 — 생태계의 주권을 거머쥐다 … *41*
- 멈추지 않는 혁신의 엔진 — 지속 실행이 만든 제국 … *43*
- 돌이갈 수 없는 길 — AI 생태계의 비가역적 질서 … *46*
- AI 시대, 기축 질서를 지배하다 — 혁신패권의 탄생 … *49*
- 엔비디아·TSMC·테슬라, 혁신패권의 공진화 드라마 … *51*

CHAPTER 02
스탠퍼드, 멈추지 않는 혁신의 엔진

- 스탠퍼드: 자유의 바람, 더 큰 혁신의 바람으로 … *56*
- 스탠퍼드 혁신생태계를 특별하게 하는 힘 — 혁신의 플라이휠 … *59*
- 제도화된 위험 감수 문화: "어리석음은 천재의 대가다" … *64*

- 빠른 상업화: 속도가 만드는 힘　68
- 가속화: 작은 성공이 만드는 거대한 추진력　72
- 스탠퍼드 혁신생태계: 기업을 뛰어넘는 대학 기반 혁신패권　78

CHAPTER 03
실리콘밸리 이노빌라이제이션: 혁신문명의 탄생

- 세계의 인재는 왜 실리콘밸리로 향하는가?　94
- 세계의 선도 기업들은 왜 실리콘밸리를 선택하는가?　96
- 실리콘밸리 경제학　99
- 실리콘밸리 사회학　102
- 실리콘밸리 경영학　105
- 실리콘밸리 정책학　108
- 실리콘밸리 기술발전사학　111
- 실리콘밸리의 프런티어 기술과 기술문명　115
- 인공지능(AI): 규칙을 넘어서 학습하는 기계로　119
- 반도체와 하드웨어: 생각을 연산으로 바꾸는 기술의 심장　121
- 클라우드 컴퓨팅: 세상을 하나의 거대한 컴퓨터로 연결하다　123
- 바이오테크놀로지: 생명을 해독하고 재설계하다　126
- 핀테크: 돈의 흐름을 재설계한 기술 혁명　129
- 사이버 보안: 보이지 않는 전쟁에서 스스로 학습하는 방패로　132
- 자율주행과 모빌리티: 기계가 길을 이해하기 시작하다　135
- 빅데이터: 지식의 질서를 바꾼 새로운 연료　137
- 소셜 미디어와 콘텐츠: 연결을 넘어 확장된 인간 지능으로　140
- 청정 에너지와 지속 가능성: 태양을 전력으로, 지구를 시스템으로　142
- 공진화로 읽는 실리콘밸리: 기술문명의 작동 원리　145
- 기술의 계보학 — 실리콘밸리는 어떻게 공진화를 구축했는가　148
- 실리콘밸리 이노빌라이제이션: 혁신문명의 탄생　152

PART II
팍스 이노아메리카나 Pax Inno-Americana
: 국가 혁신생태계 전략과 글로벌 패권의 재편

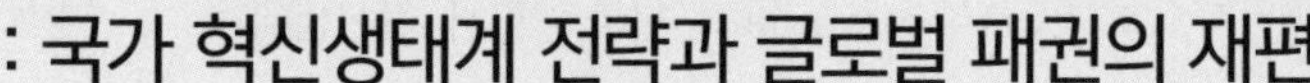

CHAPTER 01
국가 전략으로서의 혁신: 미국 국가 혁신전략 15년(2009~2025)

- 위기는 혁신을 국가 전략으로 만들었다 … *158*
- 오바마 정부 — 혁신경제 전략의 탄생(2009~2016) … *160*
- 국가 혁신전략의 네 축 … *162*
- 전략적 의도 — 혁신경제를 넘어 기술패권 전략으로 … *165*
- 트럼프 1기 — 혁신에서 산업·경제안보 전략으로(2017~2021) … *167*
- 공급망 전쟁과 제조주권 전략 — 미국은 '다시 만들기' 시작했다 … *169*
- 기술패권 경쟁의 공식화 — 미국은 기술을 다시 전략자산으로 선언했다 … *171*
- 전략적 전환의 평가 — 파괴인가, 진화인가 … *174*
- 바이든 — 동맹·공공투자·기후 산업화로 수렴한 블록형 혁신 질서(2021~2025) … *177*
- 트럼프 2기 — 가속주의와 기술·산업주권 국가(2025~) … *180*

CHAPTER 02
미국이 만든 새로운 경제성장 패러다임: 혁신생태계 주도 성장

- 왜 미국은 홀로 성장하는가 … *185*
- 왜 같은 길을 따르지 않는가 — 경제성장 단계론의 종언 … *188*
- 더 이상 설명되지 않는 경제성장 모델 … *192*
- 성장의 언어가 바뀌고 있다 — 경제성장의 새로운 패러다임 모색 … *195*
- 창조적 파괴의 귀환, 노벨 경제학상으로 다시 읽는 슘페터 … *198*
- 성장으로 증명되지 않는 혁신시스템과 트리플 헬릭스 … *202*
- 새로운 전략의 언어: 혁신생태계 … *208*

- 자연으로부터 배우는 혁신생태계　211
- 보이지 않지만, 지속성장(sustained growth)의 새로운 질서: 혁신생태계　215
- 같은 국가, 다른 두 세계 — 실리콘밸리와 러스트벨트의 미래는 왜 다른가　223
- 속도의 격차: 미국과 점점 멀어지고 있는 유럽과 일본　233
- 혁신성장, 왜 이토록 어려운가?　239
- 지속성장의 새로운 규칙: 창조적 파괴를 견디는 사회만 성장한다　247

CHAPTER 03
혁신은 어떻게 패권이 되는가: 팍스 이노아메리카나

- 패권의 진화: 힘의 원천은 왜 혁신으로 이동했는가　250
- 기술패권에서 혁신패권으로: 팍스 이노아메리카나　253
- 산업 주권 경쟁에서 생태계 주권으로　257
- 공급망·표준·데이터·공공조달의 전략화:
  혁신패권의 또 다른 사다리, 혁신지속실행기반　262
- 미국 혁신패권의 실제: 국방 혁신생태계　277
- 미·중 혁신 동맹 네트워크 경쟁과 전략적 질문　291

PART Ⅲ
혁신패권 시대, 지속성장의 조건

아직 일어나지 않았지만, 반드시 있어야 할 대화 I, II, III 참여자

[국가·정책 리더 그룹]
- **버락 오바마** (Barack Obama) - 미국 제44대 대통령(2009~2017)
- **도널드 트럼프** (Donald Trump) - 미국 제45·47대 대통령(2017~2021, 2025~)

- **앤서니 P. "더치" 하만** (Anthony P. "Dutch" Hamann) - 제6대 산호세 시 관리자(1950~1969)
- **에드먼드 G. "팻" 브라운** (Edmund G. "Pat" Brown) - 제32대 캘리포니아 주지사(1959~1967)
- **J. E. 윌리스 스털링** (J. E. Wallace Sterling) - 스탠퍼드대학교 제5대 총장(1949~1968)

[글로벌 혁신기업 리더 그룹]

- **젠슨 황** (Jensen Huang) - 엔비디아 CEO
- **일론 머스크** (Elon Musk) - 테슬라 CEO
- **사트야 나델라** (Satya Nadella) - 마이크로소프트 CEO
- **웨이저자** (C. C. Wei) - TSMC 회장
- **제이미 다이먼** (Jamie Dimon) - 제이피모건체이스 회장
- **제프 베이조스** (Jeff Bezos) - 아마존 창업자
- **마크 저커버그** (Mark Zuckerberg) - 메타 CEO
- **팀 쿡** (Tim Cook) - 애플 CEO
- **데이비드 릭스** (David Ricks) - 일라이릴리 CEO
- **데미스 허사비스** (Demis Hassabis) - 구글 딥마인드 CEO

CHAPTER 01
아직 일어나지 않았지만, 반드시 있어야 할 대화 I : 혁신에 관한 생각

- 혁신은 국가의 생존 전략이다 … *307*
- 모두를 위한 기회, 혁신의 민주주의 … *311*
- 기업가정신은 민주주의의 확장이다 … *314*
- 기업가형 국가, 혁신의 새로운 구조 … *318*
- 모든학생성공법, 인재 혁신의 국가 전략 … *322*
- 혁신은 사람이 미래를 설계하는 방식이다 … *325*
- 혁신은 연산이 아니라, 상상력의 구조다 … *329*
- 혁신은 생존을 넘어, 통찰로 진화한다 … *332*
- 혁신은 조직이 스스로를 재설계하는 능력이다 … *334*
- 국가의 전략이 기업의 철학으로 진화하다 … *337*
- 혁신은 하나의 기업을 넘어, 문명의 생태로 진화한다 … *340*
- 혁신의 철학과 전략은 언제 만나는가 … *343*

- 국가가 기업가가 될 때, 문명은 다시 성장한다   346
- AI 주권과 국가의 새로운 권력   349
- 인공지능, 국가 전략의 새로운 형식   352
- 국가의 주권이 민간 생태계에 종속될 때   355
- 국가, 플랫폼을 넘어 생태계로   359
- 영국과의 기술번영협정, 혁신으로 세계질서를 재구성하다   362

CHAPTER 02
아직 일어나지 않았지만, 반드시 있어야 할 대화 Ⅱ: 세상의 모든 미래, 미래혁신 수도 이야기

- 도시가 문명이 되는 순간   378
- 인프라 주의 꿈, 문명의 순환을 설계하다   382
- 대학, 문명의 리듬을 변혁하다   386
- 실패의 문명, 위험의 윤리   390
- 현실 위의 실험실, 살아 있는 테스트베드   393
- 임계규모의 경제학, 혁신이 자립하는 순간   396
- 혁신생태계의 재설계, 복제에서 공진화로   400
- 세상의 모든 미래, 미래혁신 수도에서   404

CHAPTER 03
아직 일어나지 않았지만, 반드시 있어야 할 대화 Ⅲ: 산업의 혁신패권자들, 그리고 지속성장의 조건

- 엔비디아 5조 달러의 의미: 혁신패권 시대의 도래   408
- 혁신패권자의 사고: 우주에서 나노미터까지   420

CHAPTER 04
아직 일어나지 않았지만, 반드시 있어야 할대화 IV:
AI 다음의 혁신패권, 가속하는 바이오 인텔리전스(BI)

- AI 이후, 생명지능의 문명으로 · 440
- AI를 넘어: 생명지능과 문명의 공진 · 445
- 지능의 전환: 산업적 분석에서 생명적 공진으로 · 450
- 전략의 전환: 조직의 생명화 · 456
- 바이오 인텔리전스 시대의 전략적 리듬 전환 · 472
- 글로벌 혁신대사(GIM, Global Innovation Metabolism): 1조 달러 기업이 만드는 혁신문명의 리듬 · 483
- 리듬 금융(Rhythmic Finance): 바이오 인텔리전스 시대의 자본 진화와 문명의 심장 · 488
- 바이오 인텔리전스 시대의 에너지 리듬과 테슬라의 역할 · 492
- 지속성장의 리듬: 엔비디아와 바이오 인텔리전스 문명의 심장박동 · 496
- 파운드리 문명: 지능의 속도에서 생명의 리듬으로 · 501
- 포스트-아마존 문명: 정보의 순환에서 생명의 대사로 · 505
- 문명의 신경계: 메타가 설계하는 감정의 리듬 · 509
- Feel Alive: 애플이 설계하는 생명적 혁신의 리듬 · 513
- 생명적 혁신(Vital Innovation): 문명의 리듬으로서 혁신 패러다임 · 518

에필로그 살아 있다는 것의 이유, 혁신이라는 이름으로 · 522

부록

위대한 안목: "넥스트 엔디비아", 어떻게 식별할 것인가?
지속성장 혁신생태계 이론의 핵심 원리 · 527

참고자료 · 564

전 세계 1만 개 상장기업의
매출액(가로 축) - 순이익(세로 축) - 시가총액(원 지름) 비교
기준시점: 2025년 8월 8일. 매출액 및 순이익 최근 12개월(TTM) 기준

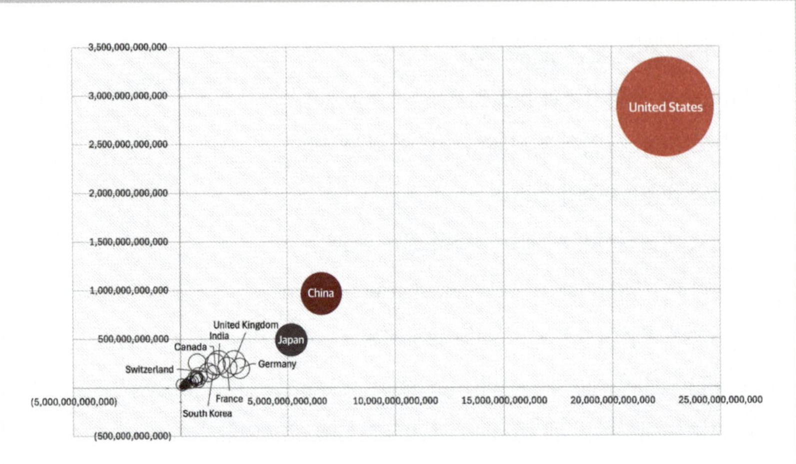

3,500,000,000,000
3,000,000,000,000
2,500,000,000,000
2,000,000,000,000
1,500,000,000,000
1,000,000,000,000
500,000,000,000
(5,000,000,000,000)
(500,000,000,000)
5,000,000,000,000
10,000,000,000,000
15,000,000,000,000
20,000,000,000,000
25,000,000,000,000
United States
China
Japan
United Kingdom
India
Germany
Canada
Switzerland
France
South Korea

전 세계 1,106개 기술산업 상장기업
매출액(우-상)-순이익(우-중)-시가총액(우-하) 집중도 비교
회사 별(좌-상)-국가 별(좌-하) 지배력 비교
기준시점: 2025년 8월 8일. 매출액 및 순이익 최근 12개월(TTM) 기준

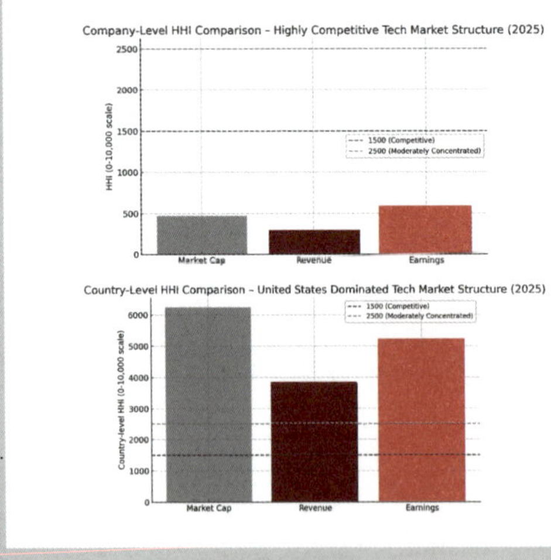

Company-Level HHI Comparison – Highly Competitive Tech Market Structure (2025)
HHI (0-10,000 scale)
2500
2000
1500
1000
500
0
1500 (Competitive)
2500 (Moderately Concentrated)
Market Cap
Revenue
Earnings
Country-Level HHI Comparison – United States Dominated Tech Market Structure (2025)
Country-Level HHI (0-10,000 scale)
6000
5000
4000
3000
2000
1000
0
1500 (Competitive)
2500 (Moderately Concentrated)
Market Cap
Revenue
Earnings

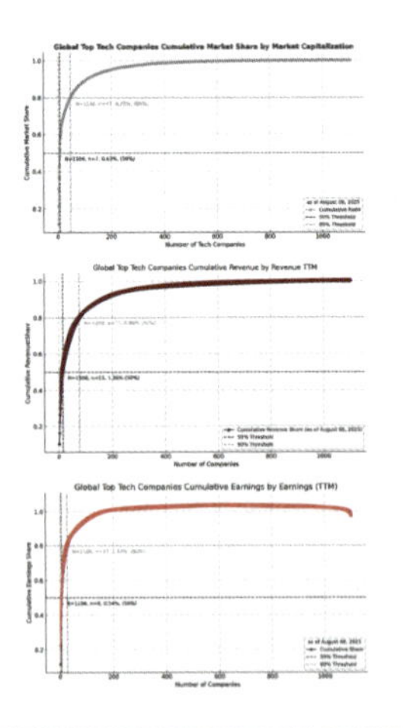

Global Top Tech Companies Cumulative Market Share by Market Capitalization
Cumulative Market Share
Number of Tech Companies
Global Top Tech Companies Cumulative Revenue by Revenue TTM
Cumulative Revenue Share
Number of Companies
Global Top Tech Companies Cumulative Earnings by Earnings (TTM)
Cumulative Earnings Share
Number of Companies

[엔비디아 vs. 마이크로소프트] 연도별 시가총액 비교

2025년은 11월 10일, 타 연도는 매 연도 종가 기준

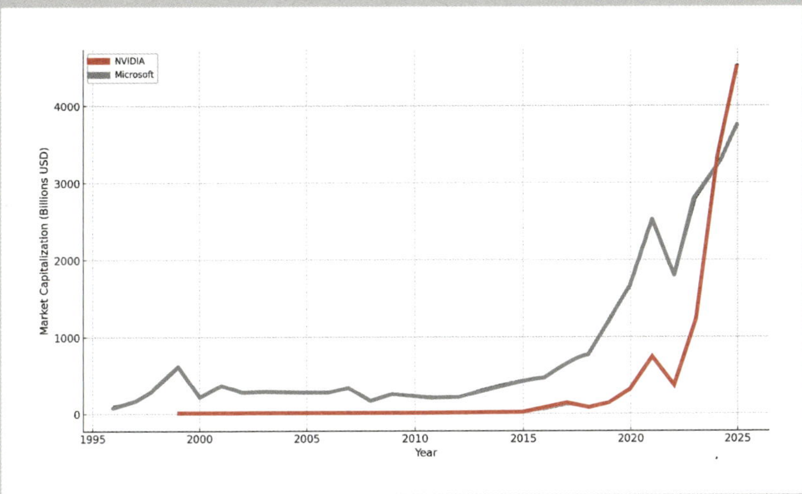

[엔비디아 vs. 인텔] 연도별 시가총액 비교

2025년은 11월 10일, 타 연도는 매 연도 종가 기준

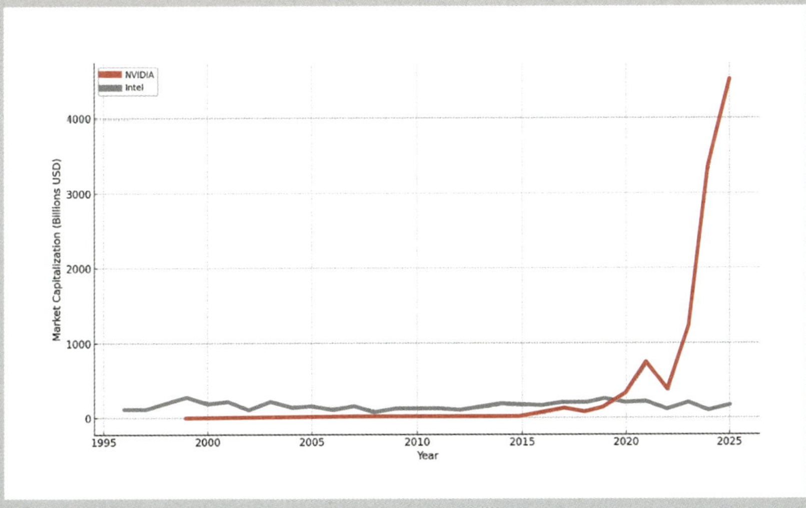

퇴장(Fade Out)과 등장(Fade In):
왜 어떤 기업·대학·지역·국가만 살아남는가?

위대한 거인의 퇴장

2000년 8월 28일, 제너럴 일렉트릭(GE)의 시가총액은 5,940억 달러에 이르렀다. 그날 GE는 세계에서 가장 가치 있는 기업이었고, 미국 자본주의의 황금 표준으로 불렸다. 세상은 GE가 영원할 것이라고 믿었다.

토머스 에디슨의 전구 회사에서 출발해 가전·발전·항공기 엔진·금융까지 아우른 GE는 문자 그대로 "산업의 제국"이었다. 20세기 경영전략 교과서에는 언제나 GE가 등장했고, 경영학자들은 GE를 도대로 "위대한 기업"의 공식을 설계했다.

그러나 그 위대함은 오래가지 않았다.

2010년 GE의 시가총액은 1,790억 달러로 추락했고, 2020년대에 들어서는 세계 100대 기업 명단에서조차 찾아보기 힘들게 되었다. 단 한 세대 만에 세기의 기업은 무대 중심에서 퇴장했다.

GE만이 아니다.

세계 휴대전화 시장의 40%를 지배했던 노키아는 스마트폰 혁명 앞에서 무너졌다. 사진의 대명사였던 코닥은 디지털 전환을 거부하다 파산했고, 미국 소비사회의 상징이던 시어스 백화점 역시 전자상거래의 파도에 휩쓸려 사라졌다.

20세기를 빛낸 산업의 거인들이 21세기 초 무대에서 연이어 퇴장한 것이다.

거인의 퇴장은 기업만의 운명이 아니다.

19세기 현대 대학 모델을 정립한 독일의 훔볼트, 중세 학문의 심장이던 파리 소르본, 일본의 와세다, 미국의 앤티오크 칼리지. 이들 역시 한 시대에는 "학문의 거인"이었으나, 오늘날 글로벌 혁신 경쟁 속에서는 빛을 잃었다.

도시도 다르지 않다.

'모터 시티' 디트로이트, '철강의 도시' 피츠버그, '산업혁명의 심장' 맨체스터, 구 동독의 드레스덴과 라이프치히. 한때 산업과 혁신의 요람이던 도시들이 지금은 탈산업화와 인구 유출로 공동화의 어려움을 겪고 있다.

국가 차원에서도 중심 무대는 바뀐다.

1980년대 일본은 연평균 4% 성장률로 "Japan as Number One"이라 불렸다. 그러나 1990년대 버블 붕괴 이후 구조 개혁을 미루고 재정 지출과 감세에 의존한 결과, "잃어버린 30년"에 빠졌다. 21세기 들어 지난 24년간 일본의 연평균 성장률은 –0.87%이다. 선진국 중 유일하게 역성장을 기록한 나라가 되었다.

'아시아의 네 마리 용' 가운데 으뜸으로 평가받던 대한민국도 점차 일본의 궤적을 닮아가고 있다. 유럽의 양대 축 독일과 프랑스 역시 과거의 영광을 회상할 뿐, 오늘날에는 유럽연합 평균 성장률을 끌어내리는 주역이 되고 있다.

심지어 전략 이론조차 퇴장한다.

마이클 포터의 '산업구조 분석', 짐 콜린스의 '위대한 기업', '블루오션 전략'… 한 시대를 풍미했던 전략들은 이제 플랫폼과 생태계 경쟁의 부상 앞에서 나침반 역할을 잃고 있다.

그러나 거인의 퇴장은 공백으로 남지 않는다.

그 자리는 언제나 새로운 거인으로 채워졌다.

그렇다면 오늘, 무대에 새롭게 초대될 거인은 누구인가?

<h2 style="text-align:center">유니콘의 착시
— 기업과 국가의 판타지</h2>

거인의 퇴장이 남긴 빈 무대는 곧 새로운 배우들로 채워지는 듯 보였다.

21세기 초, 실리콘밸리와 전 세계 창업 생태계는 새로운 신조어를 열광적으로 받아들였다. "유니콘 기업."

기업 가치 10억 달러를 넘은 스타트업을 전설 속 동물에 빗댄 이름이었다.

드물고, 신비롭고, 파괴적이라 여겨졌기 때문이다.

2010년대, 유니콘이라는 말은 창업가와 투자자, 정책가 모두를 매혹시켰다.

숫자가 곧 목표가 되었고, '유니콘 뱃지 효과'라는 현상까지 생겼다.

유니콘이라는 이름만으로 자본과 주목이 몰려들었다.

그러나 그 환상은 오래 가지 않았다.

테라노스, FTX, 버드, 올리브AI, 줌피자….

'유니콘 뱃지'로 막대한 자본과 주목을 받았지만, 그 끝은 파산·매각·상장 폐지로 귀결된 경우가 대부분이었다.

결국 '유니콘 뱃지'는 성공의 보증서가 아니라, 그 이름처럼 허상이자 판타지였음이 드러난 것이다.

오늘날 오픈AI, 스페이스X 같은 비상장 대형 혁신기업들은 스스로를 '유니콘 기업'이라 부르기를 거부한다.

그들은 환상이 아니라, 현실 세계 위에 굳건히 발을 딛고 있음을 드러내고자 한다.

이 판타지는 국가에도 투영되었다.

덴마크, 스웨덴, 노르웨이, 핀란드. 이른바 북유럽 4개국은 복지와 평등, 신뢰를 기반으로 세계에서 가장 이상적인 국가 모델로 칭송받았다.

그러나 데이터는 다른 이야기를 들려준다.

데이터를 보자.

덴마크의 최근 경제 성장률은 3.5%(2024), 2.5%(2023), 노르웨이는 2.1%, 0.1%, 스웨덴은 1.0%, -0.1%, 핀란드는 -0.1%, -0.9%다.

최근 1년간 월간 청년실업률은 덴마크 10.9%(최저)~17.6%(최고), 스웨덴

20.8%~26.6%, 노르웨이 9.7%~18.5%, 핀란드 12.9%~28.1%에 달했다. 덴마크만이 가까스로 유럽 평균에 근접할 뿐이다.

이들은 오랫동안 '북유럽 예외주의(Nordic Exceptionalism)', '북유럽 모델 (Nordic Model)'로 불리며 이상적 국가의 전형으로 찬양받았다.

그리고 그 대척점에는 미국이 있다.

같은 시기 미국의 경제 성장률은 2.8%(2024), 2.9%(2023), 청년 실업률은 9.0%~10.5% 수준이다.

복지와 규제가 일정 임계치를 넘어가자 혁신의 자유도는 줄었고, 역동성은 사라졌다. 이상적 국가라는 이미지는 남았지만, 지속적 성장과 혁신의 동력은 점점 희미해지고 있다.

북유럽 청년들은 더 이상 미국 청년들만큼 도전적이지 않다.

이는 다가올 글로벌 혁신패권(Innovation Hegemony) 경쟁의 무대에서, 이들 국가가 어떤 운명을 맞이할지를 예고하는 서막이다.

위대함의 수명

GE, 노키아, 코닥, 일본…. 이들의 몰락은 무능 때문이 아니었다. 시장 변화를 간과하거나 리더십 교체에 실패했기 때문만도 아니었다. 그 이유는 더 깊은 곳에 있다. 이들을 한때 위대하게 만들었던 힘, 곧 시대의 패러다임을 주도하던 혁신 역량이 더 이상 이어지지 못한 것이다. 혁신의 불꽃이 꺼지는 순간, 위대함도 함께 사라졌다.

20세기의 산업 자본주의는 규모의 경제가 지배했다.

더 많이 생산하고, 더 크게 확장하는 자가 승리했다. 이른바 '포디즘(Fordism)'의 시대다. 곧이어 범위의 경제가 부상하면서, 서로 다른 사업들을 결합해 비용을 낮추고 시장을 넓게 장악하는 전략이 힘을 얻었다. '위대한 기업 GE 모델'의 정점이었다. 그러나 21세기 초, 디지털 네트워크가 세상을 뒤덮은 순간 게임의 법칙이 완전히 바뀌었다.

플랫폼 경제의 도래였다.

플랫폼은 단순한 생산자가 아니었다. 그것은 거래·데이터·규칙을 동시에 설계하는 새로운 질서 행위자였다. 경쟁의 단위는 개별 기업을 넘어 생태계 전체로 이동했다.

오늘날 세계는 이미 생태계 경제의 시대에 들어섰다.

여기서의 혁신은 고립된 천재의 번뜩임이 아니다. 수많은 행위자와 협력자가 서로 얽혀 만들어내는 조직적·집단적 성취다.

경제 성장 패러다임 역시 같은 길을 걸었다.

산업화 초기에는 토지·노동·자본을 투입하는 요소 주도 성장이 중심이었다. 이후 효율성을 극대화하는 효율 주도 성장이 자리를 차지했다. 20세기 후반에는 연구개발과 기술 혁신에 기반한 혁신 주도 성장이 부상했다. 오늘날 대부분의 선진국은 여전히 이 단계에 머물러 있다. 그러나 이제 단일 기업이나 조직의 혁신만으로는 충분하지 않다.

혁신이 제도와 문화, 규범과 인프라 속에 뿌리내리고, 생태계 차원에서 내재화되지 못한다면, 그것은 언제든 사라질 수 있다.

지금 세계는 분명히 혁신생태계(Innovation Ecosystem) 주도 성장의 시대에 들어서 있다. 그리고 이 길에 가장 깊이 들어선 유일한 국가는 미국이다.

혁신생태계는 추상적 은유가 아니다.

그것은 현실 그 자체다. 마치 거대한 살아 움직이는 발전소처럼 끊임없이 혁신의 에너지를 방출한다. 수많은 주체와 참여자가 하나의 회로처럼 연결되어, 불꽃이 맞부딪히며 새로운 빛을 만들어낸다. 그 결과 태어난 상호 유기적 혁신 네트워크가 오늘날 가장 강력한 성장의 원천으로 불리는 혁신생태계의 본질이다.

이 상호작용하는 혁신의 네트워크가 지배하는 세상에서, 기업·대학·지역·국가 간의 경쟁과 협력은 과거의 잣대로는 더 이상 설명되지 않는다.

한때 패권의 원천이던 군사력, 경제력, 기술력은 여전히 그 위력을 지니고 있다.

그러나 이제는 결정적이지 않다.

오늘의 권력은 이 모든 것을 유기적으로 엮고 끊임없이 순환시킬 수 있는, 지속하는 혁신 역량에서 나온다.

따라서 질문은 단순하다.

누가 더 견고한 혁신생태계를 설계하고, 누가 그것을 끊임없이 성장시키며 발전시킬 수 있는가.

그 차이가 곧 새로운 시대, 패권의 경계선을 긋는다.

새롭게 등장한 시대의 위대한 거인들

1990년대 초, 게임의 세계는 아직 평면의 한계 안에 머물러 있었다. 그때 무대 뒤에서 조용히 등장한 작은 칩이 있었다. 그래픽을 3D로 화려하게 구현하기 위해 태어난 조연, GPU였다.

그러나 이 무명의 칩은 곧 전혀 다른 길을 열었다. GPU를 통해 AI 생태계를 구축한 기업, 바로 엔비디아(NVIDIA)다.

2010년, 엔비디아의 시가총액은 인텔(Intel)의 20분의 1에 불과했다. 그러나 2025년, 엔비디아는 세계 최초로 5조 달러라는 천문학적 장벽을 넘어섰다. 이제는 인텔의 30배를 초과하는 존재가 되었다. 이것은 단순한 기업 성장의 기록이 아니다. 작은 불꽃이 거대한 태양으로 부상해 세상을 비추는, 시대적 전환의 서사다.

오늘날 엔비디아는 더 이상 칩셋 판매자가 아니다. 범용 병렬 컴퓨팅을 가능케 한 CUDA를 축으로, AI·자율주행·로보틱스·메타버스·디지털 트윈·AI 팩토리로 확장된 거대한 AI 생태계를 설계하고 있다. 이는 기술적 진화의 나열이 아니라, 끊임없이 패러다임을 움켜쥐려는 집요한 도전의 기록이다. 한때 단순한 '게임 그래픽 보조 칩'이던 GPU는 오늘날 인류가 AI라는 새로운 질서를 구축하는 핵심 도구가 되었다. 엔비디아는 이제 무대 뒤 조연이 아니라, AI 문명의 규칙을 설계하고 질서를 연출하는 새로운 시대의 연출자이다.

이 변화는 학계의 무대에서도 반복된다.

스탠퍼드는 '서부의 코넬'을 표방하며 설립되었고, MIT는 '마음과 손(Mens et Manus)'이라는 모토 아래 학문과 실무를 결합했다.

두 대학의 탄생은 단순한 고등 교육기관의 설립이 아니라, 기존 제도의 한계를 넘어 산업과 현실을 재설계하려는 응답이었다.

오늘날 이들은 단순한 교육기관이 아니다. 프랑스나 영국에 견줄 국가적 영향력을 지닌, 글로벌 혁신생태계의 거인이다.

학문적 수월성과 산업 연계를 동시에 성취한 기업가형 대학(entrepreneurial university)의 전형으로 자리잡았다.

그리고 실리콘밸리.

이곳은 단순한 지명이 아니라, 전 세계 혁신 지대들이 스스로를 정의할 때 끊임없이 참조하는 원형(archétype)이 되었다.

실리콘앨리(뉴욕), 실리콘힐스(오스틴), 실리콘비치(LA), 실리콘라운드어바웃(런던), 실리콘펜(케임브리지), 실리콘하버(심천)… 모두가 그 이름을 차용한다.

스탠퍼드의 지식생태계, 혁신기업들의 기업생태계, 벤처캐피털이 얽힌 혁신금융생태계, 여기에 지역사회의 실험정신이 합류해 만들어낸 유기체적 혁신 발전소.

카페 구석에서 창업자와 투자자가 논쟁을 벌이고, 스타트업 사무실에서 밤새 개발자가 새로운 프로토타입을 만들어내는 풍경. 이 일상 자체가 곧 혁신은 혼자가 아니라 생태계라는 증거다.

지금, 글로벌 산업의 풍경을 데이터로 펼쳐보면 또 하나의 장대한 은유가 떠오른다.

1만 개 글로벌 상장기업의 시가총액·매출·이익을 국가별로 차트에 담으면, 마치 태양계가 눈앞에 그려진다. 태양계가 태양과 그 궤도를 도는 행성들로 구성되듯, 세계 산업 질서는 미국과 나머지 국가들로 극명히 갈린다.

2025년 8월, 미국 기업들은 전 세계 1만 개 상장기업 시가총액의 51.8%, 매출과 순이익의 각각 37.8%를 차지했다. 첨단 산업에서 그 격차는 더욱 크다. 제약·바이오·반도체·테크 분야에서 미국은 독보적이며, 중국조차 선명한 대안을 내놓지 못한다. G7 경쟁국들 사이에서도 미국은 홀로 고성장을 구가하고, 중국·인도·한국을 포함한 산업 강국 경쟁에서도 1위를 굳건히 지킨다.

이것은 단순한 수치상의 우위가 아니다. 세계 산업 질서가 하나의 태양을 중심으로 회전하고 있음을 보여준다. 미국은 중심에서 빛을 발하고, 다른 국가는 궤도를 도는 행성처럼 그 빛을 따른다. 이는 패권의 원천이 군사력에서 경제력, 다시 기술력, 그리고 결국 혁신 역량으로 이동해온 인류 질서의 장대한 전환 서사다.

이 서사의 심장부에는 국가의 혁신생태계 설계력이 있다.

미국 연방 정부는 기업·대학·지역의 혁신생태계가 순환하며 증식하도록 전략적으로 이를 설계했다. 그 결과, 세계에서 유일하게 혁신생태계 주도 성장 모델을 완성한 국가가 되었다. 군사력·경제력·기술력을 아우르는 힘은 이제 혁신패권으로 수렴된다.

미국은 이제 의심할 여지 없는 혁신패권 국가다.

혁신패권의 두 가지 조건

그렇다면, 기업·대학·지역·국가의 혁신패권을 만들어내는 조건은 무엇인가.

첫째는 생태계 주권성(Ecosystemic Sovereignty)이다.

이는 단순히 시장의 일부를 차지하는 문제가 아니다. 그것은 전체 판을 움직이는 보이지 않는 규칙을 설계하고 장악하는 힘이다. 누가 표준을 정하느냐, 누가 네트워크의 언어를 규정하느냐에 따라 생태계의 질서는 달라진다. 마치 새로운 별을 창조하고 그 궤도를 정하는 천체물리학자의 손길처럼, 생태계 주권은 혁신 세계의 중력을 만들어낸다.

시장 점유율은 숫자에 불과하지만, 주권은 질서를 지배하는 힘이다.

둘째는 혁신지속실행기반(Sustained Innovation Executional Substrate)이다.

혁신은 불꽃놀이가 아니다. 한번 터지고 사라지는 폭발이 아니라, 끊임없이 이어져야 할 호흡이다. 제도와 문화, 규범과 인프라, 조직의 습관과 루틴에 이르기까지, 혁신은 일상의 구조 속에 스며들어야 한다. 그래야만 혁신은 반복되고, 실패와 시도의 순환 속에서 더욱 정교해진다. 그것은 마치 강이 수천 년 동안 바위를 깎아내며 협곡을 만들어내는 인내와 같다.

일회성 성취가 아니라, 축적되고 지속하는 실행의 리듬이 진정한 힘을 만든다.

이 두 가지가 결합할 때 비로소 생태계적 비가역성(Ecosystemic Irreversibility)이 태어난다.

한번 굳어진 생태계의 질서는 쉽게 되돌릴 수 없다. 그것은 단순한 우위가 아니라, 다른 참여자들을 종속시키는 운명적 구조다. 마치 강이 만든 길이 다시 산으로 바뀔 수 없듯, 한번 자리 잡은 질서는 되돌릴 수 없는 강물처럼 흘러간다. 이것이 곧 혁신 역량이 패권의 원천이 되는 이유다.

따라서 진정한 위대함은 단순히 한순간 눈부신 두각(Prominence)이 아니다. 그것은 오래도록 꺼지지 않는 지속(Permanence)의 힘이다.

불꽃은 순간 타오르지만, 별빛은 시간을 넘어 하늘을 지배한다.

일시적인 성취는 연대기의 한 줄 기록으로 남지만, 지속되는 힘은 역사의 질서로 새겨진다.

"왜 어떤 기업·대학·지역·국가만 살아남는가?"
이 물음은 단순한 호기심의 질문이 아니다.
그것은 오늘을 살아가는 우리 모두가 반드시 마주해야 할, 미래의 선택지다.
나의 대답은 바로 여기에 있다.

그리고 질문은 다시, 우리를 근원으로 데려간다.
혁신패권—구축할 것인가, 종속될 것인가.
이 책의 여정은 그 물음에서 시작된다.

INNOVATION HEGEMONY

PART I

세상을 지배하는 혁신의 힘

CHAPTER 01
엔비디아, 21세기 AI 문명 생태계의 설계자

CHAPTER 02
스탠퍼드, 멈추지 않는 혁신의 엔진

CHAPTER 03
실리콘밸리 이노빌라이제이션: 혁신문명의 탄생

엔비디아,
21세기 AI 문명 생태계의 설계자

GPU 스타트업에서 AI 생태계 패권자로
– AI 생태계 질서를 지배하다

1993년, 캘리포니아의 작은 식당 테이블.

노트북 한 대와 희미한 꿈 하나. "멀티미디어 PC 시대에 그래픽을 가속화하는 칩"을 세상에 선보이겠다는 열망만이 세 명의 청년을 붙잡고 있었다.

젠슨 황, 크리스 말라초스키, 커티스 프리엠—그들은 그 열망에 NV(Next Version, '다음 버전')라는 이름을 붙였다.

그들이 세운 작은 회사의 이름은 '엔비디아(NVIDIA)'이다.

프로젝트 코드명 NV에 라틴어 invidia—질투, 영어 envy—를 붙였다. 초창기 마케팅은 단순했다. "우리의 그래픽 기술은 질투를 불러일으킨다."

단어 하나에 모든 야심을 담은 셈이었다.

그러나 당시 무대의 주인공은 인텔과 마이크로소프트였다.

CPU가 계산을 지배했고, 운영체제가 세계의 규칙을 만들었다. 그 속에서 엔비디아의 첫 제품은 조연처럼 보였다. 게임 화면을 조금 더 화려하게, 캐릭터의 움직임을 조금 더 자연스럽게. 하지만 역사는 언제나 조연의 자리에서 균열을 시작한다.

1999년, 엔비디아는 GeForce 256을 세상에 내놓았다.

많은 사람들은 그것을 또 하나의 그래픽 카드쯤으로 여겼다. 그러나 그 안에는 직렬이 아닌 병렬 계산이라는 새로운 문법이 숨어 있었다. 한 번에 수천 개의 연산을 동시에 처리하는 능력. 게이머들이 환호한 것은 그래픽의 화려함이었지만, 더 큰 혁신은 눈에 보이지 않는 곳에서 자라고 있었다. 엔비디아는 이를 "세계 최초의 GPU(Graphics Processing Unit)"라 명명했다. GPU라는 카테고리를 정의하는 순간, 엔비디아는 단순 부품 업체에서 산업 표준 제정자로 변모하기 시작했다. 훗날 인공지능의 씨앗이 될 토양은 이미 준비되고 있었던 것이다.

2006년, 또 하나의 전환점이 찾아왔다.

엔비디아는 GPU를 그래픽 전용 부품에서 해방시키는 언어, CUDA(Compute Unified Device Architecture)를 세상에 내놓았다. 이제 개발자들은 그래픽을 넘어 복잡한 범용 계산에서도 GPU를 활용할 수 있었다. 연구자와 과학자, 개발자들은 이 언어를 배우지 않으면 앞선 문제를 풀 수 없었다. 곧 CUDA는 학문의 공용어가 되었고, 인공지능 연구의 필수 문법으로 자리 잡았다. 언어를 쥔 자가 문명을 설계한다는 사실을, 엔비디아는 몸소 증명하고 있었다.

이후 엔비디아는 더 이상 칩 제조사에 머무르지 않았다.

GPU·CPU·DPU·네트워킹 칩이 서로 연결되고, 그 위에 소프트웨어와 수백 개의 가속 라이브러리, 그리고 인공지능 모델이 얹히면서 하나의 거대한 생태계가 형성되었다. 엔비디아의 제품은 단순한 부품이 아니라 플랫폼이 되었고, 그 플랫폼은 곧 산업의 운영체계로 진화했다.

2020년대에 들어서면서, 엔비디아는 새로운 선언을 내놓았다.

데이터센터는 더 이상 단순한 저장소가 아니다. 그것은 AI 팩토리—데이터가 들어가면 지능이 생산되는 공장이다. GPU는 이 팩토리의 엔진이 되었고, 엔비디아는 그 설계자이자 운영자로 자리매김했다. 블랙웰(Blackwell) 아키텍처는 '사고하는 기계'라는 별명을 얻으며, 추천 시스템에서 생성형 AI, 자율주행과 로보틱스까지 지능을 대량 생산하는 시대를 열었다.

그리고 2025년 10월.

엔비디아의 서사는 인류 문명사적으로 중요한 문턱을 넘어섰다. 엔비디아는 인류 역사상 처음으로 시가총액 5조 달러를 돌파한 기업이 되었다. 그것은 단순한 성과가 아니었다. 이제 엔비디아는 그래픽 칩 제조사도, 반도체 회사도 아니었다. 칩에서 시스템으로, 시스템에서 데이터센터로, 데이터센터에서 AI 인프라로 이어지는 하나의 완결된 AI 문명 생태계를 구축한 기업이 된 것이다.

한 세대 전, 식당 테이블에서 작은 아이디어를 나누던 세 명의 청년들.

그 미약한 시작은 30년 뒤, 인류가 사용하는 컴퓨팅의 질서를 다시 쓰는 거대한 설계도로 확장되었다. 이것이 엔비디아의 서사다. 무대 뒤편의 조연에서 출발해, 무대의 중심으로, 그리고 이제는 AI 문명 생태계 전체를 설계하는 존재로 변모한 이야기.

그리고 지금 우리가 함께 목격하는 것은—
혁신이 순간의 사건을 넘어, 패권으로 자리 잡는 21세기 기업 세계의 가장 강렬한 드라마이자 대서사다.

무대 뒤에서 무대 위로
— 생태계의 주권을 거머쥐다

생태계 주권성 Ecosystemic Sovereignty

엔비디아가 조연에서 무대의 설계자로 변모한 가장 근본적 이유는, 단순히 더 뛰어난 칩을 만들었기 때문이 아니었다. 그들이 손에 넣은 것은 생태계 주권성이었다. 다시 말해, 생태계 안에서 게임의 규칙을 스스로 설계하고, 그 규칙을 다른 모든 참여자에게 강제하는 권력이었다.

이 힘의 출발점은 2006년 등장한 CUDA였다.

그것은 단순한 프로그래밍 도구가 아니라 계산의 규칙을 새로 쓴 하나의 언어였다. 과거 학문과 종교의 질서를 라틴어가 지배했듯, 오늘날 AI와 과학의 규칙은 CUDA라는 문법으로 기록된다. 연구자·개발자·기업 누구도 이 언어를 벗어나 문제를 풀 수 없고, 지능을 생산할 수도 없다. 언어를 장악한다는 것은 곧 규칙을 장악하는 일이다. 바로 이 순간부터 엔비디아는 AI 생태계의 입법자가 되었다.

이어 등장한 것은 데이터센터의 재정의였다.

CPU와 서버의 시대에 데이터센터는 단순한 저장소이자 IT 인프라에 불과했다. 그러나 엔비디아는 그것을 AI 팩토리라 명명하며, 전혀 다른 규칙을 제시했다. 데이터센터는 이제 데이터를 투입하면 지능이 생산되는 공장이 되었다. GPU, NVLink™(고속 GPU 간 연결), Spectrum-X(엔비디아 이더넷 AI 네트워킹 플랫폼), InfiniBand(초고속 데이터센터 네트워크), AI Enterprise(기업용 AI 소프트웨어 제품군), NIM(사전학습된 AI 모델·마이크로서비스)까지—모든 요소가 이 규칙 안에서 긴밀하게 맞물려 돌아간다.

다른 기업이 이 생태계에 참여하려면 반드시 이 팩토리의 규칙을 따라야 한다. 엔비디아는 단순히 제품을 판매한 것이 아니다.

그들은 산업 운영의 표준을 입법한 것이었다.

이 규칙은 국가 차원에서도 그대로 작동했다.

각국이 Sovereign AI(자국 데이터와 인프라를 통제하려는 주권 AI)를 외치며 "자국 데이터, 자국 인프라"를 강조했지만, 실제 구현 단계에서는 모두 엔비디아의 스펙과 아키텍처를 따를 수밖에 없었다. 아마존, 구글, 마이크로소프트, 오라클 등 클라우드 거인들이 제공하는 블랙웰(Blackwell) 기반 인스턴스는 사실상 세계 표준이 되었고, 주권을 선언한 국가들조차 엔비디아의 규칙 안에서만 전략을 실행할 수 있었다. 국가 전략조차 엔비디아가 설계한 무대 위에서만 가능한 것이다.

투자자들의 시선도 달라졌다.

2025년 회계연도 엔비디아는 매출 1,305억 달러, 전년 대비 114% 성장이라는 경이적 성과를 기록했다. 그러나 그들이 읽은 것은 단순한 숫자가 아니었다. 2025년 10월, 엔비디아가 인류사 최초로 시가총액 5조 달러의 벽을 뚫어낸 그 에너지의 원천은, 투자자들이 이 회사를 더 이상 산업 내 경쟁자 중 하나로 보지 않은 데 있다. 그들은 엔비디아를 AI 생태계의 규칙제정자, 하나의 기업을 넘어선 제도로 인식하기 시작했다.

엔비디아가 확보한 생태계 주권성은 명확하다.

CUDA라는 언어로 학문과 산업의 문법을 장악하고, AI 팩토리라는 구조로 기업 운영의 규칙을 세우며, Sovereign AI조차 자기 질서 안에 포섭했다. 선택지는 닫혔고, 흐름은 엔비디아가 설계한 규칙에 따라 움직였다.

조연에서 출발한 엔비디아는 이제 무대 전체의 규칙제정자(rule-setter)가 되었다.

이것이 바로 생태계 주권성이 가진 의미이며, 엔비디아가 손에 넣은 궁극적 힘이었다.

멈추지 않는 혁신의 엔진
― 지속 실행이 만든 제국

엔비디아를 바라볼 때 가장 먼저 감지되는 것은 언제나 속도의 압도감이다. 경쟁자들이 여전히 회의실에서 전략 보고서를 다듬고 있을 때, 엔비디아는 이미 첫 번째 프로토타입을 세상 앞에 내놓았다. 그들에게 실패는 위협이 아니라 자양분이었다. 실패란 곧바로 다음 도약을 준비하는 데 쓰이는 가장 값싸면서도 가장 강력한 연료였기 때문이다. 창업자 젠슨 황은 이를 단 한 문장으로 요약했다.

"우리는 늘 위기의 한가운데에서 회사를 다시 설계한다."

그에게 위기는 소멸시켜야 할 재난이 아니었다.

오히려 그것은 회사를 다시 단련하고 구조를 새롭게 재편하는 기회였다.

다른 기업들이 위기가 끝나야만 비로소 안도했다면, 엔비디아는 위기의 심장부에서 스스로를 재설계하며 더 높은 차원으로 도약했다. 이 태도는 곧 조직 전체의 리듬이 되었고, 시간이 흐르면서 세대를 뛰어넘는 집단적 본능으로 내재화되었다.

이 힘을 가장 잘 설명하는 개념이 바로 '혁신지속실행기반(Sustained Innovation Executional Substrate)'이다.

이는 혁신이 일회성 불꽃으로 사라지지 않고, 제도와 문화, 규범과 인프라, 그리고 일상의 습관에 깊이 각인되어 비가역적 지속성을 확보하는 토대이다. 다시 말해, 혁신을 하나의 "사건"이 아니라, 조직 전체를 떠받치는 "토대"로 전환시키는 힘이다. 엔비디아는 지난 30여 년간 이 기반을 집요하게 구축해 왔고, 그 결과 오늘날 전 세계 기술 제국의 심장부로 자리 잡게 되었다.

그들의 조직 설계는 애초부터 달랐다.

전통적인 부서 구분은 희미했고, 엔비디아에서는 언제나 '부서'가 아니라 '미션'이 우선했다. 사람을 움직이는 것은 직급이나 직책이 아니라, 당면한 문제였다. 오늘 GPU 아키텍처를 설계하던 엔지니어가 내일은 데이터센터 네트워킹 문제를 해결하는 일이 낯설지 않다. 이렇게 유연한 이동이 가능했기에, 새로운 과제가 등장할 때마다 조직은 즉시 재편되었고, 그 재편의 순간마다 혁신의 속도는 한층 가속되었다.

이 같은 구조 덕분에 엔비디아는 스스로를 단순히 하드웨어 기업이라 부르지 않았고, 그렇다고 소프트웨어 회사라 규정하지도 않았다. 그들은 문제를 정의하고, 그 문제를 풀어내는 솔루션을 실행으로 옮기는 문제 해결 집단이자 실행의 기계였다. 이러한 정체성은 젠슨 황이 수없이 반복해 온 한 문장에 압축되어 있다.

"We're One Team Tackling Challenges No One Else Can Solve."
우리는 세상 누구도 풀 수 없는 문제를 해결하는 하나의 팀이다.

이 말은 표어에 그치지 않았다. 실제로 조직 전체가 그 문장처럼 움직였다. 엔지니어와 연구자, 디자이너와 경영진이 벽을 넘어 하나의 팀으로 엮였고, 불가능해 보이는 문제일수록 집요하게 붙잡고 씨름했다. 그리고 바로 그 과정이, 엔비디아라는 거대한 혁신 엔진을 멈추지 않게 하는 원동력이 되었다.

이런 문화와 구조 속에서 엔비디아의 혁신은 단발적인 사건으로 끝나지 않았다.

새로운 GPU가 발표되면 곧바로 전용 소프트웨어 스택과 수백 개의 라이브러리가 함께 공개되었다. 연구자들은 그 위에서 신속히 새로운 알고리즘을 구축했고, 기업들은 이를 토대로 산업용 애플리케이션을 내놓았다. 시간이 흘러 다음 세대 칩이 등장할 즈음이면, 이미 생태계 전체가 그 리듬에 맞추어 옮겨갈 준비가 되어 있었다. 혁신은 하나의 돌발적 이벤트가 아니라, 마치 계절처럼 되풀이되는 순환이자 구조가 되었다.

이 순환은 특히 위기의 순간에 가장 선명하게 드러났다.

CPU 성능 향상이 벽에 부딪혔을 때, 엔비디아는 GPU를 그래픽 장치가 아닌 범용 연산 장치로 새롭게 정의했다. 글로벌 에너지 효율 문제가 불거졌을 때는 GPU 병렬 연산의 전력 절감 효과를 입증하며 전혀 다른 길을 개척했다. 공급망 위기가 덮쳤을 때조차, 칩·네트워킹·시스템 소프트웨어를 하나의 유기적 생태계로 묶어내며 충격을 흡수했다. 다른 기업에게 위기는 곤경이었지만, 엔비디아에게 위기는 곧 조직 전체를 리셋하라는 신호였다. 그리고 매번 리셋이 끝날 때마다 회사는 새로운 질서를 세우며 이전보다 더 강해졌다.

결국 엔비디아의 혁신은 불꽃처럼 반짝였다 사라지는 것이 아니었다. 그것은 비가 내리면 강물이 불어나고, 강이 숲을 적시며, 숲이 다시 생명을 불러오는 생태적 순환에 가까웠다. 제도와 문화, 규범과 인프라, 일상의 루틴 속에 깊이 각인된 실행 기반 덕분에, 엔비디아는 세대를 거듭해도 같은 리듬으로 혁신을 이어갈 수 있었다. 불꽃은 꺼질 수 있지만, 순환은 멈추지 않는다. 엔비디아의 혁신지속실행기반은 바로 그 순환이었으며, 오늘의 엔비디아를 만든 가장 은밀하면서도 강력한 힘이었다.

<h2 style="text-align:center">돌아갈 수 없는 길
— AI 생태계의 비가역적 질서</h2>

오늘의 엔비디아를 가장 정확히 설명하는 개념은 생태계적 비가역성

(Ecosystemic Irreversibility)이다.

이는 단순한 점유율 확대나 기술적 일시 우위로는 정의되지 않는다. 연구자와 기업, 국가와 투자자의 층위까지 겹겹이 포섭되며, 한번 발을 들이면 되돌아갈 수 없는 닫힌 질서가 형성된 것이다. 혁신이 사건을 넘어 질서가 되고, 선택이 아니라 운명이 되는 지점. 바로 그곳에 엔비디아가 서 있다.

개발자 층위에서 그 비가역성은 가장 먼저 드러난다.

전 세계 500만 명이 넘는 개발자, 4만 개 이상의 기업, 수천 개의 생성형 AI 스타트업이 이미 CUDA 생태계 안에서 활동한다. 이들은 300개 이상의 가속 라이브러리와 600개 이상의 사전학습 모델을 사용한다. 이제 CUDA는 단순한 프로그래밍 언어가 아니다. 연구 현장과 산업계의 사고습관, 즉 암묵지로 내재화된 문법이다.

다른 플랫폼으로 이동한다는 것은 기술이전이 아니라, 축적된 사고 체계 전체를 근본부터 다시 구축해야 하는 일이다. 바로 이 지점에서 '사실상 비가역성'이 발생한다.

기업 층위도 다르지 않다.

엔비디아의 GPU는 단순한 고성능 부품이 아니다. NVLink™ 고속 네트워킹, Spectrum-X 데이터센터 스위칭, AI Enterprise 소프트웨어, NIM inference microservices와 긴밀히 맞물려 돌아가는 AI 팩토리의 심장이다.

기업이 이 시스템 위에서 AI를 구축하는 순간, 그것은 단순한 칩 교체의 문제가 아니라 산업 운영체계 전체를 새로 다시 구축해야 하는 문제로 변한다.

이탈은 곧 회계 시스템을 전면 폐기하고 재편하는 것에 비견될 만큼 비현실적이다.

국가 전략의 층위에서도 같은 현상이 나타난다.

일본, 싱가포르, 아랍에미리트 등은 'Sovereign AI'를 내세우며 자국 주권적 AI 전략을 추진하고 있다. 그러나 그 '주권'조차 엔비디아 인프라 위에서만 구현 가능하다.

아마존, 구글, 마이크로소프트, 오라클 같은 글로벌 클라우드 거인들이 제공하는 블랙웰(Blackwell) 기반 인스턴스는 사실상 세계 표준이 되었고, 각국은 그 플랫폼 위에서 자국 데이터를 학습시켜야 Sovereign AI를 실현할 수 있다.

독립을 선언하면서도 의존하지 않을 수 없는 이 역설 자체가 비가역성의 결정적 증거이다. 그리고 마지막으로 투자자의 시선이 이 질서를 봉인했다.

금융시장에서 엔비디아는 더 이상 반도체 종목으로 불리지 않는다. 그것은 하나의 기업을 넘어 산업 전체를 휘어잡는 중력장이 되었다.

투자자들은 엔비디아를 경쟁자 중 하나로 보지 않는다.

그들은 엔비디아를 누구도 벗어날 수 없는 궤도로 읽는다.

개발자의 습관, 기업의 매몰 투자, 국가의 전략, 그리고 시장의 인식.

이 네 층위가 겹겹이 쌓이며 엔비디아 생태계는 마침내 질서의 닫힘(Order Closure)에 도달했다.

이제 더 이상 "엔비디아를 쓸까 말까"라는 질문은 존재하지 않는다.

질문은 단 하나다.

"엔비디아 생태계 안에서 무엇을 할 것인가?"

이것이 되돌릴 수 없는 질서, 곧 생태계적 비가역성이다.

AI 시대, 기축 질서를 지배하다
— 혁신패권의 탄생

2025년 3월, 엔비디아는 차세대 칩 아키텍처 블랙웰(Blackwell)을 공개했다.

겉으로는 신제품 발표회였지만, 그날의 무대는 기술 행사를 넘어섰다. 전 세계 각국의 총리와 글로벌 기업의 CEO들이 앞줄에 앉아 있었기 때문이다. 반도체 칩 발표 자리에 정치·경제 권력자들이 총집결한 장면은 전례가 없었다. 그날은 엔비디아가 단순한 제조업체를 넘어, AI 시대의 질서를 설계하는 주권자로 부상했음을 보여주는 사건이었다.

패권은 추상적 담론이 아니라 산업 현장에서 가장 직접적으로 작동한다. 제약회사의 연구실에서는 신약 후보를 실험하기 전 GPU 기반 시뮬레이션을 거치는 것이 일상이 되었다. 이 과정을 거치지 않는 기업은 단숨에 글로벌 경쟁에서 탈락한다. 자동차 기업들은 엔비디아 DRIVE 플랫폼 위에서 자율주행 알고리즘을 학습한다. 규제기관의 인증조차 이 생태계에서 훈련된 모델을 기준으로 삼는다. 영화 산업 역시 마찬가지다. 픽사와 마블은 RTX와 Omniverse를 활용해 실시간 가상 제작을 구현한다. 카메라와 조명이 현실처럼 반응하는 그 세계는, 엔비디아 없이는 불가능하다. 산업의 언어 자체가 바뀐 것이다.

국가 전략도 예외가 아니다. 일본, 싱가포르, 아랍에미리트는 앞다투어

Sovereign AI를 선언했지만, 실제 구현 단계에서는 엔비디아 칩과 플랫폼 없이는 불가능하다. 독립을 외치면서도 엔비디아에 의존해야 하는 이 역설은, 한 기업이 이미 국가 전략의 토대를 좌우하고 있음을 드러낸다. 20세기 석유가 국가 운명을 쥐었다면, 21세기의 엔비디아는 지능의 석유를 공급하는 존재다.

금융시장은 이 패권을 가장 압축적으로 드러낸다. 2025 회계연도 엔비디아는 매출 1,305억 달러, 전년 대비 114% 성장을 기록했다. 그러나 투자자들이 본 것은 단순한 숫자가 아니었다. 그들은 엔비디아가 더 이상 '경쟁기업' 중 하나가 아니라, AI 경제의 기축통화라는 사실을 읽어냈다. 같은 해 7월, 엔비디아는 세계 최초로 시가총액 4조 달러를 돌파했고, 2025년 10월 인류사 최초로 5조 달러의 문턱을 넘어섰다. 월가 애널리스트들은 엔비디아를 반도체 종목으로 다루지 않는다. 그들에게 엔비디아는 "AI 시대의 중앙은행"이다.

이것이 바로 혁신패권(Innovation Hegemony)이다. 기술을 단발적으로 발명하는 차원이 아니라, 혁신을 끊임없이 재생산하며 산업·정책·금융까지 아우르는 질서를 직접 설계하는 힘이다. 증기기관이 산업혁명의 체제를, 전기가 20세기 산업 체제를, 인터넷이 글로벌 네트워크 질서를 만들었다면, AI 시대의 기축 질서는 지금 엔비디아의 손에 있다.

물론 도전자들은 존재한다. AMD는 가속 칩으로 추격하고, 구글은 TPU를 밀어붙이며, 오픈소스 진영도 대안을 모색한다. 지정학적 리스크도 도사리고 있다. 그러나 엔비디아가 쌓아 올린 비가역적 질서는 단기간에 흔들리지 않는다. 개발자의 습관, 기업의 매몰 투자, 국가의 전략, 투자자의 인식이 겹겹이 포개져 이미 이탈이 불가능한 구조를 형성했기 때문이다.

2025년 현재, 엔비디아는 단순한 기업이 아니다. 그것은 AI 시대의 기축 질서를 설계하고 재생산하는 패권자다. 더 이상 반짝이는 발명이 아니라, 세계 AI 생태계 질서를 입법하는 힘이다.

엔비디아의 힘은 지금 이 순간에도 산업과 사회의 리듬을 바꾸며, 우리가 살아가는 세계의 구조를 조금씩 새로 써 내려가고 있다.

엔비디아·TSMC·테슬라, 혁신패권의 공진화 드라마

1997년, 젠슨 황은 파산 직전의 작은 반도체 회사를 이끌고 있었다. 그가 대만의 모리스 창에게 보낸 편지는 단순한 사업 제안이 아니었다. 한 기업의 생존을 건 구원의 요청이었다. 그 편지가 TSMC의 문을 열었고, 첫 칩이 라인에서 생산되었다. 작은 선택 하나가 오늘날 인류가 맞이한 AI 혁명의 서막을 열었던 것이다. 역사는 언제나 거대한 사건의 형태로만 다가오지 않는다. 종종 역사는, 책상 위에 놓인 편지 한 장에서 시작된다.

그 후 엔비디아와 TSMC는 함께 성장했다.

엔비디아는 GPU라는 새로운 기관차를 만들어냈고, TSMC는 세계에서 가장 정밀한 손길로 그 엔진을 대량 생산했다. 처음에는 단순한 그래픽용 칩에 불과했던 GPU는 2010년대 이후 인류 문명의 심장을 뛰게 하는 장치로 변모했다. 그리고 2015년, 세 번째 축이 무대에 등장한다. 바로 일론 머스크의 테슬라였다.

테슬라는 자동차 회사가 아니었다.

도로 위를 달리는 수백만 대의 차량은 곧 거대한 센서 네트워크였고, 하루에만 1,600억 프레임의 데이터를 생성했다. 그 데이터는 엔비디아 칩 위에서 학습되었고, 그 칩은 TSMC의 클린룸에서 태어났다. 데이터, 연산, 제조. 세 축은 맞물리며 돌아갔고, 톱니가 맞물리는 순간 인류는 AI 문명의 궤도로 올라섰다.

2016년, 샌프란시스코. 젠슨 황은 DGX-1이라는 검은 상자를 들어올렸다. 그것은 단순한 서버가 아니라, AI 슈퍼컴퓨터의 시초였다. 객석에 앉아 있던 머스크는 그 장면을 응시했다. 그의 눈에는 그것이 단순한 하드웨어가 아니라, 로봇의 두뇌이자 자율주행차의 심장이었다. 바로 이 순간, 엔비디아와 테슬라, 그리고 TSMC가 얽히는 새로운 서사가 시작되었다.

그러나 협력은 언제나 갈등을 잉태한다.

머스크는 곧 독립을 꿈꾸었다. 그는 선언했다.

"우리는 Dojo라는 자체 슈퍼컴퓨터와 칩을 만들겠다."

엔비디아 독점에 대한 도전이었다.

Dojo는 실패와 성취가 교차하는 실험이었다. 성능은 아직 엔비디아에 미치지 못했지만, 그 시도 자체가 상징적이었다. 테슬라는 단순한 고객이 아니라, 스스로 칩을 설계하는 경쟁자가 되었고, TSMC는 이제 두 거인의 칩을 동시에 빚어내는 제3의 축으로 부상했다.

2024년, 머스크의 xAI는 불과 19일 만에 10만 개의 엔비디아 GPU로 슈퍼컴퓨터 'Colossus'를 완성했다. 통상 4년이 걸리는 일을 단 3주 만에 해낸 것이다. 젠슨 황은 감탄하며 말했다.

"머스크는 긴급성과 기술, 그리고 비전을 합쳐 기적을 만든다."

그러나 그 기적은 역설이었다.

머스크는 엔비디아 의존을 벗어나겠다고 외쳤지만, 동시에 엔비디아의 가장 큰 고객으로 남아 있었다. 그는 자체 칩을 설계하면서도, 엔비디아 칩으로 세계 최대 규모의 AI 클러스터를 구축했다. 그것은 협력이자 경쟁이었고, 양쪽 어디에도 완전히 귀속되지 않는 새로운 관계였다.

그리고 2025년, 테슬라는 삼성과 165억 달러 규모의 계약을 체결하며 TSMC의 시장 지형을 흔들었다. 동시에 테슬라의 AI5 칩은 여전히 TSMC의 생산 라인에서 태어나고 있었다. 엔비디아는 머스크를 "스스로 하나의 GPU"라 칭하며 그의 비전을 높이 평가했다. 하지만 누구나 알고 있다. 만약 테슬라의 칩이 성숙한다면, 엔비디아의 독점은 근본적으로 흔들릴 것이다. 이 셋은 이제 서로의 가장 중요한 파트너이자, 동시에 가장 두려운 경쟁자가 되었다.

이것이 바로 혁신의 공진화다.

엔비디아는 두뇌를 설계하고, TSMC는 그것을 손으로 빚어내며, 테슬라는 신장처럼 데이터를 뛰게 한다. 세 톱니바퀴는 맞물려 돌아가며 문명 전체를 끌어올린다. 어느 한 축이 멈추면 전체가 흔들리지만, 함께 돌 때 그 속도는 기하급수적으로 가속된다. 마치 중세 문명이 종교·권력·토지의 얽힘으로 짜였고, 산업혁명이 석탄·증기기관·철도의 결합으로 태동했듯, 오늘의 AI 문명은 엔비디아·TSMC·테슬라가 협력과 경쟁 그리고 공진화하면서 만들어낸 질서 위에서 달리고 있다.

AI는 아직 서막에 불과하다. 그러나 그 서막이 어떤 방식으로 울려 퍼지고 있는지는 분명하다. 협력, 경쟁, 그리고 공진화. 그것이 이 시대 설계자들이 집필하는 새로운 문명의 문법이다.

엔비디아, TSMC, 테슬라의 얽힘은 단순한 기업 간 거래가 아니다.

그것은 혁신패권이 형성되는 과정을 보여준다. 혁신패권이란 기술적 우위를 넘어, 혁신을 끊임없이 재생산하며 질서와 체제를 설계하는 능력을 뜻한다. 그리고 그 힘의 원천은 세 기업이 각자 고유한 방식으로 구축한 혁신생태계에 있다.

혁신생태계는 어느 한 기업의 전유물이 아니다.

그것은 기업과 연구자, 정부, 투자자, 그리고 제도와 문화가 서로 얽히며 스스로 조직되는 유기적 상호작용 네트워크다. 엔비디아는 GPU 아키텍처와 CUDA라는 언어로 전 세계 개발자를 하나의 공동체로 묶었고, TSMC는 제조 신뢰를 바탕으로 세계 반도체 공급망의 중추가 되었다. 테슬라는 도로 위에서 축적되는 방대한 데이터를 무기로 자율주행과 로보틱스의 새로운 규범을 세워가고 있다. 방식은 다르지만 세 기업 모두 자신만의 언어로 생태계를 규율하는 표준을 창출했다는 점에서 동일한 DNA를 공유한다.

이러한 혁신생태계가 단순한 산업 네트워크를 넘어 패권으로 진화하기 위해서는 두 가지 조건이 필요하다.

첫째는 생태계 주권성(Ecosystemic Sovereignty)—규칙을 설계하고 표준을 장악하는 능력이다. 둘째는 혁신지속실행기반(Sustained Innovation Executional Substrate)—혁신이 문화와 제도, 인프라와 일상 속에 각인되는 토대다. 이 두 조건은 서로 맞물리며 반복될수록 생태계는 비가역성

(Irreversibility)에 도달한다. 그 순간, 질서를 만드는 주체는 단순한 경쟁자가 아니라 체제의 설계자(Systemic Designer)가 된다.

그리고 여기서 한 가지 더 주목해야 할 점이 있다. 이러한 혁신생태계는 본질적으로 메리토크라시(Meritocracy, 공로-업적주의) 구조를 띤다. 기술, 성취, 자본을 통해 끊임없이 검증된 소수만이 영향력을 확대할 수 있으며, 이들이 서로 연결될 때 새로운 질서가 설계된다. 바로 이 지점에서 혁신패권은 구체적 현실로 나타나는 실제의 질서가 된다. 오늘날 엔비디아, TSMC, 테슬라가 차지한 위상은 그 결과다. 이들은 단순히 시장 점유율을 다투는 기업이 아니라, AI 시대의 기축 질서를 설계하는 주권자로서 산업을 넘어 문명의 작동 원리를 다시 새기고 있다.

그리고 이제 질문은 우리 앞에 선명히 남는다.

우리는 이 새로운 혁신패권의 질서 속에서 어떤 위치를 차지할 것인가?

이미 구축된 기축 질서에 종속될 것인가, 아니면 스스로 또 다른 비가역적 혁신생태계를 구축할 것인가.

스탠퍼드,
멈추지 않는 혁신의 엔진

스탠퍼드: 자유의 바람, 더 큰 혁신의 바람으로

"Die Luft der Freiheit weht."

자유의 바람이 분다.

스탠퍼드의 인장에 새겨진 이 문장은 단순한 수사가 아니다. 한 대학이 스스로를 규정하고, 인류 문명에 어떤 약속을 남길지 선언한 헌법적 문장이다. 그 바람은 추상이 아니었다. 지적 자유, 표현의 자유, 기존 질서에 대한 도전이었고, 연구와 교육에서 제약 없는 환경을 보장하겠다는 서약이었다. 사유를 점화하고 학문을 가속하며 혁신을 가능하게 하는 조건, 그리고 그 조건을 끝까지 지켜내겠다는 다짐이었다.

"자유의 바람이 스탠퍼드에 계속 불기를 희망한다."

초대 총장 데이비드 스타 조던(David Starr Jordan)의 이 말은 스탠퍼드의 혁신적 정체성을 규정하는 출발점이 되었다. 이후 공대 학장이자 교무·학술총장(Provost)으로서 '실리콘밸리의 아버지'라 불린 프레더릭 터먼(Frederick Terman), '스탠퍼드 리서치파크(Stanford Research Park)'를 설립해 실리콘밸리 태동의 동맹자가 된 제5대 총장 월리스 스털링(Wallace Sterling), 그리고 스탠퍼드를 글로벌 혁신 허브로 도약시킨 제10대 총장 존 헤네시(John Hennessy)에 이르기까지—스탠퍼드의 리더십은 세대마다 이 바람을 새로운 차원으로 확장시켜왔다.

스탠퍼드는 창립 당시 '서부의 코넬'을 표방했다.

개방성·실용주의·평등주의라는 코넬의 정신 위에 미국 서부의 개척성과 과감한 실험정신을 결합했다. 그 결과 스탠퍼드는 전통을 복제하는 대학이 아니라 혁신을 제도화하는 대학으로 자신을 설계했다. 세대의 리더십은 이 약속을 켜켜이 쌓아 올렸고, 오늘날 스탠퍼드는 자유로운 탐구와 혁신을 제도적으로 뒷받침하는 기업가형 대학(entrepreneurial university)의 원형이 되었다.

스탠퍼드의 자유의 바람은 더 이상 관념적 이상에 머물지 않는다.

그것은 실질적 성취와 성과로 이어졌다. 현직 교수 20명, 동문과 교수를 합쳐 54명—1901년부터 2024년까지 스탠퍼드가 배출한 노벨상 수상자다. 세계 7위에 해당하는 기록이다.[1]

현대 인터넷의 프로토콜, 구글 검색 알고리즘, 인공지능 혁명을 이끈 신경망과 강화학습, 인공 장기와 재조합 DNA, 지속 가능한 기술까지—스탠퍼

---

1)   https://www.aronfrishberg.com/projects/ university-nobel-prizes

드 연구실에서 피어난 불씨는 거대한 바람이 되어 세계를 움직였다.

엔비디아, 구글, 넷플릭스, 나이키, 인스타그램….

스탠퍼드 동문이 세운 기업들이다. 동문 설립 상위 30개 기업의 시가총액은 1경 5천조 원을 넘어선다.[2] 이 규모는 중국 상하이·선전 증시 상장사 5천여 개 전체 합계, 그리고 2025년 10월 기준 대한민국 상장사 2천 7백여 개 전체 합계(약 3천 5백조 원[3])를 압도한다. 그러나 이 숫자가 보여주는 것은 단순한 자본시장의 우위가 아니다. 지식이 기업으로, 기업이 산업으로, 산업이 세계 질서를 재편하는 힘이라는 사실이다. 한 캠퍼스에서 시작된 점화가 세계 경제와 글로벌 산업 생태계를 견인하는 엔진이 된 것이다.

스탠퍼드는 자신을 "혁신의 엔진(Engine of Innovation)"이라 규정한다. 이는 수사적 표현이 아니라, 지식을 에너지로 전환하는 실제의 장치다. 지식은 연구실과 강의실에서 점화되어 논문에 머무르지 않고, 기술이 되고, 기업이 되고, 제도가 되어 때로는 세계사의 방향을 바꾼다. 자유의 바람은 혁신의 엔진을 낳고, 그 엔진은 혁신생태계를 구축하며, 혁신생태계는 문명의 질서를 다시 그린다. 이것이 스탠퍼드가 대학의 경계를 넘어서는 방식이다.

19세기 말에 불기 시작한 자유의 바람은 20세기 중반 제도화된 혁신으로 뿌리내리고, 21세기에는 세계를 향해 거대한 바람으로 확장되었다.

---

2) https://www.stanford.edu/about/
3) 한국거래소 정보데이터시스템

INNOVATION HEGEMONY 혁신패권

구조가 되고, 규범이 되고, 마침내 '스탠퍼드 혁신생태계'라는 이름으로 확립되었다. 오늘날 세계가 말하는 '대학 기반 혁신생태계의 원형 모델'은 이렇게 세기를 넘어 쌓인 축적 위에서 완성된 것이다.

그리고 지금, 우리는 하나의 장면을 목격한다.

한 줄의 문장이 한 시대의 혁신을 점화하고, 바람이 되어 세계의 흐름을 흔드는 순간을. 19세기에 태동한 자유의 바람은 오늘날에도 혁신의 엔진을 돌리며, 더 크고, 더 멀리, 그리고 더 깊이 퍼져 나가고 있다.

이제 질문은 우리에게 돌아온다.

수많은 대학이 세워졌지만, 자신만의 혁신생태계를 설계하고 제도화해 지속시킨 곳은 드물다.

스탠퍼드는 어떻게 그 '원형'이 되었는가?

그리고 우리는 무엇을, 어떻게 쌓아야 다음 혁신의 발원지가 될 수 있을까?

스탠퍼드 혁신생태계를 특별하게 하는 힘
— 혁신의 플라이휠

스탠퍼드의 혁신은 어느 날 갑자기 싹튼 것이 아니다.

그것은 문화적 가치(cultural values), 제도적 장치(institutional arrangements), 역사적 궤적(historical trajectories), 그리고 무엇보다도 집단적 신념(collective belief)이 한 세기 이상 축적되며 맞물려 돌아온 결과이다.

이러한 축적의 과정을 설명하기에 가장 적절한 은유가 바로 플라이휠 (flywheel)이다.

플라이휠은 본래 엔진이나 발전기에 쓰이는 무거운 회전 장치다.

처음 돌리기는 힘들지만, 일단 회전이 시작되면 축적된 관성 덕분에 작은 힘만으로도 오랫동안 돌아간다. 스탠퍼드의 혁신 역시 그러하다. 위험 감수(risk-taking)에서 출발해, 빠른 상업화(fast commercialization)로 관성을 축적하고, 다시 성공의 피드백(success feedback)이 새로운 위험 감수를 불러오는 순환 고리(circular loop)를 만든다. 이 자기강화적(self-reinforcing) 메커니즘 덕분에 스탠퍼드는 멈추지 않는 세계 혁신의 엔진이자 심장부로 자리 잡았다.

플라이휠의 세 단계 메커니즘

이 은유는 단순한 직관적 설명을 넘어 학문적으로도 뒷받침된다.

스탠퍼드 경영대학원(Stanford GSB) 척 이즐리(Chuck Eesley) 교수는 2025년 8월 Stanford Report에 〈The Rise of Universities as Engines of Innovation〉을 기고하며, 대학이 어떻게 연구와 교육을 넘어 혁신의 엔진으로 부상했는지를 분석했다. 그는 정부의 지속적 투자, 기업가정신 교육, 그리고 촘촘한 동문 네트워크가 창업의 성패를 가르는 핵심 요인임을 지적하며, 그 배경에 놓여 있는 구조로 대학-산업-정부의 상호작용을 강조했다. 이는 곧 트리플 헬릭스 모델(Triple Helix Model)의 핵심 논리와 맞닿아 있다.

이 모델에서 말하는 '나선형 진화(spiral evolution)'는 스탠퍼드가 세대마다 새로운 파동을 흡수하고 다시 재생산해내는 과정을 이해하는 데 적합한 개념이다.

혁신은 단발적 사건이 아니라, 끊임없이 이어지는 순환적 진화(cyclical evolution)임을 보여준다.

이러한 학술적 통찰을 종합하면, 스탠퍼드 혁신생태계의 동역학(dynamics)은 세 단계의 과정으로 설명될 수 있다. 그것은 바로 초기 푸시(initial push)→관성 축적(momentum build)→가속화(acceleration)라는 틀이다. 이 구조는 단순한 은유를 넘어선다. 스탠퍼드가 위험 감수의 문화를 제도화하고, 빠른 상업화를 통해 아이디어를 시장으로 이끌어내며, 성공의 피드백이 집단적 자신감을 강화해 생태계 전체를 가속하는 과정을 설명하는 하나의 혁신 동역학 프레임워크(Innovation Dynamics Framework)로 기능한다.

초기 푸시 – "위험 감수의 제도화"

스탠퍼드 혁신의 출발점은 위험 감수 문화(culture of risk-taking)다. 이곳에서는 합의되지 않은 아이디어(non-consensus ideas)라도 배척되지 않으며, 실패 또한 낙인이 아니라 '앞으로 나아가는 실패(failing forward)'로 이해된다. 즉, 실패가 학습 자산으로 전환되는 것이다.

이 문화를 제도적으로 뒷받침하는 대표적 장치가 스탠퍼드 기술벤처 프로그램(Stanford Technology Ventures Program, STVP)이다. STVP는 대담한 위험 감수(audacious risk-taking)를 교육의 핵심에 둔다. 특히 린 론치패드(Lean Launchpad) 과정에서는 학생들이 실제 시장에서 아이디어를 시험하고, 그 과정에서 실패를 통해 배우도록 설계되어 있다.

이 경험은 단순한 기업가정신과 창업 교육이 아니다. 인공지능(AI)이나 바이오 분야에서 박사 인재들이 졸업 후 곧장 빅테크(Big Tech) 기업이나 다국적 제약사로 이동하는 두뇌 유출(brain drain) 문제를 완화하는 역할을 한다. 린 론치패드는 학생들에게 학문적 가치와 시장 기회를 동시에 경험하게 하여 어느 한쪽으로 쏠리지 않도록 균형을 잡는다. 그 결과 연구자는 학계에 남아 지식을 심화시키거나, 학문과 산업을 넘나드는 다양한 선택지를 확보할 수 있다.

즉, 초기 푸시는 위험 감수의 제도화→실패의 학습 전환→학문과 산업의 균형 유지라는 안전판(safety net)을 제공하는 단계이다.

관성 축적 Momentum Build – 빠른 상업화와 네트워크 확장

두 번째 단계는 빠른 상업화(speed of commercialization)를 통한 관성의 축적이다.

연구 성과가 시장에서 신속히 구현될 때, 생태계 전체는 추진력을 얻게 된다.

스탠퍼드에서 이 역할을 담당하는 핵심 기관은 기술이전실(Office of Technology Licensing, OTL)이다. OTL은 발명 공개(invention disclosure)에서 라이선스(licensing) 체결까지 평균 6~12개월밖에 걸리지 않는다. 이는 보통 2~3년이 소요되는 다른 주요 대학과 비교하면 세계 최고 수준의 속도다. 보통의 기업들보다 더 빠르다.

2025년 한 해 동안 OTL은 114개의 신규 라이선스를 발급했고, 그 가운데 23개가 곧바로 스타트업 창업으로 이어졌다. 이 과정은 단순한 기술이전(technology transfer)이 아니라, 연구자-기업가-투자자-법률 전문가 간의 네트워크 형성을 촉진한다. 새롭게 형성된 네트워크는 차세대 창업자와 연구자를 끌어들이며, 자본과 인재의 순환을 가속화한다.

투자자들은 성공 사례를 통해 신뢰를 쌓고 추가 투자를 확대한다. 젊은 연구자들은 "내 아이디어도 시장에 나갈 수 있다"는 확신을 얻게 된다. 이렇게 생겨난 관성은 단순한 거래를 넘어 자기강화적 자원 동원(self-reinforcing resource mobilization)으로 발전한다.

가속화 Acceleration – 성공 피드백과 글로벌 확산

세 번째 단계는 성공 피드백(success feedback)에 따른 가속화다. 작은 성공들이 쌓이며 네트워크를 강화하고, 더 큰 성공으로 확장된다. 대표적 사례가 2025년 블랙록(BlackRock)과 마이크로소프트(Microsoft)가 공동으로 조성한 300억 달러(최대 1천억 달러) 규모의 글로벌 AI 파트너십(Global AI Partnership)이다. 이 프로젝트에는 스탠퍼드 출신 연구자와 기업가 네트워크가 깊게 얽혀 있었으며, 단순한 기업 성장 차원을 넘어 글로벌 AI 인프라 구축과 에너지 리스크 분산 같은 전 지구적 과제 해결로까지 확장되었다.

이런 성공 경험은 생태계의 집단적 자신감(collective confidence)을 키운다. 한 세대의 성취가 다음 세대의 도전으로 이어지고, 심지어 실패 경험조차 자산으로 전환된다. 나아가 스탠퍼드 네트워크는 글로벌 자본과 정책 의제에까지 영향을 미치며, 생태계 전체의 스케일을 끌어올린다.

즉, 가속화 단계는 작은 승리를 신뢰 자산(trust capital)으로 전환하고, 도전 의식을 강화하며, 지역을 넘어 글로벌 의제(global agenda)로 확산시키는 엔진이다.

플라이휠의 자기강화적 순환

이 세 단계는 단순히 한 번 돌고 끝나는 선형(linear) 과정이 아니다. 초기 푸시→관성 축적→가속화→다시 위험 감수로 이어지는 순환 고리(circular loop)를 형성한다.

이 순환은 반복될수록 더 강해지고, 더 많은 자원을 끌어들이며, 더 큰 도전을 가능하게 한다. 그 결과 스탠퍼드는 단순한 연구 중심 대학을 넘어, 끊임없이 혁신을 생산하는 자생적 혁신생태계(self-sustaining innovation ecosystem)로 자리 잡았다.

바로 이 생태계가 스탠퍼드를 세계의 어떤 기업보다도 강력한 혁신의 엔진(innovation engine)으로 평가하게 만드는 핵심 원천이다.

제도화된 위험 감수 문화:
"어리석음은 천재의 대가다"

스탠퍼드 혁신 플라이휠을 구체적으로 이해하려면, 무엇보다 이곳을 지탱하는 문화적 토양을 먼저 짚어야 한다.

스탠퍼드 비즈니스스쿨(GSB) 교수 윌리엄 바넷(William P. Barnett)은 이를 "어리석음은 천재의 대가(foolishness is the price of genius)"라고 표현했다.

전혀 새로운 것을 시도하려면, 세상 사람들의 눈에는 때로 '어리석음'으로 비칠 정도의 무모함이 필수적이라는 뜻이다.

이 문화 속에서 실패는 단순한 좌절이 아니다. 스탠퍼드에서는 실패를 '앞으로 나아가는 실패(failing forward)'로 재해석한다. 다시 말해 실패가 곧 학습과 자산으로 전환되는 것이다. 중요한 점은 이것이 개인의 태도 차원을 넘어, 제도적 장치에 의해 뒷받침되는 문화적 구조(institutionally supported cultural structure)라는 사실이다.

많은 기업이나 대학이 혁신 조직이나 혁신생태계 구축에 실패하는 가장 핵심적 원인 배경이 바로 제도화된 위험 감수와 제도가 문화로 온전히 내재화되지 못한 점이다.

제도화된 위험 감수 – 프로그램들의 역할

스탠퍼드는 '위험 감수'를 단순한 구호가 아닌 교육·제도적 장치로 실현해 왔다. 대표적인 세 가지 프로그램은 다음과 같다.

- SIER(Stanford Initiative for Entrepreneurs' Resilience)

  기업가정신을 단기적 성취가 아닌 장기적 여정으로 바라보게 만든 프로그램이다. 정신 건강(mental health)과 회복력(resilience)을 과학적으로 연구해, 기업가나 창업자가 위험을 감수하는 동안 심리적·사회적 지속 가능성을 확보하도록 돕는다. 덕분에 실패는 단순한 소진(burnout)으로 끝나지 않고, 다음 도전을 위한 회복 자원으로 전환된다.

- Mayfield Fellows Program

  스탠퍼드가 배출한 대표적 기업가 양성 프로그램으로, 인스타그램(Instagram)과 스냅챗(Snapchat) 같은 벤처 성공 사례가 이 과정 출신들의 도전에서 비롯되었다. 핵심은 "무모해 보이는 시도(reckless-looking attempts)"를 실제 기업가적 성과로 연결하는 훈련이다. 참가자는 실패를 두려움이 아닌 탐험의 비용(cost of exploration)으로 인식하도록 배운다.

- Biodesign Program(2025)

  의료·바이오 분야 혁신을 위한 교육 플랫폼이다. 가장 큰 특징은 "혁신은 전문가 집단만의 전유물이 아니다(Innovation is not the privilege of experts)"라는 메시지를 던진다는 점이다. 의대생, 공학도, 심지어 비전공자까지 함께 문제 해결에 참여하도록 장려하며, 위험 감수(risk-taking)를 특정 집단이 아닌 사회적 권리(social right)로 확장시켰다.

전략적 교훈 — 집단적 성향으로 자리잡은 위험 감수

혁신은 단순히 창의적 아이디어나 기술적 역량만으로는 성립하지 않는다. 그것이 뿌리내릴 토양, 즉 위험 감수를 제도화한 문화적 구조가 있어야 한다. 스탠퍼드가 보여준 교훈은 명확하다. 위험 감수는 개인의 기질이나 일시적 유행이 아니라, 교육·제도·문화가 맞물려 만들어내는 집단적 성향(collective disposition)이라는 것이다.

첫째, 위험 감수의 제도적 뒷받침이 없다면 실패는 소진으로 귀결되지만, 제도가 마련된 환경에서는 실패가 학습으로 전환된다. SIER 프로그램이 보여주듯, 창업자의 회복력과 지속 가능성을 관리하는 체계는 '실패의 후유증'을 줄이고 '실패의 자산화'를 가능하게 한다. 이는 기업가정신을 단발적 도전이 아니라 지속적 여정으로 전환시킨다.

둘째, 무모해 보이는 시도를 성과로 연결하는 훈련이 제도 속에 포함되어야 한다. Mayfield Fellows Program은 창업자가 '어리석어 보이는 실험'을 두려움 없이 시도하도록 돕는다. 이는 실패를 탐험의 비용으로 전환시키며, 결과적으로 급진적 혁신의 가능성을 넓힌다. 혁신생태계에서 무모함은 배제해야 할 결함이 아니라 관리·훈련할 수 있는 자원이다.

셋째, 위험 감수를 특정 집단이 아닌 사회 전체의 권리로 확장하는 시도가 필요하다. Biodesign Program은 의료·바이오 분야에서 혁신을 전문가 독점이 아닌 집단적 참여로 전환시켰다. 이는 위험 감수가 더 이상 소수 엘리트의 특권이 아니라, 다양한 사회 구성원이 함께 나눌 수 있는 사회적 권리임을 보여준다. 혁신의 문턱을 낮추는 이러한 시도는 생태계의 폭발적 다양성과 창의성을 뒷받침한다.

궁극적으로, 스탠퍼드의 위험 감수는 개인의 기질이 아니라 제도(institutions)와 문화(culture)가 결합해 만들어낸 집단적 성향이다. 학생, 교수, 동문, 투자자가 공유하는 이 성향 덕분에 무모함은 곧 창의성으로, 실패는 곧 학습으로, 도전은 곧 사회적 가치로 변환된다. 바로 이 집단적 성향이 스탠퍼드 플라이휠을 움직이는 첫 힘이다.

따라서 전략적 교훈은 분명하다. 위험 감수의 사회적 제도화(social institutionalization of risk-taking) 없이는 혁신생태계는 뿌리내릴 수 없다. 이는 한두 명의 기업가나 혁신가의 용기를 넘어선 문화적 합의이며, 세대를 건너 전승되는 혁신의 DNA다. 많은 조직과 국가가 혁신 구축에 실패하는 이유는 이 DNA의 제도화와 내재화에 성공하지 못했기 때문이다. 반대로, 위험 감수를 제도와 문화 속에 각인할 수 있다면, 혁신은 일시적 성취가 아니라 지속적 동력으로 이어질 수 있다.

빠른 상업화: 속도가 만드는 힘

플라이휠의 두 번째 축은 상업화의 속도(speed of commercialization)다. 혁신은 아이디어만으로는 의미가 없다. 실험실 안 논문에 머무는 지식이 시장과 사회에서 구현될 때 비로소 집단적 동력(collective momentum)을 얻는다.

스탠퍼드의 혁신생태계가 특별한 이유는 바로 이 "아이디어에서 영향 (impact)까지의 시간(time-to-impact)"을 극적으로 단축시켰다는 점에 있다.

OTL의 신속한 프로세스 – 발명에서 시장까지

스탠퍼드의 기술이전실(Office of Technology Licensing, OTL)은 세계에서 가장 **빠른** 상업화 메커니즘을 보유한 기관 중 하나다.

프로세스는 간단하지만 속도가 압도적이다.

발명 공개(Invention Disclosure)→평가(Evaluation, 1~2개월)→라이선스 (Licensing, 6~12개월)

대부분의 연구 성과가 1년 안에 기업 파트너나 스타트업으로 연결된다. 반면 다른 주요 연구 대학들은 보통 2~3년이 걸린다. 실제로 2025년 한 해 동안 OTL은 3,000건 이상의 발명 공개(disclosures)를 처리했고, 그중 수백 건이 신속하게 라이선스로 이어졌다.

이 속도는 단순한 행정 효율이 아니라, 혁신의 관성을 유지하는 핵심 장치다.

시간이 지체되면 아이디어는 시장에서 진부해지고, 창업자의 의지는 약해진다. 그러나 스탠퍼드에서는 지적 자산이 빠르게 자본과 연결되고, 그 결과 새로운 실험과 투자가 다시 생겨나는 선순환이 만들어진다.

StartX와 HIT Fund – 속도를 뒷받침하는 제도

OTL의 프로세스만으로는 충분하지 않다. 창업자들은 여전히 '죽음의 계곡(valley of death)'—즉, 기술은 있지만 자금과 검증 기회가 부족한 단계—를 건너야 한다. 이를 뒷받침하는 장치가 액셀러레이터(accelerator)와 전문 투자 펀드(fund)다.

- StartX Accelerator

  스탠퍼드 동문 중심으로 운영되는 프로그램으로, 지분 요구 없는(equity-free) 모델을 채택했다. 창업자가 초기 자본 조달 과정에서 지분을 과도하게 희석하지 않도록 보호하는 구조다. 지금까지 StartX는 1,200억 달러 이상의 기업 가치를 창출했고, 20개 이상의 10억 달러 이상 기업 가치를 지닌 스타트업(흔히들 유니콘 기업)의 투자 유치를 한 기업을 배출했다. 단순한 투자 지원을 넘어, 창업자의 시장 진입 속도를 높여주는 네트워크·지식 허브 역할을 한다.

- HIT Fund (Hardware, IT & Technology Fund)

  초기 창업자가 자주 좌절하는 지점은 시장 시험 이전 단계다. HIT Fund는 소규모 시드(seed) 자금을 신속히 제공해, 아이디어가 사라지기 전에 시장 검증에 도달하도록 돕는다. 이는 속도를 배가시키는 '가속의 가속기(가속의 액셀러레이터, accelerator of acceleration)'다.

속도와 학문의 관계 – 갈등이 아닌 상호 가속

"빠른 상업화가 학문적 탐구를 희생시키지 않을까?"

일각에서는 이런 우려를 제기한다. 그러나 스탠퍼드의 경험은 정반대의 결과를 보여준다.

경영학자 케이트 라인머스(Kate Reinmuth)의 2025년 연구에 따르면, 라이선싱 이후 연구자의 학문적 생산성은 평균 20~30% 증가했다. 특허와 기업화 경험이 논문 출판, 공동 연구, 후속 발명으로 이어졌기 때문이다. 즉, 학문과 시장은 경쟁 관계가 아니라, 서로를 가속하는 관계(mutually accelerating relationship)다.

따라서 빠른 상업화는 학문을 소모하는 것이 아니라, 오히려 학문적 피드백과 몰입도를 강화하는 촉매로 작동한다. 연구자는 자신의 아이디어가 사회·경제적 영향을 미치는 것을 확인하며 새로운 동기를 얻고, 그 과정에서 더 많은 문제의식과 데이터, 네트워크를 축적한다. 노벨상을 수상하는 교수가 다수 배출되는 이유다.

전략적 시사점 — 속도가 만들어내는 집단적 에너지

빠른 상업화는 단순한 실행 속도의 문제가 아니라, 혁신생태계 전체를 움직이는 핵심 동력이다. 아이디어가 시장과 사회에 닿기까지 걸리는 시간을 줄이는 것은 곧 연구자의 동기를 강화하고, 투자자의 자본 회전을 앞당기며, 국가 차원의 경쟁 우위를 공고히 하는 장치가 된다. 스탠퍼드 사례는 "속도가 곧 힘"이라는 사실을 실증적으로 보여준다.

첫째, 작은 성과가 누적될 수 있는 토대는 속도 관리에서 나온다.

OTL이 보여준 '발명 공개 → 평가 → 라이선스'의 신속한 프로세스는 기술을 오래 묶어두지 않고 빠르게 시장으로 내보내는 시스템이다. 이 속도는 단순한 행정 편의가 아니라, 혁신의 관성을 유지하는 전략적 장치다. 시간이 지연되면 아이디어는 휘발되지만, 신속한 상업화는 성과를 자본·정책·인재로 다시 환류시켜 새로운 실험을 촉발한다.

둘째, 속도를 지탱하는 제도적 장치가 필요하다.

StartX와 HIT Fund가 보여주듯, 액셀러레이터와 전용 펀드는 죽음의 계곡을 건너는 교량 역할을 한다. 초기 창업자가 아이디어를 시장 검증까지 이끌어내는 데 필요한 시간과 비용을 줄여주며, 불확실성의 공백을 메우는 구조다. 이는 속도 자체를 다시 가속하는 '가속의 가속기'로 작동한다.

셋째, 속도와 학문의 관계는 갈등이 아니라 상호 가속이다.

스탠퍼드 연구에서 확인되었듯이, 라이선싱과 기업화 경험은 연구자의 학문적 생산성을 감소시키지 않는다. 오히려 특허와 협업, 산업적 문제의식이 학문적 질문을 확장하며, 논문 출판과 발명으로 되돌아온다. 즉, 빠른 상업화는 학문을 잠식하는 것이 아니라 연구의 심화를 촉진하는 촉매다.

넷째, 속도는 단일 기업이나 연구실에 국한되지 않고, 생태계 전반의 집단적 추진력을 만들어낸다. 지적 자산이 시장과 연결되는 리듬이 빨라질수록, 투자자는 더 많은 자본을 재투입하고, 연구자는 더 많은 아이디어를 시도한다. 이는 결국 생태계 전체의 'time-to-impact'를 단축시키며, 조직과 국가 차원의 혁신 리더십을 강화한다.

종합하면, 플라이휠의 두 번째 힘은 바로 이 "속도가 만들어내는 집단적 에너지”다. 아이디어가 빠르게 시장과 연결될 때, 혁신은 사라지지 않고 다음 세대를 위한 추진력으로 남는다. 빠른 시장 진입은 신뢰와 자본을 재생산하고, 제도적 장치는 이를 뒷받침하며, 학문적 생산성마저 함께 끌어올린다. 결국 속도는 혁신을 소모하는 힘이 아니라, 혁신을 증폭시키고 미래를 이어가는 집단적 에너지다.

가속화: 작은 성공이 만드는 거대한 추진력
(Acceleration: How Small Wins Accelerate the Ecosystem)

플라이휠의 마지막 단계는 가속화다.

위험 감수에서 시작한 실험이 빠른 상업화를 서쳐 시장과 연결되면, 그 과정에서 발생하는 작은 성공(small wins)이 누적되어 생태계 전체를 밀어 올린다. 중요한 점은 이 성취가 개별 기업의 성과에 머무르지 않고, 문화적 자신감과 정책·산업 전반의 파급력(system-wide impact)으로 전환된다는 사실이다.

2025년의 사건과 데이터는 이 메커니즘이 단순한 은유가 아니라, 관측 가능한 동역학(observable dynamics)임을 분명히 보여주었다.

1. 지식 인프라의 가속: SETR 2025

2025년, 스탠퍼드 공대와 후버 연구소가 공동 주도한 Stanford Emerging Technology Report(SETR 2025)는 열 가지 프런티어 기술—인공지능, 합성생물학, 암호학, 레이저, 소재 과학, 신경과학, 로보틱스, 반도체, 우주, 지속 가능 에너지—을 종합적으로 정리한 정책 결정자용 원스톱 프라이머(one-stop primer)를 출간했다.

이 보고서는 각 기술의 핵심 개념, 최근 진전, 향후 주목 사안, 정책·규제 이슈를 한눈에 연결하며, 학계–산업–정부의 삼중 나선(Triple Helix)이 어디서 병목 되고 어디서 시너지를 내는지 짚었다. 목적은 명확했다. "미국의 혁신 리더십을 유지하려면 공공·민간 부문이 더 빠르게, 지속적으로, 쉽게 상호 학습해야 한다."

특히 바이오테크놀로지 장은 "바이오 산업이 이미 미국 GDP의 약 5%"를 차지한다는 지표를 근거로, 학술 성과→기술이전→임상·제조 확장→규제 학습이라는 신속한 루프가 국가 경제 전반을 가속하는 경로를 보여주었다. 이러한 지표는 단순 규모가 아니라, 인재·자본의 후속 투입을 앞당기는 기대 메커니즘(expectations mechanism)으로 작용했다.

2. 시장 루프의 동력: OTL과 성과의 재투입

지식 루프는 상업화라는 시장 루프와 맞물려야 가속이 현실화된다. 스탠퍼드 기술이전실(OTL)의 2024 회계연도 연간 보고서에 따르면, 신규 기술 평가 541건, 계약 114건, 신규 스타트업 23개가 창출되었다. 또한 로열티와 지분 수입은 6,860만 달러, 지분 보유는 210개사, 현금화 실적은 9개사·430만 달러에 달했다.

이 흐름은 성과가 다시 재정적 여력으로 전환되어, 새로운 위험 감수와 도전을 가능하게 하는 자기강화 구조(self-reinforcing structure)임을 입증한다.

3. 작은 성과의 현장 채택: 의료·데이터 혁신

가속화의 효과는 보건의료에서 뚜렷하게 나타난다.

스탠퍼드 헬스케어(Stanford Health Care)는 2025년 '헬스케어 플라이휠 어워드(Health Catalyst Flywheel Award)'를 수상했다. 이 상은 데이터 관리와 분석을 통해 병원 전반의 질·비용·운영 개선을 달성한 '측정 가능한 성과'를 객관적으로 인정한 것이다.

이처럼 임상·운영 데이터의 작은 성공이 조직 내 표준 절차로 내재화되면, 병원은 더 많은 실험과 개선을 빠르게 반복할 수 있는 조직학적 표현형(organizational phenotype)으로 바뀐다. 작은 개선이 조직 차원의 체질 변화를 이끌어낸 셈이다. 병원의 현장마저 혁신의 터전이 된다.

4. 물리적 인프라의 확장: AIP 사례

가속화는 담론과 제도에 머물지 않고, 물리적 인프라의 용량(capacity) 증설로 이어질 때 더욱 실감된다. 2024~25년, AI 인프라스트럭처 파트너십(AIP)—블랙록(BlackRock), 글로벌 인프라스트럭처 파트너스(GIP), 마이크로소프트(Microsoft), MGX가 주도—은 초기 300억 달러 규모의 사모 지분 조달 잠재력을 제시했고, 부채 포함 최대 1,000억 달러 규모 투자 가능성을 밝혔다. 이후 쿠웨이트 투자청(KIA)까지 합류하며 확장세를 보였다.

이는 데이터센터·전력·송배전 등 AI의 하드 인프라를 확충하는 신호로, 연구–산업–정책의 작은 승리들이 곧 물리적 기반의 확대와 가속으로 연결되는 전형적인 사례다.

5. 담론과 문화의 확산: 작은 승리 → 문화 변화

가속화는 문화적 전환(cultural transformation)에서도 확인된다.
2025년 9월, 메릴랜드 테크 개발공사(TEDCO)는 "혁신 플라이휠: 초기 기술이전의 작은 승리가 연구실의 기업가 문화를 어떻게 점화하는가"라는 패널을 열었다. 메시지는 명확했다. "작은 성공이 곧 문화 변화로 전환된다."

이는 스탠퍼드 내부에서 관찰된 원리가 타 지역·타 대학의 정책 프레임으로 전파되는 사례다. 또한 벤처캐피털 Fusion Fund와 전 스탠퍼드 총장 존 헤네시(John L. Hennessy)가 주도한 AI-헬스케어 협력은 학계-산업-투자 간 교차 생태계 협력(cross-ecosystem collaboration)이 어떻게 글로벌 네트워크로 가속되는지를 보여주었다.

6. 제도적 안전망과 다음 세대의 초기 푸시

마지막으로, 가속화가 다음 라운드의 초기 푸시로 이어지려면 연구자에게 돌아올 경로(path-back)가 보장되어야 한다. 스탠퍼드의 OTL HIT Fund, 산학 협력(ICO), 학제적 이니셔티브는 소액 시드·리스크 완충·규제·보험·임상 자문 등 다양한 장치를 통해 연구자가 탐색적 시도 후에도 자신의 원래 자리와 역할로 복귀할 수 있는 안전망을 제공한다.
FY2024 기준, 산업 후원 연구 8,000만 달러, 산업 연계 프로그램 4,000만 달러, 산학계약 4,941건이 실행되며, 이러한 연결 조직의 체력이 플라이휠의 지속적 가속을 뒷받침하고 있다.

전략적 시사점 — 작은 승리가 만드는 가속의 논리

플라이휠의 마지막 단계인 '가속화'는 단순한 기술적 발전이나 기업 성과를 넘어서는 힘을 지닌다. 작은 성과가 모여 조직과 생태계를 밀어 올리는 과정은 곧 기대와 신뢰를 형성하며, 새로운 자본과 정책, 인재의 유입을 촉진한다. 이러한 축적은 하나의 사건을 넘어 사회 전체를 움직이는 동역학으로 발전한다.

무엇보다 작은 성과의 가치는 전략적 메커니즘으로 작동한다는 점에서 중요하다. 그것은 미래에 대한 확신을 제공하며, 정책적 의사결정과 문화적 변화, 그리고 자본 투입을 앞당기는 신호가 된다. 따라서 기관과 국가는 이 성과들을 정확히 측정하고, 공유하며, 빠르게 확산시킬 수 있는 제도적 플랫폼을 갖추는 것이 필요하다.

또한 지식, 시장, 인프라라는 세 개의 루프가 서로 맞물릴 때 가속도의 효과가 발생한다. SETR이 보여준 지식 인프라의 집적, OTL을 통한 상업화 경로, AIP를 중심으로 한 대규모 인프라 확충은 각각 따로 존재하는 것이 아니라 하나의 유기적 구조로 얽히며 가속을 만든다. 이는 부분적 성취가 아니라 루프 간 연동이 정책·전략의 핵심임을 보여준다.

현장의 조직적 변화 역시 핵심적이다. 의료 현장에서 입증된 것처럼, 작은 실험의 성과가 운영체계 속에 내재화되면 조직은 더 많은 실험을 반복할 수 있는 체질로 변화한다. 작은 개선이 쌓여 조직의 표현형 자체가 바뀌고, 결국 혁신이 조직의 일상적 리듬으로 자리 잡는다.

가속화는 또한 문화적 차원에서도 작동한다. 정책과 자본만으로는 충분하지 않다. 연구실과 대학, 지역 생태계에서 작은 성공이 쌓여 기업가적 자신감과 학습 문화를 형성할 때, 비로소 생태계는 자생적 가속력을 갖추게 된다. 각각의 작은 승리들은 상호 보강적으로 작용하며, 스탠퍼드 플라이휠은 더 빨리, 더 크게, 더 넓게 회전한다. 작은 성공은 단발적 사건이 아니라 집단적 자신감으로 전환되고, 다시 제도적 확장과 글로벌 의제 형성으로 이어지는 동역학의 핵심 에너지가 된다.

그러나 문화적 전환만으로는 충분하지 않다. 생태계의 추진력이 다음 라운드로 이어지려면 반드시 제도적 안전망이 뒷받침되어야 한다. 혁신 과정에서의 실패와 위험을 흡수할 장치가 없다면 플라이휠은 일정 시점에서 멈출 수밖에 없다. 연구자가 실패 이후에도 자신의 자리로 돌아갈 수 있는 경로, 사회적으로 리스크를 분산할 수 있는 시스템이 마련될 때, 작은 승리의 문화와 안전망은 서로 맞물려 다음 세대의 초기 푸시를 촉발한다.

결국 작은 승리에서 출발한 성취는 신뢰와 기대의 축적을 거쳐 지식·시장·인프라 루프의 동시 가속으로 확장된다. 이는 다시 문화와 제도의 변화를 낳고, 안전망 위에서 새로운 도전으로 이어진다. 2025년의 사례들이 이를 입증했다. 작은 성과가 어떻게 기대를 만들고, 루프를 동시 가속하며, 문화와 제도를 변화시키고, 끝내 다음 세대를 위한 새로운 추진력으로 전환되는지를 신중적으로 부여준 것이다. 가속화는 추상적 은유가 아니라 실제로 관측 가능한 자기강화 메커니즘이며, 혁신의 미래를 설계하는 우리 모두가 반드시 주목해야 할 전략적 통찰이다.

스탠퍼드 혁신생태계:
기업을 뛰어넘는 대학 기반 혁신패권

엔비디아가 생태계 주권성→혁신지속실행기반→생태계적 비가역성→혁신패권으로 이어지는 비교적 직선의 확장 궤도를 그렸다면, 스탠퍼드는 출발점이 다르다. 대학이라는 조직의 성격상, 먼저 혁신지속실행기반—곧 스탠퍼드 혁신 플라이휠—을 정교하게 구축하고, 그 플라이휠이 스스로 속도를 높이는 자기강화 순환을 통해 주권성을 확보한다. 두 축이 결합되면서 생태계적 비가역성이 형성되고, 최종적으로 대학 기반 혁신패권으로 수렴한다.

핵심은 빙법이 아니라 구조다. 스탠퍼드는 내부에서 지식의 생성-검증-전환이 끊기지 않도록 하는 제도화된 실행 체계를 선행 배치했다. 기술이전·산학계약·연구행정이 제각각의 절차로 흩어지지 않고 정렬된 구동 장치처럼 맞물려, 작은 성과가 지체 없이 다음 단계로 이어지도록 설계되어 있다. 동시에 캠퍼스 밖에서는 액셀러레이터, 산업 컨소시엄, 연구단지 같은 협력 인프라가 시장과 정책의 문턱을 낮추고, 성과의 확산 반경을 넓힌다. 이렇게 안쪽의 규율과 바깥의 개방성이 만나는 지점에서, 아이디어는 발명으로, 발명은 기업·정책·표준으로 빠르게 이어지며, 다시 대학으로 귀환해 다음 라운드를 점화한다.

이 흐름을 "루프가 닫힌다"고 부르도록 하자. 건물의 전기 회로가 완성되면 전기가 끊기지 않고 흐르듯, 연구→사업화→확산→재투입의 경로가 완결된 한 바퀴를 이루어 지속적으로 순환하는 상태를 뜻한다. 이 회로가 작동하면 세 가지 변화가 동시에 일어난다. 첫째, 시간이 줄어든다(속도)—아이디어가 결과로 전환되는 주기가 짧아진다. 둘째, 시도가 늘어난다(반복)—작은 성공과 안전망이 더 많은 실험을 유도한다. 셋째, 범위가 넓어진다(확산)—성과가 학문·산업·정책으로 퍼지며 다음 기회를 확장한다. 스탠퍼드는 이 세 요소를 제도와 문화의 일상으로 정착시켜, 기업을 넘어서는 대학 기반 혁신패권이라는 지위를 확립했다.

이러한 연결-순환의 습관은 처음부터 주어진 것이 아니었다. 현재의 회로는 대공황과 전쟁 이후 지역 일자리 위축과 대학 재정난을 돌파하는 과정에서 서서히 빚어졌다. 다수의 대학에서는 보편적 미션인 교육·연구·봉사가 분절적으로 운영되는 반면, 스탠퍼드는 이 세 축을 하나의 혁신 엔진으로 정교하게 조율하였다.

전환의 분수령은 프레더릭 터만(Frederick Terman)과 제5대 총장 J. E. 월리스 스털링(J. E. Wallace Sterling)의 결단이었다. 터만은 1944~1958년 공과대학 학장, 1955~1958년 교무·학술총장으로서 학문과 산업을 잇는 제도적 경로를 구체화했고, 스털링은 1949~1968년 총장으로 거버넌스와 자원 배분을 그 방향에 맞추어 재설계했다. 두 사람은 교육·연구·봉사를 별개의 기능으로 취급하지 않고, 지식이 시장과 사회로 이동한 뒤 다시 대학으로 귀환하는 경로를 대학의 상시 운영 원리로 심었다. 그 결과 스탠퍼드는 반세기 전부터 연구실의 발견이 기업가정신·지역 산업·공공 의제로 연결되는 상시 회로를 가동했고, 이는 오늘날의 혁신 플라이휠로 이어지는 자기강화적 순환구조로 축적되었다.

스탠퍼드의 장점은 일회적 돌파가 아니라 구조화된 순환 능력에 있다. 완결된 회로는 속도를 만들고, 그 속도는 다시 시도와 확산을 증폭한다. 이 축적된 리듬이 임계점을 넘어서면서, 스탠퍼드는 대학이라는 정체성을 유지한 채, 실리콘밸리를 넘어 글로벌 대학 기반 혁신 경쟁의 장에서 혁신패권을 확보하게 되었다.

기업의 혁신을 뛰어넘는 스탠퍼드 혁신 플라이휠을 구성하는 구체적 장치들이 어떠한 역사적 선택과 제도 설계 위에서 가능해졌는지, 그리고 그 장치들이 서로를 어떻게 가속하는지 차례로 살펴본다.

'혁신지속실행기반'의 설계: OTL-ICO-ORA 삼각편대

스탠퍼드의 플라이휠은 기술이전(OTL)-산학계약(ICO)-연구행정(ORA)으로 이루어진 정밀한 삼각편대에서 출발한다. 세 조직은 기능을 나누되 움직임은 하나로 맞춘다. 발명이 연구실을 떠나 평가-계약-이전의 과정을 거쳐 라이선스와 스핀오프로 이어질 때, 곳곳에서 발생하는 지연과 마찰을 표준 절차와 명확한 역할 분담으로 줄이는 방식이다. 연구자의 통찰이 제도 속에서 속도를 잃지 않도록, 세 조직은 서로의 경계에서 오해와 중복을 최소화하고 다음 단계로의 이행을 예측 가능하게 만든다.

OTL은 1970년에 문을 열었다. 역할은 단호하다. 발명 공개를 접수하고, 상업적·사회적 가능성을 평가하며, 파트너를 찾고, 라이선스를 체결하기까지의 전 주기를 책임진다. 기술을 외부로 내보내는 행위는 단순한 수익 창출이 아니라 지식의 사회적 이전이라는 가치 판단 위에 놓인다. 덕분에 연구자는 "어떻게"가 아닌 "무엇을"에 집중하고, OTL은 그 결과물이 세상과 만나는 과정을 체계적으로 정리한다.

ICO는 기업과의 협력 문을 연다. 핵심 도구는 스폰서드 리서치 계약(SRA)과 그 상위 틀인 마스터 SRA다. 연구 주제·데이터 활용·지식재산·출판 원칙을 미리 정리한 표준 계약은 프로젝트마다 처음부터 협상을 반복해야 하는 거래 비용을 크게 낮춘다. 기업에겐 신속한 참여 경로를, 연구자에겐 예측 가능한 규칙을 제공함으로써, 아이디어가 계약의 숲에서 길을 잃지 않게 한다.

ORA는 연구비 수주와 규정 준수, 보고 체계의 중앙 운영을 맡는다. 다양한 재원과 규정이 교차하는 지점을 단일 창구로 묶어, 행정의 불확실성을 줄이고 프로젝트의 연속성을 보장한다. 실험이 잘 진행되더라도, 행정이 제한적이면 전체 속도는 곧바로 떨어진다. ORA는 그 약한 고리를 미리 보강하는 역할을 수행한다.

세 조직이 만들어내는 결과는 명료하다. 연구-계약-이전의 접점이 사전에 정렬되면서, 작은 성과는 지체 없이 다음 단계로 이동한다. 이는 단순한 효율화가 아니다. 발견이 시장과 사회로 나아가는 경로를 지속 가능한 실행 기반으로 만드는 일이며, 스탠퍼드 플라이휠이 처음부터 속도를 잃지 않도록 설계하는 방식이다.

'발견→검증→전환' 파이프라인: 병목을 앞단에서 제거

의료·바이오·에너지와 같은 딥테크 영역에서 가장 큰 비용은 종종 뒤늦게 드러나는 불확실성이다. 스탠퍼드는 이 문제를 후단이 아니라 앞단에서 해결한다. 연구가 막 싹틀 때부터 발견-검증-전환의 경로를 모듈처럼 이어붙여, 초기 단계에서 리스크를 체계적으로 드러내고 줄이는 방식이다. 결과적으로 아이디어가 사회적·산업적 효과에 도달하는 시간, 곧 time-to-impact의 기울기가 완만해진다.

첫 번째 장치는 학제 씨드(Discovery Seeds)다. Bio-X, Precourt 등은 소액이지만 과감한 탐색을 가능하게 하는 씨드 자금을 제공한다. 질문은 단순하다. "지금 당장 완벽할 필요는 없지만, 새로운 가능성의 창을 열 수 있는가?" 이 단계에서 연구팀은 전공의 경계를 넘나들며 가설을 다듬고, 실험을 반복하고, 실패를 학습으로 바꾸는 습관을 기른다. 탐색의 폭이 넓을수록 이후 단계에서 마주칠 위험은 일찍 표면으로 떠오른다.

두 번째 장치는 전환 허브(Translational Hubs)다. SPARK, Spectrum, IMA, Biodesign은 각각 임상 설계, 규제 전략, 제형·제조 스케일업 같은 병목 지점을 질차화한나. "이 기술은 환자에게 어떻게 도달하는가?", "어떤 규제 경로가 현실적인가?", "실험실 수준의 성능이 제조 현장에서도 재현되는가?"와 같은 질문을 표준화된 체크리스트로 다룬다. 덕분에 연구는 단순한 성능 증명에서 그치지 않고, 현실의 경계—병원, 규제 기관, 생산라인—를 일찍 만난다. 이 만남이 곧 불확실성의 조기 노출이며, 위험을 고비용의 후단이 아니라 저비용의 전단에서 처리하게 만든다.

세 번째 장치는 전환/거래(Translation & Deal)다. 앞단에서 정리된 데이터와 경로 덕분에 OTL의 라이선스 협상과 스핀오프 결정은 속도와 명료성을 얻는다. 기업 파트너는 기술의 성숙도와 규제 가능성을 빠르게 판단하고, 대학은 조건부 마일스톤과 권리 구조를 분명히 설정할 수 있다. 중요한 것은, 이 단계가 끝이 아니라 재투입의 시작이라는 점이다. 계약에서 나온 피드백과 자원이 다시 씨드와 전환 허브로 흘러가면서, 다음 라운드의 탐색과 검증은 더 빨라지고 더 정교해진다.

이렇게 발견-검증-전환이 앞뒤를 맞춰 동작하면, 연구의 속도는 빨라지고 실패의 비용은 낮아진다. 탐색은 더 대담해지고, 전환은 더 현실적이되며, 거래는 더 예측 가능해진다. 스탠퍼드가 만든 이 파이프라인은 한 번의 '행운'이 아니라, 반복 가능한 결과를 생산하는 장치다. 그리고 반복 가능성은 곧, 생태계가 스스로 움직이는 혁신지속실행기반의 다른 이름이다.

'속도가 만드는 집단적 에너지': 무지분 액셀러레이터와 지역 인프라

스탠퍼드에서 속도는 단순한 시간 단축이 아니다. 빠른 실행이 성과를 자본·정책·인재로 다시 흘려보내고, 그 순환이 또 다른 실행을 부르는 집단적 에너지로 축적된다. 이 에너지를 가장 직접적으로 높이는 장치가 StartX와 Stanford Research Park(SRP)다. 하나는 소프트 인프라—사람과 지식의 작동 방식—를 다듬고, 다른 하나는 하드 인프라—기업과 연구소의 물리적 배치—를 조정한다. 두 축이 맞물릴 때, 시장 진입의 리듬은 빨라지고, 성공의 재투입 속도는 한층 높아진다.

StartX는 스탠퍼드와 연계된 독립 비영리 액셀러레이터로, 무지분·무수수료 원칙을 명시한다. 창업자는 초기 지분을 지키면서, 동문·교수·학생으로 이어진 동료 주도형 멘토링 네트워크에 접속한다. 이 구조는 세 가지에서 속도를 만든다. 첫째, 의사결정의 지체를 줄인다—법무·규제·제품 검증 등 반복되는 초기 과업을 선행 지식으로 단축한다. 둘째, 시장 신호에 대한 반응을 높인다—고객·투자·파트너 채널이 초기 실험의 피드백 루프를 짧게 만든다. 셋째, 인재 이동의 마찰을 낮춘다—연구실·수업·액셀러레이터 간 왕복이 자연스러운 동선으로 연결되어, 팀 보강과 피벗이 신속히 이뤄진다. 이런 과정을 거치면, 성과는 단지 회사 내부에 머물지 않고, 투자 결정·정책 논의·교육 커리큘럼으로 역류하며 생태계의 에너지를 다시 끌어올린다.

캠퍼스 외곽의 SRP는 이 에너지를 공간의 언어로 증폭한다. 연구소와 기업이 밀집한 이 단지는 회전문처럼 작동한다. 기업의 진입과 이탈, 확장과 재배치가 빠른 주기로 이루어지고, 그 움직임이 다시 채용·공동 연구·파일럿 실증의 기회를 연쇄적으로 만든다. 2025년에는 13개 동, 약 110만 제곱피트(약 1.1M ft²) 규모의 대형 거래가 성사되었다. 이 같은 재편은 단지 부동산 뉴스가 아니라, 지식과 자본의 흐름을 재정렬하는 사건이다. 연구팀이 필요한 파트너를 도보·차량 10~20분 반경에서 찾을 수 있고, 파일럿 라인과 데이터센터, 규제·임상 파트너에 이르는 동선이 짧아진다. 물리적 거리가 줄어들면 즉흥적 만남과 빠른 시범 적용이 늘고, 이는 다시 투자와 인재 이동을 불러낸다.

결과적으로, StartX의 무지분 모델은 창업자가 장기적 지분 가치를 지키며 실험의 횟수와 속도를 높이게 하고, SRP의 집적 구조는 그 실험이 현장 검증으로 이어지는 시간을 줄인다. 하나는 의사결정·지식·네트워크를, 다른 하나는 공간·설비·현장성을 담당한다. 두 인프라가 함께 작동하면, 작은 성공이 곧바로 후속 투자와 파트너십, 추가 실험으로 연결되고, 그 연결이 다시 다음 성공의 확률을 끌어올린다. 속도는 이렇게 자체 연료를 얻는다. 그리고 이 연료가 누적될수록 스탠퍼드 플라이휠은 더 빨리, 더 크게, 더 넓게 회전한다.

'위험 감수의 사회적 제도화': 문화의 엔진

스탠퍼드에서 실패는 끝이 아니라 경로를 바꾸는 이정표다. 이곳의 규칙은 흔히 '앞으로 나아가는 실패'로 요약된다. 핵심은 위험 감수가 개인의 기질에 의존하는 용기가 아니라, 제도와 문화가 함께 떠받치는 집단적 행위로 자리 잡았다는 점이다. 그 결과 무모해 보이는 시도는 창의성의 연료가 되고, 실패는 다음 실험의 설계도로 전환되며, 도전은 사회적 가치로 귀결된다. 혁신의 첫 동력은 바로 이 제도화된 위험 감수에서 나온다.

이 동력은 구호가 아니라 운영 구조로 구현되어 있다. SIER는 창업자와 연구자가 장기 여정에서 흔들리지 않도록 회복력과 지속 가능성을 체계적으로 관리한다. 좌절의 심리적 비용을 낮추고, 실패에서 얻은 정보를 다음 시도에 즉시 연결하는 회복의 루틴을 제공한다. Mayfield Fellows는 학생과 연구자가 실제 시장 맥락에서 고위험 과제를 수행하도록 훈련한다. 불확실성은 피해야 할 결함이 아니라 탐색의 비용이라는 관점을 학습하고, 팀 구성·고객 검증·지식재산·거버넌스 등 핵심 의사결정을 짧은 주기로 반복한다. Biodesign은 의학·공학·디자인 등 서로 다른 전공을 한 팀으로 묶어 임상·규제·제조의 현실과 일찍 만나게 한다. 위험 감수는 소수 전문가의 특권이 아니라, 넓은 참여가 가능한 공적 선택이라는 메시지를 매 학기 되새긴다.

이러한 장치가 촘촘히 작동할 때, 세 가지 변화가 동시에 나타난다.

첫째, 반복의 속도가 빨라진다. 작은 성공과 관리 가능한 실패가 연속적으로 축적되면서, 다음 시도까지의 간격이 줄어든다. 둘째, 조직의 표현형이 달라진다. 실험이 예외적 이벤트가 아니라 업무의 기본 단위가 되며, 부서 간 경계는 느슨해지고 문제 해결은 자연스럽게 다학제로 흘러간다. 셋째, 사회적 신뢰가 커진다. 실패를 감당하고 다시 일어설 수 있는 장치가 있을 때, 투자와 정책은 더 과감해지고, 인재의 재시도는 일상이 된다. 중요한 점은, 위험 감수가 규율을 갖춘 절차로 정착되어 있다는 사실이다. 아이디어 제안-파일럿-피벗-중단·확산의 각 단계마다 책임과 기준이 명확하므로, 실패는 비난의 대상이 아니라 데이터의 출처가 된다. 무엇을 계속하고 무엇을 접을지에 대한 판단은 개인의 명성보다 공유된 지표와 마일스톤에 의해 내려진다. 이 구조가 있어야만 실패가 개인의 좌절로 끝나지 않고, 조직의 학습과 생태계의 자산으로 남는다.

결과적으로, 스탠퍼드의 위험 감수 문화는 낙하산이 아니라 트램폴린에 가깝다. 떨어질 수 있지만 다시 뛰어오르도록 설계된 장치가 곳곳에 배치되어 있다. 이 장치는 개인의 시도를 집단의 학습으로, 집단의 학습을 생태계의 추진력으로 바꾸며, 플라이휠의 초기 구간에 지속적으로 연료를 공급한다. 그 연료가 축적될수록 혁신은 우연한 사건이 아니라 예상 가능한 결과로 전환되고, 다음 세대의 도전은 더 이른 시간에 더 넓은 영역으로 확장된다.

이러한 문화적 엔진이 바로 스탠퍼드 혁신 플라이휠의 첫 번째 힘이다. 위험을 감당할 수 있는 사회적 장치가 존재할 때, 실험은 끊이지 않고, 작은 승리는 빠르게 쌓이며, 그 축적은 결국 혁신지속실행기반-생태계 주권성-생태계적 비가역성으로 이어지는 구조의 초석이 된다.

표준·규범의 장악: HAI의 '지표 – 교육 – 산업' 3중 연계

스탠퍼드 HAI(Human-Centered AI)는 스탠퍼드 방식의 전형을 보여주는 대표 사례다. 이 기관은 지표(공공재)-교육-산업을 하나의 흐름으로 엮어, 기술 담론이 탄생하고 확산되며 제도로 정착하는 절차 자체를 앞서 설계한다. 핵심 장치는 두 가지다. 첫째, 세계 동향을 계량·시각화한 AI Index와 같은 공공 지표를 꾸준히 내놓아 논점과 기준선을 제시한다. 둘째, Corporate Affiliate Program을 통해 산업 현장의 문제를 교육·연구 의제로 연결하고, 그 성과를 사회 전체가 활용할 수 있도록 공개 환류한다.

특히 리서치 토큰/지갑(HAI Wallet) 구조가 눈에 띈다. 기업 회원은 특정 주제와 연구팀에 지정 지원을 하되, 산출물은 회원 전체와 공중에 공개된다. 자금의 방향성과 성과의 개방성을 결합한 이 설계는 기술 경쟁 초기 단계에서의 사전 경쟁 협력을 가능하게 한다. 겹치는 관심 영역을 가진 기업들이 공통 기반(데이터셋, 벤치마크, 안전·윤리 가이드라인, 정책 브리프)을 함께 마련하고, 그 위에서 각자 차별화를 시도하도록 유도하는 방식이다. 그 결과 중복 투자와 불필요한 폐쇄성은 줄고, 공공성과 경쟁력은 동시에 강화된다.

이 3중 연계가 작동하면 연쇄 효과가 이어진다. 지표는 '무엇이 중요한가'를 객관화해 논점을 정리한다. 교육은 그 논점을 다룰 수 있는 인재와 언어를 확산시켜 학문·산업·정책 사이의 공통 문해력을 높인다. 산업 연계는 현장의 요구를 다시 연구로 되돌리고, 그 연구가 공개 규범으로 순환하도록 경로를 닫는다. 이렇게 절차가 한 바퀴 완성되는 순간, 대학은 단순한 지식 공급자를 넘어 의제 설정자로 올라선다. 표준과 규범의 초안을 먼저 제시하고, 그 초안이 교육을 통해 퍼지며, 산업과 정책의 언어로 번역되는 선점 효과가 축적된다.

스탠퍼드 HAI가 만들어내는 것은 한 편의 보고서나 한 학기의 강의가 아니다. 무엇을 만들 것인가에 더해 어떻게 만들 것인가를 사회가 합의해가는 절차다. 그리고 바로 그 절차를 선점하는 일이, 오늘날의 혁신 경쟁에서 가장 조용하지만 가장 강력한 우위가 된다.

중요한 점은 HAI가 예외적 특례가 아니라는 사실이다. 에너지 전환의 Precourt, 바이오·의료 전환의 SPARK·Biodesign·IMA, 건설·인프라 분야의 CIFE 등에서도 지표/공통 의제→교육/인재→산업 연계/공개 규범의 동일한 리듬이 작동한다. 각 분야의 대표 기관이 공공 지표와 회원제 협력 구조를 통해 초안을 먼저 내놓고, 그 초안이 교육과 현장을 거치며 사회적 약속으로 굳어지는 순간, 스텐퍼드는 해당 분야의 룰메이커로 자리한다.

이 축적이 가리키는 종착점은 분명하다. 스탠퍼드는 절차를 선점하여 의제를 정하고, 표준을 고정하고, 규칙을 설계한다. 여러 분야에서 이 과정이 동시에 누적될 때, 스탠퍼드는 생태계의 중심에서 규칙을 만드는 권위를 확보한다. 이것이 곧 생태계 주권성이다. 생태계 안에서 게임의 규칙을 장악하는 힘, 다시 말해 규칙을 설계·제정하여 다른 참여자의 전략적 선택을 구조적으로 제한할 수 있는 권력과 권위. 스탠퍼드는 이 주권성을 조용히, 그러나 단단하게 쌓아 올리고 있다.

자기강화 메커니즘: '작은 승리'가 가속을 호출한다

스탠퍼드 혁신 플라이휠은 작은 승리의 관성으로 움직인다. 단일 성과는 크지 않더라도, 신속한 라이선스와 스핀오프가 반복되면 시장은 신호를 읽는다. "여기서는 결과가 실제로 나온다." 이 신뢰는 곧 자본과 인재의 재투입을 앞당기고, 다음 시도의 문턱을 낮춘다. 작은 승리는 따라서 사건이 아니라 속도의 약속이 된다.

이 약속을 실체로 바꾸는 장치가 전환 허브다. 임상·규제·제조 같은 병목을 미리 다루는 체계 덕분에 다음 라운드의 성공 확률이 높아진다. 성공의 확률이 높아질수록 자본은 장기 옵션으로서의 연구를 더 기꺼이 지지하고, 연구팀은 더 과감한 설계를 시도한다. 확률의 개선은 곧 포트폴리오 전체의 위험-보상 곡선을 재정렬한다.

공간과 네트워크는 이 효과를 외연으로 확장한다. 캠퍼스 인접의 Stanford Research Park(SRP)는 기업·연구소의 재배치를 빠르게 흡수하는 지리적 플랫폼으로 작동하고, StartX 동문 커뮤니티와 SPARK GLOBAL 같은 국제 네트워크는 파트너·파일럿·투자를 짧은 동선으로 연결한다. 그 결과 성과의 확산 반경이 넓어지고, 지역에서 시작한 움직임이 곧바로 글로벌 실증으로 이어진다.

한편, OTL-ICO-ORA의 표준화는 실패의 비용을 예측 가능한 범위로 낮춘다. 발명 공개에서 계약·이전까지의 규칙이 정교하게 정렬되어 있기에, 실패는 불확실성의 낙인이 아니라 다음 선택을 더 정확하게 해주는 데이터가 된다. 사회는 이런 실패를 감내 가능한 학습 비용으로 인식하고, 결과적으로 리스크 테이킹의 허용치가 높아진다. 허용치가 높아질수록 실험의 빈도와 속도는 다시 증가한다.

이 모든 요소—신뢰의 형성, 확률의 개선, 반경의 확대, 비용의 예측 가능성—가 결합되면, 스탠퍼드는 단순한 참여자를 넘어 의제와 규칙을 주도하는 위치로 올라선다. 이것이 곧 주권성이다. 나아가 연구-산업-정책-자본을 잇는 다층 루프가 서로를 고정시키는 잠금 효과를 만들며, 생태계는 비가역성을 띠게 된다. 한번 형성된 경로는 쉽게 되돌아가지 않는다. 작은 승리의 반복이 가속을 부르고, 그 가속이 다시 작은 승리를 낳는 이 구조—바로 이것이 스탠퍼드 플라이휠의 자기강화 메커니즘이다.

외연 확장과 패권의 실체: 지역→표준→글로벌 네트워크

스탠퍼드의 확장은 늘 가까운 곳에서 시작한다. 캠퍼스 가장자리의 Stanford Research Park(SRP)를 한 바퀴 걸어보면, 이곳의 시간은 벽돌이 아니라 혁신의 이동성으로 측정된다는 사실을 곧 알게 된다. 기업과 연구소가 들어오고, 성장하고, 방향을 바꾸며 다른 동으로 옮겨간다. 이 왕래는 단순한 입·퇴거가 아니다. 연구 주제와 산업 수요가 공간 속에서 재배열되면, 인재와 자본의 흐름이 짧은 동선으로 응축되고, 실험실에서 몇 블록 떨어진 곳에 파일럿 라인과 데이터센터, 임상·규제 파트너가 나란히 선다. 2025년, 13개 동·약 110만 ft² 규모의 대형 자산 재편은 이 배치도의 갱신이 우연한 변동이 아니라 의도된 리듬임을 증언했다. 지역은 그 자체로 상시 가동되는 실험장치가 되었고, 다음 장면은 거의 예고 없이 전개된다.

두 번째 장면은 표준 위에서 열린다. HAI가 앞세우는 AI Index와 공개 규범 모델은 선언문이 아니라 지도다. 무엇이 중요하고 어디까지가 안전한지, 어떤 데이터와 벤치마크가 공공의 토대가 되어야 하는지가 먼저 마련되면, 산업과 정책의 언어가 그 지면 위로 자연스럽게 올라탄다. 여기에 Corporate Affiliate Program과 리서치 토큰(HAI Wallet)이 결합한다. 기업은 특정 주제와 연구팀을 지정 지원할 수 있지만, 산출물은 회원 전체와 공중에 공개된다. 자금은 방향을 갖고, 결과는 열려 있는 이 설계는 사전 경쟁 협력을 일상화하고, 대학을 심판이자 플레이어의 자리로 올려놓는다. 강제보다 합리의 관성이 더 멀리 간다는 사실을, 스탠퍼드는 표준의 언어로 증명한다.

세 번째 장면은 세계다. StartX의 무지분·무수수료 원칙은 한 번의 창업을 소모품으로 만들지 않는다. 동문과 교원이 다시 시도할 수 있는 경로의 습관을 남기고, 그 습관 위로 팀과 멘토, 초기 고객과 투자사의 신뢰가 학습 곡선처럼 축적된다. 여기에 SPARK GLOBAL이 맞물리면, 지역에서 검증된 해법은 제도와 언어가 다른 시장에서도 재현된다. 지역에서 표준으로, 표준에서 세계로—이 삼중의 전환이 한 점에 포개질 때, 스탠퍼드는 실리콘밸리를 넘어 글로벌 대학 기반 혁신 경쟁의 장에서 질서의 설계자로 선다. 힘은 소란이 아니라 구조의 명료함으로 드러난다.

대학이 만든 경로:

혁신지속실행기반→생태계 주권성→생태계적 비가역성

스탠퍼드는 기업과 다른 질문으로 출발했다.

무엇을 만들 것인가가 아니었다. 무엇을 혁신할 것인가보다 먼저, 어떻게 혁신을 지속하게 할 것인가. 그 물음에 답하기 위해, 대학은 혁신 플라이휠, 곧 혁신의 혁신지속실행기반을 조직·제도·문화로 엮었다. OTL-

ICO-ORA의 삼각편대는 발명 공개에서 계약·이전까지의 마찰을 낮추는 규칙을 앞세웠고, SPARK·Spectrum·IMA·Biodesign은 임상·규제·제형·제조의 병목을 앞단에서 절차화해 time-to-impact의 기울기를 누그러뜨렸다. StartX와 SRP는 아이디어-현장 검증-스케일업을 잇는 동선의 길이를 줄였으며, HAI의 지표와 공개 규범은 산업과 정책을 같은 좌표계로 끌어당겼다. 시장과의 접속은 이벤트가 아니라 상시 기능이 되었고, 대학은 일관된 속도로 다음 라운드를 준비하는 체질을 얻었다.

이 축적은 어느 순간 의제와 규칙을 앞서 정하는 권위, 곧 생태계 주권성으로 응축된다. 신속한 라이선스와 스핀오프가 신뢰를 만들고, 그 신뢰가 자본과 인재의 재유입을 앞당긴다. 전환 허브는 다음 라운드의 성공 확률을 끌어올리고, SRP의 집적과 국세 네트워크는 확산의 반경을 넓힌다. 동시에 OTL-ICO-ORA의 표준화는 실패의 비용을 예측 가능한 범위에 가두어 리스크 감수의 허용치를 높인다. 이 모든 루프가 같은 방향으로 돌기 시작하면, 생태계는 잠금 효과를 얻고, 경로는 쉽게 되돌아가지 않는 생태계적 비가역성을 띤다. 혁신은 사건이 아니라 체계, 성취는 기록이 아니라 질서로 남는다.

마지막 장면: 우리가 알고 있던 스탠퍼드를 넘어

대부분에게 스탠퍼드는 강의실과 논문, 유명한 이름들의 집합이었다. 그러나 이 장을 덮는 지금, 다른 모습이 드러난다. 위험을 감당하도록 설계된 문화, 속도를 만드는 절차, 표준의 언어로 세상을 묶는 능력, 짧은 동선의 지리적 인프라, 그리고 그 모든 것을 끊김 없이 잇는 운영 문법.

이 문법이 혁신의 혁신지속실행기반을 만들었고, 그 기반이 생태계 주권성을 낳았으며, 주권성은 생태계적 비가역성으로 굳었다. 그래서 스탠퍼드는 대학 기반 혁신생태계의 원형이자 오늘의 혁신패권자다.

중요한 것은, 이것이 단일한 영웅담이 아니라 반복 가능한 설계라는 사실이다. 가까운 곳을 먼저 바꾸고(지역), 그 방식을 기록해 공유하며(표준), 가장 먼 곳에서 다시 증명한다(글로벌 네트워크). 이 단순한 문법이 한 생태계의 습관으로 자리 잡는 순간, 혁신은 영감의 번쩍임이 아니라 지속되는 능력이 된다. 스탠퍼드는 이미 그 능력을 체화했다. 이제 질문은 우리에게 남는다. 앞으로 무엇을 혁신할 것인가보다, 어떻게 혁신을 지속하도록 할 것인가—그 답을 자신의 언어로 쓰는 순간, 각자의 생태계가 다음 장의 주인공이 된다.

실리콘밸리 이노빌라이제이션: 혁신문명의 탄생

세계의 인재는 왜 실리콘밸리로 향하는가?

실리콘밸리는 세계에서 가장 비용이 높은 지역 가운데 하나이다. 방 두 개짜리 아파트 월세가 6천 달러에 이르고, 평범한 점심도 20달러를 넘는 일이 흔하다. 그럼에도 사람들은 이곳을 떠나지 않는다. 아니, 정확히 말하면 여전히 이곳으로 모여든다. 인도 벵갈루루의 엔지니어, 독일 뮌헨의 로봇공학 연구자, 서울과 상하이의 개발자, 이스라엘 텔아비브의 보안 전문가까지—그들은 공통의 질문을 품고 실리콘밸리에 도착한다. "나의 다음 무대는 어디인가?" 그리고 그 질문의 현실적인 답으로 가장 자주 선택되는 이름이 아직까지 실리콘밸리다. 왜일까?

그 이유는 단순하지 않다. 흔히 알려진 것처럼 높은 연봉이나 스톡옵션 및 주식 보상 때문만은 아니다. 실리콘밸리를 움직이는 핵심 동력은 돈이 아니라 기회의 구조다. 이곳은 개인과 기업이 미래를 바꿀 가능성에 접근할 수 있는 드문 환경이며, 바로 그 기회의 희소성이 사람들을 끌어당긴다.

실리콘밸리를 이해하려면 먼저 한 가지 사실을 인정해야 한다. 이곳은 지도 위에 표시되는 하나의 도시가 아니라, 지식과 인재가 밀집된 거대한 혁신 에너지 공간이라는 점이다. 지리적으로는 샌프란시스코 남쪽의 산타클라라 카운티와 팔로알토, 멘로파크, 서니베일, 마운틴뷰를 잇는 좁은 지역이지만, 그 내부에서는 지식과 기술의 흐름과 연결의 밀도가 여느 국가보다 강하게 작동한다. 혁신은 기업의 연구실 안에서만 탄생하지 않는다. 오히려 예기치 못한 만남에서 시작되는 경우가 더 많다. 카페에서 나눈 대화가 새로운 회사를 만들고, 컨퍼런스에서 던진 질문 하나가 연구 협력으로 이어지며, 해커톤의 밤샘 토론이 산업적 돌파구로 연결된다. 이곳에서는 지식과 기술이 문서보다 사람을 통해 이동한다.

그렇다면 왜 이러한 현상이 실리콘밸리에서 반복적으로 발생하는가? 답은 집적의 힘에 있다. 동일한 분야의 사람과 자본, 아이디어가 한곳에 모이면 학습 속도가 빨라지고 실험의 빈도가 높아진다. 벤처캐피털은 차량으로 20분 거리에 대부분 모여 있으며, 특허 전략과 기업 설립을 다루는 로펌과 회계법인은 창업 절차를 하나의 산업처럼 다룬다. 스탠퍼드와 UC 버클리는 이 생태계의 지적 엔진 역할을 하며, 애플·구글·메타·엔비디아는 이 지역 전체에 기술적 중력을 형성한다. 실리콘밸리는 단순한 산업 단지가 아니다. 이곳은 혁신이 발생할 확률을 극적으로 높이는 시스템적 생태계다. 이곳에 있다고 해서 성공이 보장되는 것은 아니지만, 기회와 마주칠 확률은 압도적으로 높아진다.

그러나 기회는 기술만으로 만들어지지 않는다. 실리콘밸리에는 독특한 사회적 규칙이 존재한다. 실패를 비난하지 않는 태도, 재도전을 존중하는 문화, 협력과 경쟁이 공존하는 독특한 긴장감—이 세 가지가 이곳의 보이지 않는 운영 방식을 형성한다. 많은 지역에서 실패는 낙인의 대상이지만, 실리콘밸리에서는 학습의 증거로 받아들여진다. 이곳에서 중요한 질문은 "실패했는가?"가 아니라 "무엇을 배웠는가?"이다. 이러한 경제·사회적 규범 아래에서 사람들은 더 과감하게 시도하고, 그 시도가 다시 새로운 실험을 촉발한다. 실험은 실패를 전제로 하고, 혁신은 실험을 통해서만 나타난다. 실리콘밸리는 이 단순한 사실을 제도·관습·집단적 합의를 통해 구현한 드문 공간이다.

바로 그렇기 때문에 이 지역의 높은 물가는 단순한 부담이 아니라 혁신 생태계에 참여하기 위한 입장료에 가깝다. 이곳으로 오는 사람들은 현재의 안정적인 삶을 일부 포기하는 대신, 아직 실현되지 않은 미래에 참여할 권리를 얻는다. 실리콘밸리는 물리적 지명이 아니라 기회를 생성하는 생태계다. 사람들은 일자리를 찾기 위해서가 아니라, 미래를 설계할 가능성에 접속하기 위해 이곳으로 온다. 다시 말해, 실리콘밸리는 경제 공간이 아니라 미래를 선택하려는 사람들이 모여 형성한 거대한 혁신과 기업가정신의 의지 공간이다.

세계의 선도 기업들은
왜 실리콘밸리를 선택하는가?

실리콘밸리는 언제나 역설로 설명되는 공간이다.

기업 운영비는 미국에서 가장 높고, 인재 확보 경쟁은 전쟁에 가깝다. 사무 공간 하나 확보하려면 다른 도시에서는 공장을 짓고도 남을 자금이 필요하다. 유능한 엔지니어를 영입하기 위해서는 억대 연봉과 주식 보상이 기본이며, 스타트업의 경우 초기 자금의 절반이 인재 유치와 공간 유지에 소모된다. 경제학적으로 해석하면 기업이 가장 기피해야 할 환경이다. 그럼에도 실리콘밸리는 여전히 세계 기업들의 전략적 거점으로 선택된다. 이 질문 앞에서 논리적 설명은 하나로 수렴한다. 기업은 더 낮은 비용을 선택하지 않는다. 더 큰 기회를 선택한다.

실리콘밸리에 본사를 둔다는 것은 단지 명함에 적을 주소를 바꾸는 문제가 아니다. 그것은 완전히 다른 경제 논리와 작동 체계에 접속한다는 선언에 가깝다. 이곳에서 기업이 우선 고려하는 것은 비용 구조가 아니다. 비용은 결과일 뿐이며, 진정한 의사결정 변수는 혁신의 속도, 기회가 재생산되는 구조, 고급 네트워크에 연결될 권리다. 실리콘밸리의 비용은 높지만, 그 안에서 창출되는 혁신의 수익률은 그 비용을 압도한다.

기업들이 실리콘밸리를 선택하는 가장 직접적인 이유는 혁신의 시간 구조 때문이다. 다른 지역이 비용 효율을 중시한다면, 실리콘밸리는 시간 효율을 중시한다. 새로운 기술을 도입하거나 실험적 사업을 추진할 때, 이곳에서는 파트너를 찾기 위해 수개월을 소비할 필요가 없다. 하루 안에 협력 미팅이 잡히고, 일주일 안에 프로토타입 검증 팀이 구성되며, 한 달 안에 첫 실험이 진행된다. 하드웨어 기업은 산호세의 반도체 설계 네트워크에 즉시 연결되고, 인공지능 기업은 구글 브레인이나 오픈AI 출신 엔지니어와 자연스럽게 협업한다. 실리콘밸리는 혁신의 시간을 압축하는 장치이며, 기업은 그 압축된 시간을 구매한다.

또한 실리콘밸리는 지식과 기술의 흐름이 설계된 지역이다. 이곳에서는 경쟁 기업조차 암묵적 학습 네트워크를 통해 서로 영향을 주고받는다. 회사를 이동하는 엔지니어는 단순한 기술 정보뿐만 아니라 문제를 해결하는 방식, 설계 철학, 조직 운영 감각까지 함께 이동시킨다. 컨퍼런스와 밋업, 개발자 커뮤니티는 공식적 행사 이상의 기능을 한다. 그것은 집단 지능을 유지·확장하는 지식 순환 생태계다. 한 기업의 실패는 곧 다른 기업의 학습 재료가 되고, 그 학습은 다시 또 다른 기업의 제품 전략으로 변환된다. 실리콘밸리의 기업들은 이 과정을 통해 경쟁이 아닌 공진화의 속도를 공유한다.

이 생태계를 지탱하는 것은 기술 기업만이 아니다. 실리콘밸리는 혁신을 지원하는 인프라가 산업화된 지역이다. 벤처캐피털, 특허 전문 로펌, 글로벌 회계 네트워크, 제품 디자이너, 성장 전략가가 서로 긴밀히 연결되어 있다. 새로운 기업이 등장하면 투자자·법률가·엔지니어·디자이너가 한 팀처럼 결합해 즉시 실험 체계를 구축한다. 초기 기업이 두려워하는 것은 언제나 불확실성이지만, 실리콘밸리는 불확실성을 줄이는 보완재 시스템을 이미 갖춘 지역이다. 그래서 기업들은 말한다. "이곳에서는 생존을 위해 소비되는 시간이 줄어들고, 실험을 위해 투자할 시간이 늘어난다."

기업이 실리콘밸리를 선택하는 이유는 여기에 그치지 않는다. 이곳은 신뢰가 자본처럼 유통되는 공간이기 때문이다. 실리콘밸리에 존재한다는 사실만으로 기업은 기술 생태계의 구성원으로 간주된다. 투자자는 "이 팀은 검증 가능한 인재와 네트워크에 접근할 수 있다"고 판단하고, 글로벌 시장은 "이 기업은 실험이 허용되는 문화에 속한다"고 해석한다. 실리콘밸리는 기업의 주소지가 아니라 기업 신뢰도를 인증하는 지리적 신호 장치다. 이 신뢰는 기업 가치 평가에서 실질적 자산으로 취급된다.

그러나 이 모든 설명을 넘어 더 근본적인 이유가 있다. 실리콘밸리는 기업이 진화할 수 있는 환경이기 때문이다. 기업은 이곳에서 단순히 제품을 개발하는 것이 아니라 자신을 재정의하고 미래 전략을 다시 설계한다. 기술은 빠르게 교체되고, 시장은 끊임없이 재편되며, 경쟁자는 예고 없이 등장한다. 실리콘밸리는 이러한 불확실성을 기업 내부 역량 강화로 전환하는 조직 진화의 훈련장이다. 그래서 많은 기업은 말한다. "우리는 이곳에서 비용을 지불하는 것이 아니라, 미래를 구매한다."

실리콘밸리는 분명 비싼 곳이다. 그러나 더 정확한 표현은 이것이다. 실리콘밸리는 비용이 높은 곳이 아니라, 진입 장벽이 높은 곳이다. 그리고 그 장벽을 넘을 수 있는 기업만이 기술의 방향을 설계하는 자격을 얻게 된다. 그래서 세계의 선도 기업들은 여전히 이곳을 선택한다. 실리콘밸리는 산업을 운영하는 장소가 아니라, 기업이 진화하는 무대이기 때문이다.

실리콘밸리 경제학

실리콘밸리는 오늘날 세계 기술 경제를 상징하는 지리적 코드다.

그러나 이 상징은 언제나 날카로운 모순을 동반한다. 한쪽에서는 실리콘밸리를 혁신이 폭발하는 창조의 현장으로 찬양하고, 다른 쪽에서는 독점과 불평등, 그리고 투기적 거품이 반복적으로 발생하는 위험 지대라고 비판한다. 두 평가는 모두 사실이다. 경제학적 관점에서 보면, 이 이중성은 단순한 의견 차이가 아니라 구조적으로 내재된 필연성이다. 실리콘밸리는 세계에서 가장 매혹적인 기회의 공간인 동시에, 가장 높은 불확실성이 농축된 경제적 결절점이다.

실리콘밸리를 옹호하는 이들은 말한다.

이 지역은 자본주의가 가진 혁신 메커니즘이 가장 효율적으로 작동하는 공간이라고. 전통적 산업 조직론의 관점에서 보자면, 실리콘밸리는 규모의 경제, 범위의 경제, 네트워크 외부 효과가 한꺼번에 작동하는 드문 사례다. 기술과 시장 지배력이 결합하면, 학습 속도와 생산성이 기하급수적으로 증가하며 경쟁은 가격이 아니라 속도의 문제가 된다. 경제학자 조지 스티글러가 말한 시장 진화의 동학은 이곳에서 거의 실험실 수준의 속도로 재현된다. 실리콘밸리가 세계 시장을 압도하는 플랫폼 기업을 배출할 수 있었던 것은 우연이 아니다.

혁신경제학은 여기에 중요한 해석을 더한다.

실리콘밸리의 경쟁력은 단순히 기업 성과의 문제가 아니라 지식 생산 함수 자체의 구조적 우위에서 나온다. 연구개발 역량, 고급 인재, 자본, 네트워크, 제도적 유연성—이 모든 투입 요소가 하나의 지역에 동시에 응집되는 일은 극히 드물다. 대부분의 국가는 R&D는 있으나 자본이 부족하거나, 인재는 있지만 제도 환경이 경직되어 있다. 그러나 실리콘밸리는 하나의 거대한 지식 실험 국가처럼 작동하며, 지식의 생성과 확산 속도를 극단적으로 가속한다. 이 지역의 경쟁력은 개별 기업에 있는 것이 아니라, 지식이 유통되는 생태계적 메커니즘 그 자체에 있다.

도시경제학도 비슷한 결론에 도달한다. 실리콘밸리는 집적경제의 극단적 사례다. 사람과 자원이 밀도 높게 모일수록 지식의 교환과 재조합이 빠르게 일어나고, 새로운 시도가 반복적으로 발생한다. 혁신은 고독한 천재의 번뜩임에서 탄생하지 않는다. 다양한 문제 해결 방식이 충돌하고 연결되는 순간에 발생한다. 실리콘밸리는 이 연결을 설계한 도시다. 이곳에서 혁신은 운이 아니라 확률이며, 실험은 예외가 아니라 일상이다.

그러나 바로 이 지점에서 실리콘밸리는 근본적 비판에 직면한다. 집적은 혁신을 촉진하기도 하지만, 시간이 지나면 과도한 집중과 독점을 낳는다. 오늘날 실리콘밸리의 빅테크 기업들은 데이터, 네트워크, 알고리즘 인프라를 장악하며 진입 장벽을 높인다. 후발 기업이 혁신을 시도할 여지를 줄이고, 시장 전체를 플랫폼 중심 구조로 종속시킨다. 초기에는 혁신을 확대하던 지식의 흐름은 어느 순간부터 특정 거대 기업 내부에서 폐쇄적 축적으로 전환된다.

도시경제학이 지적하는 집적의 역설도 이미 현실이 되었다. 집적은 한계 효용 체감이 존재한다. 일정 수준을 넘어서면, 집적은 더 이상 혁신을 가속하지 못하고 혼잡, 비용, 불균형이라는 역효과를 낳는다. 실리콘밸리는 지금 이 지점을 통과한 상태다. 주거비와 인건비는 중소기업과 젊은 창업가를 밀어내고, 지역은 점점 폐쇄형 혁신생태계로 변모하고 있다. 혁신은 여전히 생산되지만 기회의 분배는 축소되고 있다.

제도경제하은 실리콘밸리의 본질적 한계를 지적한다. 이 생태계는 혁신 친화적 제도와 국가의 전략적 개입(특히 국방 연구 자본), 대학의 지식 생산 구조, 실험을 허용하는 규범이 결합해 성장했다. 그러나 이 모델은 시간이 지나며 경로 의존성을 띠는 고정된 질서가 되었다. 한때 혁신의 문법을 만들던 생태계가 이제는 자기 복제를 반복하는 체제가 된 것이다.

행동경제학은 실리콘밸리를 둘러싼 글로벌 현상을 집단적 기대와 내러티브가 만들어낸 선택 편향으로 해석한다. 실리콘밸리는 이성적 판단만으로 설명되지 않는다. 이른바 "실리콘밸리에 가야 성공한다"는 신념이 세계의 인재와 자본을 끌어들이고, 이 믿음은 때때로 기술적 실체보다 서사와 상징을 추종하게 만든다. 닷컴 버블과 오늘날의 AI 투자 과열은 모두 이 심리적 메커니즘 위에서 반복된다.

국제경제학은 실리콘밸리를 글로벌 기술 자본주의의 취약 지점으로 바라본다. 이 지역은 글로벌 공급망과 지식 네트워크 위에서 성장했지만, 지정학적 갈등과 기술 블록화가 심화될수록 초집중 모델은 리스크를 증폭시킨다. 실리콘밸리는 세계의 기술 수도이지만, 동시에 체제 전환의 충격이 가장 먼저 도달할 지진대 위에 서 있다.

그래서 결론은 명확해진다. 이제 질문은 "실리콘밸리가 여전히 가야 할 곳인가?"가 아니다. 올바른 질문은 이것이다. "실리콘밸리를 모방할 것인가, 아니면 실리콘밸리를 넘어설 것인가?"

경제학은 냉정하게 답한다. 실리콘밸리는 완성된 모델이 아니라 미완의 실험이다. 따라서 미래는 실리콘밸리를 추종하는 도시에 주어지지 않는다. 새로운 혁신 패러다임을 상상하는 곳에 주어진다.

실리콘밸리 사회학

실리콘밸리는 기술 기업이 모여 있는 산업 지대가 아니다.

그것은 관계와 규범, 서사와 권력, 희망과 불평등이 얽혀 스스로를 재생산하는 하나의 사회적 질서다. 누군가는 실리콘밸리를 향한 이동을 "높은 연봉과 성장 기회"로 설명하지만, 사회학은 그 이면을 묻는다. 그 기회는 누구에게 주어지는가? 어떤 경로를 통해 배분되는가? 어떤 규범에 의해 정당화되는가? 이 질문에 답하는 순간, "왜 실리콘밸리인가"와 "왜 실리콘밸리가 아닌가"라는 양면성은 동시에 모습을 드러낸다.

가장 먼저 드러나는 층위는 관계 구조다.

경제사회학이 지적하듯 시장은 가격만으로 작동하지 않는다. 실리콘밸리의 기회는 공식 계약서보다 약한 연결(weak ties)에서 더 자주 발생한다. 카페의 짧은 대화, 주말 해커톤, 개발자 밋업, 컨퍼런스의 질의응답—이 비공식적인(informal) 한 접촉이 신뢰와 정보의 얇은 막을 만들고, 그 위에서 자본과 아이디어가 흐른다. 이 느슨한 연결망은 실리콘밸리의 힘이지만 동시에 그 배제성의 근거이기도 하다. 네트워크는 열려 있는 듯 보이지만 실제로는 경계가 있다. 어떤 집단에 속해 있는가, 누가 추천을 보증하는가가 기회의 접근권을 결정한다. 여성, 흑인, 이민 1세, 비(非)엘리트 대학 출신이 더 많은 진입 마찰을 경험하는 이유가 여기에 있다. 네트워크는 기회를 확장하지만 동시에 기회를 가린다. 이것이 실리콘밸리 관계 구조의 양면성이다.

조직의 차원에서도 비슷한 구조가 반복된다. 실리콘밸리 기업들은 서로 닮아간다. 수평적 의사결정, 자기 주도형 팀 구조, 애자일 개발 방식, 심리적 안전, 계급 없는 드레스 코드—이는 단순한 운영 방식이 아니라 하나의 조직 문법이다. 이 문법은 빠른 실험과 협업을 가능하게 하며 혁신의 마찰 비용을 낮춘다. 그러나 문제는 혁신의 표준화가 곧 혁신의 관료화를 낳는다는 점이다. 모두가 같은 방식으로 문제를 정의하고 유사한 방법으로 해결하려고 할 때, 창의성은 체계화된 절차로 전환되고 급진적 아이디어는 주변부로 밀려난다. 다양성은 형식적으로만 유지되고 실질적 모험은 사라진다. 이것이 실리콘밸리 조직 문화의 역설이다.

문화사회학의 렌즈를 적용하면 실리콘밸리는 서사를 생산하는 공장으로 보인다. "차고에서 시작된 위대한 기업", "세상을 바꾸자", "빠르게 움직이며 부수자" 같은 모토는 단순한 구호가 아니다. 이들은 행위의 정당성을 부여하는 내러티브다. 창업자는 자신의 노동을 사명이자 자유로 인식하고, 투자자는 위험을 도덕적 모험으로 포장하며, 소비자는 기술 소비를 정체성 표현으로 받아들인다. 이 서사 구조는 실리콘밸리의 강력한 추진력이지만 동시에 불편한 현실을 미학화하는 장치가 되기도 한다. 과도한 노동은 "헌신"으로, 외주화된 위험은 "효율성"으로, 지역 공동체 붕괴는 "부작용"으로 처리된다. 무엇을 말하느냐보다 무엇을 보지 않으려 하느냐가 그 사회의 진짜 윤리를 드러낸다.

과학기술사회학(STS)은 실리콘밸리를 기술과 사회가 상호 구성되는 현장으로 분석한다. 이곳에서 기술은 중립적인 도구가 아니라 사회적 질서를 재구성하는 권력이다. 알고리즘은 분류의 정치학을 담고 있으며, 플랫폼은 규칙의 은밀한 설계자다. 인공지능 윤리, 데이터 주권, 프라이버시 논쟁은 단순한 기술 이슈가 아니라 사회 정의의 문제다. 실리콘밸리는 자유와 혁신을 이야기하지만, 그 기술 체계는 종종 민주적 통제를 우회한다. 바로 이 지점에서 "왜 실리콘밸리가 아닌가"라는 질문은 윤리와 권리의 언어로 귀환한다.

도시·지역사회학은 실리콘밸리를 공간 불평등이 심화된 도시 실험장으로 본다. 이곳은 창의적 계층을 끌어들이는 도시 인프라를 갖췄지만 동시에 이중 도시 구조를 강화한다. 테크노 엘리트와 서비스 노동자는 같은 도시에서 서로 다른 시간표를 살고, 주거는 계급을 결정하는 요소가 된다. 실리콘밸리는 혁신을 촉발하지만 사회적 연대는 약화시키며 도시적 긴장을 만들어 낸다.

정치사회학은 실리콘밸리에서 권력의 새로운 형식을 본다. 플랫폼 기업은 이제 더 이상 기업이 아니다. 규칙을 설계하고 질서를 주조하는 준(準) 정치 행위자다. 데이터는 새로운 지대(rent)가 되었고, 기술은 새로운 통치 방식이 되었다. 실리콘밸리는 효율과 혁신의 논리로 정당성을 설명하지만, 누가 그 권력을 감시하고 통제할 것인가라는 질문은 여전히 열려 있다.

사회학은 실리콘밸리에 대한 평가를 하나의 문장으로 압축한다.

실리콘밸리는 혁신의 사회적 조직화가 낳은 가장 급진적인 실험장이지만, 그 성공은 동시에 새로운 질문을 생산하는 공간이다.

따라서 진정한 질문은 단순한 찬반이 아니다. "실리콘밸리를 모방할 것인가?"가 아니라 "어떤 사회적 설계로 실리콘밸리를 넘어설 것인가?"이다. 이 질문이 시작될 때, 실리콘밸리는 더 이상 목적지가 아니라 미래 사회를 설계하기 위한 비교의 좌표가 된다.

실리콘밸리 경영학

실리콘밸리는 오랫동안 기업 전략가, 창업가, 그리고 혁신 연구자들에게 하나의 신화적 공간으로 존재해왔다.

이곳은 단순한 기술 집적지가 아니라, 하나의 경영 패러다임이 만들어지고 확산되는 발생지로 간주된다. 오랫동안 사람들은 이렇게 믿어왔다. "혁신기업을 세우고 싶다면 실리콘밸리로 가라." 그러나 오늘의 세계는 그 질문을 되묻기 시작했다. 실리콘밸리는 여전히 혁신전략의 최적지인가, 아니면 전략적 피로와 구조적 불균형이 누적된 낡은 메커니즘인가? 경영학은 이 질문을 회피하지 않는다. 오히려 이 질문이야말로 전략·조직·혁신·기업가정신을 연구하는 학문이 지금 당면한 핵심 문제라고 선언한다.

전략 이론의 관점에서 실리콘밸리는 기업 경쟁의 단위를 근본적으로 바꾸어 놓았다.

전통적 전략론—특히 마이클 포터 이후의 경쟁 전략 이론—은 기업 내부 자원이나 시장 포지셔닝을 경쟁 우위의 주요 원천으로 규정했다. 그러나 실리콘밸리는 경쟁의 단위를 개별 기업이 아닌 생태계로 전환시켰다. 엔비디아는 반도체 기업이 아니라 개발자 생태계를 구축한 플랫폼 기업이며, 테슬라는 자동차 제조사가 아니라 소프트웨어·배터리·충전 인프라의 결합을 통해 에너지 네트워크를 장악한 기업이다. 이들은 '경쟁력은 자산이 아니라 연결 구조에서 나온다'는 것을 보여준다. 전략은 더 이상 자원을 소유하는 능력이 아니라, 학습 네트워크를 설계하고 진화시키는 능력이 되었다. 그러나 이러한 생태계 전략은 동시에 한계를 낳는다. 개방은 곧 모방 가능성을 확대하며, 전략은 빠르게 표준화된다. 오늘날 실리콘밸리 기업들이 직면한 전략적 질문은 명확하다. "우리는 여전히 방향을 갖고 있는가, 아니면 단지 네트워크와 자본이 주는 속도에 의존하고 있는가?" 속도는 전략을 대체할 수 없다. 전략 없는 속도는 조직을 빠르게 소진시키는 소모적 성장으로 귀결된다.

기업가정신의 차원에서 실리콘밸리는 종종 '스타트업의 성지'로 불린다. 그러나 이 표현은 절반만 옳다. 실리콘밸리가 독보적인 이유는 기업가정신을 개인의 정신이 아니라 사회적·제도적 구조로 만들었기 때문이다. 이곳에서 창업은 우연한 도전이 아니라 조직된 산업 활동이다. 아이디어는 액셀러레이터를 통해 팀으로 전환되고, 엔젤 투자자는 초기 불확실성을 보완하며, 벤처캐피털은 자본뿐 아니라 스케일 전략과 사업 확장의 설계자 역할을 수행한다. 이 과정은 M&A 시장과 상장 구조로 이어지며 창업→성장→회수라는 경로를 규칙화했다. 즉, 실리콘밸리는 기업가정신을 산업화한 최초의 지역이다. 하지만 이 제도화는 동시에 기업가정신의 본질을 변질시켰다. 기업가정신은 원래 문제 해결과 사회적 의의를 기반으로 했으나, 실리콘밸리에서는 종종 기업가정신이 금융화되고, 혁신은 투자 이벤트로 축소된다. 창업은 가치 창출의 과정이 아니라 가치 평가의 과정으로 전락하며, 진입 기회는 네트워크 접근성과 사회적 배경에 의해 불평등하게 배분된다. 이 시스템은 혁신을 촉진하지만 동시에 불평등을 구조화한다.

혁신 이론은 실리콘밸리를 학습과 지식 순환의 엔진으로 설명한다. 이 지역은 개방형 혁신(open innovation)의 실험장이며, 실패를 학습 자산으로 전환하는 메커니즘이 체계적으로 운영된다. 조직 간 인력 이동은 지식을 확산시키고, 실패한 시도는 데이터가 되어 다른 기업의 실험을 가속화한다. 이러한 확장된 조직 학습 구조는 실리콘밸리를 세계에서 가장 빠른 지식 공장으로 만들었다. 그러나 속도가 곧 진보를 의미하지는 않는다. 혁신이 방향성을 상실하면 기술은 문제를 해결하는 수단에서 문제를 대체하는 장치가 된다. 플랫폼은 편리함을 제공하지만 지역 경제를 해체하고, 자동화는 생산성을 높이지만 인간의 존엄을 위협한다. 실리콘밸리는 혁신의 속도를 극대화했지만, '그 혁신은 누구를 위한 것인가'라는 질문을 유예해왔다. 이 질문이 사라진 순간, 혁신은 공공선이 아니라 특정 집단의 이익을 보호하는 장벽이 된다.

실리콘밸리가 남긴 경영학적 통찰은 분명하다.

생태계 전략은 경쟁 우위를 창출하지만, 방향이 사라진 개방성은 모방과 피로를 낳는다. 기업가정신의 제도화는 혁신을 확장하지만, 금융화된 기업가정신은 불평등과 기능적 탐욕을 재생산한다. 혁신시스템은 학습을 가속하지만, 목적 없는 혁신은 사회적 비용을 폭발적으로 증가시킨다. 따라서 핵심 질문은 변한다. 이제 논의의 초점은 '왜 실리콘밸리인가'가 아니라 '실리콘밸리를 넘어서는 경영 전략은 무엇인가'다.

경영학이 제시하는 다음 징은 분명하다. 속도 중심 선략에서 지속가능 전략으로, 엘리트 중심 기업가정신에서 포용적 혁신생태계로, 기술 중심 혁신에서 사회적 공유 가치 전략으로 전환해야 한다. 미래의 전략은 시장 경쟁을 넘어 사회적 정당성을 설계하는 전략이 될 것이다. 따라서 진정한 질문은 더 이상 "어디로 갈 것인가"가 아니다. "어떤 미래를 설계할 것인가"이다. 바로 이 질문이 포스트 실리콘밸리 시대의 경영학을 정의한다.

실리콘밸리 정책학

실리콘밸리는 결코 자연 발생적으로 성장한 혁신 지대가 아니다.

그것은 국가 정책이 위험을 흡수하고, 대학이 지식을 축적하며, 시장이 그 지식을 증폭한 결과로 등장한 거대한 제도적 실험지대다. 흔히 실리콘 밸리는 민간 창업가들의 모험이 지도를 바꾼 곳이라 불리지만, 정책학은 다른 해석을 제시한다. 이곳은 전후 미국 기술패권 전략의 산물이자, 연방 연구개발 투자와 주정부 규제 유연성, 그리고 연구 중심 대학의 혁신 구조가 결합한 정책적 생성물이었다. 초창기 실리콘밸리는 목공소와 차고에서 시작된 것이 아니라, 연방 정부가 '지도되지 않은 탐색의 영역'을 허용한 대표적 공간이었다. 방위고등연구계획국(DARPA)과 국방 예산이 위험을 흡수하고, 스탠퍼드 대학교가 이를 지역 지식 체계로 구조화했으며, 벤처 자본이 이를 기업가정신 체계와 연결했다. 이 삼각 구조가 바로 "왜 실리콘밸리인가"에 대한 첫 번째 정책학적 답이다. 혁신은 정책이 설계하는 것이 아니라, 정책이 가능성을 열어줄 때 등장한다는 사실을 실리콘밸리 모델은 증명했다.

그러나 이 서사는 절반만 진실이다.

실리콘밸리는 공공 연구자본을 기반으로 성장했지만, 그 성과는 점차 사적 영역으로 집중되었다. 정책은 위험을 사회화했고, 수익은 민간에 사유화되었다. 공공이 제공한 과실은 결국 소수 빅테크 기업의 손에 축적되었다. 이 불균형은 정책 윤리의 거대한 질문을 불러온다. 공적 지식이 사적 독점으로 귀속될 때, 그 혁신은 과연 정당한가? 실리콘밸리가 보여주는 불편한 진실은 이것이다. 혁신 정책은 설계의 문제가 아니라 분배의 문제라는 점이다. 기술 주도적 성장 전략이 사회적 정당성을 잃는 순간이 바로 여기다. 이 지점에서 반문은 탄생한다. "왜 실리콘밸리가 아닌가?"

과학기술정책(STP)의 시각에서 보면 실리콘밸리는 대학-산업-정부의 삼중 나선(Triple Helix)이 가장 정교하게 작동한 사례였다.

기술이전조직(TTO)은 연구 성과를 시장과 연결했고, 국가 R&D 프로그램은 명시적 기술지향 정책(technology-oriented policy)을 통해 도전적 과제를 제시했다. 이 구조는 탐색 비용을 줄이고, 문제 중심 혁신(problem-oriented innovation)을 가능하게 했다. 그러나 동시에 사각지대도 커졌다. 감시 자본주의, 알고리즘 편향, 디지털 프라이버시 침해는 기술패권을 향한 가속 정책이 낳은 정책적 외부 효과였다. 기술은 중립적이지 않으며, 모든 기술에는 권력과 윤리가 내장된다는 사실을 실리콘밸리는 드러냈다. 기술을 가속할수록 정책은 윤리적 통치 능력을 시험받는다.

산업·혁신 정책 관점에서 실리콘밸리는 기존 경제 지도 작성 방식을 바꾼 공간이다.

산업 클러스터, 공급망 네트워크, 벤처캐피털, 기술 집약 고용 구조 등이 유기적으로 결합한 결과 혁신의 지리석 편중이 심화되었다. 많은 도시가 '○○ 밸리'를 표방하며 복제를 시도했지만 실패했다. 이유는 분명하다. 물리적 공간은 복제할 수 있어도 제도적 신뢰와 학습의 규범은 복제할 수 없기 때문이다. 실리콘밸리는 공간이 아니라 제도적 문법이며, 성공은 하드웨어가 아니라 사회적 코드에서 비롯된다. 이 사실을 간과한 복제는 변형 없는 모방으로 끝났다.

거버넌스 이론의 관점에서 실리콘밸리는 네트워크형 통치(governance by networks)가 실험된 공간이었다.

규제는 혁신을 억압하지 않고 관찰하고 조정하는 방식으로 설계되었으며, 민간·학계·정부가 참여하는 다층 협력 메커니즘이 형성되었다. 그러나 네트워크에는 늘 배제의 문턱이 존재한다. 거버넌스는 종종 민주성보다 효율을, 공정성보다 영향력을 우선시하며 정책 포획으로 기울 수 있다. "혁신을 위한 협력"이라는 구호 아래 시장 지배력이 강화될 때, 공공성은 구조적으로 후퇴하고 권력은 규칙을 은폐한 채 작동한다.

이 모든 층위를 관통하는 결론은 명확하다.

실리콘밸리는 공공정책이 불확실성을 관리하면서 실험을 제도화한 결과 탄생했다. 그러나 혁신의 속도를 사랑한 나머지 정책의 정당성은 뒤로 밀려났다. 이제 질문은 더 이상 "실리콘밸리를 모방할 것인가"가 아니다. 어떤 정책 체계가 기술 혁신과 공공 가치를 동시에 실현할 수 있는가가 핵심이다. 포스트 실리콘밸리 시대의 정책학은 위험의 사회화에서 기회의 사회화로, 규제의 사후 대응에서 설계 기반 규칙으로, 성장 중심 정책에서 공공 가치 기반 혁신 정책으로 이동해야 한다. 정책은 더 이상 기술을 따라가서는 안 된다. 정책은 기술의 방향을 설계해야 한다. 그래서 이제 질문은 이렇게 바뀐다. 혁신은 계속할 것인가가 아니라, 어떤 사회를 위해 혁신할 것인가. 바로 이것이 실리콘밸리를 넘어서는 새로운 정책학의 출발점이다.

실리콘밸리 기술발전사학

실리콘밸리는 종종 '성공 신화'로 불린다.

그러나 신화라는 말만큼 이 지역을 오해하게 만드는 표현도 드물다. 실리콘밸리는 한 지역의 근면과 개인적 천재성이 만들어낸 기적이 아니라, 지식·제도·전쟁·이민·자본·도시 인프라가 서로 다른 시간축에서 결합하며 진화한 기술 체제의 결절이다. 발전사학의 관점에서 보면 실리콘밸리는 단순한 지리적 공간이 아니라, 기술 체제의 형성과 변화가 가장 압축적으로 나타난 역사적 현장이다. 이 결절이 언제, 어떻게, 누구의 힘에 의해 묶였는지를 추적할 때 비로소 "왜 실리콘밸리인가"와 동시에 "왜 실리콘밸리가 아닐 수도 있는가"라는 질문을 이해하게 된다.

실리콘밸리의 형성은 내부 지식의 축적 논리에서 출발하였다.

트랜지스터에서 집적회로, 마이크로프로세서, 인터넷, 플랫폼, 인공지능으로 이어지는 기술 연쇄는 단절이 아닌 문제 해결의 누적 경로였다. 반도체 수율 개선, 소프트웨어 모듈화, 네트워크 표준화, 클라우드 분산 설계와 같은 시간대별 난제들이 이 지역 내부에서 빠르게 공유되고 재조합되며 지역적 지식체계를 형성했다. 이 과정은 토마스 쿤의 표현을 빌리면 '정상과학―이상현상―패러다임 전환'의 순환이 비정상적으로 짧은 주기로 반복된 현장이었다. 지식은 공장에서 생산되듯 반복 학습을 통해 구조화되었고, 이 구조는 다시 표준으로 제도화되었다. 여기까지만 보면 실리콘밸리는 내부 기술 진보로 설명되는 자생적 혁신 지대처럼 보인다. 그러나 이 설명은 절반만 맞다.

외생적 조건을 제거하면 실리콘밸리는 설명되지 않는다.

이 지역의 형성은 냉전이라는 세계사적 사건과 분리할 수 없다. 미 국방 조달체계, NASA와 우주 경쟁, 레이더·통신·반도체에 대한 군사적 수요는 막대한 R&D 투자를 유발했고, 이는 지역 대학 연구와 결합해 학습 속도를 극적으로 가속했다. 기술 발전의 병목―제조 수율, 회로 집적 한계, 신호 간섭, 측정 표준 부재 등―은 동일한 지식권 내 집단 학습 메커니즘에 의해 해소되었다. 토머스 휴즈가 말한 대규모 기술 시스템(LTS)이 하나의 공간에서 서로 얽히며 진화한 보기 드문 사례였다. 기술은 혼자

발전하지 않았다. 조달, 표준, 규제, 자본, 인력의 흐름이 유기적 상호작용을 수행한 정치적 기술 체계였다. 이 체계를 움직인 것은 단지 제도가 아니라 과학의 가치와 기술의 윤리였다.

로버트 멀튼의 과학 규범—보편주의, 공유주의, 조직화된 회의주의—는 실리콘밸리의 오픈 랩 문화, 세미나 전통, 자유로운 인력 이동을 촉진하며 지식 순환 속도를 높였다. 동시에 특허, 데이터, 지식재산(IP) 제도는 공유의 경계를 밀어붙이며 사유화 압력을 강화했다. 공공 연구성과는 민간 플랫폼의 네트워크 효과로 흡수되었고, '공공 연구→사적 독점'이라는 경로가 고착되었다. 이 구조는 실리콘밸리를 가능케 한 힘과 의심하게 만드는 한계를 동시에 드러낸다.

사회구성적 기술론(SCOT)과 행위자-네트워크 이론(ANT)의 렌즈로 보면 그 내부는 더 복합적이다.

실리콘 웨이퍼, 클린룸 장비, 통신 프로토콜, API와 소프트웨어 모듈 같은 비인간 행위자는 엔지니어, 벤처 투자자, 국방 기관, 이민 기업가, 규제 기관과 동등한 행위자로서 네트워크를 구성했다. 실리콘밸리는 기술이 사회를 바꾼 공간이 아니라 사회가 기술과 함께 스스로를 설계한 공간이었다. 네트워크가 강해질수록 그 내부와 외부는 더 뚜렷하게 구별되었다. 기술 네트워크는 혁신을 이끌었지만 동시에 배제의 구조도 강화했다. 누가 초대되는가, 누구의 지식이 표준이 되는가—그 기준이 곧 힘의 분배를 결정했다.

역사적 시간을 조금 더 넓혀보면 실리콘밸리는 한 사건이 아니라 사건들의 누적이었다. 1930~40년대 스탠퍼드의 산업 협력 모델, 50년대 군사 조달과 페어차일드 반도체의 등장, 60~70년대 스핀오프 창업 네트워크, 80년대 스톡 옵션과 기술이전 제도의 법제화, 90년대 이후 인터넷과 모듈형 혁신의 확산, 2000년대 플랫폼 자본주의의 부상, 2010년대 AI 인프라와 반도체 지형의 재편이 하나의 연속체를 형성했다. 실리콘밸리는 위험의 사회화—성과의 민영화—재투자의 순환으로 작동하는 체제였다.

그렇다면 "왜 실리콘밸리가 아닐 수도 있는가?"라는 질문은 어디에서 생겨나는가?

첫째, 경로 의존성이다. 플랫폼·데이터·광고 기반 비즈니스 모델에 잠식되며 대안적 기술 경로의 상상력이 억제되었다.

둘째, 공공성과 사유화의 비대칭이 심화되었다. 공공 연구가 위험을 흡수하고도 수익 배분 구조에는 접근하지 못했다.

셋째, 기술 인프라가 정치화되었다. 클라우드·데이터센터·AI 모델은 더 이상 기업의 도구가 아니라 사회적 권력 구조가 되었다.

넷째, 역사 비교는 모델의 유일성을 부성한다. 보스턴 Route 128, 이스라엘 텔아비브, 독일 뮌헨, 한국 판교, 중국 심천은 각기 다른 조건에서 다른 혁신 경로가 가능함을 보여준다.

다섯째, 사회적 인프라 붕괴는 어떤 혁신도 버티지 못한다. 도시 불평등과 생활비 위기는 이미 생태계의 동력을 약화시키기 시작했다.

결론은 명확하다.

실리콘밸리는 기술 발전사가 아닌 기술-정치-사회가 동시에 움직인 복합적 역사적 사건이다. 그것을 모방할 수 있는가가 문제의 핵심이 아니다. 어떤 사회가 어떤 방식으로 새로운 기술 결절을 형성할 수 있는가가 진짜 질문이다. 실리콘밸리의 교훈은 하나다. 혁신은 기술이 아니라 사회적 설계의 결과이며, 새로운 혁신 지대를 만드는 힘은 경로를 선택하고 조정할 수 있는 집단적 지성에 달려 있다. 따라서 중요한 문제는 더 이상 "다음 실리콘밸리는 어디인가?"가 아니다. "우리는 어떤 연결 양식을 설계할 것인가?"—이 질문이 다음 기술 발전사의 서막을 연다.

실리콘밸리의 프런티어 기술과 기술문명

인류 문명은 특정한 공간에서 방향을 전환해왔다.

아테네는 철학적 사유의 형식을 낳았고, 케임브리지는 근대 과학 혁명의 지적 토대를 구축했으며, 맨체스터는 산업혁명을 촉발하며 사회 구조를 바꾸었다. 그렇다면 21세기 기술문명의 중심은 어디인가. 세계는 거의 주저 없이 실리콘밸리를 떠올린다. 지도 위에서는 캘리포니아 해안선 뒤편에 자리한 작은 도시 집적지에 불과하지만, 역사적 분석의 관점에서 실리콘밸리는 하나의 지리적 장소를 넘어선 구조적 현상이다. 지식과 기술이 자본을 끌어당기고, 자본은 혁신을 촉진하며, 혁신은 다시 새로운 지식 생산을 자극하는 순환적 진화 구조가 이곳에서 작동해왔다.

실리콘밸리는 단순한 기술 기업 밀집 지역이 아니다.

새로운 기술 질서가 발생하고 확산되는 생성적 환경이며, 과학적 탐구·도전적 기업가정신·모험자본·지식 교류가 결합해 스스로를 증폭하는 혁신 생태계를 이루고 있다. 오늘날 전 세계가 사용하는 '혁신생태계'라는 개념은 실리콘밸리에서 태동했다. 그러나 뉴욕의 실리콘 앨리(Silicon Alley), 영국 케임브리지의 실리콘 펜(Silicon Fen), 이스라엘의 실리콘 와디(Silicon Wadi), 인도 벵갈루루의 실리콘 플래토(Silicon Plateau), 중국 중관춘의 '차이나 실리콘밸리'는 외형을 모방했을 뿐 동일한 학습 역동성과 혁신의 유기적 순환 흐름을 재현하지는 못했다.

그 차이는 실리콘밸리가 산업 단지를 넘어 기술문명의 형식을 구축했기 때문이다.

이 지역에서 기술은 산업 성장을 위한 도구가 아니라 새로운 시대를 설계하는 구조적 동력으로 작동한다. 실리콘밸리의 중심에는 언제나 프런티어 기술(frontier technology)—기존 지식의 한계를 돌파하고 새로운 가능성을 여는 기술—이 놓여 있다. 이곳은 인류의 기술적 확장 방향을 결정하는 전략적 공간이다.

실리콘밸리의 기원은 신화가 아니다.

그 출발은 몇몇 천재의 영감이 아니라 문제를 해결하려는 지적 태도와 실험적 탐구의 문화였다. 20세기 초 스탠퍼드 언덕의 전파 연구실에서 시작된 실험은 1947년 트랜지스터 발명으로 기술사적 전환점을 맞았고, 그것은 곧 집적 회로와 마이크로프로세서로 이어지며 정보 혁명의 기반을 형성했다. 이 과정에서 기술은 연구실에서 태어나 기업에서 구현되고, 기업은 다시 기술 창업으로 전환되며 새로운 세대를 탄생시켰다. 실리콘밸리는 이 과정을 통해 최초로 '기술이 기술을 낳는' 자기 증식형 구조를 갖추게 되었다.

이어 인터넷의 등장은 두 번째 진화의 흐름을 만들었다.

반도체가 계산 능력을 열었다면, 네트워크는 연결 능력을 열었다. ARPANET, 스탠퍼드와 버클리를 중심으로 한 소프트웨어 혁신 운동은 정보가 공간의 제약을 넘어 흐르는 세계를 열었고, 실리콘밸리는 점차 지식·데이터·컴퓨팅·네트워크가 맞물려 작동하는 지능적 기술 환경으로 진화했다. 인터넷은 곧 데이터 혁명으로 확장되었고, 데이터는 인공지능·바이오테크놀로지·로보틱스·자율주행·우주 기술을 촉발하며 21세기 기술체계의 신경망을 형성했다. 이 과정에서 실리콘밸리는 기술 발전의 속도와 구조를 재정의한 공간이 되었다.

오늘날 실리콘밸리는 더 이상 스타트업 성공 신화로 설명되지 않는다. 그것은 프런티어 기술이 상호 연결되고 진화하며 새로운 문명 질서를 구성하는 전략 환경이다. 이 지역에서 기술은 더 이상 도구가 아니다. 기술은 문명의 언어이며, 사회 설계의 구조이자 미래 전략 그 자체이다.

실리콘밸리가 주도하는 핵심 프런티어 기술 영역은 다음과 같다.

- 인공지능(AI) · 반도체 및 첨단 하드웨어 · 클라우드 컴퓨팅 · 바이오테크놀로지 · 핀테크 · 사이버 보안 · 자율주행 및 모빌리티 · 빅데이터 및 분석 · 소셜 미디어 및 디지털 콘텐츠 · 청정 에너지 및 지속 가능한 기술.

이 기술들의 진화 과정을 추적하면 하나의 공통된 리듬이 드러난다.

이론적 발견→실험적 검증→응용 기술화→통합적 확장으로 이어지는 순환 구조가 지속적으로 반복된다. 이 과정은 지식이 단절 없이 산업으로 연결되고 다시 새로운 지식으로 환류되는 지식 진화 메커니즘을 보여준다. 이 진화는 개인 영웅주의가 아니라 제도화된 지식 순환 구조의 결과다. 스탠퍼드와 UC 버클리 같은 연구 중심 대학, 벤처캐피털 네트워크, 글로벌 테크 기업의 협력적 경쟁, DARPA와 NASA의 도전 중심 연구가 결합하여 지식이 발견-실험-상업화-확산으로 이어지는 경로를 제도화했다. 이 구조가 작동한 핵심 이유는 명확하다. 실리콘밸리는 지식의 흐름을 생태계적 순환 흐름으로 설계한 공간이기 때문이다.

여기서 실패는 배제의 근거가 아니라 학습의 조건이며, 경쟁은 소멸의 과정이 아니라 기술 간 상호 자극을 통한 공동 진화의 자극이 된다. 인공지능은 반도체 구조를 재편하고, 반도체는 클라우드 확장을 견인하며, 클라우드는 데이터 생태계를 열어 바이오와 자율주행을 촉진한다. 기술은 고립적으로 발전하지 않는다. 기술은 기술과 함께 진화한다.

따라서 실리콘밸리는 산업 지역이 아니라 기술문명이 형성되는 구조적 환경이다. 문제는 더 이상 "실리콘밸리가 어디인가"가 아니다. 질문은 다음과 같다. "기술은 어디로 향하고 있으며, 우리는 어떤 문명을 설계할 것인가?" 이 질문이 바로 포스트 실리콘밸리 시대의 기술문명론을 연다.

인공지능(AI): 규칙을 넘어서 학습하는 기계로

인공지능(AI)의 역사는 한 번의 선언에서 시작되었다. 1956년 여름, 미국 뉴햄프셔의 다트머스 대학(Dartmouth College)에 모인 소수의 젊은 학자들이 "지능을 가진 기계를 만들 수 있다"는 대담한 가설을 제시했다. 그 중심에 있던 인물은 스탠퍼드 출신 수학자 존 매카시(John McCarthy)였다. 그는 처음으로 이 새로운 연구 분야에 '인공지능(Artificial Intelligence, AI)'이라는 이름을 붙였고, 그 순간은 오늘날 AI 혁명의 서막이 되었다.

그러나 초기 인공지능은 지금 우리가 아는 '생각하는 기계'와는 거리가 멀었다. 당시 연구자들은 인간의 사고를 논리 규칙으로 흉내 낼 수 있다고 믿었다. 매사추세츠공과대학교(Massachusetts Institute of Technology,

MIT)에서 개발된 초기 챗봇 ELIZA(1964)는 표면적으로는 인간과 대화하는 듯했지만, 사실 단순한 규칙 치환에 불과했다. AI는 "논리로 만든 정교한 연산기"에 머물렀고, 학습 능력은 존재하지 않았다.

기계는 데이터를 통해 스스로 배울 수 있는가?

AI가 비약적 전환점을 맞이한 순간은 '학습'이라는 개념이 기술에 도입되면서부터였다. 1960년대 스탠퍼드 인공지능연구소(Stanford Artificial Intelligence Laboratory, SAIL)는 패턴 인식과 전문가 시스템을 연구하며 인간의 사고를 기계 지식으로 변환하려 노력했다. 그러나 1980년대 초, 한 차례 'AI 빙하기'가 닥친다. 과도한 기대와 부족한 성능이 충돌하며 AI는 비판의 대상이 되었고, 연구 자금은 빠르게 끊겼다.

그러나 과학의 진화는 표면 아래에서 조용히 진행되는 법이다. 이 시기 제록스 PARC와 카네기멜론대학교(Carnegie Mellon University), 벨연구소(Bell Labs)의 연구자들은 생물학적 뇌 구조에서 영감을 받은 신경망(neural network) 이론을 발전시켰다. 1997년 IBM의 '딥 블루(Deep Blue)'가 체스 챔피언 가리 카스파로프(Garry Kasparov)를 이기며 세상은 AI를 다시 주목하기 시작했다. 그러나 이 승리는 여전히 규칙 기반 탐색 알고리즘의 성과였지, 진정한 하습의 결과는 아니었다.

딥러닝, 그리고 데이터라는 연료

AI의 진정한 부활은 2000년대 GPU(Graphics Processing Unit, 그래픽 연산 장치)의 등장과 데이터 폭증이 결합되면서 시작된다. 엔비디아(NVIDIA)는 GPU를 기존 그래픽 용도에서 벗어나 대규모 병렬 연산 엔진으로 재해석했고, 이는 딥러닝을 현실로 만든 기술적 분기점이었다. 2012년 알렉스넷(AlexNet)은 이미지 인식 대회에서 오차율을 절반으로 떨어뜨리며 AI가 인간 감각을 이해할 수 있다는 가능성을 증명하였다. 이어 2017년 구글 브레인(Google Brain)이 발표한 트랜스포머(Transformer) 구조는 AI 역사에서 또 하나의 기술적 빅뱅이었다. 이 기술은 언어를 이해하고 생성하는 능력을 비약적으로 끌어올렸다. 이후 오픈AI(OpenAI)는 GPT 시리즈를 거듭 확장했고, GPT-4에 이르러 AI는 텍스트, 이미지, 음성을 동시에 처리하는 멀티모달 능력을 갖춘 지적 엔진으로 진화했다.

현재, AI는 이미 하나의 과학 도구가 되었다

오늘날 AI는 더 이상 단일 기술이 아니다. 과학적 탐구의 파트너이자 지식 발전의 가속기다. 딥마인드(DeepMind)의 알파폴드(AlphaFold)는 단백질 구조 예측 문제를 해결하며 생명과학을 뒤흔들었다. 과거 수개월이 걸리던 분자 분석이 이제는 불과 몇 초면 가능하다. AI는 데이터 해석만이 아니라 과학적 추론과 발견의 영역까지 넘보고 있다.

실리콘밸리의 전략: AI를 산업이 아니라 플랫폼으로 키우다

AI라는 개념은 다트머스대에서 태어났지만 AI를 진정한 혁신의 엔진으로 성장시킨 곳은 실리콘밸리였다. 스탠퍼드대 연구 네트워크, 구글(Google)·오픈AI(OpenAI)·메타(Meta) 등 연구와 산업을 연결한 기관, 그리고 엔비디아(NVIDIA)와 같은 하드웨어 혁신기업들이 AI 연구→컴퓨팅 인프라→데이터 생태계라는 거대한 가속 구조를 만들어냈다. 현재 전 세계 AI 연구의 60% 이상이 실리콘밸리 기반 기술 위에서 작동하고 있다.

AI는 더 이상 미래 기술이 아니다. 인류는 이미 학습하는 기계와 공존하는 시대에 들어섰다. 중요한 것은 기술이 어디까지 갈 수 있는가가 아니라 우리가 이 지능과 어떻게 함께 진화할 것인가라는 질문이다.

반도체와 하드웨어:
생각을 연산으로 바꾸는 기술의 심장

오늘날 우리가 사용하는 모든 디지털 기술—스마트폰, 자율주행 자동차, 슈퍼컴퓨터, 그리고 인공지능—은 본질적으로 전자를 다루는 과학 위에 서 있다. 이 기술문명의 보이지 않는 심장부에는 하나의 작은 장치가 있다. 바로 반도체다. 반도체는 전기를 흘릴 수도, 차단할 수도 있는 미묘한 성질 덕분에 생각을 연산으로 바꾸는 장치, 즉 컴퓨팅이라는 개념을 가능하게 했다.

트랜지스터, 혁명의 씨앗

반도체 혁명은 1947년 뉴저지(New Jersey)의 벨 연구소(Bell Labs)에서 시작되었다. 존 마딘(John Bardeen), 월터 브래튼(Walter Brattain), 윌리엄 쇼클리(William Shockley) 세 명의 과학자는 세상에서 처음으로 트랜지스터를 만들어냈다. 손톱보다 작은 이 소자는 정보를 전기 신호로 처리할 수 있게 했고, 이 발명은 20세기 과학 기술사에서 가장 위대한 돌파 중 하나로 평가된다. 그러나 트랜지스터는 발명보다 확산이 더 중요했다. 이 기술을 산업으로 끌어낸 무대가 바로 실리콘밸리(Silicon Valley)였다.

하나의 발명이 생태계를 만들다

1956년, 트랜지스터 공동 발명자 윌리엄 쇼클리는 캘리포니아 팔로 알토에 회사를 세우며 연구팀을 옮겨온다. 바로 여기서 실리콘밸리 반도체 산업의 뿌리가 자라기 시작했다. 그의 동료와 후배들이 나와 만든 회사가 바로 페어차일드 반도체(Fairchild Semiconductor)였고, 이 기업에서 인텔, AMD, 노텔 등 실리콘밸리 반도체 계보가 파생된다. 이것이 역사적으로 유명한 페어차일드 계열(Fairchildren)이다.

1961년, 페어차일드는 집적회로(IC), 즉 하나의 칩 안에 복수의 트랜지스터를 집어넣는 기술을 개발했다. 이어서 1965년, 페어차일드 출신 공동 창업자 고든 무어는 유명한 무어의 법칙을 제시한다.

"트랜지스터 밀도는 약 2년마다 두 배씩 증가한다."

이 간명한 예측은 기술이 어떻게 성장하는가에 대한 컴퓨팅의 진화 법칙이 되었고, 지금까지 반도체를 움직이는 전략적 나침반 역할을 한다.

컴퓨터를 대중화한 칩, 세상을 바꾸다

1971년, 인텔은 세계 최초의 상업용 마이크로프로세서 인텔 4004를 발표한다. 이 작은 칩은 컴퓨팅을 대형 연구소와 정부 기관의 전유물에서 일상의 기술로 바꾸는 결정적 동력이 되었다. 이후 반도체 산업은 끊임없는 미세화 경쟁에 돌입했다. 1990년대 CMOS 공정 혁신은 저전력 고집적 칩 개발을 가능하게 했고, 트랜지스터의 크기는 점점 작아져 머리카락 굵기의 1만분의 1 이하로 줄어들었다.

3나노 시대와 실리콘밸리의 패권

오늘날 반도체 공정은 마침내 3나노(3nm) 시대에 돌입했다. 이 수준에서 트랜지스터 수는 수백억 개에 달하고, 스마트폰 한 대의 연산 용량(computational capacity)은 과거 전체 국가 연구 기관의 연산력을 능가한다. AI 특화 아키텍처, 칩렛 설계, 고대역폭 메모리(HBM) 등 새로운 기술은 연산 속도를 끊임없이 끌어올리고 있다.

놀라운 사실은 무엇인가? 이 변화의 중심에는 여전히 실리콘밸리가 있다. 트랜지스터는 뉴저지에서 태어났지만, 반도체 기술을 산업으로 발전시키고 지식생태계로 확장한 곳은 실리콘밸리였다. 오늘날 반도체 설계 분야의 70% 이상을 인텔, AMD, NVIDIA, 애플 같은 실리콘밸리 기업들이 주도한다.

반도체는 그저 전자 부품이 아니다. 그것은 컴퓨팅 문명을 가능하게 한 기술적 DNA이며, AI 시대의 연료이자 기술패권 경쟁의 본질이다. 인공지능 시대에 누가 더 뛰어난 하드웨어를 가지는가의 문제는 단순히 산업 경쟁을 넘어, 국가의 전략과 미래를 결정짓는 문제가 되었다.

클라우드 컴퓨팅:
세상을 하나의 거대한 컴퓨터로 연결하다

우리가 인터넷을 통해 이메일을 보내고, 스마트폰으로 사진을 저장하며, AI와 대화하는 일은 이제 일상이 되었다. 하지만 이 평범해 보이는 일상 뒤에는 보이지 않는 거대한 컴퓨터가 작동하고 있다. 이 보이지 않는 시스템이 바로 클라우드 컴퓨팅이다. 클라우드는 단순한 데이터 저장 방식이 아니라, 컴퓨팅 자체를 하나의 거대한 유틸리티로 바꾼 새로운 패러다임이다.

한 사람의 상상에서 출발한 미래의 컴퓨팅

클라우드 컴퓨팅의 씨앗은 1961년 MIT의 컴퓨터 과학자 J.C.R. 리클라이더(J.C.R. Licklider)가 심었다. 그는 "언젠가 전 세계가 하나의 거대한 컴퓨터 네트워크로 연결되어 지식과 데이터에 자유롭게 접근할 수 있을 것"이라고 예견했다. 당시의 컴퓨터는 방 하나를 가득 채우는 거대한 장비였다. 그럼에도 그는 원격 접속과 상호 연결된 지능형 네트워크를 상상했다. 이것은 훗날 인터넷과 클라우드가 탄생하는 철학적 토대가 된다.

방대한 컴퓨팅을 공유하는 방법을 찾다

클라우드가 현실로 움직이기 시작한 것은 1969년 실리콘밸리에서 시작된 ARPANET 프로젝트였다. ARPANET은 UCLA, 스탠퍼드, UC 산타바바라 같은 서부 연구 중심 대학과 기관을 고속 네트워크로 연결하며 '네트워크를 통한 컴퓨팅 공유'라는 개념을 기술적으로 증명했다. 이것은 클라우드라는 아이디어가 학문적 상상에서 실험적 시대로 이동한 순간이었다. 1990년대, 인터넷이 폭발적으로 확산되면서 기업과 연구소는 하나의 질문을 마주하게 된다.

"컴퓨팅 능력도 전기처럼 언제든지 빌려 쓸 수는 없을까?"

이 물음에 실리콘밸리가 응답한다.

클라우드, 산업이 되다

2006년 아마존(Amazon)은 역사적인 서비스를 발표한다. AWS(Amazon Web Services)다. AWS는 가상 머신을 빌려주는 EC2(Elastic Compute Cloud)와 인터넷 어디서든 사용할 수 있는 저장 공간 S3(Simple Storage Service)를 공개하면서 클라우드 인프라의 표준 API를 사실상 정의했다. 이제 기업들은 거대한 데이터센터를 직접 구축하지 않아도 필요할 때만 컴퓨팅을 빌려 쓰는 시대로 들어섰다.

그 뒤를 이은 혁신은 소프트웨어 배포 방식의 혁명이었다. 2013년 도커(Docker)가 등장하면서 애플리케이션을 가벼운 컨테이너 단위로 포장하고 어디서나 실행할 수 있게 되었다. 2014년 구글(Google)은 이 컨테이너를 자동으로 관리하는 시스템 쿠버네티스(Kubernetes)를 공개하며 클라우드 운영 패러다임을 근본적으로 뒤바꿨다. 그리고 2015년 AWS 람다(AWS Lambda)는 서버리스 컴퓨팅을 도입하며 서버를 의식하지 않고 코드를 실행하는 개발 방식을 본격화했다.

데이터가 세계를 구성한다면, 클라우드는 그 기반 토대이다

2020년대 들어 클라우드는 더 이상 선택이 아니라 디지털 세계의 기본 인프라가 되었다. 전 세계 데이터센터의 80% 이상이 클라우드 아키텍처로 운용되고 있으며, GPT-5 같은 거대한 AI 모델 훈련, IoT 센서 네트워크 운영, 글로벌 금융 거래 분석은 모두 클라우드 위에서 이루어진다. 우리가 사용하는 플랫폼 서비스 대부분이 그렇듯, 세계는 이미 클라우드 위에서 돌아가고 있다.

특히 최근 클라우드는 중앙 집중형 구조에서 엣지 컴퓨팅으로 진화하고 있다. 데이터가 생성되는 현장에서 바로 데이터를 처리함으로써 지연 시간은 마이크로초 단위로 줄고, 실시간 AI 반응이 가능해지고 있다. 자율주행차가 도로 위에서 사고를 피할 수 있는 것은 바로 이 기술 덕분이다.

실리콘밸리가 클라우드를 지배하게 된 이유

클라우드라는 개념은 MIT에서 태어났지만 그것을 산업과 문명 수준으로 확장한 곳은 실리콘밸리였다. 아르파넷(ARPANET), 선 마이크로시스템즈(Sun Microsystems)의 네트워크 철학, 구글의 분산 파일 시스템, AWS의 가상화 서비스, 쿠버네티스(Kubernetes)의 표준화—모든 길은 실리콘밸리로 통했다. 실리콘밸리는 컴퓨팅 방식을 바꾼 것이 아니라 컴퓨팅을 쓰는 방식을 바꿨다. 클라우드는 기술을 넘어 사고방식을 바꾼 발명이다. 세상은 더 이상 따로 떨어신 컴퓨터들로 구성되지 않는다. 지금 인류는 하나의 커다란 분산형 지능 구조 속에 살고 있다. 그리고 우리는 이제 막 그 힘을 이해하기 시작했을 뿐이다.

바이오테크놀로지: 생명을 해독하고 재설계하다

컴퓨팅이 정보를 처리하는 기술이라면, 바이오테크놀로지는 생명을 이해하고 다루는 기술이다. 인공지능이 생각을 모방하려 한다면, 바이오는 생명 그 자체를 다룬다. 이 영역은 과학 중에서도 가장 근본적 질문을 다룬다. "생명은 무엇인가?" "그것을 이해할 수 있다면, 다시 설계할 수도 있는가?"

생명을 코드로 다루기 시작한 순간

현대 바이오 혁명은 1973년 캘리포니아에서 시작되었다. 스탠퍼드 대학의 스탠리 코헨과 UC샌프란시스코(UCSF)의 헤이워드 보이어는 세계 최초로 재조합 DNA 기술을 개발한다. 서로 다른 생물의 유전자를 잘라 결합해 새로운 유전 정보를 만들어내는 이 기술은 "생명도 정보이며 조작 가능하다"는 패러다임 전환을 불러왔다. 이 기술은 후에 미국 특허 역사에서 가장 가치 있는 생명공학 특허 중 하나가 된다.

합성 인슐린이 연 문명의 전환점

1976년, 스탠퍼드 출신 연구자들이 설립한 신생 기업 제넨테크(Genentech)는 재조합 DNA 기술을 이용해 세계 최초의 합성 인슐린을 만들어낸다. 이것은 역사적으로 중요한 사건이었다. 바이오 기술이 실험실을 넘어 산업이자 의학으로 확장된 첫 순간이었기 때문이다. 생명공학은 더 이상 이론이 아니었다. 하나의 혁신 산업으로 태어나기 시작했다.

DNA를 읽는 기술에서 DNA를 쓰는 기술로

1983년 캐리 멀리스(Kary Mullis)는 PCR(Polymerase Chain Reaction, 중합효소 연쇄 반응) 기술을 개발한다. 이 기술은 DNA를 빠르게 증폭시킬 수 있게 했고 유전학은 비로소 대량 분석 시대로 진입한다. 이어 1990년부터 13년에 걸쳐 진행된 인간 게놈 프로젝트(Human Genome Project)는 인간 DNA 30억 염기를 해독하는 데 성공하며 생명이라는 코드 언어를 해독하기 위한 지도를 제공한다. 이 프로젝트는 생명과학을 데이터 과학과 연결시킨 초대형 연구였다. 하지만 이 모든 것은 더 놀라운 전환을 위한 준비 단계에 불과했다.

CRISPR, 생명을 편집하다

2012년, 생명과학은 또 한번의 거대한 도약을 맞이한다. CRISPR-Cas9(유전자 가위 기술). 이제 과학자들은 유전자를 읽는 것을 넘어 정확하게 편집할 수 있게 되었다. 유전 질환의 원인이 되는 DNA 조각을 정확히 찾아내 잘라내고 교체할 수 있는 유전자 가위 기술—그것은 암, 희귀 유전병, 면역 질환의 치료를 현실로 바꿔놓았다. 과거 "불치"라 불리던 병의 시대는 종말을 맞이하고 있다.

생명공학은 이제 진화의 속도를 바꾸는 기술이다

2020년대 들어 바이오 혁명은 컴퓨팅적 생물학과 만나 더 거대한 변화를 만들고 있다. mRNA 백신 기술은 팬데믹을 겪으며 전 세계가 그 가치를 체감했다. 백신 개발에 수년이 걸리던 시대는 끝났고, 이제는 몇 주면 설계가 가능하다. 또한 합성 생물학(Synthetic Biology)은 생명체를 재설계하며 새로운 단백질과 인공 효소를 설계하는 시대를 연다. 생물학은 분석의 과학을 넘어 설계의 공학이 되고 있다.

실리콘밸리, 이제 생명까지 다루다

주목해야 할 사실은, 이 바이오 혁명의 중심에도 실리콘밸리가 서 있다는 것이다. 재조합 DNA 기술은 실리콘밸리에서 태어났고, 제넨테크는 생명공학 기업 모델을 확립했다. 일루미나(Illumina)는 유전체 분석을 산업으로 만들었고, 최근에는 딥마인드와 엔비디아 같은 AI 기업들까지 생명 정보 분석에 뛰어들고 있다. 실리콘밸리는 반도체로 컴퓨팅을 바꾸었고, 인터넷과 클라우드로 정보 흐름을 바꾸었다. 그리고 이제 바이오테크로 생명의 구조를 바꾸고 있다.

바이오테크놀로지는 단순한 기술 영역을 넘어 인류 문명 패러다임을 바꿀 또 하나의 거대한 혁신 파동이다. 과학은 생명을 해석하는 단계에서 벗어나, 이제 생명을 설계하는 단계로 진입했다. 우리는 말 그대로 진화의 조력자가 되고 있다.

핀테크: 돈의 흐름을 재설계한 기술 혁명

돈은 인간 문명의 보이지 않는 혈액이다. 교환, 거래, 신뢰—이 모든 것은 돈의 흐름을 통해 이루어진다. 그러나 오랜 세월 동안 금융 시스템은 느리고 불투명했으며, 소수 기관이 독점하는 폐쇄적 구조였다. 핀테크(FinTech)의 등장은 이 오래된 구조에 근본적인 질문을 던졌다.
"돈은 왜 실시간으로 이동하지 못하는가?" "금융이란 왜 은행과 국가의 손 안에만 있어야 하는가?"

금융 기술은 새로운 발명이 아니라 진화의 연속이었다

핀테크의 뿌리는 의외로 깊다. 1871년 웨스턴유니언(Western Union)은 전신망을 이용한 최초의 전자 송금 시스템을 도입했다. 금융의 디지털화는 그때 이미 시작되었다. 1950년대 들어 신용 카드가 개발되면서 금융과 기술의 결합은 본격적인 흐름을 형성한다. 그러나 이때까지 금융 혁신은 여전히 속도를 조금 개선하는 수준이었다. 근본은 바뀌지 않았다.

디지털 금융으로의 진입

1967년 런던의 바클레이스은행(Barclays Bank)은 세계 최초의 ATM(Automated Teller Machine, 현금자동입출금기)을 도입하며 금융 자동화를 시작했다. 이어 1973년 나스닥(NASDAQ)은 세계 최초의 전자 증권 거래소를 개설했다. 금융은 더 빠르고 광범위하게 움직이기 시작했지만 여전히 인터넷 이전의 디지털화, 즉 폐쇄형 네트워크 기반의 전산화 단계에 머물러 있었다. 이 정체를 무너뜨린 사건은 1995년 넷스케이프(Netscape)가 SSL(Secure Sockets Layer) 암호화 기술을 웹에 적용하면서 발생했다. 은행 업무가 인터넷으로 이동할 수 있는 길이 열렸고, 단 하나의 기업이 이 흐름을 이어받아 금융의 흐름을 완전히 바꿨다.

그 기업이 바로 페이팔(PayPal)이다.

실리콘밸리, 금융을 코드로 바꾸다

1999년 페이팔은 인터넷 기반 P2P 결제를 상용화하며 금융의 지형도를 뒤흔들었다. 은행 없이도 개인 간의 거래가 실시간으로 가능해진 것이다. 페이팔은 단순한 스타트업이 아니었다. 금융이 하나의 소프트웨어가 될 수 있다는 사실을 세계에 증명한 첫 사례였다. 이 혁신은 이후 실리콘밸리 핀테크 기업들의 태도를 대변하게 된다.

"돈은 정보이며, 금융은 알고리즘으로 재설계될 수 있다."

금융 시스템을 다시 쓴 코드, 블록체인

2009년 사토시 나카모토(Satoshi Nakamoto)라는 이름의 정체불명 개발자가 공개한 비트코인(Bitcoin) 백서는 금융의 근간인 신뢰를 기술로 대체하는 방법을 제시했다. 블록체인(blockchain)은 중앙 기관 없이도 거래 이력을 검증할 수 있는 구조였고, 이는 곧 탈중앙화 금융(Decentralized Finance, DeFi)이라는 새로운 사상적 흐름을 탄생시켰다. 2015년 이더리움(Ethereum)은 그 위에 프로그래밍 가능한 계약 구조인 스마트 컨트랙트(smart contract)를 도입하며 금융을 자동화할 수 있는 시스템으로 확장시켰다.

금융의 뇌가 생기다: AI 결합

2020년대 들어 핀테크의 진화는 또 한번 가속된다. 이번에는 AI가 금융의 뇌 역할을 맡았다. 실시간 사기 탐지, 초개인화 금융 서비스, 리스크 분석 자동화—이 모든 기능이 AI 기반 거래 분석 시스템에 의해 구현되고 있다. 금융은 더 이상 느리고 보수적인 산업이 아니다. 데이터와 알고리즘으로 작동하는 초정밀 시스템으로 바뀌고 있다.

실리콘밸리, 돈의 미래를 설계하다

블록체인이라는 기술 아이디어는 실리콘밸리 밖에서 등장했지만 그것을 산업과 플랫폼으로 성장시킨 곳은 결국 실리콘밸리였다. 페이팔(PayPal)은 전자 결제를 세계화했고 스트라이프(Stripe)는 개발자 친화적인 API 금융 모델을 만들었다. 실리콘밸리는 금융을 단순한 산업으로 본 것이 아니라 프로토콜과 네트워크 설계의 대상으로 다시 정의했다.

핀테크는 이제 단순한 결제 기술이 아니다. 신뢰를 수학적으로 정의하고 거래를 코드로 설계하는 기술, 그것이 오늘날 핀테크다. 돈은 더 이상 종이에서 디지털로 이동한 것이 아니라 알고리즘이라는 논리 구조 위에서 재탄생하고 있다.

사이버 보안:
보이지 않는 전쟁에서 스스로 학습하는 방패로

우리가 살아가는 세계는 더 이상 물리적 공간에 머물지 않는다. 금융, 연구, 의료, 국방은 이미 디지털 네트워크 위에서 움직이고 있다. 그렇다면 현대 사회의 보이지 않는 가장 중요한 질문은 이것이다. "우리는 어떻게 우리의 디지털 생태계를 방어할 것인가?"

사이버 보안의 기원은 '공격'에서 시작되었다

흥미롭게도 사이버 보안의 역사는 방어가 아니라 공격에서 출발했다. 1949년 전설적인 컴퓨터 과학자 존 폰 노이만(John von Neumann)은 자기 복제 프로그램 개념을 제안한다. 이 아이디어는 후에 컴퓨터 바이러스의 이론적 기초가 된다. 그리고 1971년 MIT 연구자들이 만든 Creeper 프로그램이 역사상 최초의 컴퓨터 바이러스로 등장하며 사이버 공격이라는 개념이 현실이 된다.

문제는 더 이상 "컴퓨터를 어떻게 만들 것인가"가 아니라 "그것을 어떻게 지킬 것인가"로 바뀌기 시작했다.

수동 방어에서 능동 탐지로

1980년대는 초기 보안 기술이 등장한 시기였다. 방화벽(firewall)이 네트워크 경계를 지키기 위해 만들어졌고 DES 암호화는 데이터 보호의 기본 프로토콜이 되었다. 그러나 공격자는 항상 방어보다 한 발 앞서 있었다. 사이버 보안은 끝없는 추격전이었다.

1990년대 들어 인터넷이 확산되면서 보안은 단순 선택이 아닌 구조적 필요가 된다. 이때 실리콘밸리 기업 시스코(Cisco)가 네트워크 보안 장비를, 넷스케이프(Netscape)가 SSL 암호화를 상용화하며 인터넷 보안 시대를 열었다.

하지만 여전히 보안은 패턴 기반 탐지, 즉 알려진 공격을 막는 수준에 머물러 있었다. 알려지지 않은 공격, 이른바 제로데이 공격 앞에서는 속수무책이었다.

기계가 공격을 학습하는 시대: AI 보안

전환점은 머신러닝과 보안이 결합하면서 찾아왔다. 2014년 실리콘밸리 보안 기업 CrowdStrike는 이상 탐지 기반 보안 모델을 실시간 공격 탐지에 적용했다. 알려지지 않은 공격이라도 행동 패턴을 학습해 탐지할 수 있었던 것이다. 탐지 속도는 며칠에서 몇 초로 줄어들었다. 사이버 공격과 방어의 속도가 인간의 반응 속도를 벗어난 시점이었다.

클라우드 보안 역시 폭발적으로 성장했다. 수억 건의 로그인 패턴과 통신 로그를 분석해 AI가 자동으로 위협을 차단하는 시스템이 등장했다. 사이버 보안은 더 이상 수동적 방어가 아니었다. '지능형 면역 체계'로 진화하고 있었다.

다음 전선: 양자 보안

하지만 새로운 위협도 등장하고 있다. 양자 컴퓨팅은 기존 암호 체계를 무력화할 잠재력을 가진다. 현재 전 세계 금융 거래, 통신, 암호 자산 대부분이 RSA 기반 공개키 암호를 사용하고 있는데, 양자 컴퓨터는 이를 순식간에 풀 수 있는 연산 능력을 갖게 된다. 이에 대응하기 위해 2020년대 들어 양자 내성 암호(Post-Quantum Cryptography)와 양자 키 분배(QKD)가 등장하며 보안 표준의 지형을 새롭게 그리고 있다.

실리콘밸리, 디지털 질서의 방패를 만들다

사이버 보안은 군사 전략, 수학, 네트워크 과학, AI 기술이 교차하는 복잡한 분야다. 그럼에도 이 기술 전쟁의 중심에는 여전히 실리콘밸리가 있다. 시스코(Cisco), 팔로알토 네트웍스(Palo Alto Networks), 크라우드스트라이크(CrowdStrike) 같은 기업은 AI 보안, 제로 트러스트, 양자 암호, 클라우드 보안을 통합하며 전 세계 기업과 정부의 50% 이상을 보호하는 보안 네트워크를 구축했다.

사이버 보안은 숨겨진 전쟁이다. 총 대신 코드가 쓰이고, 전장은 서버와 네트워크다. 그리고 이 전쟁은 멈추지 않는다. 공격은 더 지능화되고 방어는 더 자동화되고 있다. 중요한 것은 기술이 아니다. 우리는 신뢰를 어떻게 설계할 것인가라는 문제다. 그것은 곧 디지털 문명의 미래이기 때문이다.

자율주행과 모빌리티: 기계가 길을 이해하기 시작하다

인류가 바퀴를 발명한 이후 이동 기술은 끊임없이 진화해 왔다. 그러나 그 진화의 방향은 늘 같았다. 더 빠르게, 더 멀리, 더 효율적으로. 하지만 21세기에 들어 우리는 전혀 다른 질문을 던지기 시작했다.

"이동 수단은 정말 사람이 운전해야만 하는가?" "기계 스스로 주변을 인식하고 판단할 수 있다면?"

그 질문은 하나의 거대한 기술적 도전 과제를 제기했다. 자율주행의 시대다.

우주 탐사에서 시작된 자동차 혁명

자율주행 기술의 뿌리는 의외로 자동차 산업에서 시작되지 않았다. 1961년, 스탠퍼드 리서치 연구소(SRI)는 미국 항공우주국(NASA)의 지원을 받아 달 탐사용 원격 탐사 로봇 카트를 개발했다. 이 장치는 2차원 카메라 영상을 바탕으로 지형을 판독하고 움직이는 초기 컴퓨터 비전 시스템을 시연했다. 자율주행 기술은 우주의 거친 풍경을 탐사하기 위한 도전에서 탄생한 셈이다.

'길을 읽는 기계'를 만들기 위한 실험

본격적인 자율주행 기술 개발은 군사 연구에서 가속된다. 1984년 미국 방위고등연구계획국(DARPA)은 ALV(Autonomous Land Vehicle) 프로젝트를 통해 지도 기반 내비게이션 기술을 발전시켰다. 그러나 진짜 전환점은 2004~2005년 열렸던 DARPA Grand Challenge였다.

이 경연은 완전 자율주행 차량만이 통과할 수 있는 고난도 오프로드 코스를 제시했다. 여기서 혁신이 태어났다—LiDAR 센서로 지형을 읽고, GPS로 위치를 파악하며, 센서 융합 알고리즘으로 주행 경로를 연산하는 기술들이 실전 테스트를 통해 다듬어졌다. 실리콘밸리 연구자들은 여기서 세계 최고 수준의 자율주행 엔지니어링 문화를 구축하게 된다.

딥러닝이 자율주행의 눈을 깨우다

하지만 여전히 차량은 환경을 정확히 이해하는 능력이 부족했다. 사람은 한눈에 보행자와 표지판, 도로 경계를 구분하지만 기계는 그렇지 못했다. 이 치명적인 문제를 해결한 것이 딥러닝 기반의 객체 인식 기술이었다. 2010년, 구글의 자율주행 프로젝트로 시작된 Waymo는 딥러닝을 차량 비전 시스템에 도입해 실제 도로 주행에서 Level 4(조건부 완전 자율주행) 시스템을 시연했다. 자율주행의 핵심은 바뀌었다.

더 이상 문제는 "차가 움직일 수 있는가"가 아니라, "차가 세상을 이해할 수 있는가"가 되었다.

다중 센서와 AI, 기계는 상황을 '판단'하기 시작했다

2020년대에 들어 자율주행은 기술적 성숙 단계로 진입했다. LiDAR, 레이더, 초음파, 카메라 등 다양한 센서를 융합하는 멀티모달 인지 시스템이 등장하면서 차량은 더 정확하게 주변 환경을 파악하게 되었다. Waymo와 Cruise 같은 기업은 수십억 킬로미터의 학습 데이터를 통해 사고 발생률을 인간 운전자 대비 95% 이상 감소시켰다. 이제 자율주행은 더 이상 연구 프로젝트가 아니라 물류·택시·모빌리티 산업을 재편하는 실전 기술이 되었다.

실리콘밸리, 교통을 계산 가능한 문제로 바꾸다

자율주행 기술의 근본은 물리나 기계공학이 아니다. 센서 데이터, 지도 정보, 확률적 모델, 그리고 강화학습 기반 의사결정이 결합된 거대한 AI 시스템이다. 이 복잡한 문제를 풀 수 있는 생태계를 구축한 곳은 전 세계에서 실리콘밸리뿐이다. 스탠퍼드 대학의 AI 연구, 구글의 데이터 인프라, 테슬라와 Waymo의 실운영 플랫폼—이 모든 것이 결합된 결과이다.

자율주행은 단순한 자동차 혁신이 아니다. "지능을 가진 이동"의 탄생이다. 이제 도로 위의 차량은 고립된 기계가 아니라, 거대한 네트워크와 연결된 분산형 인공지능 시스템이 되어가고 있다. 이동의 미래는 더 빠른 속도가 아니라 더 높은 지능으로 정의될 것이다.

빅데이터: 지식의 질서를 바꾼 새로운 연료

우리는 오래전부터 정보를 다루는 법을 배워왔다. 기록은 점토판에서 두루마리로, 다시 종이책으로 진화했다. 그러나 인류가 태어나 처음으로 정보 그 자체가 폭발적으로 증가하는 시대가 도래했다. 이 초과 정보의 시대에서 새로운 질문이 제기되었다.

"우리가 가진 데이터 속에는 무엇이 숨어 있는가?"

"패턴을 발견할 수 있다면, 미래를 예측할 수도 있지 않은가?"

이 질문에 대한 대답이 바로 빅데이터(Big Data) 혁명이었다.

데이터는 많았지만, 문제는 다룰 방법이 없었다

빅데이터라는 용어는 1991년 실리콘밸리에서 처음 등장했다. 실리콘 그래픽스(Silicon Graphics)의 존 매시(Jon Mashey)는 기존 방식으로는 감당할 수 없는 초대형 데이터를 가리키기 위해 이 표현을 사용했다. 그러나 데이터의 역사는 더 오래되었다. 1940~50년대 IBM은 관계형 데이터베이스(RDBMS)를 개발하며 디지털 데이터 저장 구조를 만들었다. 그럼에도 당시 데이터는 주로 저장 대상이었지 분석 대상은 아니었다.

1990년대 들어 오라클(Oracle)과 테라데이터(Teradata)가 데이터 마이닝을 상용화하며 기업은 데이터에서 패턴을 찾기 시작했다. 그러나 한계는 명확했다. 데이터가 너무 커시사 기존 시스템은 감당할 수 없었고 분석 속도는 한없이 느려졌다.

인터넷이 데이터를 폭발시키고, 새로운 기술이 탄생한다

2003년 실리콘밸리는 빅데이터 문제를 풀기 위한 전환적 해법을 내놓는다. 구글이 개발한 대규모 데이터 처리 기술을 기반으로 하둡(Hadoop)과 맵리듀스(MapReduce)가 탄생한 것이다. 이 기술은 데이터를 잘게 쪼개 여러 서버에서 동시에 처리하는 분산 처리 구조를 구현했다. 이제 빅데이터 분석은 물리적 한계를 초월할 수 있게 되었다.

그러나 다음 문제는 속도였다. 실시간으로 데이터를 분석하지 못하면 데이터는 결국 과거 정보를 기록하는 데에만 머물게 된다. 이 한계를 무너뜨린 것은 2011년 아파치 스파크(Apache Spark)였다. 스파크는 인메모리

처리(in-memory computing)를 통해 연산 속도를 기존 대비 수백 배 향상시켰고 데이터 분석은 본격적으로 실시간 지능으로 진화하기 시작했다.

데이터는 이제 흐르고 있다: 실시간 분석의 시대

2020년대 들어 데이터는 더 이상 저장되는 것이 아니라 흐르는 것이 되었다. 스노우플레이크(Snowflake)와 같은 데이터 플랫폼은 스트리밍 분석을 통해 초 단위 실시간 의사 결정을 가능하게 했다. 주식 시장 알고리즘 거래, 자율주행 차량 제어, 의료 모니터링 시스템이 모두 실시간 데이터 흐름을 기반으로 작동하기 시작했다.

이제 데이터는 AI 모델의 학습 연료이며 유전체 분석, 기후 모델링, 금융 리스크 평가와 같은 초고난도 문제를 해결하는 토대가 되었다. 데이터 분석은 하나의 산업을 넘어 모든 기술 혁신의 공통 기반이 되었다.

실리콘밸리가 만든 데이터 문명

빅데이터 혁명의 핵심 기술―하둡, 스파크, 스노우플레이크―모두 실리콘밸리에서 태어나거나 이 생태계에서 성장했다. 실리콘밸리는 데이터 문제를 단순히 저장이나 검색의 문제가 아닌 문명 운영의 문제로 재정의했다. 그 결과 세계는 새로운 질서로 재편되고 있다.

자원을 가진 자가 아니라, 데이터를 해석하고 활용하는 자가 미래를 지배한다.

데이터는 이제 기술문명의 연료이며, 동시에 새로운 형태의 지적 자본이다. 중요한 것은 데이터를 얼마나 많이 모으느냐가 아니라, 그 데이터를 통해 무엇을 이해하고 예측할 수 있는가에 달려 있다. 데이터를 다루는 능력은 곧 미래를 다루는 능력이다.

소셜 미디어와 콘텐츠:
연결을 넘어 확장된 인간 지능으로

인류는 문명을 건설한 순간부터 끊임없이 소통을 갈구해왔다. 그러나 역사상 인간 연결의 속도와 규모가 한꺼번에 폭발한 시기는 21세기가 처음이다. 그 중심에는 하나의 기술적 흐름이 자리 잡고 있다. 바로 소셜 미디어다. 이 기술은 단순한 커뮤니케이션 플랫폼을 넘어, 오늘날 인간 의식의 확장 구조로 기능하고 있다.

온라인에서 사회가 생기다

인터넷 이전에도 네트워크는 존재했다. 그러나 1960년대 일리노이 대학교에서 개발된 PLATO 시스템은 혁명적이었다. 이 시스템은 최초의 온라인 커뮤니티 기능을 탑재해 사용자들이 디지털 공간에서 소통하고 지식을 공유할 수 있는 환경을 만들었다. 인간이 네트워크적 존재로 진화할 가능성을 처음 드러낸 실험이었다.

1995년 인터넷이 대중에게 열리자 지오시티즈(GeoCities)는 사람들이 웹 공간에 자신만의 디지털 정체성을 만들고 콘텐츠를 공유하도록 독려했다. 이 시점에서 인터넷은 읽는 공간에서 쓰는 공간으로 변했다.

그래프가 세상을 설명하기 시작하다

2002년 프렌드스터(Friendster), 2003년 마이스페이스(MySpace), 그리고 2004년에 등장한 페이스북은 온라인 상호작용의 구조를 완전히 재정의했다. 이 플랫폼들은 사회 연결망을 그래프 구조로 모델링했다. 사람과 사람을 점과 선으로 표현한 이 수학적 구조는 강력했다. 그 결과 플랫폼은 네트워크 확장을 예측하고 연결 추천을 연산하며 사람들 사이에 새로운 디지털 사회 구조를 만들어 냈다.

정보를 넘어서 행동을 설계하다: 알고리즘의 시대

2010년대 들어 소셜 미디어는 인간 상호작용의 정교한 알고리즘화 단계로 진입했다. 유튜브(YouTube)와 페이스북(현 메타)은 방대한 사용자 데이터를 수집하고 머신러닝 기반 피드 랭킹 알고리즘을 도입했다. 이제 정보는 단순히 공유되는 것이 아니라 개인화된 추천 시스템을 통해 선택적으로 전달되기 시작했다.

알고리즘은 인간의 관심을 분석하고 예측했고 그 결과 추천의 정확도는 90% 이상 상승했다. 디지털 콘텐츠는 더 이상 우연히 소비되지 않는다. 알고리즘이 설계한 확률적 경로를 따라 소비된다.

AI와 콘텐츠의 결합: 생성의 폭발

2020년대 들어 이 흐름은 다시 한번 가속된다. 멀티모달 AI 기술은 텍스트, 이미지, 영상, 음성 콘텐츠를 인간보다 빠르게 생성할 수 있게 했다. AI는 더 이상 인간의 콘텐츠를 분류·추천하는 데 머물지 않고, 직접 생산자로 진입했다. 이것은 콘텐츠 경제를 다시 뒤흔든다. 과거 콘텐츠 생산은 시간이 필요했지만, 이제는 창작 비용이 거의 '제로'에 수렴한다. 정보 생산의 속도가 상상을 초월해 증가하고 있다.

실리콘밸리, 인간 네트워크 구조를 재편하다

소셜 미디어의 개념은 원래 미국 중서부 대학 연구 프로젝트에서 시작되었지만, 그 가능성을 문명적 규모로 확장한 곳은 실리콘밸리였다. 페이스북은 그래프 네트워크 설계를 대중 사회 구조에 확장했고, 유튜브는 추천 알고리즘을 산업 구조로 만들었다. 이제 40억 인구가 사용하는 디지털 네트워크는 사실상 실리콘밸리가 설계한 인간 소통 구조 위에서 운영되고 있다.

소셜 미디어는 단순한 기술 플랫폼이 아니다. 그것은 인류의 집단 지성을 재구성하는 기술직 실험이다. 우리는 이미 알고리즘과 함께 생각하고 확장하며, 때로는 영향을 주고받고 있다. 미래의 질문은 그 어느 때보다 명확하다.

"이제 인간은 알고리즘을 사용해 사고하는가, 아니면 알고리즘이 인간의 사고를 이끄는가?"

청정 에너지와 지속 가능성:
태양을 전력으로, 지구를 시스템으로

인류의 문명사는 에너지의 역사다. 불의 발견은 인간을 동물에서 문명으로 이끌었고, 석탄은 산업혁명을, 석유는 세계화를 가능케 했다. 그러나 21세기 들어 인류는 다시 한번 자신에게 묻기 시작했다.

"우리는 어떤 에너지로 미래를 지속시킬 것인가?"

이 질문은 기술의 문제이자 존재의 문제였다. 그리고 그 해답을 향한 실험은 실리콘밸리에서도 조용히, 그러나 치열하게 진행되고 있었다.

태양을 붙잡은 기술

1954년, 뉴저지의 벨 연구소(Bell Labs)는 인류 최초의 실리콘 기반 태양광 전지(PV, Photovoltaic Cell)를 공개했다. 인류는 처음으로 '빛을 전기로' 바꾸는 방법을 손에 넣은 것이다. 그러나 초기 효율은 6% 남짓, 연구실의 호기심에 머물렀다. 이 기술을 산업으로 끌어올린 지역이 바로 실리콘밸리였다. 1970년대 오일 쇼크 이후, 캘리포니아의 엔지니어들은 다결정 실리콘 기술을 활용해 PV 효율을 10% 이상 개선했다. 이어 1990년대, 썬파워(SunPower)는 20% 효율을 달성하며 태양광을 현실적 에너지 대안으로 끌어올렸다. 태양은 이제 더 이상 '빛'이 아니라 '데이터처럼 다룰 수 있는 에너지 자원'이 되었다.

배터리, 저장의 혁명

태양광은 낮에만 작동한다. 문제는 밤이었다. 2000년대 들어 테슬라(Tesla)는 이 한계를 정면으로 돌파한다. 리튬-이온 배터리를 대규모로 상용화하며, 전기 저장의 패러다임을 바꿔놓았다. 그들의 인버터 기술은 전력 손실을 최소화했고, 배터리는 단순한 부품이 아니라 에너지 생태계의 핵심 인프라로 부상했다. 에너지 혁신의 초점은 '생산'에서 '저장'으로 이동했다.

에너지의 뇌: AI와 스마트 그리드

2010년대 들어 에너지 시스템은 또 한번의 진화를 맞는다. 스마트 그리드(Smart Grid)—AI와 센서, 분산 네트워크가 결합된 지능형 전력망—이 등장하면서, 에너지는 실시간으로 관리되고 최적화되는 정보 시스템이 되었다. 전력 수요 예측, 공급 분배, 배터리 충전·방전의 타이밍이 모두 AI 알고리즘에 의해 조정된다. 그 결과, 전체 에너지 효율은 50% 이상 향상되었고, 불필요한 낭비는 사라졌다.

고체전지, 지속 가능한 미래의 결정체

2020년대 들어 등장한 고체전지(Solid-State Battery)는 또 하나의 기술적 도약을 이끌었다. 기존 리튬이온 배터리보다 에너지 밀도가 2배 이상 높고, 수명은 길며 화재 위험은 거의 없다. 이 기술은 전기차와 태양광 시스템을 하나의 통합 네트워크로 엮었다. 에너지는 이제 생산·저장·소비가 분리되지 않는 순환적 시스템으로 작동하기 시작했다.

실리콘밸리, 에너지 문명의 재설계자

태양광 전지는 동부에서 태어났지만 그것을 산업·시스템·생태계로 만든 곳은 실리콘밸리였다. 선파워는 효율을, 테슬라는 통합을, 구글과 애플은 AI 기반 에너지 관리 플랫폼을 발전시켰다.

이 지역은 더 이상 IT 산업의 중심이 아니라 지구의 지속 가능성을 설계하는 실험실이 되었다.

청정 에너지 기술은 이제 환경 보호의 문제가 아니다. 그것은 문명의 지속 가능성을 보장하는 기술적 의무이다.

우리는 불에서 증기로, 석유에서 전기로, 그리고 이제는 데이터로 에너지를 관리하는 문명 단계로 넘어왔다. 실리콘밸리는 이 전환의 현장에서 인류의 다음 에너지 질서를 조용히 설계하고 있다.

공진화로 읽는 실리콘밸리: 기술문명의 작동 원리

겉으로 보기에 실리콘밸리는 혁신기업이 밀집한 하나의 경제 지대로 보인다. 그러나 그 내부를 정밀하게 들여다보면, 이는 개별 기술이 경쟁하는 시장이 아니라 기술들이 서로의 진화를 가속하며 상호 작용하는 구조적 환경임이 드러난다. 이곳에서 기술은 독립적으로 존재하지 않는다. 인공지능, 반도체, 클라우드, 바이오, 핀테크, 청정에너지 등은 분리된 산업이 아니라 서로를 호출하며 성장하는 공진화(co-evolution) 시스템의 일부이다.

공진화란 한 기술의 발전이 다른 기술의 혁신을 자극하고, 그 상호작용이 다시 새로운 기술적 수요와 방향성을 되돌려주는 순환적 진화 메커니즘이다. 인공지능은 거대한 연산 능력을 필요로 했고, 그 요구는 GPU와 AI 특화 반도체 개발을 촉발했다. 반도체 성능 향상은 클라우드와 빅데이터 산업 확장의 기반이 되었고, 클라우드는 데이터 기반 인공지능 모델의 폭발적 확산을 가능하게 했다. 바이오는 고성능 연산을 활용해 분자 탐색 속도를 끌어올렸고, 핀테크는 인공지능 기반 이상 탐지 시스템을 도입해 금융을 지능적 네트워크로 전환했다. 청정에너지 기술은 에너지 흐름을 최적화하고 자율적으로 제어하기 위해 AI를 결합했다. 이 상호의존성은 우연한 기술 결합이 아니라 실리콘밸리 기술문명의 핵심 작동 원리이다. 실리콘밸리에서 융합은 선택이 아니라 구조적 법칙이다.

이 지역에서 혁신은 특정 기술의 독자적 돌파로 발생하지 않는다. 기술은 항상 다른 기술과의 결합 속에서만 진화한다. 인공지능은 알고리즘 혁신만으로 성장한 것이 아니다. GPU라는 연산 구조, 클라우드라는 분산 컴퓨팅 환경, 데이터라는 학습 자산이 결합하면서 비약적 발전을 이룰 수 있었다. 자율주행 기술 역시 광학 센서, 정밀 지도, 실시간 통신, AI 인식 시스템이 통합된 복합 공학 구조로 존재한다. 바이오는 실험과 측정을 기반으로 하던 경험 과학에서 벗어나, 데이터와 연산을 결합한 연산 생명공학(computational biology)으로 패러다임을 전환했다. 실리콘밸리의 진화는 곧 이질적 기술 간 상호 의존이 제도화된 과정이며, 여기서 혁신의 본질은 새로운 기술을 만드는 것이 아니라 기술 간 연결 구조를 재편하는 것이다.

이 공진화 구조의 중심에는 데이터가 있다.

산업화 시대가 자본·노동·에너지에 의해 움직였다면, 실리콘밸리 기술문명을 작동시키는 핵심 자원은 데이터다. 데이터는 단순한 기록이 아니라 지능을 생산하는 원료이자 체계 운영을 가능하게 하는 구조적 자원이다. 스노우플레이크와 데이터브릭스는 데이터를 정적 저장물이 아닌 동적 자산으로 전환했고, GPT 계열 모델은 언어를 데이터-확률-지식으로 연결되는 연산 구조로 재해석했다. 비자의 실시간 거래 감지, 알파폴드의 단백질 예측, 구글 검색의 순환 최적화는 모두 데이터→모델→추론→데이터로 이어지는 순환 구조 위에서 작동한다. 데이터는 그 자체가 기술문명의 운영체제다.

이 환경에서 속도는 단순한 성능 지표가 아니라 존재 조건이 된다.

자율주행 차량은 0.1초의 판단 지연이 사고로 이어질 수 있고, 초단위 금융 거래에서는 1초의 지연이 시장 붕괴를 촉발할 수 있다. 클라우드 스트리밍, 병렬 연산, 초저지연 통신은 모두 지연(latency)의 제거를 문명의 과제로 설정한 기술 진화의 산물이다. 실리콘밸리에서 중요한 질문은 "얼마나 정밀한가?"가 아니라 "얼마나 즉각적으로 대응할 수 있는가?"이며, 기술의 속도는 문명의 리듬을 재편하는 힘이 된다.

여기서 모듈화와 표준화는 공진화를 촉진하는 핵심 전략으로 기능한다.

AWS API, 쿠버네티스, 블록체인 프로토콜, 크리스퍼 유전자 편집 기술은 모두 조립 가능한 지식 구조, 즉 모듈로 설계되었다. 모듈화는 혁신을 확산시키는 전략이며, 표준화는 생태계의 질서를 설계하는 도구다. 실리콘밸리는 혁신을 독점하지 않고 배포 가능한 구조로 관리함으로써 기술 확산의 속도를 극적으로 끌어올렸다.

실리콘밸리 기술 진화는 선형적 누적이 아니라 자기 증폭 구조를 따른다.

테슬라는 주행 데이터를 통해 알고리즘을 개선하고, 개선된 모델은 더 많은 데이터를 생성한다. GPT는 사용자 상호작용으로부터 학습하며, 학습은 다시 사용자 확장을 불러온다. 여기서 기술은 외부 변화에 수동적으로 반응하는 것이 아니라 스스로 변화를 생성하며 진화하는 자기 생산 체계로 작동한다.

또한 오늘날의 기술문명은 다중 모달 통합에서 지능을 출현시킨다.

자율주행은 시각·거리·속도 데이터를 통합하고, AI는 언어·이미지·코드·음성을 결합하며, 청정 에너지 시스템은 배터리·태양광·AI를 결합해 자율적 균형을 유지한다. 복잡한 문제는 이제 단일 기술로 해결되지 않으며, 기술 간 조율 능력이 지능의 본질이 되었다. 결국 실리콘밸리 기술 문명의 핵심은 한 문장으로 요약된다.

기술은 기술을 진화시킨다. 이 지역의 기업, 연구기관, 자본, 제도는 바로 이 문장을 현실에서 작동시키는 구조를 구축해왔다. 이 원리를 따라가면 실리콘밸리는 더 이상 산업 클러스터가 아니라 공진화가 작동하는 기술 문명의 구조적 실험장임이 분명해진다.

기술의 계보학
― 실리콘밸리는 어떻게 공진화를 구축했는가

많은 사람은 실리콘밸리를 반도체 산업의 산실로 기억한다.

그러나 그것은 전체 이야기의 일부에 불과하다. 실리콘밸리는 우연히 형성된 산업 지대가 아니라, 서로 다른 기술이 맞물리며 진화한 공진화의 실험지이자 현대 기술문명의 발원지였다. 이 지역의 혁신은 한두 개의 발명이나 기업의 성공으로 설명되지 않는다. 그것은 세기를 넘는 시간 속에서 축적된 기술 간 상호 인과적 진화의 구조적 결과였다. 기술의 계보학적 관점에서 볼 때, 실리콘밸리는 "한 기술이 다른 기술을 낳고, 그 기술이 다시 새로운 패러다임을 강제하는" 자기 증식형 생태계로 진화해왔다.

20세기 초, 팔로알토의 작은 전파 연구소에서 시작된 실험은 기술문명의 첫 번째 축을 놓았다. 1909년 설립된 페더럴 텔레그래프 컴퍼니는 장거리 무선 통신 실험을 통해 정보의 흐름을 산업의 언어로 바꾸었다. 이 시도는 곧 신호를 정밀하게 제어하는 능력—전자공학의 탄생—으로 이어졌다. 전자공학은 단순한 전송 기술이 아니라, 인간이 전자적 패턴을 설계하고 통제할 수 있는 지능적 행위 능력을 창출했다. 이때부터 실리콘밸리는 이미 "문제를 해결하기 위한 기술"에서 "문제를 재정의하는 기술"로 이동하기 시작했다.

1930년대, 바리안 형제가 마그네트론과 켈리트론을 개발하며 고주파 전자파를 안정적으로 제어하자, 전자공학은 계측·신호·측정의 정밀성을 갖춘 산업 기술로 확장되었다. 1939년, 휴렛팩커드(HP)의 설립은 그 전환을 제도화한 사건이었다. HP는 연구실과 산업 현장에 정밀 전자 장비를 공급하며, 실리콘밸리를 전자공학 산업화의 기점으로 만들었다. 이 시점부터 기술의 진화는 이미 선형적이 아니라 누적적·상호작용적 구조로 바뀌었다.

다음 단계는 반도체 혁명이었다. 복잡한 계산을 자동화하려는 요구는 트랜지스터와 집적회로(IC)의 발명을 자극했다. 1950년대 후반, 실리콘밸리는 전자 신호의 흐름을 물질 속에 새겨 넣으며 연산 능력을 물리적 현실로 전환했다. 반도체는 정보의 전송을 넘어 계산을 물질화한 사건이었다. 기술의 중심축은 '도구'에서 '체계'로, '발명'에서 '지능적 시스템의 고도화'로 이동했다.

이 새로운 지능의 토대 위에서 컴퓨팅이 출현했다. 그러나 한 대의 컴퓨터로는 충분하지 않았다. 인간은 정보를 연결하려는 본능을 기술로 확장했고, 그 결과가 아르파넷(ARPANET)과 인터넷의 탄생이었다. 네트워크는 데이터를 공간의 제약에서 해방시켰고, 클라우드는 그 연결에 규모와 지속성을 부여했다. 클라우드는 연산과 저장을 전 지구적으로 공유하는 구조를 만들었으며, 데이터는 그 속에서 지식 생산의 원천이자 기술문명의 제4의 자원으로 부상했다.

데이터가 지능을 획득한 순간이 바로 인공지능의 시대다. AI는 컴퓨팅의 집약체이자 데이터의 해석자이며, 클라우드 인프라의 가장 큰 사용자다. 기술은 이 시점에서 목적을 바꾼다. 더 이상 기록을 처리하는 도구가 아니라, 스스로 지식을 생성하는 체계로 진화한 것이다. 실리콘밸리는 이 변화를 통해 기술이 자기 진화적 시스템으로 작동할 수 있음을 입증했다.

AI는 다시 다른 영역을 재구성했다. 생명공학은 AI 기반 단백질 예측과 유전체 분석을 통해 새로운 생명 설계의 패러다임으로 이동했고, 금융은 알고리즘 트레이딩과 실시간 탐지 시스템을 통해 초지능적 경제로 전환했다. 자율주행은 센서·지도·AI가 통합된 분산 지능의 형태로 작동하고, 에너지 시스템은 AI 최적화를 통해 스스로 균형을 유지하는 자율적 에너지 생태계로 진화했다. 기술은 이제 산업의 구성 요소가 아니라, 문명을 형성하는 구조적 동력이 되었다.

실리콘밸리의 진화는 두 층위에서 이루어졌다.

일부 기술은 이 지역에서 최초로 발명되었다. 스탠퍼드와 UCSF의 재조합 DNA 연구, 실리콘 그래픽스의 데이터 시각화 연구, 초기 자율주행 프로젝트는 실리콘밸리의 사상적 DNA—아이디어를 기술로 구현하는 능력—을 보여준다. 반면 많은 기술은 다른 지역에서 발명되었으나, 실리콘밸리에서 결정적 고도화를 거쳤다. 트랜지스터는 벨 연구소에서, 인공지능의 개념은 다트머스 회의에서 등장했지만, 실리콘밸리는 이를 통합적 구조로 재조정했다. GPU 가속, 대규모 데이터 학습, 클라우드 아키텍처, API 표준화, 스마트 컨트랙트 등은 모두 이곳에서 공진화적 변환을 경험했다. 하위 기술은 상위 기술의 토대를 제공하고, 상위 기술은 다시 하위 기술의 혁신을 자극했다. 그 결과 기술의 발전은 단선적 축적이 아니라 양방향 인과가 순환하는 자기조정 시스템으로 작동하게 되었다.

이 공진화의 심층에는 실리콘밸리 특유의 지식-자본-인재-제도-문화의 결합 구조가 있다. 기술자와 연구자, 창업자와 투자자가 같은 공간에서 실험하고 실패를 공유하며, 실패를 학습 자원으로 전환했다. 대학과 기업, 시장과 정부, 스타트업과 대기업이 하나의 네트워크 안에서 상호작용하며 '진화 속도의 경제'를 만들어냈다. 실리콘밸리의 진정한 경쟁력은 새로운 기술을 '창조'하는 능력보다, 기존 기술을 재조합하여 다음 질서로 전환시키는 능력에 있었다. 이것이 실리콘밸리를 단순한 혁신 클러스터가 아닌, 지속적 공진화 시스템으로 만든 본질이다.

결국 실리콘밸리는 더 이상 지리적 실체가 아니다.

그것은 하나의 기술문명적 시스템, 혹은 자기조정적 지능 생태계다. 반도체는 계산을 물질에 새겨 넣었고, 클라우드는 지구를 거대한 연산 구조로 바꾸었다. 데이터는 예측 가능한 의사결정 체계를 낳았고, 생명공학은 생명을 설계 가능한 영역으로 확장했다. 에너지 기술은 문명의 물리적 기반을 재구성하고 있다. 기술은 더 이상 산업의 하위 항목이 아니라, 문명 자체의 작동 원리가 되었다.

따라서 실리콘밸리는 단순한 산업 공간이 아니라 진화하는 지식-기술-제도 시스템의 모델이다. 기술은 기술을 호출하고, 문제는 문제를 진화시키며, 인간은 그 안에서 새로운 가능성을 탐구한다. 실리콘밸리는 이 거대한 자기증식적 공진화의 현장이다. 그것은 이미 장소를 넘어선 문명적 구조이며, 인류가 기술과 함께 진화하는 방식을 실험하는 21세기 기술문명의 원형(prototype)으로 남을 것이다.

그리고 그 진화는 아직 끝나지 않았다. 지금 이 순간에도, 실리콘밸리는 다음 세대의 가능성을 부르고 있다.

실리콘밸리 이노빌라이제이션: 혁신문명의 탄생

문명Civilization은 단순한 삶의 총합이 아니다.

문명이란 인간이 스스로를 조직하고 질서를 유지하며 미래를 설계하는 거대한 운영체계다. 에너지와 지식, 제도와 가치가 한데 얽혀 형성한 집단적 생존 장치이자, 끊임없이 스스로를 갱신하며 지속 가능한 방향으로 진화하려는 기대한 자기 조직 시스템이다. 농경 문명이 토지와 노동을 통해 정착과 생존의 질서를 구축했다면, 도시 문명은 권력과 시장의 집중을 통해 복잡한 사회 구조를 설계했다. 문명의 역사는 곧 인류가 협력의 방식을 혁신해 온 진화의 연대기였다.

근대 이후 인류는 기술을 통해 또 한번의 문명적 변곡점을 맞았다. 기술은 단순한 도구가 아니라 문명의 구조를 재편하는 힘으로 등장했다. 반도체는 연산 능력을 물질 속에 새겼고, 컴퓨팅은 사고의 속도를 확장했다. 네트워크는 정보를 연결된 실시간 체계로 만들었으며, 인공지능(AI)은 그 위에 학습과 판단의 논리를 더했다. 기술은 더 이상 인간의 보조 수단이 아니라 문명이 스스로를 진화시키는 메커니즘이 되었다. 이렇게 하나의 기술이 다른 기술의 진화를 자극하고, 그 변화가 다시 사회 구조를 갱신하는 순환 과정을 공진화(co-evolution)라 부른다. 이 구조 속에서 세계는 기술문명(Technological Civilization)의 단계로 진입했다.

기술문명은 기술이 사회의 심장부로 들어온 문명이다. 기술은 기능을 만들고, 기능은 제품과 서비스를 낳으며, 그 결합이 새로운 산업과 시장을 형성한다. 산업의 구조가 바뀌면 생산과 소비의 흐름이 재편되고, 이는 제도와 조직, 나아가 인간의 사고방식까지 변화시킨다. 기술문명은 기술이 사회를 통째로 재구성하는 힘을 가진 시대다. 그러나 이 단계는 아직 완결이 아니다. 기술이 진보할수록, 사회는 더 높은 수준의 적응과 협력을 요구한다. 기술이 만든 변화를 제도와 가치의 차원에서 지속적으로 수용하고 재구조화하는 문명적 역량이 필요하다. 그때 등장하는 개념이 바로 혁신문명(Innovilization)이다.

혁신문명은 기술문명의 연장이 아니라 그 위를 작동시키는 상위 문명 원리다. 기술문명이 공진화를 통해 산업과 경제를 재편했다면, 혁신문명은 그 공진화 구조를 사회·제도·가치 체계로 확장한다. 이 문명에서 혁신은 선택이 아니라 존재의 방식이다. 사회는 스스로를 갱신하는 구조로 설계된다. 교육은 창의 역량을 양성하는 혁신 학습 체계로, 자본은 미래 가능성에 투자하는 혁신 금융 구조로, 조직은 고정된 형태가 아니라 진화하는 생태 시스템으로 전환된다. 혁신문명은 변화가 아닌 지속적 자기변형(Self-Renewal)을 문명의 기본 질서로 내재화한다.

혁신문명의 구체적 실체는 혁신생태계(innovation ecosystem)로 드러난다. 혁신생태계는 단순한 산업 구조가 아니라 지식·기업·사회·정부가 상호 진화하는 문명적 네트워크다. 지식생태계는 대학·연구기관·전문 인재 네트워크를 통해 문제 해결 지식과 기술 역량을 공급한다. 기업생태계는 스타트업(창업)→스케일업(성장)→수확/정리→스핀오프/재투자의 순환 구조를 통해 혁신을 경제적으로 실현한다. 사회혁신생태계는 네트워크·문화·커뮤니티를 기반으로 혁신을 수용·주도·확산하는 사회적 기반을 제공하고, 정부혁신생태계는 전략적 투자와 혁신조달 시스템을 통해 초기 리스크를 흡수하며 새로운 시장 형성을 촉진한다. 이 네 축이 서로 공진화할 때, 혁신은 단일 사건이 아니라 문명 운영의 기본 원리로 자리 잡는다.

이 구조가 실질적 형태를 얻은 최초의 사례가 바로 실리콘밸리(Silicon Valley)다. 실리콘밸리는 기술 산업 집적지가 아니라 혁신문명이 최초로 형상화된 문명적 실험장이다. 20세기 중반, 이곳에서는 반도체 혁신을 매개로 지식·자본·기술·인재가 결집하기 시작했다. 스탠퍼드가 구축한 문제 해결 중심의 연구 체제는 지식생태계의 토대를 이루었고, 페어차일드 계열의 연쇄 창업 생태계(spin-off venture ecosystem)는 기술이 기업으로 진환되고 나시 새로운 기업을 낳는 진화 구조의 기업생태계를 만들어 냈다. 해커 정신과 오픈 협력의 문화는 사회 혁신생태계를 형성하며 새로운 가치관과 행동 규범을 확산시켰고, DARPA·NASA Ames·SBIR로 상징되는 정부의 전략적 투자와 혁신조달 정책은 초기 혁신의 리스크를 흡수하며 혁신국가 전략을 가능하게 했다.

이렇게 형성된 네 개의 축—지식·기업·사회·정부—는 독립적 영역이 아니라 상호 연결된 혁신이 유기적으로 순환하는 생태계로 진화했다. 기술은 기술을 호출했고, 혁신은 혁신을 확장시켰다. 이 흐름 속에서 변화는 더 이상 일시적 사건이 아니라 학습되는 구조가 되었고, 혁신은 선택이 아니라 존재의 방식이 되었다.

따라서 실리콘밸리는 기술문명의 부산물이 아니다. 그것은 인간 문명이 혁신 중심의 운영체계로 진화한 첫 번째 역사적 지점이다. 실리콘밸리는

혁신을 기술과 산업 전략에서 문명의 원리로 승격시킨 문명적 전환점이
었다.

우리는 이 거대한 전환을 이렇게 명명한다.
　"실리콘밸리 이노빌라이제이션(Silicon Valley Innovilization)—혁신문명
의 탄생."
이 순간부터 혁신은 기술과 경제 전략의 언어가 아니라 문명의 서사가 되
었다. 인류는 이제 생존을 위해 협력했던 존재를 넘어, 진화를 설계하는
존재로 스스로를 재정의하기 시작했다. 혁신문명의 여정은 실리콘밸리에
서 시작되었지만, 그 종착지는 특정한 국경이나 기업, 국가가 아니다. 그
것은 인류 문명의 다음 장을 여는 선언이다.

INNOVATION HEGEMONY

PART II

팍스 이노아메리카나

Pax Inno-Americana
: 국가 혁신생태계 전략과 글로벌 패권의 재편

CHAPTER 01
국가 전략으로서의 혁신: 미국 국가 혁신전략 15년(2009~2025)

CHAPTER 02
미국이 만든 새로운 경제성장 패러다임: 혁신생태계 주도 성장

CHAPTER 03
혁신은 어떻게 패권이 되는가: 팍스 이노아메리카나

국가 전략으로서의 혁신:
미국 국가 혁신전략 15년(2009~2025)

위기는 혁신을 국가 전략으로 만들었다

2009년 1월, 미국은 경제를 잃은 것이 아니라 미래에 대한 자신감을 잃은 국가였다. 월가의 붕괴는 단순한 금융 사고가 아니었다. 그것은 미국 주도 경제 질서—즉 시장 역동성, 기업가정신, 기술패권, 생산성 주도 성장이라는 미국식 번영 모델—자체가 흔들릴 수 있다는 신호였다. 제조업은 탈산업화의 소용돌이 속에서 해외로 빠져나갔고, 중산층 일자리는 붕괴했고, 기술 격차는 빠르게 중국과 신흥 경제권에게 추격당하고 있었다. 문제는 불황이 아니라 체제 경쟁의 징후였다. 이제 미국은 스스로에게 질문을 던지지 않을 수 없었다.

"우리는 다시 패권을 설계할 수 있는가, 아니면 쇠퇴의 궤도로 미끄러지는가?"

버락 오바마 대통령은 이 질문에 '혁신'으로 답했다.

그는 미국이 직면한 위기를 단지 GDP의 일시적 하락이 아니라 국가 경쟁력의 구조적 침식으로 보았다. 여기에 처방해야 할 것은 경기 부양책이 아니라 국가 전략이었다. 그래서 미국 현대 전략의 분기점이 된 백악관 문서가 등장한다. 바로 〈A Strategy for American Innovation (2009)〉이다. 이 전략은 하나의 정책 패키지가 아니라 선언이었다.

"미국은 다시 혁신을 통해 힘을 되찾겠다." 이 선언 아래 미국은 규제, 특허, R&D 투자, 세제, 인재 전략을 재설계하여 국가 혁신생태계를 복원하기 시작했다. 그 순간부터 혁신은 경제 부문의 문제가 아니라 국가 권력의 원천이자 국가 전략의 중심축으로 격상된다.

그 이후 15년 동안—오바마, 트럼프, 바이든, 그리고 트럼프 2기에 이르기까지—미국은 정권 교체와 이념적 대립에도 불구하고 단 하나의 전략적 선택만큼은 절대 포기하지 않았다. 혁신을 통해 패권을 재건한다는 국가 전략이다.

다만 경로는 진화했다.

오바마가 "혁신 주도 성장 모델"을 설계했다면, 트럼프는 이를 "경제안보 전략"으로 변환했고, 바이든은 "기술 동맹과 공급망 전쟁"으로 확장했으며, 트럼프 2기는 그것을 노골적인 "혁신생태게 기반 기술·산업 주권 전략"으로 밀어붙이고 있다. 이 15년은 정책의 나열이 아니라 패권 전략의 진화 과정이었다. 미국은 혁신을 경제 정책으로 다루지 않았다. 혁신을 지정학적 무기이자 국가 생존 전략으로 사용했다.

이제 질문은 명확하다. 과연 혁신은 경제 성장의 수단인가, 아니면 패권을 위한 권력 전략인가? 미국의 지난 15년은 분명히 말해준다. 국가가 전략을 갖기 전에는 혁신도 없다. 그리고 전략 없는 혁신은 언제나 타국의 체제와 자본에 종속된다. 바로 이것이 우리가 미국 국가 혁신전략 15년을 해부해야 하는 이유다. 이 장은 혁신을 테크놀로지 문제로 축소시키는 통념을 거부한다. 대신 보여줄 것이다. 혁신은 국가가 구축하는 구조이며, 설계되는 권력이며, 관리되는 생태계라는 것을—그리고 바로 지금, 그 질서를 미국이 다시 설계하고 있다는 사실을.

오바마 정부
— 혁신경제 전략의 탄생(2009~2016)

2009년 초, 미국 내부에서 더 이상 금기어가 아닌 단어가 있었다. 미국 쇠퇴. 금융 붕괴는 단지 폭발음이었을 뿐이다. 실질적인 균열은 이미 국가의 심층 구조에서 진행되고 있었다. 제조업 기반은 해체되었고 공급망은 국경 밖으로 외주화되었으며 기술 축적의 속도는 둔화되기 시작했다. 미국은 20세기 산업 패권국이었지만 2000년대에 접어들며 소비와 금융 중심의 경제 구조로 편향되었다. 이는 일자리의 문제가 아니라 생산능력, 기술개발 역량, 산업 학습 능력이 약해지는 구조적 침식이었다. 국가가 새로운 산업지식을 흡수하고 전파하고 확장하는 능력, 다시 말해 미래를 구축하는 역량이 무너지고 있다는 경고가 곳곳에서 울렸다.

이 불안은 학계와 전략 공동체에서도 감지되었다.

조지프 나이는 "미국은 힘을 잃은 것이 아니라 자신감을 잃은 것인가?"

라며 국가 내부의 심리적 붕괴를 진단했다. 반면 현실주의 진영은 훨씬 노골적으로 경고했다. 경제력은 국가력의 기반이며, 제조와 기술 기반의 약화는 패권 쇠퇴의 선행 지표라는 것이다. 경제 위기의 본질은 금융 위기가 아니라 전략 위기였다. 미국 국가 시스템의 기반이 무너질 수 있다는 진단이 백악관 내부에서 공유되기 시작했다. 질문은 분명했다. 미국은 단순한 경기 회복을 논할 것인가, 아니면 국가의 미래 능력을 재건할 것인가.

이 지점에서 미국은 경제를 구제하는 것이 아니라 국가의 역량 구조를 재설계해야 한다는 결론에 도달했다. 여기서 혁신은 하나의 낭만적 구호나 성장 담론으로 호출되지 않았다. 혁신은 국가를 재구축하기 위한 전략적 선택으로 등장했다. 문제는 다시 성장하느냐가 아니라 기술 질서를 다시 설계할 능력을 회복하느냐였다. 이 인식이 제도화된 순간이 바로 2009년 백악관 전략 문서의 탄생이다.

Strategy for American Innovation
– 혁신을 국가 전략으로 격상한 선언

하지만 내용은 미국 국가 전략의 전환을 천명한 선언이었다. 이 문서는 혁신을 경제학 이론의 부속 개념이 아니라 국가를 설계하는 권력 구조로 정의했다. 그 핵심 문장은 이후 21세기 미국 전략 문명의 방향을 결정짓는 기준선이 된다.

혁신은 미국의 경제적 안보이자 국가 경쟁력의 핵심이다

이 문장은 미국이 혁신을 다루는 방식에 구조적 변환을 도입했다. 혁신전략은 금융 중심 성장(Wall Street Economy)에서 생산성과 기술 주도 성장(Main Street Economy)으로 국가 패러다임을 전환했고, 개별 산업이나 기업 중심의 정책 단위를 국가 혁신생태계 전략으로 바꾸었다. 국가 경쟁력은 시장 자율에 맡기는 영역이 아니라 국가 설계와 민간 혁신을 결합하는 체제로 재정의되었다. 미국은 혁신을 국가 전략적 자산으로 취급하기 시작했다. 여기서 말하는 혁신은 더 이상 기업 내부의 창조적 활동이 아니다. 정책과 자본, 인재와 기술, 제도와 데이터, 그리고 안보를 결합하는 국가 시스템 자체였다.

이 전략은 더 나아가 명확히 선언한다.

국가는 혁신생태계를 설계할 수 있다. 이 선언과 함께 혁신은 미국 전략 문서에서 정책 대상이 아니라 전략 대상이 되었다. 경제 부문의 기술 의제가 아니라 국가 안보의 권력 의제로 이동했다. 이것이 미국 국가 혁신 전략의 출발점이다. 이후 15년 동안 오바마, 트럼프, 바이든, 그리고 다시 트럼프에 이르기까지 미국 전략의 모든 흐름은 이 문서가 열어놓은 전제 위에서 전개된다.

국가 혁신전략의 네 축

오바마 행정부는 〈A Strategy for American Innovation〉을 선언에서 멈추지 않았다. 이 전략은 국가 혁신생태계를 재건하는 실천적 프로젝트로 구성되었고, 정책을 단순 나열하는 방식이 아니라 국가 시스템을 설계하는 접근을 취했다. 백악관은 혁신을 시장 안에서 자연 발생적으로 생성되는 경제 활동으로 보지 않았다. 혁신은 국가가 설계하고 촉발하며 유지해야 할 전략 환경이라는 인식이 명확히 자리 잡았다. 이 관점 아래 미국은 혁신전략을 네 개의 구조적 축을 중심으로 구축하기 시작했다.

첫 번째 축은 연구개발 투자 체계의 재설계였다.

기술 역량은 지식 축적에서 나오고, 지식 축적의 기초는 연구개발이다. 그러나 2008년 이전까지 미국의 R&D 정책은 단편적 세제 혜택과 분절된 투자로 구성되어 있었다. 오바마 행정부는 연구개발을 국가 전략투자 영역으로 재정의하고, 연구개발비 세액공제를 영구화한 R&E Tax Credit을 통해 연방 차원의 기술 경쟁력 기반을 제도화했다. 연방 R&D 투자는 에너지·생명공학·인공지능·우주 분야 등 미래 패권 경쟁의 핵심 기술 영역으로 재배치되었고, 기술 상용화 전략을 강화해 연구 성과가 연구실에 머무르지 않고 바로 산업 경쟁력으로 연결되도록 구조를 전환했다. 이 단계는 경기 부양이 아닌 기술 주권 회복을 위한 전략적 투자였다.

두 번째 축은 특허 체계의 전략자산화였다.

2011년 미국은 60년 만의 특허 제도 전면 개편을 단행했다. America Invents Act는 법률 기술의 조정이 아니라 제도적 권력 구조의 재편이었다. 기존의 선발명주의는 선출원주의로 대체되었고, 복잡하고 비효율적이었던 출원 절차는 현대화되었으며, 글로벌 기술패권 경쟁을 염두에 둔 국제 특허 전략이 제도에 반영되었다. 이 변화는 미국 내 혁신 보호를 넘어 중국과 유럽을 견제하며 글로벌 지식재산 체계를 미국 주도로 설계하려는 전략적 조치였다. 특허는 법적 권리가 아니라 국가 경쟁력의 핵심 무기로 재정의되었다.

세 번째 축은 '기업가형 국가(entrepreneurial nation)'의 복원이었고, 그 실천적 도구가 Startup America Initiative였다.

혁신은 연구실에서가 아니라 시장에서 실현되며, 이는 실행 역량을 갖춘 기업가 집단을 통해 가능하다는 원리에 기반했다. 이 전략의 핵심은 단순한 창업 촉진이 아니라 성장형 기업, 즉 스케일업 기업을 체계적으로 생산하는 국가 역량을 복원하는 것이었다. 이를 위해 고성장 벤처 육성 기제를 도입하고, 민간 투자 네트워크를 국가 혁신전략과 연동했으며, 국립 연구소·공공 데이터·연방 기술 자산을 혁신기업이 활용할 수 있도록 개방했다. 미국은 이 지점에서 창업 붐을 유도하는 나라가 아니라 혁신 생태계를 작동시키는 나라를 선택했다.

네 번째 축은 STEM 인재 전략이었다.

혁신의 본질적 사원은 자본이 아니라 사람이라는 전제에서 출발한 전략이었다. 오바마 행정부는 STEM 교육 강화를 국가 역량 구축 프로젝트로 확장했으며 대학-산업 연계형 인재 프로그램을 도입해 연구와 생산 현장을 연결했다. 동시에 여성과 소수 인재의 STEM 진입을 확대해 인재 풀의 구조적 확대를 시도했고, H-1B와 글로벌 인재 전략을 통해 세계 최고 수준의 과학기술 인력 확보 경쟁을 체계화했다. 이는 교육 정책이 아니라 지식 국가 기반을 복구하는 국가 전략이었다.

이 네 개의 축은 각각 독립된 정책으로 존재하지 않았다.

연구개발은 지식재산 보호 체계와 결합되었고, 기술은 기업가 시스템을 통해 시장으로 이동했으며, 이 흐름은 STEM 인재 전략과 연결되어 다시 혁신을 촉발하는 순환 구조를 형성했다. 미국은 이 단계에서 혁신이 단일 정책 분야가 아니라 국가 전략 시스템임을 제도적으로 명시했다. 혁신의 순환 구조를 설계한 이 전략은 이후 15년간 이어질 미국식 혁신국가 모델의 기초가 되었으며, 미국은 여기서부터 혁신패권 경쟁의 장기 전략을 전개했다.

<h1 align="center">전략적 의도
— 혁신경제를 넘어 기술패권 전략으로</h1>

오바마 시기의 혁신전략을 경기 부양이나 창업 활성화 정책으로 축소하는 해석은 본질을 놓친다. 〈A Strategy for American Innovation〉은 실업률 개선이나 스타트업 정책을 다루는 경제 정책이 아니었다. 그것은 미국이 새로운 질서를 설계하겠다는 전략적 선언이었다. 이 전략의 목적은 GDP 성장률을 끌어올리는 일이 아니라 국가 역량을 구조적으로 재건하는 것이었으며, 그 국가 역량의 핵심은 기술패권이었다. 오바마는 혁신을 경제 활동의 부산물이 아니라 국가 권력의 원천으로 재정의했다. 2009년의 미국은 경제 불황을 겪는 국가가 아니라 패권 구조의 균열과 마주한 국가였다. 세계 질서의 심층부에서 새로운 경쟁 체제가 형성되고 있었다. 중국은 이미 국가 주도 생산·기술 체제를 재편하는 제조 2025 전략을 설계 중이었고, 유럽은 프라운호퍼 연구 네트워크를 중심으로 제조 혁신 체제를 복원하며 산업 경쟁력의 귀환을 준비하고 있었다. 이러한 흐름 속에서 오바마는 미국이 더 이상 시장 자율주의에 기대 국가 경쟁력을 방어할 수 없다는 결론에 도달했다. 혁신은 시장의 자생적 결과로

방치될 수 없다. 혁신은 국가가 다루어야 할 전략자산이다. 미국 경제 정책의 언어는 여기서 국가 전략의 언어로 이동했다.

이 지점에서 등장한 공식이 있었다. 혁신은 국가 안보 자산이다.

오바마 행정부는 경제 정책, 혁신 정책, 안보 정책을 별개의 영역으로 분리하지 않았다. 이를 단일한 전략 아키텍처 아래 통합했다.

이는 미국 전략사에서 중요한 전환이었다. 트루먼 시기에 형성된 군사-산업 복합체가 군사력 체계를 재구성했다면, 레이건 전략은 기술력을 군사 억지 구조에 결합해 전략 방위 구상을 만들었다.

오바마는 이 흐름의 다음 단계를 제시했다. 혁신생태계를 국가 전략 체계와 결합한 최초의 실험이었다. 질문은 바뀌었다. 국가는 얼마나 많은 무기를 보유했는가가 아니라 미래를 얼마나 빠르게 창조할 수 있는가가 국가력(national capacity)의 기준이 되었다. 이 관점을 뒷받침한 개념이 혁신 역량이며, 이는 이후 미국식 패권 전략의 핵심 변수로 기능하게 된다.

오바마 전략은 미국의 혁신패권 전략을 세 개의 방향에서 설계했다.

첫째는 내부 역량 복원이다. 연구개발, 특허, 창업, 인재, 기술 상용화가 연결된 혁신생태계를 복원해 국가 경쟁력의 기반을 재건하고자 했다. 둘째는 외부 질서의 재편이었다. 미국은 글로벌 혁신 네트워크의 규칙을 다시 설계하며 표준 경쟁과 기술 협력 규범을 주도하려 했고, 데이터 질서를 둘러싼 경쟁을 본격화했다. 셋째는 전략적 속도 확보였다. 연방 정부는 규제자가 아니라 혁신 촉진자로 재정의되었고, 시장보다 앞서 움직이는 국가 전략 체제를 구축하는 것이 목표였다. 이 전략의 핵심 목적은 세계 기술 질서를 미국 중심으로 재조정하는 것이었다. 따라서 오바마 시기의 혁신전략은 이후 경제 안보 전략, 기술패권 전략으로 진화할 수 있는 구조적 기반을 제공했다.

결론은 분명하다. 혁신은 오바마 시대의 새로운 전략 언어였다.

그는 혁신을 경제정책에서 국가 전략으로 끌어올렸고, 미국은 이 시기부터 기술패권 경쟁의 시대를 열었다. 이 장면에서 무대는 전환된다. 다음 행정부는 이 전략을 포기했는가? 아니다. 트럼프 행정부는 혁신전략을 해체하지 않았다. 오히려 방향을 전환했다. 오바마가 혁신 국가를 설계했다면 트럼프는 그것을 경제안보 국가 전략으로 재배치했다. 이 지점에서 미국 혁신전략 15년의 두 번째 단계가 열리고, 흔히 포퓰리즘으로 오해된 트럼프 전략은 실상 전략경제학으로 분석해야 한다는 사실이 드러난다.

트럼프 1기
― 혁신에서 산업·경제안보 전략으로(2017~2021)

미국 우선주의는 고립이 아니라 전략적 재조정이었다.

트럼프 행정부의 등장은 많은 이들에게 미국 리더십의 후퇴로 보였다. America First는 국제 규범을 파괴하고 동맹을 흔드는 고립주의의 귀환으로 해석되었다. 그러나 전략적 관점에서 보면 이는 현상의 표면만을 읽은 판단이다. 트럼프의 전략 전환은 후퇴가 아니라 재구성이었다. 그는 미국 외교와 경제 정책의 중력 중심을 글로벌 규범 유지에서 국가 이익 극대화로 이동시켰고, 이를 통해 국가 전략의 기초 구조를 다시 설계하려 했다. 이는 외교 정책의 철학 변화가 아니라 국가 경쟁력의 토대를 재배치하는 시도였다.

자유주의 국제질서의 사고에 따르면 국가는 다자주의 협력과 규범을 통해 상호 이익을 추구하며 번영을 도모해야 한다. 그러나 트럼프의 진단은 달랐다. 그는 미국이 스스로 설계한 세계경제 질서에서조차 충분한 이익을 가져오지 못했다고 보았다. 특히 제조업의 탈미국화와 전략기술의 해외 이전은 단순한 산업 쇠퇴가 아니었다. 그것은 국가 역량의 유출이며 패권 기반의 붕괴로 판단되었다. 이 인식에서 출발해 트럼프는 경제 문제를 국가안보 문제로 재정의했다. 경제정책은 더 이상 경제 성과를 관리하는 기술적 영역이 아니었다. 그것은 국가 생존 전략의 핵심이었다.

오바마가 혁신을 통해 미국 경제를 다시 작동시키는 데 초점을 맞추었다면, 트럼프는 미국 경제의 지배구조 자체를 다시 설계하려 했다. 그가 구축한 전략 언어가 바로 경세안보 교리, American Economic Security Doctrine이다. 이 교리로부터 트럼프 전략의 정체가 드러난다. 그는 혁신 전략을 계승하되 목표를 재해석했다. 혁신을 성장 정책으로 다루지 않고 산업주권(Industrial Sovereignty)을 회복하기 위한 전략 무기로 변환했다.

"경제는 안보다"–미국 국가 전략의 교체

2017년부터 백악관 전략 문서와 국가안보전략(NSS) 보고서에는 반복적으로 등장하는 문장이 있다. Economic Security is National Security. 경제안보는 국가안보다. 이 선언은 미국 전략 체계의 우선순위를 바꿨다. 패권 유지의 무게중심이 군사력 중심 전략에서 경제력·산업기반 중심 전략으로 이동했다. 군사력은 더 이상 패권의 충분조건이 아니었다. 생산력과 공급망 통제, 전략기술 지배력이 결합되지 않는다면 패권을 유지할 수 없다는 결론이었다.

이 변화 아래 트럼프는 세 가지 질문을 던졌다.

미국은 왜 세계의 공장을 잃었는가. 세계화는 누구를 위한 것이었는가. 왜 전략기술이 중국으로 이동했는가. 이 질문들의 전략적 함의는 명확했다. 제조업은 국가 학습 능력의 기반이며, 무역 체제는 패권 유지의 수단이어야 하며, 기술 경쟁은 이미 전면전 단계에 진입했다는 사실이다. 트럼프는 경제 질서를 이 관점에서 다시 구축했다. 그 핵심은 제조업 부활을 통한 공급망 통제, 공급망 통제를 통한 기술 우위 복원이라는 단계적 전략이었다. 국가 이익을 동맹보다 앞세우고 무역 협상을 재설계해 산업주권(industrial sovereignty)을 강화했으며, 규범보다 힘을 우선시하고 제도보다 경쟁을 택함으로써 기술패권 전쟁을 준비했다.

오바마가 미국을 혁신생태계 기반 국가로 복원했다면 트럼프는 그 토대를 경제 안보 체제로 전환했다. 그의 전략은 단절이 아니라 진화였고, 변덕이 아니라 구조적 방향 조정이었다. 미국은 다시 군사패권, 금융패권, 기술패권을 결합한 삼중 패권 체제를 재건하는 궤도로 들어섰다. 트럼프 전략은 흔히 포퓰리즘의 언어로 해석되지만, 그 내부에는 명확한 전략 경제학적 계산이 자리하고 있었다.

공급망 전쟁과 제조주권 전략
— 미국은 '다시 만들기' 시작했다

트럼프 행정부의 경제 전략을 이해하기 위해서는 두 가지 착시를 제거해야 한다.

그의 정책은 보호무역주의가 아니었다. 그것은 전략적 공급망 재편이었다. 그의 목표는 단순한 제조업 부활이 아니었다. 국가의 학습 능력과 기술 축적 기반을 미국 내부에 복원하는 것이었다. 트럼프 전략의 핵심은 제조업이라는 낡은 산업 프레임을 복원하는 것이 아니라, 미래 권력의 기초가 되는 기술·생산 역량을 미국 영토 안에 다시 구축하는 데 있었다. 공급망은 경제 구조가 아니라 권력 구조이다.

2017년 이후 백악관 경제 전략 문서에서 반복적으로 등장하는 핵심 개념은 공급망이었다. 왜 공급망이 갑자기 국가 전략의 중심으로 떠올랐는가? 트럼프 행정부는 이렇게 진단했다. 미국이 잃은 것은 상품이 아니라 전략 능력이다. 핵심 공급망이 해외에 있을 때 국가는 기술 진화의 방향과 속도를 통세할 수 없다. 기술과 생산 기반이 외부에 위치하면 경쟁국이 자국의 산업 발전 경로를 좌우하게 되며, 이는 국가 역량의 해체로 이어진다. 이 인식에서 제조주권이라는 전략 개념이 등장했다. 제조주권은 자급 논리가 아니다. 그것은 국가 경쟁력의 심장부를 자국 내에서 유지하고 통제하겠다는 주권 전략이다.

트럼프 행정부는 제조주권을 실현하기 위해 일련의 전략 도구를 동원했다.

북미자유무역협정(NAFTA)은 폐기되었고 미국·멕시코·캐나다 협정(USMCA)으로 재편되었다. 이는 단순한 무역 재협상이 아니라 공급망의 북미화를 설계한 조치였다. 대중 관세 정책은 무역 전쟁이 아니라 기술과 전략 산업의 방어 전략이었으며, 철강·알루미늄과 같은 기반 산업을 재구축해 방위 산업과 제조 생태계를 지키려는 시도였다. 'Buy American' 정책은 연방 정부 조달 시스템을 산업 육성 도구로 전환했고, 무역확장법 232조는 환율과 덤핑 문제를 국가 경제안보의 틀에서 다루게 했다. 이 일련의 조치는 한 방향을 가리켰다. 미국을 다시 생산하는 국가로 만든다. 그리고 기술을 다시 미국에서 축적되도록 한다.

이 전략은 공급망을 경제 이슈에서 지정학 이슈로 끌어올렸다.

트럼프 행정부는 기술패권 경쟁이 이미 공급망 전쟁의 국면으로 진입했다고 보았다. 반도체가 대만에 머물러도 되는가? 희토류 공급을 중국에 의존해도 되는가? 전략 산업의 생산과 조달 체계를 해외에 맡긴 채 미국은 전략적 자율을 유지할 수 있는가? 그의 대답은 단호했다. 미국은 전략 공급망을 통제해야 한다. 이 원칙은 미국 국가 전략의 영구 이념으로 굳어지게 된다. 공급망 전쟁은 트럼프가 시작했고, 바이든이 계승했으며, 트럼프 2기에 이르러 전면적 기술·산업 주권 전략으로 진화하고 있다.

기술패권 경쟁의 공식화
― 미국은 기술을 다시 전략자산으로 선언했다

트럼프 행정부는 공급망 재편에서 멈추지 않았다.

그는 미국이 직면한 위기의 본질을 정확히 포착했다. 문제는 무역적자가 아니라 기술주권 상실이라는 점이었다. 기술을 잃으면 산업을 잃고, 산업을 잃으면 안보를 잃으며, 안보를 잃으면 국가는 국제체제에서 설계권을 상실한다는 사실을 그는 명확히 인식했다.

따라서 트럼프 시기의 국가 전략 전환은 경제안보 전략을 넘어 기술패권 전략의 공개 선언으로 이어졌다. 이 흐름을 제도적으로 고착시킨 세 개의 전략 문서가 존재한다.

2017년의 〈National Security Strategy〉는 "경쟁의 시대가 돌아왔다. 미국은 대국 경쟁으로 복귀한다"고 선언했다. 이는 냉전 이후 처음으로 미국이 패권 경쟁을 국가 전략의 중심 개념으로 복귀시킨 전략 문서였다. 이어 2018년의 〈National Defense Strategy〉는 "기술적 우위는 미국 안보의 핵심"이라 명시하며 국방 체계 전반의 혁신 재편을 선언했다. 그리고 2020년, 백악관은 〈National Strategy for Critical and Emerging Technologies〉를 발표하며 미국 전략사의 분기점을 완성했다.

〈신흥기술전략(National Strategy for CET)〉은 미국 역사상 처음으로 기술 경쟁을 국가 간 전략 경쟁의 핵심 축으로 정의한 문서였다. 백악관은 이 전략에서 명시했다. "신흥 기술을 지배하는 국가는 21세기를 지배할 것이다." 이는 기술을 경제 영역의 부속 개념으로 다루던 기존 인식을 폐기하고, 기술을 국가 주권의 핵심 요소로 재정의한 선언이었다.

백악관은 보호해야 할 20개의 전략 기술군을 지정하고, 그중에서도 최우선 통제 영역으로 인공지능, 반도체 공급망, 5G 네트워크, 양자 기술, 자율 시스템, 우주 기술을 지목했다. 인공지능은 군사와 정보의 판단 체계를 재구성하는 기술로, 반도체는 모든 산업과 안보 시스템의 기반으로, 5G는 데이터 주권의 관문으로, 양자기술은 암호와 무력 체계를 지배하는 전략 기술로 정의되었다. 자율 시스템과 우주 기술은 미래 전장의 주도권을 결정짓는 영역으로 설정되었다.

이 전략은 미디어가 묘사하던 반지성적 포퓰리즘 지도자 트럼프의 이미지와는 전혀 다른 실체를 드러냈다. 트럼프 행정부는 미국 역사상 처음으로 기술 전략을 국가안보 전략과 통합한 정부였다. 기술이 경제 정책의 하위 범주가 아니라 국가 전략의 최상위 구조로 편입된 것이다.

2019년의 화웨이 제재는 이러한 기술패권 전략의 실질적 개전이었다. 미국은 화웨이를 단순한 통신 기업이 아니라 국가 안보 위협으로 지정했고, 글로벌 반도체 공급망과 통신 네트워크에서 중국 기술의 영향력을 차단하기 시작했다. 다수의 관찰자들은 이를 미·중 무역 갈등의 일환으로 해석했으나, 실제로는 미국이 동맹 체제를 활용해 중국 기술의 확산을 제도적으로 차단한 첫 번째 동맹 기술 방어 전략이었다. 화웨이 제재는 사건이 아니라 구조적 전략의 출발이었다.

이 흐름은 반도체를 중심으로 한 동맹 기반 공급망 질서로 확장되었다. 이후 등장한 〈CHIPS and Science Act〉는 트럼프 시기의 기술패권 전략이 바이든 행정부에서도 이어졌음을 보여주는 결정적 사례였다. 기술패권 경쟁은 정권의 교체와 관계없는 미국 국가 전략의 지속적 핵심으로 자리 잡았다.

트럼프는 기술패권 경쟁을 미국 국가 전략의 공식 구조로 제도화한 지도자였다. 이 시기 이후 미국에서 기술 정책은 더 이상 상무부나 재무부의 영역이 아니었다. 국가안보회의(NSC), 국방부, 정보 기관이 기술 정책의 주체로 등장했다. 기술 정책의 안보화(securitization), 즉 기술의 전략화가 제도적으로 확정된 것이다. 그 순간부터 미국은 "기술은 전략이다"라는 명제를 단순한 수사로가 아니라 국가 체계의 작동 원리로 내재화했다.

전략적 전환의 평가
― 파괴인가, 진화인가

트럼프 1기의 국가 전략을 평가할 때 흔히 제기되는 통념은 오바마의 혁신국가 전략을 파괴했다는 주장이다. 그러나 전략 체계의 관점에서 보면 트럼프는 오바마가 구축한 혁신생태계 프레임을 해체하지 않았다. 그는 동일한 전략 도구를 버리지 않았으며, 오히려 그 도구들의 목적 함수를 재설정해 경제안보와 기술패권이라는 더 직접적인 권력 목표에 재배치했다. 핵심은 파괴가 아니라 목적, 우선순위, 정책 도구의 재구성이었다. 트럼프는 목표 함수를 교체하였다.

오바마의 핵심 문제의식이 혁신을 통해 성장을 회복하는 것이었다면 트럼프의 질문은 미국이 어떻게 기술과 제조 기반을 다시 자국 내부에 고정시키고 주권을 회복할 것인가였다. 같은 R&D 투자, 특허 전략, 창업 정책이라도 적용 방식이 달랐다. 오바마가 성장 효율을 극대화하려 했다면 트럼프는 통제력을 극대화했다. 이 차이는 공급망 재편과 무역·투자 규율 재구성이라는 전략적 이행으로 이어졌다. 트럼프 전략의 목표는 미국 경제가 다시 작동하게 만드는 것이 아니라, 다시 미국이 지배할 수 있도록 만드는 것이었다.

정책 도구 역시 재배치되었다.

오바마가 혁신생태계를 촉진하는 조정자였다면 트럼프는 글로벌 네트워크 구조를 재설계하는 감독자였다. 오바마 전략이 민간 혁신에 유인을 제공하는 생태계 촉진 모델을 선호했다면, 트럼프 전략은 글로벌 공급망과 기술 이동 경로에 제약을 가해 미국 내부 축적을 강제하는 전략 패싱

체제로 이동했다. 동맹과 규범 중심의 접근은 협상과 관세, 조달과 안보 심사로 대체되었고, 시장 자율은 국가 개입을 통한 경로 제약으로 전환되었다.

이 변화는 제도적 수준에서 내재화되었다.

트럼프는 기술과 산업 의제를 외교·안보 프레임으로 이송하는 구조 변환을 실행했다. 상무부 중심의 기술 정책은 국가안보회의와 국방부, 정보기관이 관할하는 전략 영역으로 이동했다. 기술 정책은 경제 정책의 하위 기능이 아니라 국가 전략의 핵심 기능이 되었다. 이 변화는 경로 의존성을 갖는다. 일단 기술이 안보 프레임으로 편입되면 이후 행정부도 이 경로를 되돌리기 어렵다. 실제로 그 이후 미국의 기술·공급망 의제는 모두 안보 전략의 틀 안에서 다루어졌고, 이는 미국 국가 전략의 구조적 상수로 자리 잡았다.

이 전환은 역량, 연결성, 통제라는 세 가지 기준에서 평가될 수 있다.

역량 측면에서 트럼프는 오바마 시기의 R&D·특허·창업 인프라를 유지하고 확장했다. 다만 그 평가 기준은 성장률이 아니라 주권적 생산 능력으로 바뀌었다. 연결성 측면에서 트럼프는 글로벌 개방 연결을 절대선으로 두지 않았으며, 선별적이고 조건부인 연결 전략으로 재설계했다. 기술 신뢰도가 높은 동맹과의 연결은 강화하면서 전략 경쟁국과의 연결은 차단하거나 우회했다. 통제 측면에서 그는 조달, 관세, 투자 심사, 표준 규제, 수출 통제 등 다양한 통제 수단을 결합해 국가가 혁신의 위치와 방향을 조정할 수 있도록 설계했다. 혁신 촉진에서 혁신 통제로 초점이 이동한 것이다.

결론은 분명하다. 트럼프 1기는 혁신국가 전략의 목표 함수를 성장에서 주권으로 바꾸었으며, 혁신을 경제안보와 기술패권 전략의 엔진으로 재배치했다. 트럼프는 오바마가 설계한 혁신생태계를 무너뜨린 것이 아니라 그것을 전략화했다.

이 과정에서 많은 비판과 반론이 제기되었다.

보호무역주의가 혁신을 저해했다는 진단이 있었지만, 실제 전략적 목표는 핵심 제조와 기술 학습 능력의 재내재화였다. 혁신은 단순 효율이 아니라 학습의 누적이며, 학습의 거점이 해외에 있을 경우 장기적 혁신 역량은 반드시 약화된다. 동맹을 훼손했다는 비판 또한 표면적이다. 트럼프는 무차별적 다자주의를 해체했지만, 그 대신 전략기술 중심의 선별적 동맹 구조를 구축했다. 이후 행정부가 반도체와 배터리, 핵심 광물 공급망을 동맹과 함께 설세한 것은 이 경로가 구조화되었음을 보여준다. 과학기술을 정치화했다는 비판 또한 기술정책의 전략화를 이해하지 못한 주장이다. 정치와 안보 프레임으로의 내재화는 기술정책의 우선순위를 끌어올렸고, 예산과 조직, 법·제도의 정렬을 가능하게 했다.

전략적 귀결은 명확하다. 오바마의 생태계와 트럼프의 통제는 결합되었다. 오바마 시기의 혁신생태계 기반이 내부 역량 복원을 가능하게 했다면 트럼프의 통제 전략은 그 역량이 미국 내부에서 축적되도록 경로를 강제했다. 이 결합 구조는 혁신의 생성, 위치, 방향이라는 세 가지 변수를 모두 통제한다. 생성은 R&D·특허·창업 시스템을 기반으로, 위치는 공급망 북미화와 재내재화를 통해, 방향은 안보화·표준·수출 통제를 통해 설정되었다. 이 구조가 바이든 시기에 들어 동맹 네트워크와 공공투자, 기후 산업화 전략과 결합하면서 미국은 혁신-산업-안보가 통합된 일체형 전략 질서로 진입한다. 무대는 이제 바이든 시기로 이동한다. 여기서 미국은 오바마의 생태계와 트럼프의 통제를 블록형 혁신 질서로 확장하며 새로운 전략 질서를 구축하기 시작한다.

바이든
— 동맹·공공투자·기후 산업화로 수렴한 블록형 혁신 질서(2021~2025)

바이든 행정부는 오바마의 혁신생태계 전략과 트럼프의 경제 안보 전략을 해체하지 않았다. 그 대신 이 두 전략을 흡수하고 재조립해 동맹·공공투자·기후 산업화를 결합한 블록형 혁신 질서로 수렴시켰다. 핵심은 두 가지로 요약된다. 첫째, 공공투자를 통해 전략 산업의 스케일과 속도를 정부가 직접 견인한다. 둘째, 동맹 기반의 기술·공급망 블록화를 통해 어디에서 생산할 것인지, 어떤 규범과 표준이 지배할 것인지의 문제를 재설계한다. 이 과정에서 미국 전략은 국내 혁신생태계 구축에서 시작해 트럼프 시기의 통제 강화 단계를 거쳐 바이든 정부에서 동맹 블록의 제도화라는 세 번째 단계로 수렴한다. 미국은 더 이상 개방 세계화의 관리자가 아니라 동맹 블록의 설계자가 되었다.

공공투자의 전략적 수렴—IIJA·CHIPS·IRA의 삼각 편대

바이든 행정부의 3대 법안인 IIJA, CHIPS, IRA는 단순 재정 지출 법안이 아니다. 산업 정책의 복권이며 국가 전략 투자의 귀환이다. IIJA(인프라 투자법)는 기존 인프라 보수를 넘어 플랫폼 인프라의 재건을 목표로 한다. 도로·항만·전력망·브로드밴드 등은 더 이상 단순 공공재가 아니라 국가 혁신의 토대다. 전력망 강화는 전기차·데이터센터·산업 자동화의 촉진을 가능하게 하고, 광대역 네트워크는 디지털 생산성 확장의 기반이 된다. IIJA는 물적 인프라를 혁신 인프라로 재해석한 전략 문서였다.

CHIPS and Science Act(반도체 및 과학법)는 반도체가 단일 산업이 아니라 국가체제라는 명제 위에서 설계되었다. 반도체는 기술, 자본, 인재, 조달, 안보를 결합하는 전략적 핵심 분야다. 이 법은 반도체 제조 유턴을 선언한 것이 아니라 설계 IP, 장비, 소재, EDA 소프트웨어, 연구 인력, 수요 기반 조달을 하나의 회로로 묶는 혁신생태계-산업 복합 설계였다. 전주기를 미국과 동맹권으로 끌어들이는 공급망 재내재화이자, 반도체-동맹-안보 체제를 제도화하는 장치였다. 그리고 그 기저에 과학기술 기반을 유기적 순환 생태계로 재편하는 내용을 담고 있다.

IRA(인플레이션감축법)는 기후 의제를 경제 규제나 도덕 담론에서 산업 전략으로 변환했다. 배터리, 전기차, 수소, CCUS(탄소 포집·활용·저장), 재생에너지 장비는 보조금과 세액 공제, 연방 조달을 결합한 제도 설계 속에서 미국과 동맹 블록 안에 고정되었다. IRA는 탄소 감축 정책이 아니라 생산성의 새로운 언어였으며, 기후를 수단으로 공급망과 시장 질서를 재편하는 전략 경제학적 도구였다. 이 세 법률은 플랫폼(인프라), 코어(반도체), 도메인(기후산업)을 직조한 삼각편대였다.

동맹형 기술·공급망 재편 – 표준·규범·조달의 삼각 고리

바이든 전략의 차별성은 투입 규모가 아니라 제도화된 동맹 메커니즘이다. 미국은 기술과 공급망 문제를 동맹 전략으로 확장하고, 표준·규범·조달이라는 세 개의 제도적 고리를 통해 동맹을 결속한다. 반도체 제조 공정과 보안 규격, 배터리 원산지 기준, AI·데이터 신뢰 기준 등은 동맹 간 표준 수렴을 유도한다. 수출 통제와 투자 심사는 전략 경쟁국을 배제하는 규범 무기화 전략으로 작동한다. Buy American과 Buy Allied 조항은 연방 조달을 통해 시장 신호를 제도화하며 기업의 전략 선택을 유도한다. 이 삼각 고리는 시장 메커니즘을 유지하면서도 국가 전략 방향을 보이지 않는 규칙으로 통제하는 미국식 하이브리드 거버넌스를 구현한다.

AI·데이터·보안의 삼중 교차 – 혁신의 안전화(safe-by-design)

바이든 시기에는 AI 안전과 신뢰성에 관한 행정명령이 연속적으로 발표되었고, 기술 정책은 윤리와 안전, 공공 리스크 관리와 결합되었다. 이는 기술 억제 조치가 아니다. 혁신에 대한 사회적 정당성, 즉 혁신의 사회적 면허를 확보하기 위한 정치경제적 설계다. 미국은 AI 안전과 데이터 보호 프레임을 통해 동맹 블록의 내부 질서를 정렬하여 규범적 우위를 확보했다. 동시에 이는 중국식 감시-데이터 모델과 대비되는 서구 민주주의형 기술 질서를 제안하는 전략적 도구였다. AI·데이터·보안은 미국 동맹 블록의 정체성 규범으로 기능하기 시작했다.

전략적 평가: 오바마의 생태계 + 트럼프의 통제 + 바이든의 동맹 = 블록형 혁신패권

바이든 전략은 미국 국가 전략에서 연속성과 변화를 동시에 보여준다. 오바마가 혁신생태계를 복원했다면 트럼프는 경제 안보를 구조화했고, 바이든은 이 두 축을 동맹·공공투자·기후 산업 전략으로 결합했다. 연속성은 분명하다. 바이든은 오바마의 혁신생태계 구조를 유지하고 트럼프의 경제 안보 프레임을 제도화했다. 차별성은 공공투자와 동맹 기반 블록 질서를 통해 혁신-산업-안보를 하나의 회로로 수렴시켰다는 데 있다. 전략 효과는 명확하다. 혁신의 생성, 위치, 방향이 미국-동맹 블록 안에서 공동으로 설계되는 구조가 형성되었다. 이 구조는 2025년 트럼프 2기로 이어지며 새로운 단계로 가속된다. 해체가 아니라 가속이며, 미국식 전략 자본주의는 이제 속도와 기술·산업 주권 인프라를 중심으로 재편되는 가속주의 전략으로 이동하고 있다.

트럼프 2기
― 가속주의와 기술·산업주권 국가(2025~)

트럼프 2기의 전략은 복귀가 아니라 재시동이며, 반복이 아니라 가속이다.

그는 바이든 시기가 구축한 동맹 구조와 공공투자 인프라를 폐기하지 않는다. 반대로 그것을 적극적으로 활용하면서도 전략의 최상위 좌표를 재설정한다. 기존의 안정적 혁신전략은 폐기되고, 그 자리를 속도·탈규제·주권이라는 교리로 재편한 가속주의 국가 전략이 등장한다. 이 전략은 개별 정책의 나열이 아니라 국가 시스템의 작동 원리를 바꾸는 전환이다. 핵심은 명확하다. 트럼프 2기의 미국은 혁신을 촉진하는 국가가 아니라, 혁신의 속도와 경로를 지배하는 국가로 이동한다.

가속주의 전략의 교리는 속도·탈규제·주권이라는 세 축으로 구성된다. 첫째, 트럼프 2기는 국가 경쟁력의 판단 기준을 속도로 전환한다. 기술패권 경쟁은 더 이상 장기적 우위의 싸움이 아니라 속도전에 접어들었다는 인식에서 출발한다. 반도체, 전력망, AI, 에너지, 원자력, 국방 기술은 더 이상 차세대 성장 산업이 아니라 국가 정체성을 규정하는 핵심 영역으로 격상된다. 속도는 선택이 아니라 생존 조건이며, 시간은 전략 자원으로 다뤄진다.

이 구상 아래 트럼프 2기는 연방 차원의 인허가 체계를 전면 개편해 대규모 산업 프로젝트와 신기술 인프라 구축의 시간 장벽을 제거하려 한다. 데이터센터 건설, 송전망 확충, 원자력 마이크로 모듈, 대형 LNG 프로젝트, 정밀 제조 클러스터 구축 모두에서 병목은 시간이며, 인허가 지연은 국가 경쟁력의 붕괴 요인으로 간주된다. 트럼프 2기의 공식 전략은 시간 주권의 회복이며, 규제는 폐지되는 것이 아니라 속도 규범에 종속된다.

둘째, 원리는 탈규제이다. 이것은 이념적 시장 자유화 논리가 아니다. 기술 전환을 가로막는 관성 구조를 제거해 국가 경쟁력을 되찾는 혁신 해방 전략이다. 연구개발과 상용화 사이에 존재하는 데스 밸리(Death Valley)를 제거하고, 실험·파일럿·배치의 속도를 끌어올린다. 산업 규제를 단순 철폐하지 않고 속도의 관점에서 재설정해 신기술은 신속 승인, 전략 기술은 우선 승인, 안보 기술은 국가 직권 승인이라는 구조적 속도 체계를 설계한다. 이는 위험 통제를 전제로 한 전략적 탈규제이다.

셋째, 기둥은 주권이다. 여기에서 주권은 더 이상 외교적 개념이 아니다. 데이터, 공급망, 에너지, AI 반도체 등 전략 영역을 지배하는 기술적 언어로 재정의된다. 트럼프 2기는 공급망, 에너지, 데이터, 국방 기술에서 미국 내부 의존도를 강화하고 전략적 경쟁자에 대한 기술적 종속을 전면 차단하는 방향으로 정책을 통합한다. 수출 통제, 외국인 투자 심사, 조달 규칙은 이미 존재하는 구조지만, 트럼프 2기는 여기에 미국 우선권 원칙을 결합한다. 미국 기술, 미국 데이터, 미국 에너지 인프라는 반드시 미국에 우선한다는 주권 질서를 국가 전략으로 선언한다.

이 전략의 목적은 여기에서 결론에 도달한다. 트럼프 2기의 전략 목표는 혁신을 촉진히는 것이 이니라 혁신의 속도를 국가가 장익하는 것이다. 시장 속도보다 국가 속도가 앞서가며 전략 경로를 결정한다. 국가는 혁신을 지원하는 후방이 아니라 혁신을 배치하고 지휘하는 전방으로 복귀한다.

이 전략은 AI, 에너지, 무역이라는 세 개의 엔진을 통해 구동된다.

첫째, AI 전략은 기술 정책이 아니라 국가 운영 방식의 전환이다. 미국은 AI를 행정·국방·산업·안보에 투입해 전면적 자동화·지능화 체계를 구축하려 한다. 경쟁의 초점은 모델 성능보다 AI 인프라의 영토화이며, 데이터센터 확장과 반도체 수요는 국내 산업 기반 강화 전략과 결합된다. 오픈소스는 기술 개방이 아니라 AI 속도전 승리를 위한 배치 전략으로 다뤄진다.

둘째, 에너지 전략은 생존 전략이 된다.

전통 에너지와 신에너지를 병행하는 전략은 환경 논쟁의 산물이 아니라 에너지 우위가 산업 우위이며 군사 우위라는 전제에서 출발한다. 원유·천연가스·셰일 혁명 기반의 에너지 패권을 유지하면서 동시에 원자력·SMR(소형 모듈형 원자로)·수소·차세대 배터리를 국가 전략 체제에 편입한다. 미국은 기후를 규범 언어로 다루지 않고 에너지를 산업·무역·군사 패권을 지탱하는 토대로 재구조화한다.

셋째, 무역 전략은 America First의 재가동이다.

그러나 2017년의 단순 관세 전쟁이 아니다. 트럼프 2기의 무역 전략은 '산업 축적형' 무역 전략이다. 시장 접근 협상에서 생산 배치 협상으로 중심이 이동한다. 관세는 보호 수단이 아니라 공급망 재배치 수단이며, 투자 규율은 산업 위치를 미국 중심으로 고정하는 배치 전략이다. 무역 정책은 경제 우선주의가 아니라 '산업 배치주의'로 전환된다.

종합하자면 트럼프 2기는 오바마-트럼프 1기-바이든으로 이어진 15년의 전략 변곡을 다시 하나의 구조로 수렴시킨다. 오바마의 혁신생태계 위에 트럼프 1기의 경제 안보 통제를 쌓고, 바이든의 동맹과 공공투자 전략으로 이를 공고히 한 뒤, 그 위에 속도와 주권을 기준으로 한 배치 전략을 결합한다. 이는 미국 전략 구조가 시장 경제에서 전략 경제로 이동하고 있음을 보여준다. 이 과정에서 미국은 기술·산업 주권 국가로 재정의되고, 국가가 다시 경제 전면에 복귀한다.

이 15년 전략 방정식은 하나로 수렴한다.

"혁신생태계(오바마)×경제 안보 통제(트럼프 1기)×동맹·공공투자(바이든)

×가속주의·주권(트럼프 2기)=미국식 블록형 혁신패권의 완성"

이 방정식은 하나의 명제를 드러낸다. 혁신은 성장의 기술이 아니라 패권의 기술이다. 미국은 혁신을 국가 권력의 언어로 번역했고, 혁신의 생성-위치-방향을 통제하는 시스템과 생태계를 구축했다. 시장은 남겨두되 통제되고, 동맹은 유지되되 전략화되며, 국가는 후퇴하지 않고 다시 전면에 선다.

이것이 팍스 이노아메리카나(Pax Inno-Americana)의 새로운 구조다.

미국이 만든 새로운 경제성장 패러다임: 혁신생태계 주도 성장

왜 미국은 홀로 성장하는가

지난 10년, 세계 경제는 표면적 안정 아래에서 조용히 다른 방향을 드러냈다.

G7 국가들의 지난 10년(2014~2024년) 실질 GDP 연평균 성장률을 보면 미국이 2.46%로 가장 앞서고, 캐나다 1.71%, 영국 1.37%, 프랑스 1.16%, 이탈리아 1.06%, 독일 0.90%, 일본 0.44%가 뒤를 잇는다. 수치는 단순하지만 명확하다. 선진국의 성장은 더 이상 하나의 공통 경로를 따르지 않는다. 제도·기술·교육 수준이 비슷한 나라들 사이에서도 성장의 움직임은 서로 다른 궤적을 그리고 있다.

최근 5년(2019~2024년)은 이 변화를 더욱 또렷하게 보여준다. 독일 0.07%, 일본 0.17%—사실상 이들의 성장은 멈춤에 가깝다. 영국 0.71%,

프랑스 0.69% 역시 구조적 활력을 잃고 있다. 오직 미국만이 G7에서 2.39%의 안정된 속도를 유지하며 팬데믹과 지정학 충격 속에서도 회복과 확장을 동시에 실현했다. 이는 순환적 경기 반등이나 재정·금융 정책의 효과로만 설명되기 어렵다. 여기에는 다른 무엇, 성장을 작동하게 하는 내부의 리듬이 다르다는 신호다.

그 리듬의 차이는 산업·기업의 세계에서도 분명하다. 2025년 10월 세계 기업가치 상위 10개 중 8개가 미국 기업이며, 2025년 8월 기준 글로벌 상장회사 1만 개를 대상으로 보면 미국 기업은 시가총액의 52%, 매출과 이익의 38%를 각각 점유한다. 전 세계의 자본, 인재, 데이터, 기술이 미국을 향하는 흐름을 보이고 있다. 세계 경제는 균형을 재조정하는 것이 아니라 새로운 중심을 형성하고 있다.

불과 10여 년 전만 해도 상위권을 차지하던 중국 빅테크는 지금 자본시장의 최상위권 리스트에서 거의 사라졌다. 연구개발 규모·특허·논문 수에서 중국은 여전히 세계 최상위권이고, 과학 저널 〈네이처(Nature)〉 게재 논문 수로는 미국을 훨씬 앞선다. 그러나 바이오·반도체·항공우주 등에서 중국 기업은 크게 두각을 나타내지 못한다. 혁신은 존재하지만, 경제 전체를 움직이는 순환으로 이어지지 않는다. 기술은 쌓이되 연결되지 않고, 성과는 나오되 확산되지 않는다.

이 정체는 중국만의 현상이 아니다. 유럽에서도 가장 혁신 역량이 높은 국가들조차 성장의 흐름을 회복하지 못하고 있다. 세계경제포럼(WEF) 혁신 경쟁력 1위를 지켜온 스웨덴의 최근 5년 평균 성장률은 1.47%, 교육·인적 자본 경쟁력 1위인 핀란드는 0.24%에 머물렀다. 연구개발 투자 세계 1위, 특허 출원 4위, 세계 최고 수준의 교육 역량을 갖춘 한국조차 최근 5년 성장률은 1.99%에 그친다. 혁신 역량이 곧 성장으로 이어진다는 통념은 더 이상 유효하지 않다.

혁신이 쌓여도 성장이 보장되지 않는다면, 질문은 바뀐다. 성장을 결정짓는 것은 혁신의 양(quantity)이 아니라 혁신의 흐름(flow)인가?

이 물음은 성장 이론의 중심을 겨냥한다. 마이클 포터(Michael E. Porter)의 국가 경쟁력 발전 단계론은 국가가 요소 주도→효율 주도→혁신 주도로 이행한다고 설명했고, WEF의 글로벌 경쟁력 지수(Global Competitiveness Index), GCI 역시 미국·독일·일본·영국을 '혁신 주도 경제'로 묶어왔다. 또한 로머(Paul Romer)와 루카스(Robert Lucas) 이후 정립된 내생적 성장론은 지식과 인적 자본을 성장의 핵심 동력으로 보았다. 그러나 이러한 요건을 충분히 갖춘 국가들조차 저성장의 벽 앞에서 멈춰서 있다. 문제는 무엇을 보유했는가가 아니라, 그것들이 어떻게 움직이는가에 있다.

그렇다면 미국은 왜 다르게 작동하는가?

미국의 최근 성장은 20세기 산업 패권의 관성이라기보다, 21세기에 들어 성장의 작동 원리를 새롭게 설계한 결과에 가깝다. 2025년 'NYET I-10 글로벌 산업 강국 지수(I-10 Global Industrial Powerhouse Index)'에서 미국이 산업력과 혁신 역량을 동시에 보유한 유일한 국가로 평가된 이유도 여기에 있다. 미국은 기술을 많이 가진 나라가 아니라, 혁신이 끊임없이 재생산되도록 흐름을 조직한 나라다.

그 흐름은 공간과 제도, 자본과 지식 사이의 유기적 연결에서 나온다. 실리콘밸리·보스턴·오스틴·시애틀로 이어지는 혁신 지대는 단순한 산업 집적지가 아니다. 지식이 자본으로, 자본이 기업으로, 기업이 다시 기술과 산업 표준으로 환원되는 순환이 일상적으로 일어난다. 국방고등연구계획국(DARPA)과 에너지첨단 연구 프로젝트국(ARPA-E)은 기술의 발원지이자 시장과 국가 전략을 연결하는 신호 발생지이고, 벤처캐피털은 자금 공급자가 아니라 기술이 경제로 이동하는 통로다. 스탠퍼드와 MIT는 지식 생산의 공간이 아니라 혁신이 태어나고 확산되는 촉매 지대다. 이곳에서 혁신은 사건이 아니라 반복되는 순환이며, 단절이 아니라 연결의 연속이다.

따라서 질문은 더 분명해진다.

성장의 궤적을 달리하는 힘은 혁신 그 자체인가, 아니면 혁신이 끊임없이 이어지도록 만드는 조건인가. 경제가 자원의 집계가 아니라 흐름과 관계의 생태적 운동이라면, 성장의 본질은 어디에서 다시 정의되어야 하는가. 그리고 왜 지금, 이 새로운 언어의 중심에는 미국이 서 있는가. 성장은 무엇으로부터 시작되는가. 성장의 언어는 어디에서 다시 쓰여야 하는가.

왜 같은 길을 따르지 않는가
— 경제성장 단계론의 종언

경제성장이 어떻게 전개되는가를 설명하려는 시도는 오래전부터 존재했지만, 20세기 후반 이후 가장 체계적으로 영향력을 발휘한 접근은 마이클 포터(Michael E. Porter)의 국가 경쟁력 발전 단계론이다. 그는 《국가 경쟁우위(The Competitive Advantage of Nations, 1990)》에서 국가 경제를 정태적 구조가 아니라 끊임없이 재구성되는 역동적 체계로 이해해야 한다고 주장했다. 포터는 자원 보유량이 국가의 경제 수준을 결정한다는 전통적 결정론을 넘어서, 기업 전략·산업 조직·제도·경쟁 환경이 상호작용하며 경쟁력을 창출한다고 보았다. 이러한 관점을 바탕으로 포터는 국가 경쟁력의 진화를 요소 주도Factor-Driven, 효율 주도(Efficiency-Driven), 혁신 주도(Innovation-Driven), 부 주도(Wealth-Driven)의 네 단계로 구분했다.

초기 단계에서는 풍부한 노동력과 천연 자원 같은 기본 요소가 성장의 중심이었다면, 발전 단계가 높아질수록 생산성 향상을 가능하게 하는 기업 역량, 국가의 산업 기반, 혁신시스템이 경쟁력의 핵심으로 이동한다는 것이다. 이러한 구분은 데이비드 리카도의 비교 우위론, 로버트 솔로의 신고전 성장 모형, 폴 로머의 내생적 성장론과 연결되며, 국가가 어떻게 '경쟁력의 경로'를 따라 상승하거나 쇠퇴하는지를 설명하는 이론적 토대를 제공했다.

포터의 분석이 학술적 영향력에 머물지 않고 세계 경제 담론의 중심으로 확산된 계기는 세계경제포럼(World Economic Forum, WEF)의 참여를 통해시었다. WEF는 2005년 글로벌 경쟁력 지수(Global Competitiveness Index, GCI)를 발표하면서 포터의 이론을 세 단계—요소 주도, 효율 주도, 혁신 주도—모델로 단순화했고, 이를 전 세계 국가의 성장 수준을 비교·평가하는 지표체계로 발전시켰다.

이 지수는 제도, 인프라, 거시 안정성, 교육, 시장 효율성, 기술 역량, 혁신 역량 등 12개의 경쟁력 지표를 통해 국가의 생산성 수준과 미래 성장 잠재력을 평가한다. 무엇보다 GCI는 발전 단계별로 경쟁력 요인의 중요도가 다르게 작동한다는 점을 실증적 분석 체계에 반영했다. 예를 들어 요소 주도 단계에서는 인프라와 제도가 성장을 좌우하지만, 효율 주도 단계에서는 시장 효율성과 교육이 더 큰 역할을 하고, 혁신 주도 단계에서는 연구개발과 기업가적 실험이 성장의 주도력이 된다. 이 단순하면서도 직관적인 접근은 정책 결정자와 국제 기구, 투자자, 학계에 널리 받아들여지며 '경제성장은 발전 단계에 따라 구조적으로 구분될 수 있다'는 담론을 공고히 했다.

이 세 단계 모델은 경제정책과 전략 분석의 지적 언어를 제공했다는 점에서 일정한 의의를 갖는다. 요소 주도 경제는 비교우위를 자원에서 찾으며 낮은 생산비와 수출 중심 모델을 통해 성장한다. 효율 주도 경제는 자본 축적과 산업 효율화를 통해 규모의 경제를 실현하며, 생산성 향상을 성장의 핵심 메커니즘으로 삼는다. 혁신 주도 경제는 기술 혁신과 산업 고도화를 기반으로 글로벌 경쟁우위를 창출한다.

이러한 구분은 경제성장의 동인을 구조화하고 국가 전략을 체계화하는 데 유용했다. 하지만 동시에 중요한 사실을 드러낸다. 이 모델은 경제 발전을 하나의 직선적 경로, 즉 "요소 의존→효율 중심→혁신 주도"라는 단계 상승 과정으로 이해한다는 점이다. 이 접근은 복잡한 경제 현상을 간결하게 설명한다는 장점이 있지만, 과연 세계 경제의 실제 궤적을 충분히 설명할 수 있는가라는 문제를 불러일으킨다.

실제로 21세기 경제사를 살펴보면 이러한 성장 단계론은 점점 더 설득력을 잃어가고 있다. 중국과 같은 국가들은 요소 주도 단계에서 효율 주도를 거치지 않고 기술 기반 산업으로 도약했으며, 에스토니아는 인구 130만의 국가임에도 디지털 경제로 곧바로 진입했다. 반대로 중진국 상당수는 효율 주도 단계에서 탈출하지 못한 채 중진국 함정에 머물러 있다. 세계 경제의 성장 경로는 단순한 단계적 전이가 아니라 역사적 조건, 기술적 기회, 제도적 선택, 지정학적 환경이 결합된 결과다. 기술 혁신의 속도, 디지털 전환, 통화 질서와 공급망 경쟁, 데이터와 지식의 경제적 지위 변화는 국가 간 발전 경로를 비선형적이며 상호 연결된 구조로 변화시키고 있다. 이러한 현실은 경제 성장이 하나의 동일한 경로를 따라간다는 전제와 상충하며, 오히려 성장의 방향이 다중 경로(multiple trajectories)로 분기된다는 사실을 보여준다.

경제성장은 이제 더 이상 생산요소의 단순한 축적이나 효율성 향상만으로 설명되지 않는다. 그것은 다양한 경제적 행위자들과 구조적 환경, 기술적 변화가 끊임없이 상호작용하는 거대한 연결 과정이다. 따라서 성장의 본질을 파악하기 위해서는 국가 내부의 산업 정책만으로는 부족하며, 글로벌 가치사슬, 지역적 역동성, 사회적 신뢰 구조, 제도적 품질, 지식의 확산 경로 등 다층적 상호작용 구조를 함께 살펴야 한다. 경제는 고립된 기계가 아니리 서로 연결된 작동 체계이며, 그 자동 원리 역시 고정된 단계가 아니라 환경에 적응하며 진화하는 동적 구조에 가깝다. 성장 단계론은 중요한 출발점이었지만, 이제 그 한계를 넘어 새로운 관점이 요구된다. 문제는 단순히 더 빠른 성장을 실현하는 것이 아니라, 성장의 질서가 어떻게 형성되는가를 이해하는 것이며, 그 해답은 다음 논의의 문을 연다.

더 이상 설명되지 않는 경제성장 모델

경제성장은 어디에서 비롯되는가. 인간 사회가 부를 축적하고 삶의 질을 향상시키는 과정은 어떻게 설명할 수 있는가. 이러한 질문에 답하려는 체계적 시도는 경제성장 모델이라는 이름으로 수학적·이론적 틀 속에 정식화되어 왔다. 성장 모델은 단순한 수식이 아니라 경제를 이해하는 사고의 구조를 만들어온 지적 장치였다. 고전적 성장론에서 신고전파 성장론을 거쳐 내생적 성장론에 이르기까지, 성장 모델의 역사는 경제학이 생산·기술·인구·지식과 같은 요인들을 어떻게 이해해왔는지를 보여주는 지적 진화의 궤적과도 같다.

18~19세기의 고선석 성장 모델(Classical Growth Model)은 애덤 스미스(Adam Smith), 데이비드 리카도(David Ricardo), 토머스 말서스(Thomas Malthus) 등 고전경제학자들의 세계관에 기초한다. 이들은 부의 원천을 노동과 생산성에서 찾고, 저축과 자본 축적이 경제 성장을 이끈다고 보았다. 그러나 자본이 축적되더라도 인구 증가와 수확 체감 법칙이 작동하면서 장기적으로 성장은 정체 상태에 도달한다고 분석했다. 그들의 성장 방정식은 단순했다—Y=F(K, L). 생산은 자본(K)과 노동(L)의 함수이며, 인구가 늘면 1인당 자본은 희석되고 결국 임금은 생계 수준에 수렴한다는 것이었다. 여기서 등장한 리카도의 지대 이론과 말서스의 인구론은 자본주의의 구조적 한계를 드러내며 이후 경제 사상의 전환을 촉발했다. 고전학파는 결국 "성장의 한계"를 먼저 탐구한 이론으로, 경제 발전을 인간 사회의 자연적 진화가 아니라 경제 구조의 제약과 갈등 속에서 이해해야

한다는 문제의식을 남겼다.

19세기의 고전학파가 자본·노동·토지의 제약 속에서 "성장의 한계"를 강조했다면, 1950년대 등장한 솔로-스완 모델은 이러한 문제를 보다 체계적이고 정밀한 분석 틀로 다시 정리한 이론이었다. 이 모델의 핵심 메시지는 단순하면서도 강력하다. 경제가 장기적으로 얼마나 성장할 수 있는지는 결국 '기술이 얼마나 빨리 발전하느냐'에 달려 있다는 것이다. 자본을 계속 쌓으면 생산은 늘어나지만, 시간이 지날수록 그 효과는 약해지기 때문에 자본 축적만으로는 끝없이 성장할 수 없다고 본다.

이 모델은 경제가 어떻게 생산을 만들어내는지를 하나의 구조로 파악한다.

생산은 자본(기계·설비), 노동(일하는 사람들), 그리고 기술(일을 더 효율적으로 만드는 지식·방법)이 결합해 이루어진다. 경제학자들이 $Y=K^a(AL)^{1-a}$ 같은 식을 쓰는 이유는 바로 이 단순한 구조를 기호로 표현하기 위해서다. 복잡하게 보일 수 있지만, 의미는 명확하다.

"사람이 일하고, 자본이 이를 뒷받침하며, 기술이 같은 노력을 더 높은 성과로 바꿔줄 때 생산이 증가한다."

솔로-스완 모델이 중요한 이유는 이러한 요소들이 서로 얽혀 성장 경로를 만든다는 점을 수학적으로 증명했다는 데 있다. 저축·투자·감가상각·인구 증가가 어떻게 균형을 이루는지 설명함으로써, 각 국가가 장기적으로 어떤 성장 수준에 도달하는지가 비교적 명확하게 그려진다.

그리고 이 모델이 내놓은 결론은 하나다. 장기 성장률을 결정하는 힘은 기술진보의 속도뿐이라는 것이다.

그러나 이 이론에는 피할 수 없는 빈틈이 남았다.

기술은 왜 발전하는가? 무엇이 그 속도를 결정하는가?

솔로-스완 모델은 기술을 경제 내부가 아니라 '밖에서 주어지는 힘'으로 가정했기 때문에, 새로운 지식이 어떻게 만들어지고 확산되는지—즉, 경제의 내적 동력이 어디에서 비롯되는지—설명할 수 없었다. 이 공백은 결국 1980~90년대 내생성장론이 등장하는 중요한 출발점이 되었고, 성장의 중심을 다시 지식·혁신·학습의 구조로 이동시키는 계기가 되었다.

1980~90년대, 이러한 한계를 비판하며 등장한 것이 내생적 성장 모델(Endogenous Growth Model)이다. 폴 로머(Paul Romer)와 로버트 루카스(Robert Lucas) 등은 기술 진보를 경제 내부의 선택과 투자 과정에서 발생하는 결과로 해석했다. 성장 방정식은 다시 확정되었다($Y = A\,K^\alpha\,H^\beta\,L^{\{1-\alpha-\beta\}}$).}, 여기서 H는 인적 자본(human capital)이며 A는 R&D 투자와 지식 축적을 통해 내생적으로 발전한다. 이 모델은 시식의 누석성과 기술의 외부 효과가 지속성장을 가능하게 한다고 설명했다. 내생적 성장론은 교육·R&D·혁신이 성장의 원천임을 강조하며, 정부의 역할을 시장 질서 수호자가 아닌 성장 촉진자로 다시 정립했다. 한국, 대만, 핀란드처럼 기술과 지식 투자로 산업화를 넘어선 국가들은 이 모델의 실증적 사례가 되었다. 그러나 내생적 성장론 역시 새로운 질문을 불러왔다. 성장의 기회가 지식 축적 속도에서 비롯된다면, 지식 격차는 곧 부의 격차를 심화시키는가? 이 이론은 성장과 불평등이라는 현대 자본주의의 난제를 다시 부각시켰다.

이러한 성장 모델들은 실제 정책에 결정적 영향을 미쳤다. 로스토프(Walt W. Rostow)의 성장 단계론은 산업화 전략으로 읽혔고, 솔로 모델은 많은 개발도상국이 저축·투자 중심의 성장 정책을 채택하게 만든 이론적 근거가 되었다. 내생적 성장론은 이후 OECD 국가들이 교육·혁신·R&D 투자 전략을 강화하는 출발점이 되었다. 한국의 1인당 GDP가 1960년 158달러에서 2023년 33,000달러를 넘어선 경험은 이론의 결합적 적용이 현실에서 어떻게 작동하는지를 보여주는 상징적 사례다.

그러나 21세기 경제질서는 새로운 질문을 던진다. 세계화, 기술패권 경쟁, 공급망 재편, 기후 위기, 인구 구조의 변화는 기존 성장 모델이 전제했던 안정적 환경을 무너뜨리고 있다. 성장 모델은 성장의 기계적 메커니즘을 설명했지만, 연결된 세계의 복잡성을 충분히 다루지 못했다. 이제 성장을 다시 설명하기 위해서는 자본·노동·기술을 넘어서는 새로운 분석 프레임이 필요하다. 그것은 단순히 변수의 확장이 아니라, 경제를 바라보는 관점 자체의 전환을 요구한다.

성장의 언어가 바뀌고 있다
— 경제성장의 새로운 패러다임 모색

21세기 초반의 경제학은 성장의 원천을 설명하는 오래된 질문 앞에서 새로운 전환점을 맞고 있다. 2023년 이후 학계와 정책 영역에서 나타나는 흐름은 명확하다. 성장 담론의 중심이 자본 축적과 노동 동원에서 혁신, 글로벌화의 구조적 역동성, 지속 가능성으로 이동하고 있다는 것이다. 과거 로스토프(Walt W. Rostow)의 선형 성장 단계론이나 포터(Michael E. Porter)의 주도 단계론이 성장의 방향을 "단계적 발전"으로 보았다면, 최근 논의는 성장의 성격을 역동적·불균형·내생적 변화 과정으로 이해하려는 방향으로 진화하고 있다.

특히 2025년 노벨 경제학상이 필리프 아기옹(Philippe Aghion)과 피터 하위트(Peter Howitt)에게 수여되면서 경제 성장 이론의 패러다임 전환은 하나의 흐름으로 제도화되고 있다. 성장의 본질은 단순한 누적이 아니라, 기업과 일자리가 끊임없이 사라지고 대체되는 창조적 파괴라는 변혁적 과정이 지속성장으로 이어지는 핵심이라는 인식이 더욱 확고해지고 있다.

최근 논의의 첫 번째 특징은 내생적 성장 이론의 부상과 강화이다. 신고전적 성장 모델(Solow-Swan Model)이 기술을 외생 변수로 가정했던 반면, 아기옹과 하위트는 슘페터가 제시한 창조적 파괴(creative destruction)를 성장의 미시적 원천으로 통합했다. 그들의 내생적 성장 모델은 기업의 연구개발(R&D), 신기술의 시장 진입, 기존 기술의 도태가 경제 역동성을 형성한다고 설명한다. 성장률은 너 이상 수어진 것이 아니라 혁신 경쟁과 제도 설계의 함수가 된다.

실제로 2025년 유럽연합이 발표한 '드라기 보고서(Draghi Report)'는 이 모델을 정책에 활용해 경쟁 촉진, 독점 방지, 기술 선도력을 유럽 경제의 핵심 전략으로 제시했다. 한편, 기술 발전이 불평등을 심화할 수 있다는 우려 속에서 교육·R&D 지원 정책의 사회적 정당성 문제 역시 함께 논의되고 있다. 성장 모델이 기술과 제도의 상호작용을 설명하는 수준으로 진화하면서, 성장은 더 이상 경제 내부 변수만의 결과가 아니라 정치경제적 선택의 결과라는 인식이 확산되고 있다.

두 번째 흐름은 글로벌화와 성장의 불평등 구조를 해석하려는 시도다. 오랫동안 국제무역 이론은 비교우위를 기반으로 자유무역이 모든 국가의 발전을 촉진한다고 보았다. 그러나 최근 연구는 무역이 한 국가를 '개발 사다리'에 오르게도 하지만 동시에 사다리 아래에 고착시키는 효과도 있음을 보여준다. 가트킨(Gatkin) 등의 연구에 따르면 한 국가가 복잡한 기술 구조를 가진 상품(complex products)으로 이동할 수 있을 때만 무역이 성장으로 이어진다. 반면 기술과 산업 역량이 충분하지 않을 경우, 글로벌 경쟁은 단순 조립형 산업에 국가를 고착시키며 장기적 성장 잠재력을 약화시킨다. 실제로 중국의 제조업 고도화는 아프리카와 남아시아 일부 국가를 글로벌 가치사슬 하단에 머물게 만들며 역동적 복지 손실(dynamic welfare loss)을 초래하고 있다. 이러한 구조적 도전은 포터의 성장 단계론에서 말하는 효율 주도 단계에서 혁신 주도 단계로의 전환이 결코 자동적으로 이루어지지 않는다는 사실을 보여준다. 성장 경로는 국제 분업 체제, 기술이전, 지정학적 제약에 따라 잠금(lock-in)될 수 있는 것이다.

세 번째 흐름은 이질적(heterodox) 접근과 비선형 성장 분석의 부상이다. 칼레츠키(Michal Kalecki)와 칼도어(Nicholas Kaldor)의 전통을 잇는 분배·수요 중심 모델은 자본소득과 임금소득의 분배 구조가 성장에 미치는 영향을 분석하며 주류 성장론을 보완하고 있다. 이러한 접근은 성장 경로가 항상 안정적으로 수렴하지 않으며, 때로는 버블, 위기, 구조 붕괴를 통해 비선형적으로 움직인다는 현실을 설명한다. 생물학의 로지스틱 곡선이나 물리학의 상전이 이론에서 영향을 받은 복잡계 성장 연구는 경제를 정태적 균형 모형이 아니라 동태적 상호작용 시스템으로 바라보는 분석을 확장한다. 이러한 이론들은 성장을 단순한 양적 증가가 아니라 체계적 탄력성(resilience)과 지속 가능성의 문제로 전환시키고 있다. 기후 전환, 자원 제약, 인구 구조 변화가 성장 방정식의 중심 변수로 부상한 것도 이러한 지적 흐름의 결과다.

이처럼 최근 경제학계 성장 논의는 성장 단계와 성장 모델을 하나의 통합 구조 속에서 재해석하며 새로운 패러다임을 형성하고 있다. 성장의 핵심 변수는 변화하고 있다. 자본에서 혁신으로, 자원 배분에서 제도 설계로, 단일 성장 경로에서 복수 성장 경로로, 외생적 기술 가정에서 내생적 혁신시스템으로 초점이 이동하고 있다.

그러나 이러한 전환에도 불구하고 하나의 질문은 여전히 남는다. 성장은 더 빠르게, 더 많이, 더 효율적으로 생산하는 과정인가, 아니면 경제 시스템이 변화하는 환경 속에서 새로운 질서를 형성해가는 과정인가? 이 질문은 경제 성장을 다시 사유하게 만든다. 성장은 더 이상 숫자의 문제가 아니리 방향의 문제이며, 딘순한 산출의 문제가 아니라 사회적 선택의 문제다.

창조적 파괴의 귀환,
노벨 경제학상으로 다시 읽는 슘페터

2025년 노벨경제학상은 오랜만에 경제학의 근본을 다시 묻는 장면을 만들어냈다. 단순한 학문적 공로의 인정이 아니라, 경제성장이란 무엇이며 어디에서 비롯되는가라는 고전적이면서도 여전히 미해결의 질문이 다시 무대 위로 소환된 것이다. 수상자는 세 명—역사경제학자 조엘 모키르(Joel Mokyr), 그리고 내생적 성장 이론을 정립한 필리프 아기옹(Philippe

Aghion)과 피터 하위트(Peter Howitt)이다. 스웨덴 왕립과학원은 그들의 업적을 "혁신 주도 경제성장을 설명한 공로"라고 요약했다. 그러나 이 짧은 문장은 단순한 표창이 아니라, 근대 경제 질서의 작동 원리를 재해석하고 미래 성장의 언어를 새로 쓰라는 요청으로 읽힌다.

세 학자는 한 세기 전 요제프 슘페터(Joseph A. Schumpeter)가 제시한 도발적인 개념—창조적 파괴(creative destruction)—을 서로 다른 지적 경로를 통해 확장하고, 오늘의 언어로 다시 체계화했다. 슘페터가 본 자본주의는 정태적 균형에 수렴하는 기계가 아니라, 혁신이 낡은 기술과 산업을 해체하며 새로운 질서를 구축하는 역동적 재편의 과정이었다. 중요한 것은, 이러한 파괴가 외부의 충격이 아니라 지속성장의 내재 구조로 작동한다는 점이다. 2025년의 노벨 경제학상은 이 구조를 각각 역사적 분석, 수학적 모형, 정책 설계의 차원에서 정교하게 구현한 학문적 연합의 결과였다.

조엘 모키르의 연구는 "기술 진보를 통한 지속성장을 사회적·지적 기반을 규명한 공로"로 주목받았다. 그는 성장을 자본과 노동의 단순한 결합으로 보지 않았다. 그의 근본적인 질문은 단순하지만 심오하다.

왜 어떤 사회는 혁신을 지속적으로 받아들이는가?

모키르는 《아테나의 선물(The Gifts of Athena)》에서 '유용한 지식(useful knowledge)'이라는 개념을 성장의 중심에 놓았다. 그는 지식을 명제적 지식(propositional knowledge)—자연 법칙과 원리에 대한 이론적 이해—과 절차적 지식(prescriptive knowledge)—공정, 도구, 설계로 구현되는 실행 지식—의 상호 순환과 재조합으로 파악했다. 산업혁명은 단순히 발명의 목록이 아니라, 두 층위의 지식이 끊임없이 피드백을 주고받으며 응축된 거대한 사회적 실험이었다.

지식의 양적 축적만으로는 혁신이 보장되지 않는다. 지식이 흐르고 결합되는 개방적 학문 환경, 그 흐름을 제도적으로 뒷받침하는 사회적 인프라, 그리고 새로운 사유를 억누르지 않는 관용의 문화—이 세 가지가 맞물릴 때 지식은 생태적 순환을 이룬다. 모키르의 결론은 명료하다. 성장은 자본 축적의 함수가 아니라 '유용한 지식'이 사회적으로 순환하는 구조의 함수이며, 그 순환을 지탱하는 제도적 질서가 곧 장기 성장의 토대다.

필리프 아기옹과 피터 하위트는 "창조적 파괴를 통한 내생적 성장의 원리를 정립한 공로"로 수상했다. 그들은 모키르가 역사에서 밝혀낸 통찰을 동태적 일반균형 모형과 미시경제적 기반 위에서 재구성했다. 대표 논문 〈창조적 파괴를 통한 성장 모델(A Model of Growth Through Creative Destruction)〉(1992)는 자본주의의 성장 동력이 혁신 그 자체에 내재함을 수학적으로 보여준다.

그들의 핵심 명제는 단순하면서도 강력하다.

기업은 연구개발을 통해 기술의 사다리를 오르고, 새로운 기술은 낡은 기술을 밀어내고 대체한다. 산업은 등장과 퇴출, 집중과 분산의 순환 속에서 끊임없이 재구성되는 유기체로 존재한다.

따라서 창조적 파괴는 성장의 부수 현상이 아니라 성장 그 자체의 메커니즘이다.

그러나 아기옹과 하위트는 동시에 경고한다. 창조적 파괴는 자동적으로 진보로 귀결되지 않는다. 특허와 독점 이윤은 혁신의 유인이지만, 지나친

시장 지배력은 혁신의 순환을 차단한다. 경쟁과 보호, 유인과 규제의 균형 설계—이것이 창조적 파괴를 지속성장으로 전환시키는 핵심 조건이다. 따라서 노동, 조세, 금융, 복지, 경쟁 정책은 경제의 외곽이 아니라 혁신생태계의 내적 구성 요소로 다시 이해되어야 한다.

오늘날 성장의 의미는 더 이상 GDP 곡선의 기울기로 환원되지 않는다. 삶의 질, 생산성, 에너지 전환, 보건, 디지털 역량이 모두 새로운 성장의 변수로 편입되었다. 혁신은 새로운 기회를 열기에 창조적이지만 동시에 기존의 일자리를 해체한다. 그래서 파괴적이다. 문제는 파괴를 억제하는 것이 아니라, 그 파괴를 어떻게 사회적으로 건설적인 방향으로 관리할 것인가이다.

이때 중요한 원리가 유연안정성(flexicurity)이다. 일자리는 대체될 수 있지만 사람은 보호되어야 한다. 혁신이 상위 기업과 소수 인재에게만 집중된다면, 불평등의 침전층이 두꺼워지고 사회적 이동성이 막히며, 결국 성장 자체가 스스로를 제약한다. 따라서 교육, 금융 접근성, 공정 경쟁, 사회적 이동성은 복지 정책이 아니라 혁신의 생태적 기반이다. 기후 위기, 기술 독점, 공급망 재편 등 우리가 직면한 위기들은 결국 하나의 질문으로 수렴된다. 지속성장을 어떻게 설계할 것인가.

지속성장은 연결과 관계, 그리고 생태의 문제이다.

2025년 노벨 경제학상은 슘페터의 사상을 다시 불러냈다. 그러나 그 의미는 단순한 복원이 아니라, 미래 성장의 재구성에 대한 의미 부여다. 슘페터에게서 자본주의는 살아 있는 진화체, 성장은 창조적 파괴의 연쇄였다. 오늘의 질문은 한층 정교하다. 그 파괴를 어떻게 지속성장으로 전환할 것인가.

이 지점에서 모키르와 아기옹·하위트의 연구가 자연스럽게 하나로 이어진다. 모키르는 유용한 지식이 지식 생태 속에서 순환하고 재결합될 때 비로소 성장의 토대가 형성된다고 보았고, 아기옹과 하위트는 창조적 파괴가 제도적 조정 없이 방치될 경우 독점과 불평등으로 귀결된다는 점을 엄밀히 입증했다.

두 사유의 흐름은 결국 한 문장으로 압축된다. 성장은 기술의 문제가 아니라 구조의 문제이며, 더 나아가 생태계의 문제다.

경제는 기계가 아니라 관계와 연결로 살아 움직이는 유기체다. 그러므로 현대의 성장 담론은 개별 기업의 성과가 아니라, 혁신이 스스로 순환하고 증식할 수 있는 환경을 어떻게 설계하느냐에 조점을 두어야 한다. 그 환경이 곧 혁신생태계(innovation ecosystem)이며, 그것이 21세기 경제학이 새롭게 요청하는 사유의 지평이다.

성장으로 증명되지 않는
혁신시스템과 트리플 헬릭스

앞서 살펴본 창조적 파괴 이론이 성장의 역동성을 설명했다면, 2025년 노벨경제학상 연구는 그 역동성이 어떤 구조 속에서 지속성장으로 전환되는가를 설명해냈다. 아기옹과 하위트는 성장률을 결정짓는 근본 변수는 생산요소의 양이 아니라 혁신이 경제 내에서 어떤 메커니즘을 통해

순환하느냐라고 주장했다. 이들의 모형에서 성장률은 연구개발(R&D) 투자에 의해 단순히 선형적으로 증가하지 않는다. 혁신 확률(λ)과 기존 기술 대체 과정에서 발생하는 파괴 비용(creative destruction cost) 간의 균형이 성장의 경로를 결정한다. 혁신은 새로운 기술의 추가가 아니라 기존 질서를 재편성하는 과정이며, 이 과정은 경쟁, 진입, 대체라는 경제 내부 요인들에 의해 반복적으로 작동할 때 비로소 성장의 원천이 된다.

모키르는 여기에 사회적·지적 기반의 역할을 더했다. 그는 기술 혁신이 스스로 확산되지 않는다는 사실을 강조하며, 지식이 전파되고 활용될 수 있도록 연결되는 구조—즉 지식 네트워크(knowledge network)가 존재할 때 비로소 경제가 진화한다고 설명했다. 산업혁명기의 영국과 네덜란드 사례를 분석하면서 그는 혁신을 촉진한 것은 정부가 아닌 과학 공동체, 기술 장인, 상공인 네트워크 등이 형성한 실천적 지식 문화(practical knowledge culture)였음을 밝혔다. 따라서 혁신은 생태적 상호작용의 산물이며, 특정 조직이나 정책 주체가 단독으로 만들어낼 수 없다. 다시 말해 혁신은 '행위자 간 상호작용'이라는 구조적 조건 속에서만 출현하고 확장된다.

바로 이러한 관점에서 혁신이 이끄는 경제 성장의 핵심 분석 단위는 혁신 시스템이 아니라 혁신생태계가 된다. 혁신이 순환하는 구조를 설명하는 분석 틀로 과거에는 트리플 헬릭스(Triple Helix)—대학·산업·정부 협력 모델—이 활용되었으나, 이 모델은 혁신의 '제도적 협력'만 설명할 뿐 혁신이 실제로 어떻게 생성되고 확산되는지를 설명하지 못한다는 한계를 가진다.

혁신시스템(Innovation System)이란 한 국가나 지역에서 기업, 대학, 연구기관, 정부, 금융기관 등이 상호 연결되어 지식을 창출·확산·활용하는 구조를 의미한다. 이 개념은 프리먼(Christopher Freeman), 룬드발(Bengt-Åke Lundvall), 넬슨(Richard Nelson) 등의 연구에서 체계화되었으며, 혁신을 개별 기업의 내부 능력 결과가 아니라 제도와 조직 간의 상호작용 구조 속에서 형성되는 집합적 결과로 본다. 이 관점에서 연구개발 제도, 지식재산권 체계, 과학기술정책, 교육·인재 시스템, 기술이전 제도, 국가 연구개발 투자 구조 등의 '제도적 배열'은 혁신 성과를 좌우하는 핵심 요소로 간주된다. 이러한 논리는 "제도가 혁신을 만든다"는 전제를 바탕으로 하며, 여기에서 자연스럽게 '투입(Input)→과정(Process)→산출(Output)'이라는 선형적 혁신 모형이 자리 잡았다. 즉, 연구개발(R&D) 자원을 더 많이 투입하고 제도를 정교하게 만들면 혁신 성과가 비례적으로 증가할 것이라는 가정이다. 이러한 접근은 20세기 후반 이후 많은 국가의 산업정책·과학기술정책·혁신정책의 이론적 기반이 되었으며, 특히 국가 차원의 연구개발 투자 확대를 정당화하는 논리적 근거로 활용되었다.

그러나 혁신시스템 접근은 구조적 한계를 지닌다. 가장 근본적인 한계는 혁신을 '자원 투입 기반의 선형 메커니즘'으로 해석했다는 점이다. 내생적 성장 이론(아기옹·하위트)은 성장의 핵심은 단순한 R&D 투자가 아니라 혁신이 경제 안에서 어떻게 순환·대체·확산되는가에 달려 있다고 설명한다. 다시 말해 혁신은 계획된 경로에 따라 투입-과정을 거쳐 산출로 나오는 기계적 결과가 아니라, 행위자 간 상호작용·지식의 재조합·기업가적 실험·시장 적응 과정에서 비선형적으로 출현하는 현상이다. 그렇기 때문에 투입 중심의 혁신시스템은 혁신이 작동하는 실제 메커니즘—지식의 흐름, 네트워크 연결, 상호의존적 협력 구조—을 설명하지 못한다. 그 결과 많은 국가에서 자원 투입은 늘었지만 혁신성과는 제한적인 현상이 나타났다.

대한민국 사례는 이러한 한계를 가장 상징적으로 드러낸다. 표면적으로는 내생적 성장의 전형으로 평가되지만, 동시에 투입 중심 혁신시스템이 왜 구조적으로 성과 전환에 실패하는지를 실증적으로 보여주는 역설적 사례이기도 하다. 한국은 1990년대 이후 국가혁신시스템(NIS)과 지역혁신시스템(RIS)을 구축하며 GDP 대비 5% 내외 수준의 세계 최고 수준 연구개발 투자를 지속해왔다. 그러나 높은 연구개발 투입에도 불구하고 기술의 상업화율, 신산업 창출, 지역 간 혁신 격차 해소, 총요소생산성(TFP) 향상 등 실질적 성과는 기대에 미치지 못했다. 즉 투입(Input)은 세계 최고 수준인데, 성과(Output)로의 전환율은 낮은 역설이 나타난 것이다. 이는 혁신의 본질이 '얼마나 많이 투자했는가'가 아니라, '어떻게 연결되고 상호작용하는가'에 달려 있다는 사실을 보여준다.

혁신은 혼자 만들어지지 않는다. 새로운 지식이 경제와 사회를 변화시키기 위해서는 연구기관, 기업, 그리고 정부가 서로 연결되어 움직여야 한다. 바로 이 현실을 이론적으로 설명하기 위해 등장한 것이 트리플 헬릭스(Triple Helix) 모델, 즉 삼중나선 모형이다. '헬릭스(helix)'라는 표현은 DNA 구조에서 따온 말로, 두 개 이상의 나선이 서로 얽히며 상호작용할 때 생명체가 진화하듯, 혁신 역시 여러 주체가 얽혀 만들어진다는 비유적 의미를 담고 있다.

이 개념은 2000년대 초 사회학자 헨리 에츠코비츠(Henry Etzkowitz)와 과학기술학 연구자인 뤼트 레이드스로프(Loet Leydesdorff)가 제시했다. 당시 혁신 연구는 주로 국가혁신시스템(NIS) 관점에서 연구개발 투입과 정책 설계를 강조했지만, 실제 혁신이 어떻게 발생하는지는 설명하지 못한다는 비판이 있었다. 이를 보완하기 위해 등장한 트리플 헬릭스는 "혁신은 대학-산업-정부라는 세 축의 상호작용에서 발생한다"는 명확한 메시지를 던졌다. 대학은 지식을 창출하고, 산업은 이를 시장 가치로 전환하며, 정부는 제도와 정책 환경을 제공한다는 것이다. 이 단순하면서도 강력한 설명력 덕분에 트리플 헬릭스 모델은 세계 각국의 과학기술 정책과 산학연(産學硏) 협력 전략의 기본 이론으로 널리 채택되었다.

실제로 스웨덴의 Saab 항공·방위 산업 사례는 트리플 헬릭스가 국가 차원의 기술 혁신선략에 어떻게 석용될 수 있는지를 보여주는 대표석 성공 사례다. 정부의 전략적 투자, 대학의 연구 역량, 기업의 상업화 능력이 정교하게 결합되면서 Gripen 전투기 같은 첨단 기술이 탄생했다. 이처럼 삼중 나선 협력은 국가 기술 경쟁력 강화에도 기여할 수 있는 거버넌스 모델로 주목받았다.

하지만 시간이 흐르면서 트리플 헬릭스는 혁신을 설명하기에는 불완전한 이론이라는 비판을 받게 되었다. 첫째, 이 모델은 혁신을 협력 구조로만 설명하며, 실제 혁신의 동력이 되는 기업가정신, 기업가적 실험, 비공식 네트워크를 간과한다. 태국의 ITAP 프로그램처럼 정부·대학·기업 협력 구조를 세웠음에도 조정 능력 부족과 목표 불일치로 실패한 사례가 이를 보여준다. 둘째, 혁신은 역동적이고 예측 불가능하게 일어나지만, 트리플 헬릭스는 이를 정적인 삼각 협력 구조로 고정해 놓는다. 포르투갈 지역 혁신 사례에서도 협력 구조는 존재했지만 시장 변화에 대응하는 적응 메커니즘이 없어 성과가 제한되었다. 셋째, 오늘날 혁신은 현재 및 잠재적 혁신가·기업가, 벤처 투자자, 스타트업, 플랫폼 기업, 시민 사회, 데이터 거버넌스 기관 등 더 복잡한 생태 속에서 등장하지만, 트리플 헬릭스는 이러한 다중 행위자를 분석 틀에 포함하지 못한다.

이 한계를 보완하기 위해 일부 연구자들은 시민사회를 추가한 쿼드러플 헬릭스(4중 나선), 환경·지속 가능성을 포함한 퀸터플 헬릭스(5중 나선) 모델을 제안했지만, 행위자 수를 늘린다고 해서 혁신의 본질을 더 잘 설명할 수 있게 된 것은 아니다. 문제는 '누가 참여하느냐'가 아니라, '어떻게 연결되고 상호작용하며 혁신이 출현하는가'이다. 이 지점에서 트리플 헬릭스는 중요한 역할을 했지만, 그 자체로는 혁신의 작동 원리를 끝까지 설명하지 못한 과도기적 이론으로 평가된다.

결국 혁신을 제대로 이해하려면 제도 간 협력의 구조를 넘어, 실질적 상호작용과 지식의 흐름, 그리고 네트워크의 진화를 보아야 한다. 바로 이 문제의식이 오늘날 혁신생태계(Innovation Ecosystem) 관점을 부상시킨 이유이기도 하다. 트리플 헬릭스는 혁신을 설명하는 문을 열었다는 점에서 여선히 중요하지만, 혁신을 깊이 이해하고 설게하기 위해서는 생태적 관점으로의 확장이 필수적이다.

새로운 전략의 언어: 혁신생태계

오늘날 "생태계(ecosystem)"라는 단어는 기술, 경영, 국가 전략의 거의 모든 담론 속에 등장한다. 그러나 이 개념은 본래 자연과학에서 출발한 은유였다. 생태계는 다양한 종이 상호 의존하며 환경에 적응하는 역동적 구조를 의미한다. 그런데 1990년대 초, 이 자연의 은유가 기업 전략의 새로운 언어로 등장한다. 그 출발점은 제임스 F. 무어(James F. Moore)였다. 무어는 1993년 〈하버드 비즈니스 리뷰(Harvard Business Review)〉에 발표한 논문에서 "기업은 산업(industry) 안에서 경쟁하는 존재가 아니라, 생태계(ecosystem) 속에서 공존하며 진화하는 존재"라고 주장했다. 그는 기업을 고립된 경쟁 단위로 보지 않았다. 대신, 공급자·보완재·경쟁자·고객이 얽혀 서로 영향을 주고받는 공진화(co-evolution)의 장으로 이해했다. 기업은 더 이상 단독 행위자가 아니라, 관계의 네트워크 속에서 가치를 함께 만들어가는 유기체라는 관점이 등장한 것이다. 무어는 이후 저서 경쟁의 종말(The Death of Competition, 1996)에서 이 개념을 더욱 발전시켰다. 이때부터 '산업의 경계'보다 '관계의 구조'를 중시하는 사고가 경영 전략의 중심으로 옮겨가기 시작했다.

그로부터 10여 년 뒤, 하버드 비즈니스 스쿨의 마르코 이안시티(Marco Iansiti)와 로이 레비엔(Roy Levien)은 "키스톤(keystone) 기업"이라는 개념을 제시했다. 그들은 건강한 비즈니스 생태계(business ecosystem)는 중심을 잡아주는 핵심 기업이 있을 때 유지된다고 보았다. 이러한 기업은 기술 표준과 아키텍처를 제공하고, 파트너 간 협력을 조정하며, 생태계 전체의 안정성을 설계한다. 오늘날 애플(Apple), 구글(Google), 아마존(Amazon) 같은 빅테크 플랫폼 기업이 수행하는 역할이 바로 이러한 '키스톤 기능'의 실례다. 이로써 생태계는 단순한 은유가 아니라, 전략적 구조와 운영 원리를 설명하는 분석 틀로 발전하였다.

2010년대에 들어 디지털 전환이 본격화되자, 생태계 개념은 전략적 메타포를 넘어 정교한 이론 체계로 자리 잡았다. 플랫폼 모델이 급속히 확산되면서 기업 간 경쟁은 제품 경쟁에서 플랫폼–생태계 경쟁(platform-ecosystem competition)으로 이동했다. 이러한 전환은 생태계 연구를 다시 이론화하는 계기가 되었다.

앤 가워(Annabelle Gawer)와 마이클 쿠수마노(Michael Cusumano)는 플랫폼을 기술적 코어(technological core)로, 생태계를 협력과 경쟁이 교차하는 정렬 구조(alignment structure)로 구분했다. 이어 론 애드너Ron Adner는 〈Ecosystem as Structure〉(2017)에서 "생태계란 단순한 네트워크가 아니라, 특정 가치 제안(value proposition)을 실현하기 위해 상호 의존적으로 정렬된 구조적 시스템"이라고 정식 정의했다. 그는 생태계를 기업 전략의 '설계 단위(design unit)'로 이해함으로써, 전략 이론의 새로운 문법을 제시했다.

미하일 야코비데스(Michael Jacobides)는 여기에 경계(boundary) 개념을 더했다. 그는 생태계가 무엇을 포괄하고 무엇을 배제하는지, 즉 행위자(actor)와 활동(activity)의 범위를 어떻게 설정하는가가 전략적 선택의 핵심이라고 분석했다.

그란스트란드(Granstrand)와 홀게르손(Holgersson)은 생태계 이론이 협력적 측면에 편향되어 있다고 비판하며, 경쟁·대체·기술 아티팩트(artifact,

혁신을 매개하고 연결을 가능하게 하는 구조화된 도구나 지식 요소) 등을 포함하는 종합적 혁신생태계(innovation ecosystem) 정의를 제시했다. 이들은 생태계를 "행위자, 활동, 제도, 관계, 그리고 기술적 아티팩트가 함께 진화하는 집합"으로 보았다.

이 시기, 생태계 연구는 비로소 "은유에서 구조로, 그리고 전략으로" 진화했다.

20년대 이후 생태계 개념은 다시 한번 변곡점을 맞이했다. 이제 그것은 기업의 전략 언어를 넘어 국가 정책과 산업 패권 전략의 핵심 도구로 진화했다. 유럽연합은 "유럽 혁신생태계(European Innovation Ecosystems), EIE" 정책을 통해 유럽 전역의 혁신 네트워크를 통합하고 있으며, 미국은 "NSF Regional Innovation Engines" 프로그램과 "CHIPS Act"를 통해 지역 기반 기술 생태계(regional innovation ecosystem)를 설계하고 있다. 세계경제포럼(WEF)과 경제협력개발기구(OECD)는 팬데믹과 공급망 재편 이후 회복 탄력성(resilience)과 전략적 자율성(strategic autonomy)을 생태계 전략의 핵심 원리로 제시한다.

이제 생태계는 단순한 은유나 기업 간 협력 도식이 아니라, 21세기 혁신과 성장의 구조적 패러다임으로 자리 잡았다. 그러나 여기서 한 가지 근본적인 질문이 남는다.

생태계라는 개념이 전략의 언어가 된 지금, 우리는 과연 그것을 혁신의 작동 원리로 이해하고 있는가? 생태계는 단순히 협력의 틀인가, 아니면 혁신의 동적 역학(dynamics)을 설명하는 시스템인가?

자연으로부터 배우는 혁신생태계

혁신을 설명하는 여러 이론들이 존재하지만, 그중 일부는 혁신의 본질을 충분히 포착하지 못한다. 오히려 혁신을 지나치게 기계적으로, 설계 가능한 관리 대상처럼 다뤄왔다. 앞서 살펴본 혁신시스템(Innovation System)은 국가 차원(NIS)과 지역 차원(RIS)의 연구개발 구조를 설명하려는 이론이지만, 사고방식 자체는 기계장치에 가깝다. 투입하면 산출이 나오는 선형 흐름, 마치 엔진에 연료를 더 넣으면 더 큰 출력을 얻게 되는 것처럼 해석하는 방식이다. 연구개발 투자를 늘리고 제도를 보완하면 혁신의 결과가 자연히 따라온다는 가정은 겉으로는 합리적 행위처럼 보이지만, 현실의 혁신은 그렇게 단순하게 작동하지 않는다.

혁신을 상호작용 속에서 이해하는 것도 마찬가지다.

그 뒤에 등장한 트리플 헬릭스(Triple Helix, 삼중나선) 모델은 대학–산업–정부의 상호작용을 설명하며 혁신을 관계 속에서 이해하려 했다. 그러나 이 모델 역시 복합 기어 구동장치처럼 혁신을 설명한다. 서로 맞물린 기어가 돌아가듯 세 조직이 협력하면 혁신이 나온다고 본다. 하지만 여기에는 결정적인 결함이 있다. 정작 혁신은 어디에서 어떻게 발생하는가? 혁신의 에너지는 어떻게 순환되는가? 왜 어떤 지역과 조직은 혁신이 폭발하고, 어떤 곳은 그렇지 않은가? 이런 질문에 답하지 못했다. "동력이 없는 기계장치처럼 구조는 있지만 생명력이 부족한 이론" 이것이 트리플 헬릭스의 한계였다.

이런 기존 접근의 문제는 2025년 노벨 경제학상 수상자인 필립 아기옹(Philippe Aghion), 피터 하위트(Peter Howitt), 조엘 모키르(Joel Mokyr)의 연구는 기존 혁신 이론의 구조적 한계를 결정적으로 드러냈다. 혁신을 투입의 함수나 제도 간 협력의 산출로 볼 수 없다고 밝힌다. 혁신이란 경제 안에서 순환되는 힘이며, 혁신 주체 간 상호작용이 에너지처럼 흐르고 재생산될 때 지속 가능한 성장으로 이어진다는 것이다. 다시 말해 혁신은 기계가 아니라 생명체에 가깝다. 그래서 혁신을 설명하려면 혁신생태계라는 관점이 필요하다.

이제 자연 생태계의 구조를 빌려 혁신생태계를 이해해보자.

자연생태계는 단순히 다양한 종이 공존하는 공간이 아니다. 그것은 구성 요소들이 고립되어 존재하는 것이 아니라, 서로 얽힌 관계망 속에서 상호작용하는 동역학(interactive dynamics) 관계를 형성하며 질서를 만들어가는 자기조직적 시스템이나. 자연생태계는 생산자·소비자·분해자로 구성된 생물적 요소와 햇빛·물·토양·공기 같은 비생물적 환경 요소가 결합된 구조를 이루지만, 그 본질은 구성 요소 자체가 아니라 그 사이를 흐르게 하는 에너지와 물질의 순환에 있다.

생산자인 식물은 태양의 에너지를 흡수해 유기물을 만들고, 동물은 이를 섭취해 생태적 기능을 수행한다. 죽은 유기물은 미생물에 의해 분해되어 그 부산물이 토양의 영양분으로 돌아간다. 이 순환을 통해 생태계는 자원을 고갈하지 않고 스스로를 재생산한다. 에너지의 흐름은 일방향적이며 열 손실을 동반하지만, 물질은 탄소·질소·물 순환처럼 반복적으로 재사용되어 생태계 내부로 되돌아온다. 이 미묘한 순환이 무너지지 않는 이유는 피드백 조절과 회복력(resilience) 덕분이다. 종 다양성과 기능적 역할의 중첩성은 외부 충격을 흡수하는 완충 장치(buffer)로 작동하고, 공동진화(co-evolution)는 환경 변화에 따라 구조를 재편하며 적응을 가능하게 한다. 결국 자연 생태계의 질서는 외부의 지휘자가 아닌, 관계와 순환이 빚어내는 상호작용하는 동역학을 통해 유지된다.

혁신도 이와 다르지 않다. 혁신은 특정 조직 내부에서 고립적으로 탄생하는 사건이 아니라, 지식·자본·인재·기술·제도가 상호작용하며 순환하는 과정 속에서 출현(emergence)하는 현상이다. 혁신생태계에는 새로운 지식과 기술을 창출하는 혁신 생산자(혁신가·기업가·스타트업·대학·연구기관·기업), 이를 시장과 산업으로 확산하는 혁신 수요자(산업 참여자·시장 사용자), 실패와 위험을 흡수하고 자원 흐름을 조정하는 혁신 조정자(벤처캐피털·액셀러레이터·기술이전 조직), 그리고 혁신의 기반을 이루는 제도·규범·인프라·신뢰 체계가 존재한다. 이는 자연 생태계의 생산자-소비자-분해자-환경 요소 구조와 기능적으로 대응한다.

자연생태계가 구성 요소만으로는 설명되지 않듯, 혁신생태계 역시 참여 주체를 나열하는 것만으로는 그 본질을 파악할 수 없다. 혁신이 어떻게 생성되고 확산되며 재생되는지는 지식 흐름(knowledge flow), 자본 순환(capital circulation), 인재 이동(talent mobility), 기술 재조합(technological recombination), 학습과 실패의 환원(learning feedback) 같은 순환적 흐름을 통해 설명된다. 혁신은 이러한 흐름을 통해 연결되고(connection), 흘러가며(flow) 되돌아오고(return), 새로운 가치로 출현(emerge)한다. 이것이 혁신생태계의 맥박이자 리듬이다.

결국 혁신은 고정된 산출이 아니라 상호작용적 순환 과정이다. 그 결과

물은 네트워크의 상호작용이 축적적으로 심화되면서 비선형적으로 드러나는 출현적(emergent) 현상이다. 따라서 혁신의 핵심은 자원의 양적 투입이 아니라 연결-흐름-순환-재조합이 만들어내는 상호작용적 동역학에 있다.

자연생태계가 상호의존성(Interdependence), 균형과 조절(Ecological balance), 순환성(Circulation), 적응과 진화(Adaptation and evolution), 자기조직화(Self-organization)의 원리에 의해 유지되듯, 혁신생태계 또한 동일한 작동 원리를 따른다. 혁신 주체들은 상호의존적 네트워크를 형성하고, 시장과 정책의 피드백을 통해 균형을 조절하며, 지식과 자원이 순환하면서 축적된다. 기술과 산업 경로는 환경 변화에 적응하며 진화하고, 전체 시스템은 외부의 명령 없이도 내적 상호작용을 통해 스스로 조직된다.

결론은 명확하다. 혁신을 설명하는 언어는 근본적으로 바뀌어야 한다.

여전히 많은 정책과 전략은 혁신을 '계획-투입-산출'의 기계적 공식으로 이해한다. 그러나 그런 방식으로는 혁신의 관계적 본질을 설명할 수 없으며, 복잡하게 상호 연결된 지식 경제 시대의 현실을 해석할 수 없다. 혁신은 기계처럼 설계되는 것이 아니라 생태적으로 태어나고 성장하며 진화한다.

따라서 이렇게 정의해야 한다.

혁신이란 고립된 행위가 아니라 상호 연결된 관계의 순환이며,

혁신생태계란 혁신이 발생하고 번식하고 진화하는 생명적 구조이다.

- 혁신생태계(Innovation Ecosystem)란 특정 경제·사회적 맥락에서 혁신 주체와 혁신 참여자가 상호 의존적 관계를 형성하고, 제도·문화·기술 인프라

와 같은 환경 요소와 상호작용하면서 지식·기술·자본·기회가 순환적으로 흐르는 과정을 통해 혁신을 지속적으로 생성·확산·재생산하는 유기적 상호관계 네트워크를 의미한다. 이는 고정된 구조가 아니라 상호작용과 순환에 의해 유지·형성되는 진화적 연결 구조이다.

보이지 않지만, 지속성장(sustained growth)의 새로운 질서: 혁신생태계

앞에서 우리는 혁신을 더 이상 기계적 과정으로 설명할 수 없으며, 그 것이 본질적으로 관계적·순환적·생태적 현상이라는 사실을 확인했다. 혁신은 고립된 개인이나 단일 조직의 산출이 아니라, 다양한 행위자와 환경의 상호작용 속에서 출현하는 동적 결과이며, 이는 혁신생태계라는 개념으로만 온전히 설명될 수 있다.

그러나 이 지점에서 한 가지 근본적 질문이 남는다. 혁신생태계는 단지 혁신을 설명하는 새로운 관점인가, 아니면 성장 이론을 바꿀 패러다임인가? 혁신생태계가 만약 개념적 은유를 넘어 실질적 분석 도구가 되려면, 그것은 지속성장(sustained growth)의 메커니즘을 설명할 수 있어야 한다.

성장은 왜 대부분의 사회에서 멈추는가?

경제는 성장하지만, 성장은 언제나 멈춘다. 성장에는 출발이 있지만, 지속에는 조건이 있다. 역사 속의 수많은 문명과 국가들이 이를 증명한다. 로마 제국은 광대한 영토를 지배하며 팽창했지만 지속적 성장을 가능하게 하는 내적 동력을 구축하지 못했고 결국 정체와 쇠퇴를 피하지 못했다. 20세기 초반 세계 상위 경제권이었던 아르헨티나는 한때 유럽 국가들을 위협할 만큼 부유했지만, 성장의 구조를 잃었을 때 어떻게 추락하는지 보여주는 대표적 사례가 되었다. 일본 역시 마찬가지다. 전후 폐허 위에서 기적적 고도 성장을 이루어냈으나, 결국 혁신 순환의 정체와 산업 구조 경직을 극복하지 못한 채 지난 30년 동안 경제 활력을 상실했다. 그리고 지금, 세계가 주목하는 성장 사례를 만들어온 대한민국 역시 성장의 지속 가능성을 두고 일본의 전철을 밟을 것인가, 새로운 도약을 만들 것인가라는 전략적 분기점 위에 서 있다.

반면 어떤 사회는 성장 궤적을 유지한다. 이 차이는 어디에서 비롯되는가? 자본의 축적 수준, 천연 자원의 보유 여부, 인구 규모, 교육 수준은 모두 싱장에 영향을 미치는 중요한 변수지만, 결성석 요인은 아니다. 진정한 차이는 혁신이 반복되는가, 그렇지 않은가에 있다. 그리고 바로 이 지점에서 총요소생산성(Total Factor Productivity, TFP)이라는 전통적 성장 지표의 한계가 드러난다. TFP는 산출을 자본과 노동으로 설명하고 남는 부분을 기술 진보와 효율성 향상으로 처리하지만, 그것이 보여주는 것은 어디까지나 산출 결과의 잔여분일 뿐이다. TFP는 혁신이 한 사회 안에서 어떻게 지속 가능한 과정으로 제도화되는지, 왜 어떤 사회에서는 혁신이 세대 간 순환을 이루는 반면 다른 사회에서는 특정 시점 이후 단절되는지를 설명하지 못한다. 다시 말해, TFP는 성장의 속도를 통계적으로 분해할 수는 있어도, 성장의 지속성을 결정짓는 경제 내부의 생성적 역학(endogenous dynamics), 즉 혁신이 스스로 다음 혁신을 낳는 내재적 순환 구조를 밝히지 못한다.

기술은 성장의 충분 조건이 아니다.

1956년 로버트 솔로(Robert Solow, 노벨 경제학상 1987)는 경제 성장의 대부분이 자본 축적이 아닌 기술 변화에서 나온다고 증명했다. 하지만 솔로는 또 하나의 난제를 남겼다. 기술은 왜 어떤 사회에서는 지속적으로 발전하는가? 이 질문에 답하지 못한 솔로 모형은 성장의 '속도'는 설명했으나 '지속성'은 설명하지 못했다. 이 지점에서 우리는 기술을 보유하는 사실 자체와 그 기술이 다음 혁신을 낳도록 사회 속에서 끊임없이 재조직되는 과정 사이를 구분해야 한다. TFP는 전자에 민감하지만 후자에 대해 침묵한다. 측정되지 않은 무형 자산과 조직 역량, 제도 품질과 네트워크 연결성, 실패를 흡수하는 위험 분산 구조와 장기적 유인 같은 요인들이 혁신의 지속성을 떠받치지만, 이런 요인은 잔차라는 이름으로 통계의 그림자 속에 남는다.

성장 이론을 한 단계 진전시킨 학자는 폴 로머(Paul Romer, 노벨 경제학상 2018)다. 로머는 기술을 외생적 변수로 처리했던 기존 경제학을 뒤집고, 기술을 지식의 축적 과정으로 재정의했다. 그러나 지식은 단순한 정보가 아니다. 그것은 인간 사이에서 공유되고 확산될 때 비로소 혁신을 낳는다. 하지만 여기서 질문은 다시 생긴다. 지식은 왜 어떤 사회에서는 축적되지만 다른 사회에서는 사라지는가? 지식이 축적되기만 해서 지속성장이 보장되지는 않는다. 축적된 지식이 경제와 사회의 다양한 접점에서 재조합되고, 새로운 문제를 향해 재배치되며, 실패를 통과해 다시 시도되는 순환이 만들어져야 한다. 이 순환의 유무가 지속성장의 갈림길을 만든다.

지식은 사회 구조 속에서만 진화한다.

조엘 모키어(Joel Mokyr, 노벨 경제학상 2025)의 연구는 이 난제를 해결한다. 그는 근대 이후 지속성장이 가능해진 이유를 새로운 기계나 에너지 기술에서 찾지 않았다. 오히려 지식이 사회적으로 생산되고 검증되며 전파되는 체계가 구축된 데서 찾았다.

모키어가 말한 '지식 기반 성장 체제'란 단순한 연구개발 제도가 아니라 사회 전체가 학습하는 구조이다. 이 체제가 작동할 때, 혁신은 우연한 사건이 아니라 예측 가능한 순환 과정으로 전환된다. 다시 한번, TFP의 한계가 명확해진다. 같은 수준의 자본과 노동, 비슷한 평균 교육 연한과 R&D 지출을 지닌 사회들 사이에서도 성장 궤적은 크게 갈라질 수 있다. 그 차이는 지식이 어떻게 사회적 검증을 통과하고 어떻게 신뢰의 네트워크를 타고 확산되며 어떻게 다음 시도의 유인을 낳는가에 달려 있다. 이 과정은 생산 함수의 바깥, 즉 생태계의 내부 규칙과 연결성 속에서만 설명된다.

이제 혁신의 정의는 명확해진다. 혁신은 지식의 순환 과정이며, 이는 필연적으로 사회적 구조를 요구한다. 바로 여기에서 혁신생태계는 경제학적으로 등장해야 할 필연적 개념이 된다. 지속성장은 지식이 축적되는가의 문제가 아니라 지식이 순환되는가의 문제이기 때문이다. 순환은 정태적 효율성의 문제가 아니라 동태적 재배치의 문제이며, 이 재배치는 제도와 유인, 네트워크와 신뢰라는 사회적 조건 위에서만 지속된다.

혁신의 본질은 '재편(reallocation)'이며, 생태계만이 이를 지속시킨다.

전통적 성장 이론이 누락한 결정적 요소를 보완한 학자는 필리프 아지옹(Philippe Aghion, 노벨 경제학상 2025)과 피터 하위트(Peter Howitt, 노벨 경제학상 2025)다. 그들은 성장을 더 많이 생산하는 과정이 아니라 경제 구조를 끊임없이 재편하는 과정으로 재정의했다. '창조적 파괴(creative destruction)'는 단순한 기술 교체나 산업 재편의 결과를 가리키는 최종 산출물이 아니다. 그것은 경제 내부에서 경쟁 질서가 스스로 갱신되고, 새로운 기업과 아이디어가 기존의 것을 끊임없이 대체하며 진화를 유도하는 동태적 순환 과정(dynamic self-renewing process)이다. 이때 중요한 것은 기술을 보유하는가 여부가 아니라 혁신의 순환 능력이다. 새로운 기업과 아이디어가 진입하고, 낡은 기술과 조직이 질서 있게 퇴장하며, 자본과 인재가 더 높은 생산성의 조합을 향해 이동하는 일련의 재편이 끊임없이 이어질 때에만 성장의 모멘텀이 유지된다. 여기에서도 TFP는 결과의 궤적을 보여줄 수는 있어도, 재편을 가능하게 하는 규칙과 유인의 설계를 보여주지 못한다.

문제는 명확하다.

어떤 사회에서는 혁신이 끊임없이 순환하며 새로운 성장의 기회를 창출하지만, 다른 사회에서는 혁신이 일정 시점 이후 단절되고 정체에 빠진다. 그 차이는 단 한 가지에 달려 있다. 혁신생태계(innovation ecosystem)라는 구조가 존재하느냐의 여부다. 생태계가 존재하지 않는 사회에서는 혁신이 고립된 단발성 사건(isolated innovation event)으로 소멸하지만, 생태계가 작동하는 사회에서는 혁신이 실패와 성공의 경험을 축적하며 이전의 혁신이 다음 혁신을 불러오는 순환 구조, 다시 말해 누적적이고 자기강화적인 학습 동역학(cumulative and self-reinforcing learning dynamics)으로 발전한다.

혁신은 설계 대상이 아니라 진화 구조이다.

혁신은 계획될 수 없다. 그러나 설계될 수는 있다. 혁신은 복잡한 사회적 상호작용 속에서 발생하며 자생적 질서를 띤다. 엘리너 오스트롬(Elinor Ostrom, 노벨 경제학상 2009)은 복잡 적응 시스템 이론을 통해 효율적 질서는 중앙 통제가 아니라 상호작용을 촉진하는 규칙 설계에서 나온다는 사실을 밝혀냈다. 혁신생태계 또한 다수의 행위자—기업, 대학, 연구소, 투자자, 정부—가 연결되면서 스스로 학습하고 진화하는 구조다. 이 연결은 단순한 접촉의 빈도가 아니라, 정보를 신뢰할 수 있게 만드는 규칙과, 협력을 가능하게 하는 낮은 거래비용, 그리고 실패를 재도전으로 전환시키는 사회적 관용의 조합을 의미한다. 이 조합이 무너지면 혁신의 순환은 끊기게 되고, 유지되면 혁신은 누적된다.

여기에 경제적 설명을 더한 학자가 있다. 더글러스 노스(Douglass North, 노벨 경제학상 1993)는 제도가 성장의 결과가 아니라 성장의 전제 조건이라고 밝혔다. 제도는 혁신을 억압할 수도, 촉진할 수도 있다. 여기에 올리버 윌리엄슨(Oliver Williamson, 노벨 경제학상 2009)은 거래비용 이론을 통해 혁신은 협력 비용을 낮출 때 폭발한다고 추가했다. 즉, 신뢰와 규칙, 데이터 흐름과 네트워크 연결을 기반으로 한 협력적 조정 구조가 있을 때 혁신은 순환한다. 바로 이 제도와 거래비용의 차이가, 비슷한 자원과 교육 수준을 지닌 사회들 사이에서도 혁신의 지속성에서 극명한 격차를 만든다. 다시 말해, 제도는 혁신의 비용을 바꾸고, 그 비용 구조가 혁신의 빈도와 범위를 결정한다.

한 조각이 빠져 있다. 혁신의 순환을 지속시키는 내적 동력은 어디에서 오는가? 무엇이 사람과 조직을 위험을 감수한 실험으로 이끌고, 실패 이후에도 다시 시도하게 만드는가?

혁신은 인센티브 구조 없이는 작동하지 않는다.

혁신은 본질적으로 위험과 불확실성을 내포하며, 단기적 손실을 감수해야 하는 활동이다. 그렇다면 이러한 활동이 어떻게 한 사회 안에서 지속될 수 있는가? 벵크트 홀름스트룀(Bengt Holmström, 노벨 경제학상 2016)은 이 문제에 결정적 답을 제시했다. 그는 혁신이 지연된 성과(delayed performance)와 불완전한 평가(incomplete measurability)를 특징으로 하기 때문에, 단기 성과를 중시하는 전통적 성과주의는 혁신을 억압할 수밖에 없다고 지적했다. 따라서 혁신이 유지되려면 전혀 다른 보상 체계가 필요하다. 위험을 분산시키고, 실패를 학습의 일부로 인정하며, 장기적 탐색과 실험을 장려하는 구조가 마련되어야 한다.

바로 이 지점에서 혁신생태계의 본질이 드러난다. 혁신생태계는 단순한 협력 네트워크가 아니다. 그것은 설계된 동기 시스템(designed incentive system), 다시 말해 사람과 조직이 혁신을 멈추지 않도록 유도하는 유인 구조다. 이 유인 설계는 시장 경쟁의 강도와 기업의 지배력, 공공 연구와 민간 투자의 균형, 실패의 비용과 재도전 기회의 확보를 정교하게 조정함으로써 작동한다. 잘 설계된 인센티브 체계는 혁신의 속도가 무너지지 않도록 유지하면서도, 동시에 과열로 인한 붕괴를 방지하는 지속 가능한 혁신 리듬을 만들어낸다.

또 한 명의 노벨 수상자가 이 구조를 완성한다. 장 티롤(Jean Tirole, 노벨 경제학상 2014)은 네트워크 경제에서 지배력과 혁신의 역설을 설명했다. 경쟁이 너무 강하면 R&D 투자가 무너지고, 독점이 지나치면 혁신 유인이 사라진다. 따라서 혁신생태계는 규제가 없는 자유 시장이 아니라 지식과 연구 협력의 질서를 유지하는 균형 설계여야 한다. 공정하면서도 실험을 가능하게 하는 경쟁, 개방적이되 핵심 지식의 축적을 방해하지 않는 표준과 데이터 거버넌스, 실패를 응징하기보다 학습으로 전환시키는 금융·인사 시스템이 그 균형의 실체다. 이러한 질서가 성립할 때, 혁신은 사건의 연속이 아니라 구조의 성질이 된다.

혁신생태계는 성장의 '조건'이 아니라 '질서'다.

이제 논리적 결론이 도출된다. 폴 로머와 조엘 모키어는 성장의 본질이 자본 축적이나 노동 투입이 아니라 지식의 순환과 확산에 있다는 사실을 밝혀냈다. 필리프 아지옹과 피터 하위트는 이러한 지식 순환이 단순한 반복이 아니라 경제 구조를 끊임없이 재편하는 창조적 순환의 형태를 띠며, 바로 여기에 시속성상의 근본 동력이 손재한다고 설명했다. 엘리너 오스트롬, 더글러스 노스, 올리버 윌리엄슨은 혁신이 지속되기 위해서는 개별 조직의 노력만으로는 충분하지 않으며, 협력 규칙과 신뢰 구조, 그리고 제도적 조정 방식이 결합된 생태적 구조가 필수적이라는 사실을 이론적으로 증명했다. 그리고 벵크트 홀름스트룀과 장 티롤은 혁신이 유지되려면 우연이나 영감이 아니라 유인 구조와 시장 설계에 기반한 체계적 메커니즘이 뒷받침되어야 하며, 바로 그렇기 때문에 혁신생태계는 설계 가능한 동적·구조적 시스템(designable dynamic structural system)이라는 결론에 도달했다.

따라서 혁신생태계는 흔히 오해받듯 단순히 혁신을 촉진하는 우호적 환경이나 정책적 지원 조건을 의미하지 않는다. 그것은 성장을 가능하게 하는 작동 원리이자 경제 질서를 형성하는 운영체계이며, 한 사회가 정체를 돌파하고 미래의 기회를 창출할 수 있도록 만드는 진화의 엔진이다. 이 지점에서 총요소생산성(TFP)의 근본적 한계가 드러난다. TFP는 혁신생태계가 만들어내는 결과를 사후적으로 포착한 통계적 그림자에 불과하다. 그러나 경제를 움직이는 힘은 언제나 통계 밖에서 시작된다. 통계로는 포착되지 않는 그 보이지 않는 질서, 바로 혁신생태계가 부재한 사회는 결코 장기적 번영에 도달할 수 없다.

지속성장은 기술을 일시적으로 보유한 사회의 결과가 아니다. 지속성장은 지식이 끊임없이 순환하고, 혁신이 구조적 재편으로 이어지며, 실패가 학습으로 흡수되는 사회, 다시 말해 혁신생태계를 구축한 사회에서만 가능하다. 이 질서는 눈에 보이지 않지만, 성장의 경로를 결정하며 역사의 방향을 바꾼다.

같은 국가, 다른 두 세계
― 실리콘밸리와 러스트벨트의 미래는 왜 다른가

지역의 혁신 여량은 우연히 주어지지 않는다. 특정 도시가 신기술을 선도하고 새로운 산업을 창출하는 공간으로 도약하는 과정에는 언제나 공통된 질문이 따른다. 무엇이 어떤 지역을 혁신의 거점으로 만드는가. 왜 어떤 지역은 기업과 인재와 자본을 끌어들이며 끊임없이 새로운 기회를 생산해내는 반면, 다른 지역은 막대한 재정을 투입하고도 산업 정책의 악순환에서 벗어나지 못하는가. 이 질문에 대한 실마리는 혁신이 고립된 행위자나 단일 조직의 산출이 아니라 상호작용을 통해 진화하는 순환 구조의 산물이라는 사실을 이해할 때 비로소 드러난다. 지역 혁신은 개별적 노력의 합이 아니라 생태적 결합의 결과이며, 이러한 생태적 구조가 구현될 때 비로소 지속성장이 가능해진다.

지역 혁신생태계는 다섯 개의 하위 생태계가 교차하며 하나의 순환 흐름을 형성할 때 완성된다.

그 첫 번째 축은 기업생태계다. 이 생태계는 창업과 성장, 수확과 정리, 재창업과 재투자로 이어지는 기업 활동의 순환 과정이 지역에 뿌리내리는 구조를 뜻한다. 이는 흔히 경제 개발 전략에서 강조되는 단순한 기업 집적(clustering)과는 본질적으로 다르다. 기업생태계는 개별 기업의 시장 지배력을 강화하는 비즈니스 생태계와도 구별되며, 특정 기업 내부의 연구와 혁신 역량을 증진하는 기업 혁신생태계와도 개념적으로 분명히 차별된다. 기업생태계의 핵심은 기업 활동을 가능하게 하는 순환 구조가 지역 수준에서 안정적으로 작동하느냐에 있다. 이 순환이 형성될 때 기업 활동은 일회적 창업 이벤트가 아닌 지속적 재생산 메커니즘으로 전환된다.

두 번째 축은 지식생태계다. 지식은 혁신의 원천이지만, 지식 자체가 혁신을 보장하지는 않는다. 폴 로머가 지적했듯 지식은 축적되어야 하지만 동시에 순환되어야 하며, 조엘 모키어가 강조한 것처럼 지식은 사회적 검증과 확산 구조를 통과할 때 비로소 경제적 힘을 갖게 된다. 지역의 지식생태계는 대학과 연구 기관을 중심으로 지식이 창출되고 축적되며 인재가 이동하고 학습이 재생산되는 구조를 의미한다. 이 생태계가 작동할 때 지식은 단일 연구 조직 내부에 머물지 않고 지역 전체의 문제 해결력으로 확장된다.

세 번째 축은 혁신자본 생태계다. 혁신은 본질적으로 불확실성과 위험을 내포한 실험이며, 지속적 시도 없이는 진화하지 않는다. 벵트 홀름스트룀의 분석처럼 혁신은 지연된 성과와 불완전한 정보의 조건 속에서 이루어지기 때문에 전통적 금융 메커니즘만으로는 뒷받침될 수 없다. 혁신자본 생태계는 엔젤 투자와 벤처캐피털, 기업형 벤처 투자, 기업인 재투자 구조가 연결되어 위험을 분산하고 실험의 비용을 흡수하며 미래 가치에 투자하는 금융 순환 구조를 뜻한다. 이 순환이 작동할 때 실패는 시스템이 흡수하는 학습 비용이 되며, 성공은 재투자로 전환되어 다음 혁신을 유도하는 동력으로 작동한다.

네 번째 축인 정부혁신생태계는 지역 혁신생태계를 이해하는 데 특히 중요한 구조적 요소다. 정부라고 하면 흔히 중앙정부를 먼저 떠올리지만, 지역 혁신의 질서는 중앙이 아닌 지역에서 먼저 형성된다. 지방정부는 중앙정부가 제시하는 법·제도·정책 틀을 단순히 전달하거나 집행하는 행정 기관이 아니라, 이를 지역의 산업 구조와 인재 구성, 기업 활동의 속성에 맞게 재해석하고 정교하게 조정하는 제도 설계자다. 중앙정부가 국가적 혁신 방향과 거시적 정책 환경을 제공한다면, 지방정부는 이를 지역의 구체적 여건에 맞게 제도화해 실제 혁신이 발생할 수 있는 제도적 토양을 구축한다. 다시 말해, 정부혁신생태계는 중앙정부가 만든 환경 위에 지방정부가 개입과 조정의 능력을 더해 지역 특유의 혁신 규칙을 형성하는 계층적 구조를 갖는다. 이러한 구조가 정교하게 작동할 때 시장과 지식과 자본은 불필요한 마찰 없이 연결되며, 혁신의 순환 속도는 가속된다.

마지막 축은 사회혁신생태계다. 혁신은 기술이전에 사회적 행위이며, 지식 이전에 신뢰의 문제이다. 사회는 혁신이 발생할 수 있는 문화적 장을 제공하며, 실패를 허용하는 관용, 도전의 가치를 인정하는 윤리, 개방적 협력을 가능하게 하는 신뢰 구조를 제공한다. 이때 사회혁신생태계 역시 지역 내부에서 먼저 형성되는 구조라는 점이 중요하다. 지역사회는 고립된 공간이 아니라 국가 사회와 인접 지역 사회와 유기적으로 연결된 층위에 존재하지만, 혁신을 떠받치는 기본 규범과 문화는 외부로부터 주입되는 것이 아니라 지역 내부의 경험과 학습 과정 속에서 축적된다. 지역의 사회적 신뢰가 먼저 구축될 때에만 다른 지역 또는 국가적 네트워크와의 연계가 가능하며, 이러한 수평적·수직적 연결이 혁신의 확산 속도를 높이는 촉매로 작용한다. 따라서 사회혁신생태계는 지역이 주도하고 외부는 이를 보완하는 순서를 가지는 구조다.

지역 혁신생태계의 핵심은 이 다섯 개의 하위 생태계가 병렬적으로 존재하는 것이 아니라 상호작용적 구조로 결합된다는 점이다. 기업은 지식생태계에서 문제 해결 능력을 흡수하며 성장하고, 자본은 기업 활동의 위험을 분산하여 재도전을 가능하게 하며, 정부는 규칙 설계를 통해 정보 흐름과 협력을 촉진하고, 사회는 신뢰를 공급하여 연결 비용을 낮춘다. 이 과정에서 새로운 혁신가와 기업가는 끊임없이 배출되며, 지역 생태계의 순환 흐름은 가속되고 확장된다. 결국 지역과 국가 차원의 혁신생태계는 혁신가와 기업가라는 개인 단위에서 출발해 기업, 지식, 자본, 정부, 사회라는 구조적 질서로 확장되는 동적 순환 메커니즘이다.

이 구조는 흔히 인용되는 트리플 헬릭스 모델과 본질적으로 다르다. 트리플 헬릭스는 대학, 산업, 정부 간의 삼자 협력을 강조하며 혁신의 협력 구조를 설명하려 하였지만, 이 모델은 생태적 작동 원리와 순환 메커니즘을 충분히 반영하지 못했다. 삼중 나선은 구조적 요소를 세 범주로 제한함으로써 사회적 규범과 자본 체계, 기업가정신의 내재화와 같은 핵심 요소를 포착하지 못하고, 생태계가 진화한다는 사실을 간과한다. 자연 생태계의 작동 원리가 우리에게 알려주듯 혁신생태계는 상호 의존성과 순환성, 자기 조절 능력과 적응, 그리고 자기 조직화를 특징으로 한다. 이러한 속성은 단순한 선언적 협력이 아니라 복합적 상호 작용과 진화 구조를 통해 형성된다. 그렇기 때문에 혁신생태계는 삼중, 사중, 오중이라는 구성 요소의 추가나 나선이라는 기계적 질서 흐름을 따르는 협력을 넘어서는 개념이며, 다섯 개 하위 생태계와 함께 개인 단위인 혁신가·기업가가 공진화하는 유기적 네트워크로 이해되어야 한다.

혁신생태계는 설계 가능한 질서이며, 그 중심에는 언제나 인간 행위자인 혁신가와 기업가가 존재한다. 이 개인 단위의 창조적 에너지가 어떻게 조직적으로 내재화되고, 기업 활동을 통해 시장에서 검증되며, 지역 수준에서 재순환되고, 국가 전략으로 확장되는가. 바로 이 과정이 지속성장으로 향하는 길이며, 혁신생태계를 구축하는 핵심 질문이기도 하다.

실리콘밸리는 세계에서 가장 강력한 혁신 공간으로 불리지만, 그것은 우연이나 신화적 예외가 아니다. 실리콘밸리는 오늘날 우리가 지역 혁신을 이해하는 데 사용하는 거의 모든 개념의 기원이며, 혁신생태계라는 구조적 질서가 어떻게 형성되고 지속되는지를 보여주는 가장 정교한 실증적 사례다. 그것은 특정 인물이나 단일 조직의 성취가 아니라, 지역 차원에서 기업·지식·자본·정부·사회가 상호작용하며 만들어낸 진화적 결과다. 다시 말해, 실리콘밸리는 지역 혁신생태계가 작동할 때 어떤 형태의 경제와 사회가 가능한지를 보여주는 살아 있는 실험실이자, 지속성장(sustained growth)이 어떻게 현실에서 구현되는가를 증명한 역사적 공간이다.

실리콘밸리의 발전 과정을 해부하면 가장 먼저 확인되는 사실은, 이 지역역시 처음부터 혁신의 중심지가 아니었다는 점이다. 20세기 초 실리콘밸리는 캘리포니아 변두리의 과수원 지대였으며, 산업 기반이라고는 스탠퍼드 대학 주변에 형성된 소규모 전기공학 연구 그룹과 미군 군수사업의 하청 기지 정도에 불과했다. 그러나 바로 그 토양에서 도약의 기반이 형성되기 시작했다. 실리콘밸리가 성장한 이유는 경제적 출발점이 유리했기 때문이 아니라, 혁신의 순환 구조를 구축했기 때문이다. 그 성장은 속도가 아니라 방향을 먼저 확보한 진화였고, 그 방향은 '혁신이 순환되는 구조'를 먼저 갖추는 것이었다.

앞서 살펴본 바와 같이 지역 혁신생태계는 기업생태계, 지식생태계, 혁신자본 생태계, 정부 혁신생태계, 사회 혁신생태계의 다섯 축이 상호작용하며 구성된다. 실리콘밸리는 이 구조가 현실에서 어떻게 작동하며 진화하는지를 실증적으로 보여준다.

첫 번째 축인 기업생태계는 실리콘밸리 발전의 출발점이었다. 1939년 휴렛팩커드(HP)의 차고 창업은 이 지역에서 기업 재생산이 어떻게 작동하는지를 보여준 상징적 사건이었다. 이어 윌리엄 쇼클리 연구소에서 갈라져 나온 페어차일드 세미컨덕터, 그 후 페어차일드에서 파생된 인텔·AMD로 이어지는 '기업 혈통(firm lineage)' 구조는 창업-성장-스핀오프-재창업이라는 기업 순환을 제도화했다. 이후 애플, 시스코, 넷스케이프, 구글, 페이스북으로 이어지는 기업 계보는 이 순환 구조가 한 산업을 넘어 세대를 가로지르는 동력임을 증명했다. 여기에 이 지역의 최근 진화를 상징하는 엔비디아(NVIDIA)가 더해지며 실리콘밸리는 반도체-소프트웨어-검색-인터넷 플랫폼-메타버스-생성형 AI로 이어지는 연속적 혁신 곡선을 구축했다. 실리콘밸리에서 기업은 사라지지 않는다. 단지 형태를 바꾸어 지식과 인재, 경험과 자본의 흐름 속으로 재편될 뿐이다.

두 번째 축인 지식생태계는 이 기업 순환을 지식 순환으로 뒷받침했다. 스탠퍼드 대학과 UC 버클리는 단순한 고등 교육기관이 아니었다. 이 두 기관은 지식이 시장과 연결되는 경로를 제도적으로 설계했다. 프레더릭 터먼이 제시한 실험적 산학 협력 모델은 학문과 산업 간의 벽을 무너뜨렸고, 연구 성과의 기업화를 장려한 기술이전 제도는 신지식의 경제화를 촉진했다. 이 구조는 지식이 축적되는 데서 멈추지 않고 재조합과 환류를 반복하게 만들었으며, 실리콘밸리를 하나의 거대한 학습 시스템으로 진화시켰다.

세 번째 축인 혁신자본 생태계는 실리콘밸리의 진화를 가속한 핵심 동력이다. 벤처캐피털 산업은 앨런 드레이퍼, 도널드 발렌타인, 아서 록 같은 투자자들을 중심으로 형성되었고 이후 시콰이어 캐피털과 클라이너 퍼킨스 같은 전설적 투자사가 등장했다. 그러나 벤처캐피털만으로는 설명이 충분하지 않다. 실리콘밸리에서 자본 순환 구조를 완성한 것은 실리콘밸리은행(Silicon Valley Bank, SVB)이었다. SVB는 전통 금융이 감당하지 못한 혁신 리스크 금융을 개발했고, 스타트업 전용 대출, 벤처 대출, 기술 기업 운영 계좌, 지분 연계 금융 같은 새로운 금융 아키텍처를 구축했다.

SVB는 단순한 은행이 아니라 스타트업-벤처캐피털-기술 전문 로펌-회계법인을 연결하는 혁신 금융 네트워크의 허브였으며, 실리콘밸리의 혁신 자본 생태계를 구조화한 실질적 촉매제였다.

네 번째 축인 정부혁신생태계는 흔히 오해되듯 '강한 중앙정부 정책'에서 나온 결과가 아니었다. 실리콘밸리의 제도적 질서는 연방정부(Federal Government)가 아니라 캘리포니아 주 정부(State Government)와 산타클라라 카운티·샌호세 시(Local Governments)가 주도한 결과였다. 연방정부가 국방고등연구계획국(DARPA)의 R&D 자금과 중소기업혁신연구(SBIR) 프로그램을 통해 기술 연구의 자원을 제공했다면, 실리콘밸리를 실제로 성장시킨 것은 지역 정부의 제도 설계 능력이었다. 캘리포니아 주는 비경쟁적 인재 이동을 허용하는 법(Non-compete 금지), 유연한 기업 설립 구조, 스타트업 친화석 세제 설계를 통해 제도 경쟁력을 확보했다. 산타클라라 카운티와 샌호세 시는 스탠퍼드 산업단지 조성과 테크 기업 입지를 지원하며 지역적 혁신 토대를 구축했다. 이는 혁신의 제도적 기반은 중앙이 아니라 지역에서 완성된다는 사실을 잘 보여준다.

마지막 축인 사회혁신생태계는 실리콘밸리를 하나의 경제가 아니라 하나의 지적 문명으로 만들었다. 'Pay it forward' 문화, 개방형 네트워크 커뮤니티, 실패의 사회적 수용 등은 실리콘밸리를 지탱한 보이지 않는 규범이었다. 경쟁은 존재했지만 적대적 경쟁이 아니라 경쟁 속 협력(co-opetition)의 질서가 자리 잡았고, 정보는 독점의 대상이 아니라 확산과 실험의 자산으로 간주되었다. 이 사회적 규범은 외부에서 수입된 것이 아니라 지역 내부에서 진화한 질서였으며, 혁신의 순환을 가능하게 한 심층적 에너지였다.

이처럼 실리콘밸리는 다섯 개 하위 생태계가 상호작용하며 순환하고, 그 순환이 새로운 혁신기업을 지속적으로 배출하는 자기강화적 혁신시스템을 구축했다. 중요한 것은 그 중심에 언제나 혁신가와 기업가라는 인간 행위자가 있었다는 점이다. 실리콘밸리는 제도나 정책으로 작동한 것이 아니라 사람의 순환이 구조를 만들고, 구조가 다시 사람을 진화시킨 공간이었다.

실리콘밸리는 단순한 기술 산업의 집적지가 아니다. 그것은 지역 혁신생태계가 현실에서 구현된 가장 성숙한 사례다. 이곳의 경험은 중요한 사실을 드러낸다. 혁신은 정책이 아니라 구조다. 구조는 고정된 형태가 아니라 순환하는 과정이다. 그리고 그 순환은 인간의 창조적 행동에서 출발한다. 실리콘밸리가 지난 한 세기 동안 세계 혁신의 중심에 섰고, 앞으로도 그 지위를 유지할 가능성이 높은 이유가 여기에 있다.

실리콘밸리와 대비되는 '러스트벨트'의 많은 도시, 이 지역은 산업 경쟁력을 상실해서가 아니라 혁신의 흐름을 유지하는 능력을 잃으면서 점진적 침체의 궤도에 들어섰다. 디트로이트, 클리블랜드, 버펄로 등은 제조기반과 기술 인력을 갖춘 지역이었다. 그러나 중요한 것은 축적된 자산이 새로운 시도로 재배치되지 못한 채 고립되었다는 점이다. 기업은 존재했으나 다음 세대 기업을 길러내지 못했고, 대학과 연구기관은 있었으나 지식이 지역의 문제 해결과 산업 전환으로 연결되지 못했으며, 자본은 새로운 기회를 탐색하기보다 기존 자산의 수명을 연장하는 데 머물렀다. 혁신은 간헐적으로 발생했지만 지역 차원의 구조적 순환으로 확장되지 못한 채 사라졌다. 실패는 학습으로 전환되지 못했고, 경험은 재시도의 동력이

되지 못했다. 그 결과 이 지역들은 한때의 산업 역량을 유지하는 데 머무르는 동안 미래를 여는 방향성을 점차 상실하게 되었다.

그러나 러스트벨트 전체가 동일한 궤적을 보인 것은 아니다. 피츠버그는 혁신의 구조를 재구성함으로써 전환에 성공한 도시의 대표적 사례다. 철강 산업 붕괴 이후 피츠버그는 과거 산업의 복원을 목표로 삼지 않았다. 대신 혁신이 재순환하는 생태적 기반을 복원하는 전략을 택했다. 그 중심에는 카네기멜런대학(CMU)과 피츠버그대학이 있었다. 이 두 연구 중심 대학은 지식을 외부로 확산시키는 개방 전략을 통해 로봇공학, 인공지능, 사이버 보안, 바이오텍과 같은 신산업 분야에서 연구→창업→성장→재도전으로 이어지는 혁신 흐름을 형성했다. 기업은 지역을 떠나지 않고 성장 과정에서 배출한 인재와 기술을 다시 지역 사회와 산업에 환류시켰으며, 자본은 장기석 혁신 위험을 수용하는 방향으로 구조를 바꾸기 시작했다. 피츠버그의 지역 정부는 특정 산업을 선택적으로 보호하기보다 혁신이 작동하는 경로를 설계하는 촉진자 역할을 수행했고, 지역 사회는 이 변화에 참여함으로써 혁신을 가능케 하는 신뢰 기반을 복원했다.

이 대비는 하나의 결정적 사실을 드러낸다. 지역의 미래는 보유한 자원으로 결정되지 않고, 그 자원이 어떻게 연결되고 순환하느냐에 의해 결정된다. 실리콘밸리는 지식·기업·자본·제도·사회가 상호작용하는 혁신 순환 구조를 제도화했으며, 피츠버그는 쇠퇴 국면에서도 그 구조를 복원함으로써 새로운 도약을 가능하게 했다. 반면 러스트벨트의 다른 도시들은 자원을 소유하고도 혁신의 흐름을 조직하지 못함으로써 정체를 경험했다. 차이를 만든 것은 자금 규모나 산업 육성 정책이 아니라, 혁신을 가능하게 하는 질서의 유무였다.

앞서 논의한 학술적 통찰은 이 결론을 지지한다. 로머는 성장이 자본 투입이 아니라 지식 축적의 질서에 의해 결정된다고 보았고, 모키어는 지식이 가치가 되기 위해서는 사회적 검증과 확산을 거치는 구조가 필요하다고 강조했다. 아지옹과 하위트는 경제는 끊임없는 재편 과정이라는 사실을 밝혔으며, 오스트롬과 노스는 신뢰를 기반으로 한 규칙과 협력 구조가 없다면 어떠한 혁신도 장기적으로 유지될 수 없다고 지적했다. 홀름스트룀과 티롤은 유인 구조의 설계가 혁신의 지속성을 좌우한다고 밝혀냈다. 이러한 연구들은 공통적으로 말한다. 혁신은 순환이며, 혁신생태계는 그 순환을 설계하고 유지하는 구조다.

따라서 미래를 창출하는 지역은 혁신을 단발적 프로젝트로 다루지 않는다. 혁신이 흐르는 경로를 설계하고, 그 흐름이 세대와 산업을 넘어 확장되도록 순환 구조를 구축한다. 그리고 궁극의 질문은 여기에 있다. 어떠한 산업을 키울 것인가가 아니라, 어떤 혁신생태계를 구축하여 새로운 혁신가와 기업가, 그리고 새로운 기업과 산업이 지속적으로 생성되도록 할 것인가. 지역과 국가는 자원을 보유함으로써 미래를 얻는 것이 아니라, 혁신이 순환하는 생태적 질서를 구축함으로써 미래를 창조한다.

속도의 격차: 미국과 점점 멀어지고 있는 유럽과 일본

21세기 초반의 세계 경제는 단순한 성장률의 비교를 넘어, 경제가 작동하는 방식 자체가 달라지는 근본적 전환기에 들어섰다. 과거 산업 경제 시대의 경쟁은 자본과 노동, 기술의 축적 속도에 의해 결정되었다. 그러나 지난 10년간의 데이터는 더 이상 이러한 전통적 모형으로는 세계의 성장 격차를 설명할 수 없음을 보여준다.

2014년부터 2024년까지 실질 GDP 연평균 성장률에서 미국은 2.46%를 유지했지만, 독일은 0.90%, 프랑스는 1.16%, 일본은 0.44%에 머물렀다. 최근 5년간의 추세는 더욱 뚜렷하다. 미국이 2.39%로 안정된 성장세를 지속하는 동안 독일은 0.07%, 일본은 0.17%로 사실상 제자리걸음을 했다.

기술 수준과 자본 투입, 제도적 신뢰도 면에서 모두 선진국이라 불리는 이들 경제가 왜 이렇게 다른 결과를 보이는가? 문제의 본질은 투입의 양이 아니라 경제 내부에서 혁신이 생성되고 순환되며 확산되는 시간의 구조, 다시 말해 혁신이 움직이는 속도를 어떻게 설계하고 통제하는가에 있다.

국가 혁신생태계: 성장의 시간 구조를 설계하는 체제

오늘날 경제의 지속적 성장은 더 많은 자원을 투입한다고 해서 달성되지 않는다. 그것은 혁신이 경제 내부에서 하나의 자생적 순환 구조로 내재화되어야만 가능하다. 이를 실현하는 핵심 시스템이 바로 국가 혁신생태계(national innovation ecosystem)다. 이 생태계는 경제 외부의 환경이 아니라, 경제를 작동시키는 내부 메커니즘이다.

국가 혁신생태계는 혁신가와 기업가 집단이 새로운 문제를 정의하고 해결책을 실험하는 기업가정신 생태계(entrepreneurial ecosystem), 창업-성장-수확·정리-재창업·재투자가 순환하며, 스타트업·중견·대기업이 상호작용하며 산업적 전환을 일으키는 기업생태계(enterprise ecosystem), 대학과 연구기관이 지식의 원천을 제공하고 기술을 산업화의 언어로 번역하는 지식생태계, 벤처 자본과 정책 금융이 위험을 흡수하며 성장 자본을 공급하는 혁신 자본 생태계, 정부가 제도와 규제를 통해 혁신의 속도를 조정하고 위험을 사회적으로 분산시키는 정부 혁신생태계, 마지막으로 실패를 용인하고 도전을 격려하는 신뢰와 규범의 사회 혁신생태계로 구성된다.

이 여섯 개의 생태계는 고립된 영역이 아니라 하나의 시간적 순환 구조를 형성한다. 혁신은 실험에서 시작되어 검증, 확장, 투자 회수, 재도전으로 이어지는 흐름을 통해 경제 내부를 순환하며, 이 순환의 속도와 연결성이 국가의 성장 잠재력을 결정한다. 혁신생태계가 완비된 국가는 단순히 더 많은 기술을 생산하는 것이 아니라, 혁신이 끊임없이 흐르도록 시간의 구조를 설계한다. 속도는 단지 빠름의 문제가 아니라, 경제가 스스로 학습하고 진화할 수 있는 능력 그 자체다.

미국: 혁신이 흐르는 시간을 설계한 국가

미국은 이 새로운 패러다임의 실험과 제도화를 가장 먼저 실행하고 완결한 국가다. 오바마 행정부는 혁신을 경제의 외부적 사건이 아닌, 내부에서 재생산되는 구조적 과정으로 정의했다. 그는 대학과 연구기관, 창업기업, 지역 산업 기반을 하나의 유기적 네트워크로 결합하여 지식-기술-시장-정책을 연결하는 혁신생태계의 틀을 세웠다. 트럼프 행정부는 이 흐름을 경제안보 전략과 결합해 기술 주권과 공급망 재편을 추진하며, 국가가 직접 혁신의 속도를 통제하는 구조를 확립했다. 바이든 행정부는 산업 정책을 부활시켜 반도체, 배터리, 첨단 제조 등 핵심 산업을 국가 단위로 재배치하고, 기술 배치의 속도를 정책 목표로 삼았다. 그리고 트럼프 2기 체제는 아예 경제의 작동 목표를 성장률에서 속도의 가속(acceleration)으로 전환했다.

미국의 경쟁력은 단순히 연구개발비를 늘리거나 기술을 보유한 데서 오지 않는다. 그것은 혁신-자본-인재-산업이 흩어지지 않고 하나의 흐름으로 순환하도록 시간의 경로를 설계한 국가적 아키텍처에서 비롯된다. 혁신의 시간 구조를 설계한 국가, 바로 이것이 미국이 세계 경제의 속도를 선도하는 근본 원인이다.

유럽: 기술은 있으나 흐름을 잃은 대륙

유럽은 세계에서 가장 높은 과학 역량과 제조 기술을 갖추고 있지만, 혁신의 속도를 만들어내는 흐름 구조를 구축하지 못하고 있다. 그 이유는 구조적이다. 우선 규제 체계가 산업의 발전 속도보다 길다. 대표적으로 의료·바이오 스타트업의 경우, 유럽의약품청(EMA)의 신약 승인 절차는 평균적으로 미국 FDA보다 2~3년 더 오래 걸린다. 혁신은 유럽에서 태어나지만 상업화는 미국에서 이루어지는 이유가 여기에 있다.

또한 유럽의 자본시장은 혁신 순환을 지탱하기에 너무 느리다. 벤처투자는 존재하지만 회수 시장이 미성숙하여 자본이 혁신으로 다시 돌아오지 못한다. 나스닥에 비해 유로넥스트는 유동성이 낮고, M&A를 통한 재투자 문화도 약하다. 자본의 순환이 멈춘 시스템은 결국 혁신의 순환도 멈추게 만든다.

산업 구조 또한 신흥 기술 산업의 스케일업을 허용하지 않는다. 세계

100대 테크 기업의 시가총액 가운데 유럽 기업의 비중은 5%대에 불과하며, AI·반도체·클라우드 등 핵심 영역에서 주도권을 확보한 기업은 거의 없다. 유럽은 공정성과 절차적 정당성을 중시하는 문화적 자산을 갖고 있지만, 이 가치가 혁신의 속도를 지연시키는 구조적 마찰로 작용하고 있다. 유럽의 혁신은 존재하지만 흐르지 않는다. 생산은 있으되 순환이 없고, 창조는 있으되 확산이 없다. 결국 유럽 경제는 시간이 정체된 혁신 구조 속에서 점점 미국과의 거리를 벌리고 있다.

일본: 기술의 강국, 시간의 약국

일본의 문제는 유럽보다 더 심층적이다. 일본은 여전히 세계 최고 수준의 제조 기술을 유지하지만, 경제 내부의 혁신 시간이 멈춘 나라가 되었다. 1990년대 금융 위기 이후 일본은 안정성과 보수성을 경제의 최상 가치로 삼았고, 그 결과 산업 전환과 기업 구조 조정은 회피되었다. 혁신은 위험이 아니라 불안으로 간주되었고, 실패는 재도전이 아니라 낙인이 되었다.

기업 문화는 혁신의 속도를 결정짓는 핵심 변수다. 도요타, 히타치, 미쓰비시와 같은 글로벌 대기업들은 여전히 기술적 우위를 유지하지만, 신규 사업 진흰 속도는 선진국 중 최하위권이다. 소니는 이미지 센서에서 세계적 혁신을 이루었으나, AI·클라우드 전환에서는 뒤처졌다. 이는 일본이 여전히 제조 중심의 사고 틀에서 벗어나지 못했음을 보여준다.

스타트업 생태계 또한 정체되어 있다. 일본의 GDP 대비 벤처 투자 비율은 미국의 1/15 수준이며, 도쿄 증권 거래소의 마더스 시장은 성장의 무대가 아니라 상장 자체를 목표로 하는 구조로 변질되었다. 자본이 순환하지 않고 멈춰 있는 것이다. 인재의 흐름 역시 경직되어 있다. 대기업의 고용 안정이 지나치게 높아 인재의 이동성과 재창업이 거의 발생하지 않는다. 혁신은 실험과 실패, 확장과 재도전의 순환을 통해 진화하는데, 일본 경제는 그 순환 고리를 잃었다. 기술은 여전히 축적되지만, 흐름이 사라진 경제다.

속도의 경제학: 혁신생태계 주도 성장의 패러다임

이제 세계 경제의 경쟁은 더 이상 기술의 보유량이나 자본의 규모로 결정되지 않는다. 결정적인 변수는 혁신이 경제 내부에서 얼마나 빠르고 끊김 없이 순환할 수 있는가, 다시 말해 국가가 시간의 질서를 어떻게 설계하는가이다. 속도는 단순히 빠름을 의미하지 않는다. 그것은 기술의 경로를 정의하고, 시장 형성의 방향을 결정하며, 산업의 공간 배치를 통제할 수 있는 전략적 권력이다.

미국은 혁신생태계를 통해 경제의 시간 구조를 장악했고, 이를 성장 전략이자 체제 경쟁의 기준으로 끌어올렸다. 반면 유럽과 일본은 여전히 자본·기술·인재 투입의 총량으로 성장 논리를 해석하는 과거형 패러다임에 머물러 있다. 두 지역 모두 혁신을 생산하지만, 그 혁신이 흐르도록 만드는 시간의 구조를 갖추지 못했다.

세계 경제는 하나의 결론으로 수렴하고 있다. 미래를 주도할 국가는 더 많은 기술을 보유한 국가가 아니라 혁신이 끊기지 않도록 흐름을 설계한 국가다. 속도의 격차는 성장의 격차를 낳고, 성장의 격차는 질서의 격차로 이어진다. 미국과 유럽·일본 사이에서 벌어지는 차이는 경기력의 우열이 아니라 체제의 차이다. 미국은 혁신을 국가의 운영 원리로 내재화함으로써 혁신생태계 주도 성장, 즉 국가가 시간의 구조를 설계하는 성장 패러다임을 완성했다.

이 새로운 패러다임에서 속도는 성장의 결과가 아니라 성장의 설계 변수이며, 흐름을 통제하는 국가는 시간 자체를 경제의 자원으로 만든다. 미국은 바로 그 질서를 만들어낸 최초의 국가이자, 혁신이 흐르는 시간을 통제함으로써 미래의 경제 질서를 재설계한 국가다. 속도의 시대에는 흐름을 설계한 국가가 곧 세계의 질서를 설계한다. 이것이 미국이 만들어낸 새로운 경제 성장 패러다임, 곧 혁신생태계가 주도하는 성장 체제의 본질이다.

혁신성장, 왜 이토록 어려운가?

혁신성장은 왜 이토록 어려운가?

그 근본 원인은 실행 단계가 아니라 이보다 훨씬 이전, 개념과 구조에 대한 이해 부족에서 비롯된다.

오늘날 혁신 담론은 표면적으로는 풍부해 보이지만 내적으로는 심각한 개념적 혼란 속에 놓여 있다. 혁신(innovation)은 종종 기업가정신(entrepreneurship)과 혼용되고, 기업가정신은 다시 스타트업(startup)과 뒤섞여 개념 위계가 붕괴된 상태로 논의된다. 이처럼 개념이 정립되지 않은 상황에서 등장하는 혁신전략은 논리적 기반 없이 유행적 표현과 정책 슬로건 위에 세워지는 경우가 많고, 실행에 앞서 방향부터 잃기 쉽다.

혼란은 여기에서 그치지 않는다.

최근 산업 전략, 국가 정책, 지역 개발, 기업 전략 등 거의 모든 영역에서 생태계(ecosystem)라는 용어가 폭발적으로 확산되었지만, 정작 적용 기준과 분석 단위가 명확히 제시되지 않은 채 사용되면서 오히려 개념 해석의 혼선을 키우고 있다. 산업 생태계, 플랫폼 생태계, 창업 생태계, 스타트업 생태계, 기업생태계, 혁신생태계, 지역 생태계 등 유사한 용어가 무분별하게 등장한 결과, 생태계 개념은 서로 다른 현상을 가리키면서도 동일한 언어로 표현되는 개념적 붕괴 상태에 놓이게 되었다.

이러한 상황을 두고 창록 오(Chanrok Oh)와 넬슨 필립스(Nelson Phillips)는 생태계라는 개념이 단순한 은유적 수사로 소비되는 현실을 비판하며 "eco-라는 접두어를 붙인다고 학술적 정밀성이 보장되는 것은 아니다"라고 지적했다. 이 경고는 생태계 개념이 구조적 분석 도구가 아니라 정책 홍보용 유행어로 전락할 위험을 드러낸다. 이후 학계가 구조적 정밀성(structural rigor)과 경계 설정(boundary definition)을 새롭게 강조하게 된 것도 이 문제의식에서 비롯되었다.

혁신을 다루는 기존 접근—혁신시스템(Innovation System)이론과 트리플 헬릭스(Triple Helix) 모형—이 실질적 성장과 국가 경쟁력 향상으로 이어지지 못한 이유도 여기에 있다. 핵심은 이론적 접근이 틀렸기 때문이 아니라, 이론적 한계와 더불어 혁신의 구조와 생태적 작동 원리를 충분히 이해하지 못한 채 개념을 적용해왔기 때문이다. 과거 전 세계적으로 주목받았던 창조경제(Creative Economy), 창조클러스터(Creative Cluster), 창조계층(Creative Class) 담론이 화려한 구호로 소비되고 전략적 소화 없이 사라진 것도 같은 맥락이다. 특히 한국에서 시대의 언어가 되었던 '4차 산업혁명' 담론은 가장 상징적 사례다. 만약 그 개념이 단순한 기술 구호를 넘어 디지털 전환과 인공지능 기반 경제·사회 구조 재편 전략으로 정교하게 정립되었다면, 오늘의 한국은 디지털·AI 선도 국가의 위상을 갖추었을 가능성이 충분했다.

혁신(innovation, 革新)은 시대를 움직이는 가장 근본적인 동력이며, 인류 문명이 스스로를 변화시키는 방식을 설명하는 상위 개념이다. 흔히 혁신이 기술 개발이나 창의적 발명으로 축소되곤 하지만, 학술적 관점에서 혁신은 훨씬 더 넓은 차원의 개념이다. 혁신은 지식의 새로운 조합을 통해 기존 질서를 재편하고 사회적·경제적 가치를 창출하는 동적 변화 메커니즘이며, 그 범위는 기술을 넘어 제도, 산업 구조, 기업 전략, 정책, 문화 전반에 이른다. 요제프 슘페터(Joseph Schumpeter)는 이러한 혁신을 창조적 파괴(creative destruction)라 정의하며, 경제 발전은 혁신이 낡은 질서를 새로운 질서로 대체하는 반복적 과정이라고 설명했다. 리처드 넬슨(Richard Nelson)과 시드니 윈터(Sidney Winter)는 진화경제학적 관점에서 혁신을 사회적 학습과 적응의 과정으로 해석했으며, 데이비드 티스(David Teece)는 동적 역량(dynamic capabilities) 이론을 통해 기업이 변화 속에서 경쟁 우위를 유지하기 위해서는 혁신 역량을 지속적으로 재구성해야 한다고 강조했다. 이처럼 혁신은 단일 분야의 국지적 활동이 아니라 사회·경제 시스템 전체의 진화를 견인하는 메타 개념이다.

기업가정신(entrepreneurship, 企業家精神)은 이러한 혁신이 현실 속에서 구현되는 동적 실행 메커니즘이다. 혁신이 변화의 원리를 설명한다면, 기업가정신은 그 원리를 기회 탐색과 가치 창출로 연결하는 실천적 동력이다. 이스라엘 커즈너(Israel Kirzner)는 기업가를 시장의 불균형 속에서 기회를 발견하는 탐색자로 보았으며, 스콧 셰인(Scott Shane)과 샨카란 벤커터라마니(Sankaran Venkataraman)는 기업가정신을 기회를 인식하고 자원을 조직하며 새로운 시장을 개척하는 과정으로 설명했다. 기업가정신은 단순한 도전 정신이 아니라 가치를 실현하기 위한 체계적 문제 해결 과정이다.

기업가정신이 조직 형태로 구체화된 결과가 바로 스타트업(startup)이다. 스티브 블랭크(Steve Blank)는 스타트업을 "확장 가능한 비즈니스 모델을 탐색하는 조직"으로 정의하며 이를 기존 기업과 구별했고, 에릭 리스(Eric Ries)는 린 스타트업(lean startup) 이론을 통해 스타트업을 실험과 검증을 반복하며 불확실성 속에서 성장 경로를 찾아가는 학습 중심 진화형 조직으로 설명했다.

따라서 혁신-기업가정신-스타트업은 동일 선상에서 논의될 수 있는 개념이 아니다. 혁신은 변화의 근본 원리를 설명하는 최상위 메타 개념이며, 기업가정신은 그 혁신을 현실로 전환하는 동적 실행 체계이고, 스타트업은 기업가정신이 조직 구조로 구체화된 형태다. 이 위계적 관계를 분명히 이해할 때 비로소 국가 전략과 산업 정책, 지역 혁신 설계, 교육 체계 구축 등 다양한 영역에서 논리적 일관성을 갖춘 혁신전략을 수립하고 실행할 수 있으며, 혁신을 통한 지속성장 역시 가능해진다.

생태계(ecosystem)라는 개념은 오늘날 경영 전략, 기술 혁신, 지역 발전 정책, 그리고 국가 산업 전략의 영역에서 폭넓게 사용되고 있다. 그러나 그 확산 속도에 비해 개념의 이론적 기초와 분석 체계는 충분히 정립되지 못한 채 남아 있다. 이로 인해 생태계라는 용어는 때로는 실행 전략을 포장하는 장식적 언어로, 때로는 정책 담론을 모호하게 만드는 모순적 개념으로 사용되고 있다.

동일한 문맥 속에서도 산업 생태계(industry ecosystem), 혁신생태계(innovation ecosystem), 창업 생태계(startup ecosystem), 플랫폼 생태계(platform ecosystem)라는 표현이 명확한 구분 없이 혼용되고, 분석 단위가 설정되지 않은 채 논의가 진행되는 경우도 적지 않다.

특히 현실에서 자주 혼용되지만 본질적으로 전혀 다른 세 가지 개념이 이러한 혼란의 근원이다. 첫째, 개별 기업의 시장 전략과 플랫폼 지배 구조를 다루는 '기업 비즈니스 생태계(Corporate Business Ecosystem), 둘째, 개별 기업 내부와 외부의 혁신 역량이 순환하며 지식·기술·사업을 재조합하는 '기업 혁신생태계(Corporate Innovation Ecosystem), 셋째, 지역 또는 국가 차원에서 기업의 창업−성장−수확·정리−재도전(재창업·재투자)이 순환하는 '기업생태계(Enterprise Ecosystem)가 그것이다.

이 세 개념은 목적, 주체, 그리고 수준이 모두 다르며, 따라서 그 구성 요소와 순환 흐름, 작동 원리 또한 근본적으로 다를 수밖에 없다. 그럼에도 이러한 차이에 대한 인식 없이 동일한 의미로 혼용되면서 혁신전략은 구조적 설계 능력을 잃고, 정책은 방향성을 상실하며, 실행은 반복된 시행착오 속에 갇히는 현상이 나타난다.

따라서 생태계를 개념적으로 정확히 정의하고 전략적 분석 도구로 활용하기 위해서는, 그 구조를 체계적으로 분류할 수 있는 지적 기준이 마련되어야 한다. 생태계 분류 원칙(Principles of Ecosystem Classification)은 바로 이러한 문제의식에서 출발하며, 이를 위해 목적(Purpose), 주체Actor),

수준(Level)이라는 세 가지 기본 축이 필수적으로 요구된다.

생태계를 이해하기 위한 첫 번째 기준은 그것이 어떠한 목적을 지닌 체계인가라는 질문에서 출발한다. 생태계는 우연히 형성된 조직들의 집합이 아니라 특정한 가치 창출을 위해 구성된 연결된 동적 상호작용 시스템(dynamic interactive system)이다. 그렇기 때문에 생태계는 무엇을 위해 존재하며 어떤 결과를 지향하는가에 따라 구별된다. 목적이 명확히 규정되지 않은 생태계는 존재의 타당성을 갖지 못하며 정교한 전략적 설계 또한 불가능해진다.

이 기준에 따라 생태계는 목적의 차이에 따라 여러 유형으로 구분된다. 새로운 지식을 생산하는 지식생태계(knowledge ecosystem), 지식을 경세적·사회석 가치로 전환하는 혁신생태계(innovation ecosystem), 기업의 창업과 성장, 재도전을 촉진하는 기업생태계(enterprise ecosystem), 시장 구조와 경쟁 질서를 형성하는 비즈니스 생태계(business ecosystem), 사회 문제 해결을 지향하는 사회혁신생태계(social innovation ecosystem), 공공 제도의 변화와 혁신을 촉진하는 정부혁신생태계(public innovation ecosystem)가 대표적이다. 론 애드너(Ron Adner)와 에이모 애우티오(Ejto Autio), 로런스 토머스(Laurence Thomas)는 생태계가 기능이 아니라 목적을 중심으로 정의되어야 한다고 강조한 바 있으며, 이는 생태계 분석에서 목적이 갖는 선행적 역할을 분명히 보여준다.

생태계를 구성하는 두 번째 기준은 그것을 움직이는 주체, 즉 누가 중심이 되어 생태계를 이끌고 조정하는가에 관한 문제다. 생태계는 단순한 상호작용 네트워크가 아니라 자원의 흐름을 통제하고 방향을 조정할 수 있는 중심 행위자(core actor)가 존재하는 구조다. 이 중심은 생태계의 에너지를 조정하고 참여자들의 역할과 관계를 재배치하며 새로운 균형을 만들어낸다. 콜린 메이슨(Colin Mason)과 로스 브라운(Ross Brown), 그리고 마이클 제이컵아이디스(Michael G. Jacobides)는 생태계를 작동시키는 핵심 요인은 참여자의 다수가 아니라 이를 조율하는 주도 세력이라고 설명했다.

이 기준에 따라 생태계는 주체에 따라 구분된다. 기업가와 창업자가 중심이 되는 기업가정신 생태계(entrepreneurial ecosystem), 플랫폼 리더가 참여 기업과 사용자를 조정하는 플랫폼 생태계, 산업의 핵심 기업과 공급망이 중심이 되는 산업 생태계, 대학과 연구기관이 중심축을 이루는 대학 기반 생태계(university-based ecosystem) 지방정부와 지역 조직 네트워크가 조정하는 지역 생태계(regional ecosystem), 국가 정책 체계가 기획과 자원 배분을 주도하는 국가 생태계(national ecosystem)가 그 예다. 결국 생태계의 주체는 권력 구조와 자원 흐름, 그리고 전략적 방향성의 핵심을 설명한다.

세 번째 기준은 생태계가 어떤 분석 단위에서 작동하느냐는 문제, 즉 수준(Level)의 문제다. 생태계의 수준은 지리적 범위를 단순히 구분하는 개념이 아니라 분석의 스케일을 설정하는 기준이다. 생태계는 기업과 조직 내부의 활동과 혁신전략을 설명하는 미시 수준(micro level)에서 작동할 수 있으며, 산업과 지역 경쟁 구조를 분석하는 중간 수준(meso level)에서도 이해된다. 또한 국가 차원의 산업 전략과 혁신을 다루는 거시 수준(macro level)의 생태계가 존재하며, 세계 시장과 국제적 기술 질서 속에서 작동하는 글로벌 수준(global level)의 생태계도 분석의 중요한 대상이 된다. 프랑크 빌헬름 히얼스(Frank W. Geels)는 다층 혁신 이론(Multi-Level

Perspective)을 통해 이러한 구조적 연속성을 설명했으며, 허버트 사이먼 (Herbert A. Simon)은 복잡한 사회·기술 시스템이 계층 구조를 통해 작동한다는 점을 강조했다. 생태계를 다룰 때 수준 구분이 명확하지 않으면 기업 전략과 국가 정책이 뒤섞이는 분석적 오류를 피할 수 없으며, 전략적 실행 또한 불가능해진다.

생태계를 목적, 주체, 수준의 세 분석 축으로 이해하는 접근은 생태계 개념의 혼란을 제거하고 그 구조를 명확히 파악할 수 있게 한다. 이 세 축은 생태계가 왜 존재하는가, 누가 이를 이끄는가, 어떤 분석 단위에서 전략을 설계해야 하는가라는 근본적 질문을 체계적으로 연결한다. 이를 통해 생태계는 더 이상 모호한 수사적 언어가 아니라 분석 가능한 개념으로 자리 집게 되며, 국가 전략, 기입 경쟁 전략, 기술 혁신 정책, 시억 발전 전략 설계 등 다양한 영역에서 실행 가능한 지적 도구가 된다. 목적 (Purpose)·주체(Actor)·수준(Level)이라는 분석 체계는 생태계 연구의 이론적 토대이자, 미래 전략 설계의 실질적 기준으로 기능한다.

혁신 성장이 어려운 이유는 분명하다.

혁신 개념과 생태계 개념의 구조적 정렬이 부재한 상태에서는 어떤 전략도 작동할 수 없다. 개념 없는 전략은 방향을 잃고, 구조 없는 실행은 성과를 만들지 못한다. 혁신을 제대로 다루기 위한 첫걸음은 더 많은 구호를 외치는 것이 아니라 개념 질서를 복원하고 전략의 논리 구조를 세우는 일이어야 한다. 그것이 혁신을 가능하게 하는 출발점이며, 왜곡된 혁신 담론을 넘어 실질적 변화를 만드는 유일한 길이다.

지속성장의 새로운 규칙:
창조적 파괴를 견디는 사회만 성장한다

우리는 미국이 어떻게 혁신생태계를 국가 운영의 원리로 제도화하고, 그 결과 성장의 속도를 설계할 수 있는 체제를 구축했는가를 살펴보았다. 그러나 여기서 논의를 멈출 수는 없다. 속도를 갖춘 경제가 반드시 지속성장(sustained growth)으로 이어지는 것은 아니다. 혁신은 언제나 질서를 재편하며 등장하고, 파괴를 동반한다. 그렇다면 진정한 질문은 이제 이렇게 바뀐다.

"흐름을 만든 뒤에도 그것을 지속적으로 유지하고 확장할 수 있는 사회는 무엇이 다른가?"

앞서 확인했듯 혁신은 하나의 사건이 아니라 순환하는 흐름이며, 흐름은 시스템 내부에서 학습과 재생산을 동반할 때 비로소 생태계가 된다. 바로 이 지점에서 성장의 본질이 다시 드러난다. 지속성장의 조건은 혁신 그 자체에 있지 않고, 혁신이 불러오는 구조적 충격을 견디고 흡수하며 더 높은 수준의 질서로 재편하는 능력, 다시 말해 창조적 파괴를 감당할 수 있는 사회적 역량에 있다.

이 명제는 앞에서 다루었듯 경제사상을 관통해 온 핵심 진실이기도 하다. 경제는 균형으로 향하는 체제가 아니라 끊임없이 자신을 재구성하는 진화적 체제라는 점은 이미 여러 연구에 의해 확인되었다. 창조적 파괴를 통해 경제는 스스로를 재정렬하고, 새로운 산업 경로를 개척하며, 미래의 성장 기반을 벼려낸다. 그러나 파괴를 수용할 수 없을 때, 혁신은 성장의 동력이 아니라 체제를 무너뜨리는 불안정 요인이 된다. 2025년 노벨 경제학상을 수상한 모키어, 아기옹, 그리고 하윗의 연구가 확인했듯 오늘날의 장기 성장은 생산 요소의 축적이나 기술 보유량으로 설명되지 않는다. 그 핵심은 혁신이 만들어내는 변동성을 감당하고 순환시키는 복원력(resilience)과 전환력(transformability)에 있으며, 이 역량을 갖춘 사회만이 지속 가능한 성장 경로를 확보할 수 있다.

바로 이것이 미국과 유럽·일본의 차이가 단순한 정책 역량의 문제가 아니라는 사실을 다시 보여준다. 미국이 혁신생태계를 통해 성장의 속도를 확보했다면, 그 지속성은 파괴를 흡수하고 전환하는 구조적 능력에서 나온다. 실리콘밸리나 보스턴, 뉴욕과 같은 지역은 새로운 산업이 등장할 때 기존 산업과 충돌하는 과정을 억누르지 않는다. 오히려 그 충격을 시장 진입과 확장의 동력으로 전환하며, 보험과 혁신 자본은 위험을 흡수하는 자본 메커니즘을 구축하고, 대학과 연구 기관은 지식의 확산과 인재의 이동을 돕는 개방형 네트워크를 작동시킨다. 일부 대학은 개별 대학이 기업생태계의 전주기의 중심에 자리하기도 한다. 무엇보다 이 지역들이 가진 강점은 실패를 제거하려 하지 않고, 실패를 통해 다시 도전할 수 있는 재도전의 시간 구조를 제도적으로 보장한다는 점이다. 이 구조 덕분에 혁신은 끊기지 않고 흐르며, 파괴는 시스템의 붕괴가 아니라 진화를 촉발하는 계기가 된다.

반대로 유럽과 일본이 겪는 문제는 혁신 역량의 부족이 아니다. 문제는 혁신을 견디지 못한다는 데 있다. 변화가 기존 질서와 충돌할 때 이를 흡수하지 못하고 제도적 저항과 사회적 갈등 속에 갇혀 버린다. 새로운 기술은 등장하지만 경제 구조는 전환되지 않고, 혁신은 축적되지만 순환되

INNOVATION HEGEMONY 혁신패권

지 않는다. 이러한 체제에서는 혁신이 오히려 사회적 긴장을 높이고 분열을 증폭시키며, 결국 미래를 추구하는 힘이 아니라 과거를 방어하는 장치로 전락한다. 혁신의 속도를 설계하지 못하는 국가가 뒤처지듯, 혁신의 충격을 감당하지 못하는 국가는 정체된다.

결론은 명확해진다. 성장은 기술이 만들지 않는다. 정교한 정책 설계만으로 만들어지지도 않는다. 성장은 흐름을 유지하고 파괴를 감당하는 구조적 역량 위에서만 가능하다. 혁신을 지속할 수 있는 혁신생태계가 부재한 국가의 성장은 일시적 사건으로 끝날 뿐 지속될 수 없다.

따라서 우리가 다루게 될 질문은 더욱 근본적이어야 한다. 어떤 구조가 혁신을 흐르게 만들 뿐 아니라 끊기지 않게 유지하는가? 어떻게 해야 국가·지역·대학·기업이 파괴를 두려워하지 않는 진화형 시스템으로 전환할 수 있는가?

이제 성장의 담론은 속도의 문제를 넘어 지속성의 문제로 이동한다. 진정한 경쟁은 더 빠르게 성장하는 국가와 더 느리게 성장하는 국가 사이의 경쟁이 아니라, 미래를 재구성할 수 있는 시스템을 가진 국가와 그렇지 못한 국가 사이의 경쟁이다. 이것이 우리가 찾고자 하는 다음 질문의 출발점이다.

혁신은 어떻게 패권이 되는가:
팍스 이노아메리카나

패권의 진화: 힘의 원천은 왜 혁신으로 이동했는가

패권은 힘의 크기가 아니라 힘의 작동 방식을 설계하고 규정하는 권력이다.

패권을 단순한 패자의 우위나 국제 체제 내 영향력의 정도로 이해하는 시각은 표면적이다. 패권은 국제 질서가 어떠한 원리에 의해 구성되는지를 정의하며, 국가와 시장, 산업과 기술, 규범과 제도가 움직이는 방향성과 속도를 결정하는 질서 설계 능력(order-designing capability)이다. 따라서 패권의 이동은 특정 국가의 부상을 뜻하는 현상이 아니라 권력 생성의 규칙과 구조가 바뀌는 문명사적 전환이다. 문제의 핵심은 "누가 강한가"가 아니라 "힘은 어디에서 생산되는가"이며, 이 질문은 언제나 역사의 결정적 분기점을 만들어 왔다.

역사는 언제나 힘의 원천이 이동하는 과정이었다.

고대와 중세 문명에서 권력의 토대는 영토였으며, 영토를 방어·확장하는 군사력이 패권의 기준이었다. 힘은 물리적 공간을 점유하는 능력에서 정의되었고, 권력은 땅의 크기와 병력 규모, 해상 통제권으로 계량되었다. 그러나 이 권력 구조는 기계적 팽창 모델에 기초해 내적 축적 역량이 부재했고, 정복이 멈추는 순간 구조적 한계에 봉착했다.

18세기 산업혁명은 권력 구조를 근본적으로 재편했다.

증기기관과 제조공장의 등장은 부의 기원을 토지에서 생산 체계로 이동시켰고, 권력의 핵심은 군사력에서 생산력(productive power)으로 옮겨갔다. 이 전환은 단순한 기술적 사건이 아니라 권력 생성 메커니즘의 혁명이었다. 공장과 기계 그리고 이를 운영하는 공학·경영 지식 체계는 부의 근원과 축적 구조를 변화시켰고, 거대한 생산 조직을 효율적으로 설계할 수 있는 능력이 새로운 패권의 기준이 되었다. 패권은 더 이상 영토가 아니라 산업 시스템을 통제할 수 있는 조직 역량에 의해 규정되었다.

20세기 후반, 냉전의 종식과 세계화의 심화는 권력의 작동 방식을 다시 전환했다.

생산과 무역이 국경을 넘나들게 되면서 자본 이동과 금융 구조를 설계하고 통제하는 능력, 즉 금융패권(financial hegemony)이 새로운 권력 구조를 형성했다. 미국 달러를 중심으로 한 국제 통화 질서, 국제통화기금(IMF), 세계무역기구(WTO), 국제결제시스템 등은 모두 질서 설계 권력의 금융적 구현물이었다. 그러나 금융은 가치 창출의 실체를 대체하지 못한 채 자본 증식의 자기순환 구조로 제한되었고, 2008년 금융위기는 금융

패권 체제가 내재적 취약성을 지녔음을 폭로했다. 금융은 흐름을 지배할 수 있었지만 실체를 창출하는 능력을 대체하지 못했다.

2010년대 후반 이후 세계는 다시 한번 권력 이동을 경험하고 있다. 반도체, 인공지능, 양자기술, 우주산업 등 전략 기술을 둘러싼 경쟁은 단순한 산업 경쟁을 넘어 체계 경쟁(systemic competition)으로 전화되었고, 이러한 경쟁 구도는 기술패권(technological hegemony)이라는 개념을 부상시켰다. 그러나 기술은 그 자체로는 안정적인 우위가 될 수 없다. 기술은 복제되고 확산되며, 이전될 수 있고, 단기적 우위는 빠르게 소멸된다. 기술 그 자체는 권력이 아니다. 권력은 기술을 지속적으로 생산·배치·확장할 수 있는 능력에서 나온다.

이 지점에서 등장하는 개념이 혁신생태계(innovation ecosystem)다.

혁신생태계는 연구개발이나 기업가정신의 확장 개념이 아니다. 그것은 지식·기술·자본·인재·정책·문화가 상호작용하며 발전을 스스로 재생산하는 체계적 구조다. 혁신은 사건이 아니라 구조이며, 결과가 아니라 과정이며, 단일 행위가 아니라 네트워크적 상호작용이다. 혁신생태계를 보유한 국가는 조직화된 학습(organized learning)을 통해 끊임없이 새로운 기술, 산업, 시장, 규범을 창출할 수 있다. 이러한 구조 속에서 군사력, 생산력, 자본, 기술은 더 이상 별도의 권력 범주가 아니다. 그것들은 모두 혁신생태계라는 메타 권력(meta-power)의 하위 구성 요소로 흡수된다.

이 전환은 추상적 주장에 그치지 않는다. 최근 미국 상원 세출위원회의 2026 회계연도 국방예산 심사보고서는 미국 국방전략을 설명하면서 "전장의 실리콘밸리화(Silicon Valley of Warfare)", "국방 혁신생태계

(Defense Enterprise Ecosystem)"라는 개념을 도입했다. 군사력의 우위를 무기체계의 물량이나 전력 투사 능력이 아니라 혁신생태계의 속도와 학습 능력에 의해 확보하겠다는 선언이다. 국방 정책의 핵심어가 "억제(deterrence)"나 "우위(superiority)"를 넘어 "혁신(innovation)"으로 이동한 이유는 명확하다. 혁신은 전략의 변수가 아니라 전략의 구조이기 때문이다. 따라서 패권의 역사는 군사력에서 생산력으로, 생산력에서 금융으로, 금융에서 기술로, 그리고 기술에서 혁신으로 힘의 원천이 이동한 과정이다. 이 흐름은 권력이 점차 물리적 기반에서 지식 기반으로, 정태적 기반에서 동태적 기반으로, 요소 경쟁에서 구조 경쟁으로 진화해 왔음을 보여준다.

결론은 분명하다. 패권은 이동한다. 왜 이동하는가? 힘의 원천이 이동하기 때문이다. 그리고 지금, 그 힘은 혁신을 조직하고 설계하며 미래 질서를 창출할 수 있는 시스템적 지능으로 수렴하고 있다.

기술패권에서 혁신패권으로:
팍스 이노아메리카나

기술은 오랫동안 패권의 언어였다.

반도체, 인공지능, 양자, 우주기술과 같은 전략기술의 우위는 한 시대의 국가 지위를 결정짓는 절대 변수처럼 여겨졌다. 그러나 기술 우위가 곧 패권의 지속 가능성을 보장한다는 믿음은 21세기에 이르러 근본적 한계에 도달했다. 기술은 경쟁을 만들어내는 수단일 수는 있어도 질서를 유지하고 재생산하는 힘은 아니다. 기술은 확산 가능하며 자본을 통해 이전될 수 있고, 의지와 자원을 갖춘 경쟁자에 의해 모방될 수 있다. 반면 패권은 복제가 불가능한 체계적 우위에서 나온다. 기술은 발명될 수 있지만 패권은 설계된다. 패권의 본질은 기술의 소유가 아니라 기술이 작동할 질서를 구축하고 유지하는 능력, 다시 말해 혁신이 지속적으로 재생산되는 혁신생태계를 구성하고 지휘하는 역량에 있다.

기술이 패권의 충분 조건이 아니라면 권력의 실질적 원천은 어디에 존재하는가.

그 답은 생태계적 구조에 있다. 고립된 기술은 전략적 영향력을 갖지 못하지만, 생태계적으로 조직된 혁신은 기술·자본·인재·제도·정책·문화·표준이 유기석으로 연결되어 스스로 확장하는 힘을 만들어낸다. 이것이 바로 생태계적 배치의 힘이다. 동일한 기술을 보유하고도 어떤 국가는 일시적 성취에 머무르고, 어떤 국가는 새로운 산업과 질서를 창출한다.

차이를 만드는 것은 기술 자체가 아니라 혁신의 조직 구조다. 세계 질서 또한 이러한 권력의 이동 경로에서 설명된다. 19세기는 영토와 군사력이 지배한 지정학(geopolitics)의 시대였다. 20세기는 무역·금융·통화 체제가 지배한 경제지정학(geo-economics)의 시대였다. 냉전 이후에는 제조·공급망 통제력이 지배한 산업지정학(geo-industrialism)의 시대가 도래했다. 2010년대 이후 반도체·AI 경쟁은 기술지정학(techno-geopolitics)이라는 새로운 질서 경쟁을 탄생시켰다. 그러나 기술 중심 질서는 이미 포화 상태에 이르렀고, 무엇보다 기술은 이전될 수 있지만 혁신생태계는 이전되지 않는다. 따라서 패권의 경쟁은 기술 경쟁을 넘어 생태계 설계 경쟁으로 전환되었다.

이 흐름을 해석하는 개념이 바로 혁신 지정학(innovation geopolitics)이다. 혁신지정학은 기술 경쟁을 넘어 질서 설계 경쟁으로 세계 질서를 분석하는 전략 프레임이다. 혁신지정학은 세 가지 차원을 가진다. 첫째, 생태계적 배치의 권력이다. 기술·자본·인재·표준·조달·연구 인프라·데이터를 하나의 전략 회로로 결합할 때 권력이 형성된다. 둘째, 네트워크 통제력이다. 국경보다 중요한 것은 공급망 경로, 플랫폼 구조, 데이터 흐름이다. 여기에 대한 통제권이 곧 영향력이다. 셋째, 질서 설계권이다. 표준·규범·거버넌스는 더 이상 주변 요소가 아니라 경쟁의 규칙 자체를 결정하는 주권적 영역이 되었다. 따라서 21세기의 경쟁은 더 이상 국가 간 경쟁으로 설명되지 않는다. 그것은 혁신생태계 블록 간 경쟁으로 재편되었다. 승자는 국경을 많이 가진 국가가 아니라 혁신이 순환하는 구조를 가진 국가이다.

이 전략적 전환을 가장 먼저 감지하고 제도화한 국가는 미국이다. 2008년 금융위기 이후 미국은 기술 그 자체의 보유만으로는 패권을 유지할 수 없다는 사실을 재확인했다. 이때부터 전략적 질문은 바뀌었다. "어떤 기술을 보유할 것인가"에서 "어떤 혁신 질서를 설계하고 배치할 것인가"로 전환된 것이다. 2009년 오바마 행정부는 '혁신형 경제(Innovation Economy)' 전략을 통해 미국의 국가 경쟁력 기반을 산업이 아니라 혁신생태계로 전환했다. 2017년 트럼프 행정부는 《국가안보전략 NSS》을 통해 기술 경쟁을 지정학의 문제로 격상시키고, 화웨이·ZTE 제재와 반도체 수출 통제를 통해 생태계 차단 전략을 실행했다. 2021년 이후 바이든 행정부는 CHIPS and Science Act, 공급망 재편 전략, 미·EU 무역기술위원회(TTC) 등을 통해 기술-자본-동맹-표준을 하나의 전략 구조로 통합했다. 이어 2023년 국가표준전략기본계획을 통해 미국은 기술 중심 경쟁에서 질서 설계 경쟁으로 공식 전환했다. 2024~2025년 미국 전략은 다시 진화했다. CHIPS 2.0, 국가 AI 실행 프레임워크, 국방 혁신단(DIU) 강화 전략을 통해 기술 경쟁을 넘어 혁신 지정학적 질서 배치 경쟁으로 이동했다. 반도체 전략은 이를 가장 선명하게 보여준다. 미국은 EDA 소프트웨어, 반도체 설계 IP, 리소그래피 장비, 특수가스·웨이퍼 소재, 국방 조달 체계, 수출 통제, 기술 표준, 동맹 네트워크를 결합해 개별 산업이 아닌 혁신생태계 전체를 전략적으로 배치하고 있다.

미국이 구축한 혁신 지정학의 전략 아키텍처는 생성-위치-방향이라는 세 가지 농제 메커니즘으로 작동한다. 생성은 혁신이 지속적으로 발생하도록 지식·기술 순환 시스템을 설계하는 능력이다. 미국은 대학·연구기관·국방 연구체계·빅테크·스타트업·벤처 자본을 결합해 혁신의 기하급수적 생성 구조를 만들어냈다. 위치는 공급망의 핵심 단계와 전략자산을 동맹 네트워크 내부에 고정시키는 힘이다. 반도체 미세공정의 병목을 설계하고, AI 시대의 전략자산인 GPU 연산력과 데이터센터 인프라를 통제하며, 핵심 제조와 조달 규격을 자국 중심으로 배열한다. 방향은 기술과 산업의 흐름을 특정 질서로 귀결시키는 힘이다. 미국은 기술 표준·인증·데이터 거버넌스·AI 윤리 규범을 선제적으로 설계해 경쟁의 규칙을 만든다. 이 세 축은 기술 경쟁을 혁신생태계 경쟁으로, 혁신생태계 경쟁을 질서 설계 경쟁으로 끌어올리는 전략적 메커니즘이다.

이 전략의 귀결이 바로 팍스 이노아메리카나(Pax Inno-Americana)다. 이는 군사력의 팍스 로마나, 산업과 무역 네트워크를 기반으로 한 팍스 브리태니카, 금융·동맹 체계에 의해 유지된 팍스 아메리카나를 잇는 새로운 질서 구조다. 그러나 팍스 이노아메리카나는 과거의 패권과 본질적으로 다르다. 그것은 영토를 지배하지 않고도, 금융을 독점하지 않고도, 전쟁 없이도 세계 질서를 설계하고 통제한다. 그것은 생태계적 패권이다. 미국은 공급망을 통해 경제의 흐름을 통제하고, 기술 표준을 통해 경쟁의 규칙을 정하며, 데이터 네트워크를 통해 연결성을 지배하고, 동맹 기반 혁신 블록을 통해 시스템 간 결속을 설계한다. 이 질서는 무력으로 강제되는 질서가 아니라 생태계적 배치와 연결을 통해 작동하는 질서이며, 지배가 아니라 구조적 종속을 통해 유지되는 권력 체계다.

팍스 이노아메리카나의 본질은 혁신생태계를 매개로 질서를 설계하는 힘, 즉 혁신패권(Innovation Hegemony)이다. 21세기의 패권 경쟁은 더 많은 영토를 가진 국가가 아니라 혁신의 구조를 설계하는 국가, 더 많은 기술을 보유한 국가가 아니라 질서의 방향을 규정하는 국가가 승자가 되는 경쟁이다. 혁신패권은 기술 이후의 권력이며, 21세기 문명 구조를 재편할 새로운 질서 언어다.

산업 주권 경쟁에서 생태계 주권으로

권력은 언제나 그 근원을 이동시켜왔다.

고대 제국은 영토를 통해 패권을 구축했고, 산업혁명 이후의 열강은 자본과 제조 능력을 통해 세계 체제를 지배했다. 20세기 후반의 국제질서는 군사동맹과 금융 체제를 중심으로 작동했으나, 21세기의 권력은 더욱 정밀한 구조적 형태로 변화하고 있다. 오늘날 패권 경쟁의 핵심 무대는 군사·외교의 전통 영역을 넘어 산업과 기술, 그리고 혁신을 조직하는 능력으로 재편되었다. 국가는 더 이상 단순한 경제 집행자가 아니며, 산업은 더 이상 경제 성장을 위한 수단이 아니다. 산업은 국가가 미래를 설계할 수 있는 권력의 구조로 변모했고, 산업을 통제하는 국가는 단지 경제적 우위를 확보하는 것이 아니라 국가 생존을 구성하는 내적 주권을 획득하게 된다. 산업이 경제의 구성 요소라는 인식은 과거의 산물이며, 오늘날 산업은 주권의 물질적 기반, 그리고 전략 질서를 설계하는 도구이다.

산업의 권력적 성격은 국가 역량 이론을 통해 명확히 드러난다.

프리드리히 리스트(Friedrich List)는 국가가 성장 경로를 스스로 설계하기 위해 필요한 힘을 국가 역량이라 정의하면서, 경제 체제가 발전하기 위해서는 기술·제도·교육·생산이 결합된 학습 구조가 필요하다고 주장했다. 그는 국가가 축적 능력을 갖추지 못하면 외부 강대국이 설계한 국제 분업 구조에 종속될 수밖에 없다고 경고했다. 알렉산더 거숀크론(Alexander Gerschenkron)의 경로 의존성 분석은 기술 발전과 산업 축적의 경로가 역사적 선택과 제도적 설계에 의해 고착된다는 사실을 보여준다.

한 국가가 산업 역량을 상실하게 되면 단순 투자만으로는 회복이 불가능한 이유가 여기에 있다. 산업은 기계 설비의 조립 문제가 아니라 공정 데이터, 장비 튜닝 기술, 숙련 노동 시스템, 생산 지식 축적 등 복합 지능으로 이루어진 구조적 자산이기 때문이다. 앨리스 암스덴(Alice Amsden)은 기술 발전의 본질은 연구소가 아니라 생산 현장에서 획득되는 학습 과정에 있다고 분석했다. 외주화와 탈산업화는 단순한 제조 기반의 이전이 아니라, 국가의 학습 능력 자체를 유출하는 구조적 붕괴를 낳았다. 생산 능력을 잃은 국가는 스스로 설계 능력을 잃고, 타인이 설계한 질서의 수용자로 전락하게 된다.

이러한 문제의식 속에서 산업주권(Industrial Sovereignty)은 2020년대 국제 전략의 핵심 개념으로 부상했다.

산업주권은 단순한 자급 주장이나 보호무역주의와는 다른 차원의 개념이다. 그것은 핵심 생산 역량과 공정 지능, 전략 기술과 공급망 지배 구조를 국가 내부 또는 신뢰 가능한 동맹권 내부에 고정(lock-in)시켜 축적 역량이 외부 유출 없이 재생산되도록 설계하는 능력이다. 산업주권은 세 가지 핵심 구성 요소를 가진다. 첫째, 첨단 기술과 제조 역량을 자율적으로 축적할 수 있는 내생적 기술 체계의 구축. 둘째, 핵심 공급망 노드와 자본·데이터 흐름을 통제할 수 있는 구조적 통제력의 확보. 셋째, 산업 정책·무역·안보를 결합해 국가 전략으로 수렴시키는 통치 역량의 형성이다. 이때 주권은 더 이상 영토 주권이 아니라 축적 주권이며, 생산이 아닌 설계 능력이 국가의 전략적 위계를 결정한다.

산업주권은 추상적인 이론이 아니라 현실 전략의 핵심 구조로 등장하고 있다.

지난 15년간 미국이 전개한 국가 전략은 이를 입증하는 대표적 사례이다. 오바마 행정부는 혁신생태계 전략을 통해 대학·기업·기술 스타트업·국방 연구 네트워크를 연결해 국가 혁신 체계를 구성했다. 트럼프 1기는 이 기반 위에 경제 안보 전략을 결합하며 기술을 지정학적 자산으로 재분류했다. 그는 무역 분쟁을 넘어 기술 공급망 재편과 생산 회귀 전략을 가동함으로써 산업 문제를 국가 경쟁력의 핵심 축으로 복원했다. 바이든 행정부는 공공투자와 동맹 전략을 통해 반도체 공급망을 자국 주도로 재구성하고, 산업 정책을 합법적 국가 전략으로 복권시켰다. 이어 출범한 트럼프 2기는 앞선 전략을 흡수하면서 새로운 전략 원리를 추가했다. 그것은 속도, 탈규제, 주권이라는 세 가지 기둥 위에 구축된 가속주의 국가 전략이며, 미국은 이제 혁신을 촉진하는 국가에서 혁신의 속도와 방향을 통제하는 국가로 이동하고 있다. 미국 전략의 본질은 시장이 아니라 국가가 기술 경로를 배치하고 산업 구조를 설계하는 전략 경제 체제로의 복귀다.

그러나 중요하게도 산업 주권은 본질적 종착지가 아니다.

그것은 더 높은 형태의 권력 구조로 수렴하는 중간 단계이며, 경쟁의 무대는 이미 산업 영역을 넘어 생태계 영역으로 확장되었다. 오늘날 패권 경쟁은 생산이나 제조의 우위를 두고 벌어지지 않는다. 세계 질서를 결정짓는 최상위 권력은 생태계를 설계하는 힘이다. 생태계란 기업이나 기관 간의 협력 구조를 의미하지 않는다. 그것은 기술·인프라·데이터·자본·표준이 상호 연결된 체계 전체이며, 이 체계를 하나의 규칙으로 묶어 지배하는 자가 세계 질서를 설계한다. 바로 여기서 생태계 주권(Ecosystemic Sovereignty)이라는 새로운 권력이 등장한다. 생태계 주권은 단순한 패권의 확장이 아니다. 그것은 세계 운영의 규칙을 설계하는 권력이며, 다른 행위자의 선택지를 근본적으로 제한할 수 있는 구조적 통제 능력이다.

이 권력은 이미 실증적으로 작동하고 있다.

애플이 아이폰과 함께 출시한 앱스토어는 단일 디지털 기기의 등장이 아니라 규칙 설계 권력의 탄생을 알린 사건이었다. 애플은 단말기를 판매한 것이 아니라 생태계의 접속 규칙을 장악했다. 구글 역시 안드로이드 운영체제를 통해 스마트폰 OS 경쟁을 연 것처럼 보였으나, 실제로는 데이터 구조와 검색 알고리즘의 진입 규칙을 통제하며 생태계 권력을 확보했다. 아마존의 AWS는 클라우드를 판매한 것이 아니라 디지털 경제 전체의 활용 구조를 재설계했다. 수많은 스타트업과 정부 시스템이 AWS 위에서 구축되는 순간, AWS는 시장 지위를 넘어 정보 인프라 질서의 통제자가 되었다. 오늘날 인공지능 질서 역시 동일한 구조로 작동한다. AI 경쟁은 모델 성능이 아니라 AI 인프라 구조와 데이터 지배권, API 표준, 컴퓨팅 자본 흐름의 규칙을 통제하는 경쟁이다. 국가 전략의 중심은 산업을 확보하는 문제가 아니라 질서를 설계하는 문제로 이동하고 있다.

이전 세대 경쟁이 공급망 경쟁이었다면 이제 시작된 경쟁은 규칙과 표준 경쟁이다.

미국과 중국은 반도체와 전기차 배터리, 희토류를 둘러싼 물자 전쟁을 넘어 국제 표준 체계와 기술 질서를 선점하는 장기 질서 경쟁에 돌입했다. 미국은 반도체 장비를 통제함으로써 단순 산업 차단을 넘어 기술 진입 규칙 자체를 설계하려 하고 있다. 반면 중국은 독자 규격과 디지털 위안화를 무기로 국제 경제 질서의 병렬 체제를 구축하려 한다. 공급망은 국력의 조건이지만, 규칙은 국력의 방향을 결정한다. 미래의 패권은 더 많은 공장을 가진 국가가 아니라 더 많은 규칙을 설계한 국가가 가진다.

역사의 전환은 이미 시작되었다. 산업 주권은 국가 생존의 조건이고, 생태계 주권은 미래 질서를 설계하는 권력이다. 산업을 가진 국가는 외부 충격 속에서 붕괴하지 않지만, 생태계를 장악한 국가는 세계 구조를 재배치한다. 산업이 국가의 심장이라면, 생태계는 세계 질서를 설계하는 두뇌다. 산업 없는 국가는 설계의 권리를 잃고, 생태계를 장악하지 못한 국가는 역사적 주도권을 상실한다. 미래는 생산하는 자의 것이 아니다. 미래는 설계하는 자의 것이다. 그리고 그 설계는 산업이 아니라 생태계에서 완성된다.

공급망·표준·데이터·공공조달의 전략화: 혁신패권의 또 다른 사다리, 혁신지속실행기반

21세기 패권 경쟁의 본질은 더 이상 기술의 보유 여부나 경제력의 규모로 설명되지 않는다. 이제 경쟁은 혁신을 누가 더 빨리, 더 깊이, 더 구조적으로 지휘하고 배치할 수 있는가를 둘러싼 권력 충돌의 형태로 재편되었다. 기술과 산업은 과거에 경제 성장의 영역으로 분류되었으나, 오늘날 그것은 국가 전략의 언어로 이식되었으며, 지정학적 구조를 형성하고 동맹 질서를 설계하는 힘을 갖게 되었다. 이 전환은 단지 기술패권으로의 이동이 아니라, 혁신패권(Innovation Hegemony)이라는 새로운 권력 형식의 탄생이다. 혁신은 더 이상 경제적 효율의 산물이 아니라, 국가가 질서를 설계하는 도구이며 패권을 구축하는 전략적 힘으로 변모했다.

앞에서 확인했듯, 산업주권(Industrial Sovereignty)은 국가가 스스로 축적 경로를 설계하고 외부 충격 속에서도 기술 자립을 유지하는 능력이며, 생태계 주권(Ecosystemic Sovereignty)은 기술·산업·시장 행위자 간의 게임 규칙을 설계하고 지휘하는 권력이다. 하지만 여기에는 하나의 근본적 질문이 남는다. 설계된 질서는 어떻게 유지되는가? 권력은 선언으로 충분하지 않다. 권력은 실행될 때에만 권력이 된다. 그렇다면 혁신 질서를 실행하고 재생산할 수 있는 구조적 기반은 어디서 오는가? 바로 이 질문에 대한 해답이 '혁신지속실행기반(Sustained Innovation Executional Substrate)'이라는 개념이다.

혁신지속실행기반은 단순한 실행력이나 정책 역량을 의미하지 않는다. 그것은 혁신이 일회적 사건으로 끝나지 않고 제도·문화·조직·산업 구조로 내재화되게 하는 국가 운영 시스템이자 운영 전략이다. 이 기반이 구축되어야 혁신은 정책이 아니라 질서가 되고, 성장 전략이 아니라 지속 가능한 권력 구조로 전환된다. 생태계 주권이 규칙을 설계한다면 혁신지속실행기반은 그 규칙을 현실에서 작동하게 만드는 힘이다. 생태계 주권이 방향을 통제한다면, 혁신지속실행기반은 속도와 지속성을 통제한다. 따라서 혁신지속실행기반은 생태계 주권을 성립시키는 조건이자 유지시키는 조건, 즉 혁신패권의 필요 충분 조건에 해당한다.

그렇다면 이 혁신지속실행기반은 어떻게 구성되는가? 국가가 혁신을 지휘하는 능력은 공허한 정책 문구나 일회성 투자로 만들어지지 않는다. 혁신패권은 네 개의 전략 회로가 작동할 때 현실화된다. 그 네 회로란 공급망(Supply Chain), 표준(Standards), 데이터(Data), 공공 조달(Public Procurement)이다. 이들은 서로 분리된 정책 도구가 아니라 하나의 권력 구조로 상호 연동되며 작동한다. 산업 주권이 국가 내부 역량을 구축하고 생태계 주권이 질서를 설계한다면, 이 네 전략 회로는 그 질서를 작동시키는 실행 배선(配線)이다.

이제 다음 단락부터, 이 네 회로가 어떻게 혁신패권의 작동 신경망으로 기능하는지 하나씩 해부해보자.

공급망 전략화

공급망은 더 이상 제조와 물류를 연결하는 경제 운영체계가 아니다. 공급망은 기술과 권력의 흐름을 설계하는 전략 배치 구조로 재정의되었다. 20세기형 공급망이 비용 최적화를 목표로 했다면, 21세기 공급망은 전략적 학습과 기술 축적의 경로를 설계하는 국가 전략 도구로 작동한다. 과거에는 부품 조달의 효율성이 문제였다면, 오늘날에는 공급망을 지배하는 국가가 기술 진화의 방향을 통제한다는 사실이 명확해졌다. 이 때문에 공급망은 더 이상 경제 관료가 관리하는 산업 문제도, 기업 재무 부서의 조달 전략도 아니다. 그것은 국가 안보의 연장선에서 움직이는 지정학적 전략 장치다.

미국이 지난 10년간 추진해온 공급망 재편 전략은 이를 명확하게 보여준다. 2020년 이후 공급망은 "재배치(relocation)"가 아니라 "지정학적 배치(geostrategic positioning)"로 다뤄졌다. 미국은 USMCA(미국·멕시코·캐나다 협정), 리쇼어링(reshoring), 프렌드쇼어링(friend-shoring) 전략을 통해 글로벌 생산 체계를 흔들었던 신자유주의적 초국적 분업 체계를 해체하고, 전략 소재·핵심 공정·생산 거점을 미국 또는 동맹권 내부에 고정(lock-in)시키는 구조적 재편을 실행했다. 반도체 공급망을 사례로 보면 이 전략은 더욱 선명해진다.

오늘날 반도체는 더 이상 제조업의 한 영역이 아니다. 반도체는 인공지능, 에너지, 이동수단, 국방 지능 시스템의 공통 기반이며 21세기 산업 문명의 인프라다. 이 전략 산업에서 미국은 표면적으로는 중국과의 공급망 디커플링을 추진했지만, 실제로는 반도체 생태계 자체를 설계하고 재배치하는 공세 전략을 구동했다. 미국은 자신이 반도체 설계·칩 아키텍처·EDA 소프트웨어를 주도하고, 일본과 네덜란드는 EUV·DUV 노광 장비와 핵심 포토레지스트 소재를 담당하며, 한국과 대만은 HBM, 파운드리, 첨단 패키징을 수행하는 구조를 구축했다. 이 구조는 표면적으로는 각국의 강점을 연결한 협업으로 보이지만, 심층적으로는 미국을 정점으로 하는 구조적 위계를 형성한다. 반도체의 설계 지적 재산(IP)과 핵심 공정 데이터는 미국을 떠나지 않으며, 기술 축적의 경로와 미래 기술의 진화 경로는 미국 중심으로 고정된다.

공급망은 단순한 생산 네트워크가 아니라 지식과 숙련의 이동 경로이며, 가치 사슬이 아니라 권력 사슬이다. 공급망은 기술의 위치(location)뿐 아니라 기술 진화의 경로(trajectory)를 결정한다. 다시 말해, 공급망을 설계하는 국가는 기술의 미래를 설계한다. 미국의 공급망 전략은 "생산지 이전"을 목표로 하지 않는다. 그것은 기술 학습 능력과 생산 지능을 자국 또는 동맹권 내부에 고정시키는 전략이다. 중국이 전면적인 기술 굴기를 시도하고 있지만, EUV 리소그래피, 첨단 메모리, EDA 소프트웨어, 반도체 공정 설계 데이터 없이 독립적 기술 체제를 완성할 수 없는 이유가 여기에 있다. 기술의 계층 구조는 결국 공급망 구조를 통해 전략적 종속 관계로 귀결된다.

이처럼 공급망은 더 이상 관리 대상이 아니라 설계 대상이며, 그것을 설계하는 행위는 곧 권력의 배치를 설계하는 행위다. 따라서 공급망은 오늘날 혁신패권 경쟁의 첫 번째 실행 회로이자, 외부 생태계를 유인·정렬·재편시키는 도구다. 미국은 비용 경쟁에서 체제 경쟁으로, 무역 경쟁에서 공급망 경쟁으로 전장을 이동시켰고, 결국 생태계 설계 경쟁으로 진화시켰다. 공급망을 설계한 국가는 기술 현실뿐 아니라 질서의 방향까지 설계할 수 있기 때문이다.

표준 전략화: 기술 질서 설계

표준은 혁신 질서를 지탱하는 언어의 권력이다. 표준을 장악한 국가는 기술 경쟁을 하지 않고도 경쟁을 이긴다. 표준은 제품 규격이나 기술적 합의가 아니다. 표준은 시장 진입 규칙이며, 경쟁의 문법이고, 산업의 방향성을 고정하는 통제 장치다. 특히 표준은 공급망과 결합되어 전략적 종속 구조를 만들어내는 보이지 않는 장치로 작동한다. 따라서 표준을 선점한다는 것은 기술 시장에서 우위를 갖는 것이 아니라 혁신생태계 전체를 지휘할 권리를 획득한다는 의미다.

21세기의 표준 경쟁은 기업 간의 기술 경쟁에서 국가 간 질서 전쟁으로 격상되었다. 5G 논쟁은 그 분기점이었다. 중국 화웨이가 5G 장비 시장을 장악할 때 미국이 위협을 느낀 이유는 단순한 통신 장비 경쟁의 패배 때문이 아니었다. 문제의 본질은 화웨이가 세계 데이터 라우팅 구조를 사실상 장악할 가능성이 있었기 때문이다. 5G 네트워크는 음성과 데이터를 전송하는 기술이 아니라 데이터의 이동 경로, 보안 규범, 인증 체계, 엣지 컴퓨팅 구조를 좌우하는 정보 질서 인프라다. 미국은 화웨이를 봉쇄하는 동시에 클린 네트워크 이니셔티브와 Open RAN 전략을 통해 통신망 표준을 사실상 동맹 체제 안으로 영토화했다.

표준 전략은 이제 반도체, 배터리, 바이오, 인공지능으로 확장되었다. 주도권도 바뀌었다. 과거에는 표준이 민간 컨소시엄이나 시장 합의에 의해 정해졌다. 그러나 이제 표준은 국가 전략 기관들의 연합에 의해 만들어진다. 미국은 상무부 산하 국가표준기술연구소(NIST, National Institute of Standards and Technology와 국가반도체기술센터(NSTC, National Semiconductor Technology Center)를 축으로 삼아 차세대 반도체 표준체제를 설계하고 있다. 미 상무부는 2024년 〈Semiconductor Standards Strategy Blueprint〉를 발표하며 표준을 지정학의 문제로 격상시켰다. 이 전략은 반도체 장비 인터페이스 표준, EDA 소프트웨어 형식, 첨단 패키징 상호 연결 규격 등을 통해 반도체 생태계 전체를 미국이 설계한 규칙 구조 위에 고정하려는 시도다.

일본은 빠르게 이에 정렬되었다. 일본 경제산업성(METI)과 신에너지·산업기술종합개발기구(NEDO)는 미국과 협력해 반도체·양자컴퓨팅·AI 빈도체 기술 표준 동맹을 추진하고 있다 유럽연합도 멀티테크 플랫폼 Gaia-X를 중심으로 데이터 주권 표준 형성에 들어갔지만, 실행 능력과 공급망 통제력 면에서 미국 중심 구조를 벗어나지 못하고 있다. 일본이 2023년 발표한 〈Green Transformation Standards Roadmap〉은 표준 경쟁이 기술 경쟁이 아닌 산업 전략의 최전선임을 인정한 상징적 전환이었다.

표준 경쟁의 중심은 이제 인공지능이다. 2025년 기준 AI 표준의 핵심 전장들은 모델 안전성 기준, 데이터 검증 체계, 신뢰 가능한 AI 인증 체계, API 상호운용성, AI 반도체 아키텍처 표준으로 좁혀지고 있다. 이 영역에서 미국은 국가안보·산업·윤리 프레임을 표준의 근거 언어로 전환하는 전략을 전개하고 있다. 다시 말해 윤리 논쟁도 전략화되고 있는 것이다. 표준 규범을 선점하면 기업이 따라오고, 기업이 따르기 시작하면 공급망이 이동하며, 공급망이 이동하면 자본과 인재가 정렬된다. 결국 표준을 장악하는 세력은 산업의 위치뿐 아니라 인류의 기술 경로 자체를 설계하게 된다.

표준은 혁신이 작동하는 보이지 않는 합의 체계이며, 생태계 주권의 핵심 기제다. 표준은 공급망을 묶어 권력 네트워크를 강화하며, 동시에 데이터와 조달 회로를 통해 제도화된다. 따라서 표준의 전략적 장악은 혁신패권 경쟁에서 두 번째 실행 회로다. 이제 경쟁은 시장이 아니라 규칙을 누가 정의하느냐로 이동했다. 혁신 시대의 표준 전쟁은 곧 규칙 전쟁이며, 규칙 전쟁의 승자는 곧 질서의 설계자가 된다.

데이터 패권: AI 질서의 심층

데이터는 21세기 권력 구조의 새로운 에너지이며, 인공지능 시대의 전략적 자산이다. 그러나 데이터는 종종 잘못 이해된다. 많은 사람들은 데이터가 일종의 원자재라고 생각하거나, 산업 생산에서 활용되는 입력 요소 정도로만 본다. 그러나 데이터는 자원이 아니다. 데이터는 지능의 구조이며, 학습 경로를 통제하는 권력이다. 데이터의 흐름을 통제하는 국가와 기업은 경제만이 아니라 사회 질서와 안보 구조까지 설계할 수 있다. 그렇기 때문에 오늘날 데이터는 공급망이나 무역을 넘어 주권의 문제로 격상되었다.

데이터가 지능의 핵심이라는 사실은 인공지능 경쟁이 본격화되면서 분명히 드러났다. AI 경쟁은 많은 이들이 생각하듯 모델의 알고리즘 혁신이나 파라미터 크기의 대결이 아니다. 그것은 데이터 접근권(data access rights)과 데이터 이동 경로(data routing), 나아가 데이터 연산권(data compute rights)을 누가 장악하는가를 둘러싼 권력 충돌이다. 인공지능의 전략적 우위는 더 많은 파라미터가 아니라 더 풍부하고 더 전략적으로 정렬된 데이터에서 나온다. 결국 데이터는 학습을 설계하는 자원의 형태가 아니라 학습 그 자체를 구성하는 환경이다.

미국은 데이터의 중요성을 가장 일찍 이해한 국가다. 미국은 아마존 웹 서비스(AWS), 마이크로소프트 애저(Azure), 구글 클라우드(Google Cloud)를 통해 사실상 전 세계 데이터 인프라의 영토화를 달성했다. 세계 디지털 경제의 70% 이상이 미국 기업의 클라우드 상에서 운영되고 있으며, 전 세계 AI 모델의 상당수가 미국 데이터센터의 연산 자원을 통해 학습한다. 데이터가 흐르는 물리적 장소를 지배하는 국가가 디지털 주권을 장악하며, 데이티가 리우팅되는 네트워크 규칙을 설계하는 국가가 정보 질서의 중심을 차지한다.

바로 이 전략적 맥락에서 미국이 추진한 Trusted Cloud Initiative, Cybersecurity Executive Order, AI Safety Framework는 단순한 규범이 아니다. 그것은 데이터의 흐름을 통제하기 위한 정치적 차원의 표준화이며, 정보 주권의 영토화 전략이다. 이 전략은 데이터 저장 위치, 데이터 이송 규칙, AI 모델 훈련과 검증 방식에 대한 국제 규범을 '신뢰'라는 이름으로 재정의한다. 이 과정에서 신뢰는 기술의 속성이 아니라 정치적 도구가 된다. "신뢰할 수 있는 데이터 동맹"이라는 표현은 사실상 데이터 통제 동맹을 의미한다.

유럽연합은 GDPR과 데이터 거버넌스법(Data Governance Act)을 통해 '데이터 주권'의 규범적 방향을 제시하려 시도했지만, 클라우드 인프라의 주권을 확보하지 못하고 있다. 데이터 규범을 설계할 수 있지만 데이터 연산 능력을 통제할 수는 없다. 다시 말해, 데이터 규제는 할 수 있지만 데이터 권력은 확보하지 못한 상태에 머물렀다. 반면 중국은 데이터 국유화와 디지털 장막(Digital Great Wall) 전략을 통해 데이터 폐쇄형 주권을 구축하고 있시만, 글로벌 AI 질서 연결에는 실패하고 있다. 이런 이유로 데이터 주권 경쟁의 실질적 승자는 여전히 미국이며, 미국은 데이터 시스템을 통해 AI 생태계를 설계하는 지식 질서의 중심을 장악했다.

데이터는 이제 세 번째 실행 회로를 구성한다. 공급망이 기술의 흐름을 통제하고, 표준이 규칙의 흐름을 통제한다면, 데이터는 지능의 흐름을 통제한다. 데이터는 보이지 않는 에너지이지만, 가장 근본적인 권력을 구성한다. 데이터 없이 AI는 존재할 수 없으며, AI 없이 국가 경쟁력은 존재할 수 없다. 그리고 데이터를 통제하지 못하는 국가는 결코 혁신 질서를 설계하거나 유지할 수 없다.

공공조달 전략화: 혁신조달

공공조달은 일반적으로 정부가 물자를 구매하고 예산을 집행하는 행정 행위로 이해되지만, 미국은 이를 혁신을 배치하고 실행 질서를 형성하는 전략 기제로 다룬다. 많은 나라가 산업 정책을 수립해도 성공하지 못하는 이유는 실행력을 뒷받침하는 조달 메커니즘이 부재하기 때문이다. 반면 미국은 조달을 통해 시장 형성-기술 개발-산업 성장-동맹 정렬을 동시에 유도하는 다층적 구조를 만들어냈다. 조달은 단순한 구매가 아니라 혁신의 방향을 배치하는 지휘 체계이며, 기술의 지리적 분포를 재편하는 전략적 설계 도구다.

미국의 혁신조달 체계를 가장 선명하게 보여주는 사례는 NASA의 CLPS(Commercial Lunar Payload Services, 상업용 달 탐사) 프로그램이다. 이 프로그램은 겉으로는 달 탐사 물류를 민간에 위탁한 사업처럼 보이지만, 실질적으로는 우주 기술 생태계를 형성하는 구조적 조달 전략이다. NASA는 CLPS에서 전통적인 고정 가격 계약이나 단일 목표 기반의 성과 계약을 사용하지 않았다. 대신 IDIQ(Indefinite Delivery/Indefinite Quantity, 불확정 인도·불확정 수량 계약) 구조를 도입했다. IDIQ는 정부가 목표만 설정하고 구체적 수행 방식을 민간에게 열어 두는 계약 방식이다. 정부는 성과뿐 아니라 혁신 과정 전체를 구매한다. 즉, 기술 실험-리스크 감수-실패-수정 재시도-성장으로 이어지는 전체 과정을 경제적 인센티브 구조 안에 포괄한다.

이 구조는 중요한 전략적 메시지를 담고 있다. 미국 국가 혁신생태계는 실패를 제거하는 것이 아니라 자산화한다. CLPS 초기에는 일부 기업이 발사 실패와 궤도 이탈을 경험했지만 NASA는 이 실패를 계약 종료 사유로 간주하지 않았다. 오히려 실패 기록을 명시적으로 분석하고 다음 발주

(Task Order) 경쟁에 참여하도록 허용했다. 이는 실패를 낙인으로 처리하는 시스템이 아니라 실패를 학습 자본(failure capital)으로 전환하는 제도적 루프가 작동하고 있다는 증거다. 실패는 혁신에서 제거해야 할 변수가 아니라, 속도를 높이고 축적을 가능하게 하는 자원으로 다뤄진다. 혁신조달(innovation procurement)은 실험적 정책이 아니라 체계화된 전략 운영 구조다.

국방부(DoD)에서도 동일하게 발견된다. 국방부는 OTA(Other Transaction Authority) 계약을 통해 신생 기술 기업과 중소 방산 기업을 빠르게 조달 체계 안으로 끌어들인다. OTA 계약은 전통적인 연방 조달 규정을 우회해 혁신 기술을 신속히 테스트하고 실전에 배치할 수 있도록 설계되었다. 또한 SBIR(Small Business Innovation Research, 중소기업 혁신 연구) 제도는 연방 기관이 연구개발 사금을 계속 투자할지 여부를 단계적 경쟁을 통해 판단하도록 설계하여 혁신기업을 전략적으로 선별하고 성장시키는 정책적 엑셀러레이터의 역할을 한다.

이러한 조달 시스템 덕분에 미국은 기술 혁신이 "연구소-시장"으로 한번에 도약하지 않아도 되도록 중간 실행 회로를 구성했다. 많은 나라는 기술 개발과 산업화 사이의 간극인 "데스 밸리(Death Valley)" 문제를 극복하지 못한다. 하지만 미국은 혁신조달로 이 간극을 제거했다. 미국에서 조달은 혁신을 시장 논리로만 평가하지 않고, 전략 논리로 평가하는 체제다. 이처럼 공공조달은 혁신을 경제적 기회가 아니라 국가 전략 질서의 일부로 전환하는 실행 장치다. 조달을 장악한 국가는 기술 경쟁의 흐름을 결정하고, 시장 질서의 방향을 고정한다. 공공조달은 혁신을 현실화하는 배치 메커니즘이며, 공급망·표준·데이터 전략과 결합하여 국가 혁신체계 전체를 작동시키는 통제 회로다.

혁신지속실행기반의 확장

혁신은 단발적 사건으로는 결코 힘이 되지 않는다. 혁신은 반복될 때 구조가 되고, 구조가 될 때 질서가 되며, 질서가 될 때 권력이 된다. 따라서 혁신패권은 기술 개발이나 R&D 투자만으로는 구축되지 않는다. 혁신 질서를 운영할 수 있는 기반, 즉 혁신지속실행기반(Sustained Innovation Executional Substrate)이 반드시 필요하다. 이것은 혁신이 외부 충격이나 정책 변동에도 흔들리지 않고 누적과 재생의 속성을 갖도록 만드는 체계적 기반이다.

혁신지속실행기반은 단순히 실행력이 뛰어난 상태가 아니다. 실행력은 개인의 역량이나 조직 문화의 차원을 벗어나지 못할 때가 많다. 하지만 혁신지속실행기반은 국가 시스템 전체가 혁신을 다루는 방식을 의미한다. 이 기반은 네 가지 차원의 작동 원리를 가진다. 첫째, 학습 가능한 시스템이다. 실행 과정에서의 오류와 실패를 제거하지 않고 학습 가능성으로 전환하는 구조를 갖는다. 둘째, 반복 가능한 시스템이다. 일회적 성과가 아니라 누적적 성과로 이어지도록 조직과 시장 구조를 정렬한다. 셋째, 재구성 가능한 시스템이다. 기술 변화에 따라 계획을 고정하지 않고 역동적 재배치를 허용하는 정책 설계가 전제된다. 넷째, 축적 가능한 시스템이다. 산업·기술·인재의 축적이 해외 유출되지 않도록 축적의 영토를 내부 또는 동맹권 안에 고정(lock-in)한다.

이 네 가지 작동 원리는 기업 수준에서도 관찰된다. 데이비드 티스 (David Teece)의 동태적 역량(dynamic capabilities) 개념이 보여주듯, 뛰어난 혁신기업은 기술 기회를 탐지(sensing)하고 포착(seizing)하며 재구성(transforming)할 수 있는 능력을 가진다. 리처드 넬슨과 시드니 윈터(Nelson & Winter)의 진화경제학은 이러한 기업이 혁신을 통해 새로운 조직 루틴(routines)을 형성한다고 설명한다. 크리스 아르기리스와 도널드 쇤(Argyris & Schön)은 학습이 조직에 내재화될 때 지속성을 가진다고 분석했고, 디마지오와 파월(DiMaggio & Powell)은 이 과정이 제도화(institutionalization)를 거쳐 사회적 규범으로 확장된다고 설명했다.

기업 수준에서 관찰되는 이 역량 구조는 국가 단위에서도 동일하게 적용된다. 차이가 있다면 국가 수준에서는 지식·자본·정책·군사·조달·표준·규범이 하나의 시스템으로 통제된다는 점이다. 국가가 실질적 혁신 국가로 기능하기 위해서는 내부 학습의 루틴화, 실패의 자산화, 조달 기반의 성장 경로, 정책-시장-기술의 재정렬 구조, 국제 질서에서의 설계 역할이 유기적으로 연결되어야 한다.

바로 이 지점에서 혁신지속실행기반은 생태계 주권(Ecosystemic Sovereignty)과 결합한다. 생태계 주권은 설계 권력이며, 혁신지속실행기반은 작동 권력이다. 생태계 주권을 통해 규칙을 만들 수 있다 해도, 그 규칙이 작동하지 않으면 질서는 유지되지 않는다. 혁신지속실행기반은 설계된 질서를 현실 세계에서 실행 가능하게 만들고, 반복 가능하게 만들며, 결국 되돌릴 수 없게 만드는 비가역성(irreversibility)을 제공한다. 따라서 혁신패권은 '혁신 설계력+혁신 실행력+혁신 지속력'의 결합으로만 완성된다.

혁신은 사건이 아니다. 혁신은 체제다. 혁신패권을 구축하는 국가들은 혁신을 프로젝트처럼 다루지 않고, 에너지 시스템처럼 설계한다. 미국이 지난 70년 동안 보여준 것은 바로 혁신 실행의 에너지 시스템을 어떻게 구축하고 운영할 것인가에 대한 모델이다.

미국은 혁신지속실행기반을 가장 정교하게 체계화한 국가다. 많은 국가는 산업 정책을 수립하지만 정책이 작동하지 않는 이유는 전략적 실행 엔진이 부재하기 때문이다. 반면 미국은 혁신을 정책이 아니라 운영체계로 다룬다. 그 운영체계의 핵심이 바로 공급망·표준·데이터·공공 조달을 매개로 작동하는 전략 기관 네트워크다. 이 네 실행 회로를 현실 세계에서 움직이는 운영 주체는 미국의 4+2 체제, 즉 국방부(DoD), 에너지부(DoE), 보건복지부 산하 국립보건원(HHS·NIH), 상무부 산하 NIST(국가표준기술연구소), 항공우주국(NASA), 국립과학재단(NSF)이다.

이 여섯 개의 전략 기관은 각자 고유한 목적을 가진 행정기관이 아니다. 그들은 미국식 혁신 구조를 구성하는 하나의 전략적 분업 체계를 형성한다. 국방부는 방위 산업과 이중용도 기술을 중심으로 전략 수요를 창출한다. 에너지부는 원자력, 차세대 배터리, 수소 에너지, 전력망 혁신을 통해 에너지 패권과 산업 전환을 결합한다. NIH는 바이오·유전체·정밀의학·mRNA 플랫폼을 통해 생명과학 산업의 미래 구조를 조직한다. NIST는 국가 기술 표준과 규범 질서를 설계하며, NASA는 CLPS와 같은 혁신 조달 아키텍처로 산업 생태계를 성장시키는 장치를 설계한다. NSF는 연구 개발과 과학 기반 인재 시스템을 책임지며 지식 공급 기반을 유지한다. 이들은 각각 독립된 기관이 아니라 하나의 전략적 운영 네트워크다.

그 운용 방식에는 세 가지 특징이 있다.

첫째, 혁신은 시장에만 맡기지 않는다. 시장은 참여 주체일 뿐이고, 국가는 질서의 설계자다. 둘째, 조달과 투자를 결합하여 외부 생태계를 끌어당기는 혁신 중력장(innovation gravity)을 형성한다. 셋째, 실패를 허용하지 않고 실패를 자산화한다. 이 구조 덕분에 미국은 기술패권을 잃을 때마다 더 강한 구조로 복원하는 반등력을 가질 수 있었다. 컴퓨터 산업의 몰락 이후 인터넷을 만들었고, 닷컴 붕괴 이후 플랫폼 경제를 재구성했으며, 중국의 제조 굴기에 맞서 혁신-공급망-표준이 결합된 패권 아키텍처를 재가동했다.

2026년 미국 연방정부 예산에서 이 여섯 기관에 배정된 총 예산은 1조 600억 달러, 전체 예산의 66.4%다. 이는 단순한 예산 배분이 아니다. 그것은 하나의 메시지다. 미국은 혁신을 정책이 아니라 체제로 운영한다는 선언이다. 미국은 예산을 혁신 권력의 회로로 사용하고, 기술을 산업으로 연결하고, 산업을 공급망으로 연결하고, 공급망을 동맹으로 연결하고, 동맹을 질서로 연결한다. 그 결과 형성되는 것이 바로 팍스 이노아메리카나(Pax Inno-Americana), 즉 혁신 질서를 기반으로 한 새로운 패권 구조다.

공급망·표준·데이터·공공조달은 혁신 권력의 네 실행 회로이며, 혁신지속실행기반은 이 네 회로를 하나로 묶는 운영 토대다. 생태계 주권이 질서를 설계했다면, 혁신지속실행기반은 그 질서를 움직이게 만들고, 멈추지 않게 만들며, 되돌릴 수 없게 만든다. 이 두 가지가 결합될 때 비로소 혁신패권(Innovation Hegemony)은 가능해진다. 패권은 더 이상 군사력이 아니다. 패권은 더 이상 금융이 아니다. 패권은 더 이상 기술이 아니다. 패권은 혁신을 설계하고, 배치하고, 재생산하는 능력이다.

따라서 문제는 이렇게 바뀐다. 어떤 국가가 더 좋은 기술을 가졌는가가 아니라 어떤 국가가 혁신을 체계적으로 운영할 수 있는가. 어떤 국가가 더 많은 특허를 가졌는가가 아니라 어떤 국가가 혁신을 지휘하고, 연합하고, 확산시키는 전략적 기반을 구축했는가.
주권은 더 이상 국경 안에 머무르지 않는다. 주권은 경제의 영역을 넘어 생태계의 영역으로 확장되었고, 이제는 혁신 실행의 영역으로 이동했다. 혁신을 운영하는 자가 미래를 통제한다. 이것이 우리가 반드시 답해야 할 질문을 남긴다. 우리는 혁신 국가가 되기를 원하는가, 아니면 혁신 질서에 종속되기를 원하는가.

미국 혁신패권의 실제: 국방 혁신생태계

오늘날 미국 패권의 실질적 원천은 전통적 의미의 군사력이 아니다. 군사력은 미국이 보유한 힘의 외형적 표현일 뿐이며, 그 본질적 권력은 혁신을 전략적으로 조직하고 제도화된 질서로 전환하는 능력에서 비롯된다. 항공모함 전단이나 핵전력은 미국이 여전히 압도적 물리력을 유지하고 있음을 상징하지만, 국제질서의 구조를 규정하고 재편하는 권력은 더 이상 그런 전통적 군사 자산에서 나오지 않는다. 미국 패권의 핵심은 혁신을 권력화(poweralization of innovation)하는 체계적 역량이며, 이는 국가 운영 구조 속에 제도적으로 내재된 혁신생태계 구조에서 작동한다.

미국은 21세기 세계에서 유일하게 혁신을 지속 가능한 권력 구조로 전환한 국가다. 유럽의 복지·조정형 경제 구조나 중국의 국가주도 산업통제 모델과 달리, 미국은 혁신을 단발적 성과나 산업 경쟁력 차원을 넘어 제도화된 전략 질서로 승화시켰다. 미국이 기술 경쟁을 넘어 혁신패권(Innovation Hegemony) 단계에 도달한 이유는 단순한 연구개발 투자나 기업가정신 때문이 아니다. 그보다 본질적인 이유는 혁신이 국가 전략의 상위 질서로 편입되어 "운영"되도록 설계되었기 때문이다. 이 운영 능력을 실질적으로 담당하는 국가 시스템이 바로 국방 혁신생태계(Defense Innovation Ecosystem)다.

미국의 국방 혁신생태계는 국방·산업·기술·사본·조달·표준·데이터를 하나의 전략 체계로 통합하는 폐루프 구조를 가진다. 실리콘밸리가 혁신을 창출하는 공간이라면, 국방 혁신생태계는 그 혁신을 전략 질서로 전환하는 집행 기관이다. 미국이 세계에서 유일하게 혁신을 통해 질서를 설계하고 구조적 우위를 유지할 수 있는 이유는 실리콘밸리를 보유해서가 아니다. 혁신을 운영할 수 있는 국방 혁신생태계를 구축한 유일한 국가이기 때문이다.

미국 상원이 2025년 7월 제출한 2026 회계연도 국방예산 청문회에서 등장한 표현은 오늘날 미국 전략 구조의 본질적 변화를 드러내는 결정적 신호였다. 미 육군 장관은 국방 체계를 가리켜 "실리콘밸리형 전쟁 생태계(Silicon Valley of Warfare)"라고 규정했다. 이 표현은 단순한 수사가 아니다. 그것은 국방의 기능적 정의가 이미 20세기식 군사 행정 체계에서 이

탈하여, 국가 전략 기술을 조직하고 배치하는 혁신 플랫폼으로 전환되었음을 공식 선언한 것이다. 국방을 무기 조달 기관이나 전력 유지 조직으로 이해하는 인식은 더 이상 유효하지 않다. 미국은 국방을 혁신 역량을 집적·배치·확산·지속시키는 국가 운영 인프라로 전환했다.

미 상원 세출위원회 국방소위원회(SAC-D)의 예산 심사 보고서는 이러한 변화를 제도 언어로 정교하게 기록하고 있다. 보고서는 국방을 하나의 부처(department)가 아니라 국방 엔터프라이즈(Defense Enterprise)라고 정의한다. 엔터프라이즈라는 용어 선택은 중요하다. 그것은 국방이 더 이상 특정 기능을 수행하는 조직이 아니라 망(network)으로 작동하는 전략 시스템임을 의미한다. 이 엔터프라이즈에는 방위 산업 기반, 기술 혁신 조직, 연구 기관, 연방 조달 시스템, 전략 물자 공급망, 시험·평가 인프라, 동맹국 간 상호 운용 체계가 모두 포함된다. 즉 미국의 국방은 군사 행정 구조가 아니라 생태계적 운영체계다.

이 점에서 국방예산은 더 이상 재정 지출표나 군사비 총량의 문제가 아니다. 국방예산은 미국식 혁신 질서를 배치하는 전략적 회로이며, 기술·산업·표준·동맹을 지휘하는 국가 운영 코드다. 예산 편성과 투입 우선순위는 기술 채택의 방향을 지정하고, 조달 항목은 산업 구조의 재편을 유도하며, 운영 개념은 국제 표준을 형성하고, 배치 구조는 동맹 관계를 결정한다. 다시 말해 국방예산은 미국식 질서의 프로그래밍 언어다. 이 언어를 통해 미국은 혁신을 경제 영역에 머무르게 하지 않고 전략적 질서로 전환시킨다. 그 결과 국방은 군사력의 원천이 아니라 혁신패권을 실질적으로 작동시키는 실행 장치가 된다.

국방 혁신생태계는 특정 조직이나 산업 부문을 지칭하는 범주적 개념이 아니다. 그것은 국가의 전략 역량을 총체적으로 결집해 혁신을 작동시키는 운영 시스템이며, 기술 창출-산업 확장-조달 배치-동맹 구조까지를 하나의 회로 안에서 통합하는 지능형 전략 아키텍처다. 이 생태계는 개별 기관들의 병렬적 협력 모델이 아니라, 국가 전략 목적에 따라 기술과 산업, 자본과 안보를 동시적으로 조정하는 통합 구조다.

이 생태계의 상부구조는 기술패권 경쟁의 선도 영역을 정의하고 미래 전략기술을 설계하는 지식·기술 아키텍처로 구성된다. DARPA(미국 방위고등연구계획국), ARPA-E(에너지 고등연구계획국), NASA(항공우주국)는 각각 방위, 에너지, 우주 분야의 전략적 탐색연구 지휘본부로 기능하며, 단순 연구비 배분 기관이 아니라 위험 기반 기술 투자 전략을 실행하는 국가 기술 사령부 역할을 수행한다. 이 상부구조 아래에는 미국 에너지부(Department of Energy) 산하 17개 국가연구소 체계가 과학 인프라를 제공한다. 로스앨러모스, 오크리지, 샌디아 등은 양자과학, 재료과학, 고성능 컴퓨팅, 핵기술 등 전략기술 기반 연구의 토대를 담당하며, 미국의 기술 축적 경로를 안정적으로 유지시키는 구조적 기반을 형성한다.

국방 혁신생태계의 중간 조직은 연구 성과를 실전적 기술체계로 전환하는 전략적 기술 전환 회로를 형성한다. 국방혁신단(Defense Innovation Unit, DIU)은 2025년부터 국방혁신청 수준의 권한을 부여받으며 기술 전환의 핵심 관문으로 재편된다. 공군혁신기구(AFWERX), 해군기술전환조직(NavalX), 육군미래사령부(Army Futures Command)는 민간 혁신을 신속하게 흡수하여 방위체계에 적용하는 전환-실험-배치 메커니즘을 담당한다. 이들은 20세기형 조달 행정 조직이 아니라, 기술과 전력을 결합해 새로운 운용 개념(Concept of Operations, CONOPS)을 만들어내는 실험형 테스트베드다. 이러한 실천 중심 기관을 기반으로 미국은 연구에서 프로토타입 개발, 그리고 실전 운용에 이르는 전체 흐름을 하나의 통합된 연속적 전환 체계로 구축한다.

그 아래 생태계의 동력부는 민군 겸용기술(dual-use technology)의 전략적 상용화를 담당하는 기업 집단이다. 팔란티어(Palantir)는 전장 정보 통합과 AI 기반 지휘통제의 운영 표준을 사실상 주도하고 있고, 스페이스X는 저궤도 위성 통신망을 통해 지휘통제·정찰·항법을 하나의 네트워크로 연결했다. 안두릴(Anduril)은 자율 무기체계와 국경 안보 AI 운용을 통해 소프트웨어 정의 방위 플랫폼의 시대를 열었다. 이 기업들은 방산 기업이 아니라 국가 전략자산 운영 기업이며, 국방 혁신생태계는 이들을 단순 공급업체가 아닌 전략적 실행 파트너로 편입시킨다.

이 생태계를 실질적으로 구동시키는 에너지원이 바로 조달 기반 전략 수요 시스템과 국가 전략 자본 배분 메커니즘이다. 미 국방부는 예산 집행 기관을 넘어 전략적 수요를 설계하는 기관이다. 국방 조달과 연방 조달 규칙은 시장의 방향성을 구조적으로 통제하며, SBIR(Small Business Innovation Research, 중소기업 혁신 연구), STTR(Small Business Technology Transfer, 중소기업 기술이전), In Q Tel(국방 벤처캐피털)과 같은 국방 벤처 투자 구조는 전략 기술 기업의 성장 경로를 설계한다. 공공 자본과 사적 자본이 상호 분절되지 않고 동일한 전략 목표 하에 정렬되는 것이다.

결과적으로 국방 혁신생태계는 새로운 무기를 만들기 위한 산업 체계가 아니다. 그것은 기술을 신속하게 확장하고, 산업을 전략적으로 재배치하며, 국제 질서를 설계하는 국가 운영체계다. 이 구조는 국방을 전쟁 준비의 영역에서 제거하고, 혁신을 권력으로 전환하는 전략 엔진으로 재정의한다.

국방 혁신생태계의 작동 방식은 단선적 흐름이나 행정적 절차로 설명될 수 없다. 그것은 연구개발, 기술 전환, 조달, 운용 교리, 동맹 구조를 하나의 폐루프(closed-loop) 체계로 연결하는 전략적 혁신 운영 메커니즘이다. 이 시스템은 발견→전환→배치→지배라는 네 단계의 혁신 순환 흐름을 통해 작동하며, 이 흐름이 바로 미국이 혁신패권을 실행 가능하게 만든 구조적 비결이다.

국방은 먼저 혁신의 출발점이자 기술 진화의 기점을 형성한다. 미국 국방예산 중 연구·개발·시험·평가(RDT&E)에 배정된 예산은 2026 회계연도 기준 1,954억 달러에 이르며, 이는 영국·프랑스·독일 등 주요 나토 동맹국들의 전체 국방비보다도 높은 규모다. 이 예산은 단순한 연구 투입이 아니라 전략기술을 구조적으로 축적하기 위한 체계적 설계이다. 기초 연구(seed science)에서 탐색 연구(advanced concepts), 시제품 개발 prototyping), 운용 시험(test & evaluation)까지 이어지는 전주기 순환은 국방 혁신생태계가 기술의 수직적 축적 구조를 유지하도록 설계된 제도적 기반이다. 이 구조가 유지되기 때문에 미국은 혁신을 사건이 아니라 정책화된 흐름으로 운영할 수 있다.

둘째, 국방은 기술 전환 속도를 지휘하는 가속 엔진으로 작동한다. 국방혁신단(Defense Innovation Unit, DIU), 공군혁신기구(AFWERX), 해군기술전환허브(NavalX), 신속방위실험예비군(Rapid Defense Experimentation Reserve, RDER)과 같은 조직들은 민간 기술을 탐지하고 검증하며 배치하는 전략적 관문 역할을 수행한다. 이는 단순한 기술 도입 절차가 아니라 기술–작전 통합을 위한 실험 기반 운용체계이며, 승인 절차가 아니라 기술 실전화의 속도를 전략적으로 조율하는 가속 조절 장치다. 미국은 이 장치를 통해 신흥 기술을 독점적으로 조기 확보하고, 이를 작전 운용 개념(Concept of Operations, CONOPS)과 연계함으로써 경쟁국이 따라올 수 없는 실행 격차를 창출한다.

셋째, 국방은 혁신을 유도하는 전략적 수요자이자 시장 설계자다. 기술은 연구개발에서 나오지만 산업은 시장 수요에서 태어난다. 미국은 이 원리를 국방을 통해 제도화했다. 국방부는 단순한 조달 기관이 아니라 전략 수요 전략 기관이다. 조달과 계약의 대상은 장비가 아니라 기술 경로(technology trajectory) 그 자체다. 국방 조달은 시장의 결과물이 아니라 시장 방향을 설계하는 선형적 수요 신호로서 작동하며, 그 결과 특정 기술군은 산업으로 전환되기 전에 전략적 자산으로 먼저 지정된다. 국방은 구매 행위를 통해 시장을 따라가는 것이 아니라, 미래 산업 구조를 앞서 설계하는 수요 기획자(demand architect)로 기능한다.

이처럼 미국 국방 혁신생태계는 연구기관처럼 보이지만 연구소가 아니며, 조달 시스템처럼 보이지만 구매 기관이 아니다. 그것은 혁신을 실시간으로 탐지·가속·배치·고착시키는 국가 운영 메커니즘이다. 이 메커니즘을 통해 미국은 기술을 생산하는 국가를 넘어, 혁신을 운영하는 국가로 자리잡았다. 이 차이가 곧 혁신패권의 구조적 본질이다.

이 구조는 궁극적으로 생태계 주권(Ecosystemic Sovereignty)을 형성하는 기제로 작동한다. 국방 혁신생태계는 단순히 전략 기술을 확보하거나 무기 체계를 고도화하는 차원의 범주를 초월한다. 그것은 기술-산업-표준-조달-동맹이 작동하는 규칙을 설계하고 고정하는 권력 구조다. 오늘날 국제 경쟁은 기술 성능의 우열이 아니라 규칙의 지배권을 둘러싼 경쟁으로 이동했다. 규칙을 설계하는 주체만이 질서를 장악한다. 미국이 전략 기술 경쟁에서 압도적 영향력을 유지할 수 있는 이유는 기술력 자체보다 생태계를 설계하는 규칙 설계 능력을 보유하고 있기 때문이다.

2025년 현재 기술패권 경쟁의 구도는 더 이상 과거의 FAANG(Facebook·Apple·Amazon·Netflix·Google) 체제가 아니다. 플랫폼 중심 디지털 자본주의 시대는 이미 구조적 변곡점을 지나 AI 기반 생태계 질서가 등장했다. 오늘날 기술 세계의 지배 구조는 MANGO(Microsoft, Anthropic, NVIDIA, Google DeepMind, OpenAI)와 같은 AI 인프라-모델-컴퓨팅 권력 연합이 주도하고 있다. 그러나 중요한 사실은 이들조차 국방 혁신생태계의 전략적 조달 질서와 표준 거버넌스 속에서 성장하고 있다는 점이다. 즉 AI 혁신의 심층 인프라 구조조차 미국의 국방 조달 체계와 전략 표준 설계 아래 재편되고 있다.

국방 혁신생태계가 만들어내는 생태계 주권은 규칙을 설계하고 표준을 통제하는 구조적 권력에서 형성된다. 합동전영역지휘통제(Joint All-Domain Command and Control, JADC2)는 전장 네트워크 통합을 위한 데이터 상호운용 규칙을 정의하며, 이는 동맹군 간 디지털 전투 언어를 표준화하는 기능을 수행한다. 국방성 책임 있는 인공지능 원칙(Department of Defense Responsible AI Guidelines)은 국방 분야 인공지능의 개발·시험·배치 과정에서 준수해야 할 운영 윤리를 제시하며, 군사 AI 운용 규범의 국제 기준을 설계하는 역할을 한다. 제로트러스트 아키텍처(Zero Trust Architecture)는 네트워크 접근 검증을 지속적 인증 체계로 전환하여 글로벌 사이버 방어 구조를 사실상 미국식 보안 규율에 정렬시킨다. 링크-16(Link-16) 전술 데이터 링크 체계와 미래 탑재 능력 환경(Future Airborne Capability Environment, FACE) 표준은 항공·우주 플랫폼의 상호 운용 코드를 미국식 아키텍처로 고정시키며, 이로써 우주 통신과 항법 체계의 표준 권력을 선점할 기반을 마련한다.

이러한 규칙은 기능적 운영 규칙이 아니라 전략적 권력 규칙이다. 시장은 기술을 선택하지만, 규칙은 시장을 선택한다. 미국은 국방 혁신생태계를 통해 기술을 설계하는 국가를 넘어 질서를 설계하는 국가로 진화했다. 기술 우위는 추격될 수 있지만, 규칙을 설계한 자는 추격당하지 않는다. 기술패권은 일시적이지만 규칙 패권은 구조적이다. 미국은 기술 경쟁을 넘어 생태계 주권을 제도화함으로써 혁신패권을 현실 권력으로 확정했다.

생태계 주권은 질서를 설계할 수 있는 권한이지만, 패권을 유지하기 위한 충분 조건은 아니다. 규칙은 설계할 수 있지만, 설계된 규칙이 현실에서 작동하도록 유지·관리·재생산되지 않는다면 그것은 단순한 선언에 불과하다. 패권은 규칙을 민드는 능력이 아니라 규칙을 집행할 수 있는 구조적 실행력에서 비롯된다. 이 지점에서 등장하는 개념이 바로 혁신지속실행기반(Sustained Innovation Executional Substrate)이다. 혁신지속실행기반은 국가가 설계한 질서를 일회적 제도나 정책이 아니라 구조적 운영 질서로 고착시키는 실행 플랫폼이다.

미국 국방 혁신생태계는 규칙을 설계하는 수준에 머물지 않는다. 이 생태계는 규칙을 제도화하고, 운용을 통해 규범화하며, 조달과 표준을 통해 구조화한다. 미국의 연방 조달 체계는 단순한 구매 시스템이 아니라 국가가 기술 선택권을 행사하고 혁신 방향을 조정하는 전략적 질서 운영 장치다. 국제 무기 거래 규정(International Traffic in Arms Regulations, ITAR)은 미국이 보유한 핵심 기술이 해외로 확산되는 경로를 통제하는 기술 확산 통제 장치로 기능하며, 기술패권의 안정성을 유지하는 역할을 수행한다. 국방 표준화 체계(Military Specifications, MIL-SPEC)는 글로벌 공급망 기업들이 미국 국방 요구 기준을 충족하도록 생산 구조와 설계 방식을 사실상 강제함으로써 시장 참여 자체를 표준 종속 체계 안에 편입시킨다.

미국의 시험·평가·인증 인프라는 무기체계뿐 아니라 인공지능, 사이버 보안, 자율 무기체계까지 포함하는 운용 적합성 감독 체계이며, 국방 기술이 실제 전력으로 전환되기 위해 반드시 통과해야 하는 전략적 관문이다. 대외 군사 판매 제도(Foreign Military Sales, FMS)는 미국 무기체계를 도입한 국가들이 장비뿐 아니라 운용 교리, 전투 데이터, 소프트웨어 업데이트 체계까지 미국식 전력 운영 구조에 결합하도록 설계된 동맹 전력 통합 시스템이다. 이처럼 미국은 기술 판매가 아니라 군사·산업·기술이 결합된 생태계 수준의 동맹 구조를 수출하며, 이를 통해 장기적 패권의 기반을 체계적으로 확장한다.

이 모든 기반은 단일 제도들의 집합이 아니라 질서를 유지하기 위한 국가 운영 알고리즘이다. 이를 통해 미국은 단순히 자국 기업을 보호하는 것이 아니라, 자국 생태계의 규칙을 국제 체계 속에서 실행 가능하게 만드는 구조적 힘을 확보했다. 실행 기반이 없는 규칙은 언제든 무력화되지만, 집행 구조를 가진 규칙은 질서를 지속적으로 재생산한다. 미국 패권이 흔들리지 않는 이유는 군사력의 규모 때문이 아니라 실행력을 설계한 패권 구조를 보유하고 있기 때문이다. 패권은 선언으로 존재하지 않는다. 패권은 운영되는 질서로 존재한다. 미국은 바로 이 실행되는 패권을 창출한 국가다.

이 실행 기반은 궁극적으로 생태계적 비가역성(Ecosystemic Irreversibility)으로 수렴한다. 생태계적 비가역성이란 단순한 기술 의존이나 공급망 경로 고착을 넘어, 하나의 질서가 대체 불가능한 구조적 환경으로 전환되는 현상을 뜻한다. 이는 일시적 종속이나 선택상의 편의가 아니라, 경로의존(Path Dependence)과 전환비용 폭증(Total Switching Cost Escalation)이 결합되며 발생하는 전략적 귀속 상태다. 일단 특정 생태계 안으로 편입되면, 기술·데이터·운영 프로토콜·표준·법제·조직 루틴이 상호 얽히는 네트워크 효과가 작동하여 탈출 가능성을 구조적으로 차단한다.

이러한 비가역성은 미국의 국방 혁신생태계에서 가장 선명하게 드러난다. 팔란티어(Palantir)가 제공하는 인공지능 기반 전장 운영체계는 단순한 데이터 분석 도구가 아니라 작전 언어와 지휘 체계를 디지털 코드로 변환한 전장 운영 아키텍처다. 스타링크(Starlink) 위성 네트워크를 구축한 스페이스X(SpaceX)는 상업용 통신 서비스를 운영하는 기업이 아니라 지휘 통신, 정찰, 표적 획득, 항법, 함대 연결을 통합하는 전략 통신 인프라의 공급자다. 록히드 마틴(Lockheed Martin)의 F-35는 항공기 플랫폼이 아니라 글로벌 전투 네트워크에 접속되는 동맹 통합형 전력 운영체계이며, 이를 운용하는 국가는 전투기뿐 아니라 전술 교리, 훈련 체계, 부품 공급망, 소프트웨어 업데이트 정책까지 함께 도입하게 된다. 합동 전 영역 지휘 통제(JADC2)는 육상, 해상, 공중, 우주, 사이버 영역을 하나의 지휘 체계로 결합하는 전장 운영 운영 체제(OS)이며, 여기에 접속하는 순간 전작권의 운영 언어와 정보 흐름이 미국식 지휘 구조에 정렬된다.

이 시스템들은 모두 공통적으로 기술 통합을 넘어 운영 잠금(lock-in) 연결을 유도한다. 미국과의 방산 협력은 무기 구매 행위가 아니라 운영체계 편입 계약이며, 방위 산업 협력은 생산 계약이 아니라 데이터·소프트웨어·표준·보안·조달 프로토콜의 통합적 귀속을 의미한다. 이러한 구조에서는 전환 비용의 대상이 더 이상 단일 기술이 아니라 시스템 전체가 된다. 따라서 특정 국가가 미국 국방 생태계에서 이탈해 다른 기술 질서(예: 중국형 AI·러시아형 조기 경보 체계)로 이동하는 것은 기술 전환이 아니라 전략적 체제 변경에 해당한다.

이것이 바로 생태계적 비가역성의 권력 구조다. 이 구조 안에서 한 국가가 미국 국방 생태계에 편입되는 순간, 그 국가는 상호운용(interoperability)이라는 이름 아래 사실상 전략적 종속 상태에 들어간다. 생태계적 비가역성은 패권 유지의 마지막 단계이며, 미국이 전쟁 없이 세계 질서를 통제할 수 있는 근본 메커니즘이다.

따라서 미국의 국방 혁신생태계를 국방부와 방산 기업이 얽혀 있는 조달 네트워크 정도로 축소하는 해석은 전략적 무지에 가깝다. 이 체계는 특정 부처가 운영하는 정책 장치가 아니라 국가 차원에서 설계된 권력 아키텍처이며, 미국이 혁신패권에 도달할 수 있었던 핵심 설계 구조다.

2026 회계연도 국방 예산은 8,524억 달러로, 연방 지출의 56.86%를 차지할 정도로 방대한 규모를 보이지만, 이는 이 생태계의 외형적 규모를 보여줄 뿐이다. 진정한 힘은 이 예산을 지휘하고 연동시키는 전략 기술 집행 구조에서 나온다.

국방부(DoD)는 이 구조의 중심에 서 있으나 단독으로 작동하지 않는다. 상무부(DoC)는 수출 통제와 기술 표준을 통해 산업 기반을 관리하며, 국가표준기술연구소(National Institute of Standards and Technology, NIST)는 반도체·양자·사이버 보안 등 전략 기술 표준의 기초 규칙을 설계한다. 에너지부(DoE)는 핵 기술과 첨단 에너지 시스템 연구를 주도하며, 그 산하 국가핵안보국(National Nuclear Security Administration, NNSA)은 2026년 예산이 300억 달러로 확대되며 미국 전략 억지 체계의 핵심으로 부상했다. 생명공학과 바이오 안보 분야에서는 국립보건원(National Institutes of Health, NIH)이 핵심 연구 자금을 공급하며, 항공우주국(NASA)은 우주 기술 주권을 뒷받침하는 전략 기술 플랫폼을 운용한다. 국립과학재단(National Science Foundation, NSF)은 기초 과학과 미래 과학 기술 인재 양성을 담당하며 혁신 파이프라인의 기반을 구성한다.

2026년 예산 지형을 보면, 미국의 국방을 중심으로 한 혁신생태계 집중도가 어떻게 변화하고 있는지 드러난다. 2026 연방 혁신 전담 부처 예산 합계는 1조 1천 236억 달러로 전년 대비 63.9억 달러 증가했으며 연방 정부 전체 지출 대비 비중은 전년 57.9%에서 66.4%로 상승했다. 이는 미국이 단순한 기초 연구 투자에서 전략 기술 중심의 국가 경쟁 체제로 구조 전환을 진행하고 있음을 보여준다. 이 구조는 행정 기관 간 협조의 결과가 아니라 국가 혁신생태계(National Innovation Ecosystem, NIE)를 움직이는 권력 통합 구조이며, 기술·산업·안보·외교를 하나의 전략 축으로 통제하는 국가 운영 메커니즘이다.

미국 패권의 본질은 무력의 과시가 아니라 질서의 설계이며, 이 질서를 되돌릴 수 없게 만드는 생태계적 구조화 능력이다. 생태계는 기술과 산업을 연결하고, 산업은 조달과 표준을 통해 군사 운용 체계와 결합하며, 이 결합은 다시 동맹과 시장을 묶어 하나의 문명적 혁신 네트워크를 형성한다. 미국은 이 구조를 통해 전쟁 이전에 질서를 설계하고, 충돌 이전에 결과를 결정한다. 총과 미사일은 이 질서를 보호하기 위한 수단일 뿐 그 자체가 패권의 본체는 아니다.

패권은 힘의 문제가 아니라 구조의 문제이며, 오늘날 구조를 지배하는 힘은 생태계를 설계하고 운용하는 능력에서 나온다. 이것이 Pax Inno-Americana의 실체다.

그것은 미국이 세계를 정복하려는 의지가 아니라 세계가 작동하는 방식을 설계하는 전략 체제이며, 국경을 넘어 국가의 미래 선택지를 제한하는 작동 논리다.

혁신을 지배하는 자는 산업을 지배하고, 산업을 지배하는 자는 전력을 지배하며, 전력을 지배하는 자는 결국 세계의 미래를 결정한다. 미국은 더 이상 세력을 확장하는 제국이 아니라 질서를 설계하는 생태계적 혁신문명이 되었으며, 그 질서는 이미 되돌릴 수 없는 힘으로 자리잡았다.

미·중 혁신 동맹 네트워크 경쟁과 전략적 질문

혁신패권을 위한 전략 동맹의 탄생

혁신의 시대는 조용히 시작되지 않는다. 역사는 종종 기술적 발견을 계기로 움직였지만, 한 시대의 질서를 바꾼 사건들은 언제나 정치적 선언과 함께 시작되었다. 2025년 9월, 영국 체커스(Chequers)에서 발표된 기술번영협정(Technology Prosperity Deal, TPD)은 그런 선언 중 하나였다. 그러나 그것은 과거식 협정이 아니다. 그것은 세기를 가르는 새로운 시대의 헌장이다. 그날 미국과 영국은 서명만 한 것이 아니다. 혁신의 황금시대(Golden Age of Innovation)의 개막을 공식적으로 선포했다.

TPD는 단순한 기술 협력 문서가 아니다. 이 협정은 국가 간 혁신생태계를 통합하는 최초의 정치·경제·기술 동맹이며, 기존의 외교나 무역, 방위 중심의 협정과 차원을 달리한다. 그 목적은 하나의 세 가지 문장으로 정리된다. 기술 우위 확보를 넘어 혁신 통치 체제를 구축하고, 경제 동맹을 넘어 혁신 체제를 결속하며, 산업 패권을 넘어 세계 질서를 재설계한다. 미국은 지난 세기 군사 우위를 기반으로 팍스 아메리카나를 만들었다. 이제 TPD는 혁신을 기반으로 한 새로운 질서, 팍스 이노아메리카나(Pax Inno-Americana)로 이동하는 전략적 교두보다.

이 협정이 다루는 분야는 세 가지다. 인공지능(AI), 민간 원자력(특히 핵융합과 차세대 핵연료), 그리고 양자 기술. 세부적으로는 데이터 인프라, 반도체, AI 모델, 고성능 연산 체계, 에너지·방위 기술까지 포함된다. 이 분야들은 미래 산업의 핵심이 아니라 미래 권력의 핵심이다. 무엇을 생산하느냐보다 어떤 문명을 설계할 수 있는가가 경쟁의 기준이 되는 시대, TPD는 미래 경쟁의 본질이 기술이 아니라 혁신 역량을 둘러싼 체제 경쟁임을 분명히 선언한 셈이다.

TPD의 진짜 의미는 그 실행 구조에서 드러난다. 협정의 본문은 AI 연구 자원 공유, 원자로 인허가 통합, 양자 기술 표준 개발처럼 구체적 합의를 담고 있지만, 이 조항들은 겉모습에 불과하다. 실제 핵심은 이 협정이 연구 체계, 산업 인프라, 기술 표준, 공급망, 공공 조달, 인재 시스템, 금융 자본을 하나의 전략 질서 안에서 통합하고 있다는 사실이다. TPD는 기술 동맹이 아니라 혁신 거버넌스 협정이며, 경제·안보·산업·학술·금융을 하나의 전략 언어로 묶은 최초의 국제 협정이다.

숫자는 이 협정의 실체를 증명한다. TPD는 미국 기업과 영국 정부 간 800억 달러 규모의 전략 조달 계약, 영국 내 1만 5천 개의 새로운 기술 일자리, 3,500억 달러 규모의 상업 성과 창출, 그리고 민간 자본—블랙록(BlackRock), 마이크로소프트(Microsoft), 엔비디아(NVIDIA), 팔란티어(Palantir)—이 결합한 1500억 파운드 규모의 혁신 투자 흐름을 촉발시켰다. 이 숫자들은 단순한 산업 규모가 아니다. 정책 주도 혁신경제가 작동할 수 있다는 실증이다.

TPD는 경쟁국을 겨냥한 문서다. 이름은 적지 않았지만 대상은 분명하다. 중국이 일대일로(BRI)로 세계 인프라 질서를 장악하려 했다면, 미국과 영국은 TPD를 통해 혁신 인프라 질서를 선점하는 전략을 선택했다. 나아가 이 협정은 단독 행동이 아니다. AUKUS(미·영·호 기술안보 동맹), CHIP4(미·일·대만·한국 반도체 연합)와 함께 설계된 혁신 동맹 네트워크 전략의 핵심 거점이다. TPD는 새로운 국가 경쟁의 질문을 던진다. 더 빨리 발전하는 나라가 승리하는가, 아니면 더 강한 혁신시스템을 가진 나라가 미래를 지배하는가?

미래는 이미 답을 알고 있다. 혁신은 속도의 문제가 아니라 구조의 문제이며, 패권은 기술이 아니라 혁신생태계의 질서를 설계하는 자의 것이다. TPD는 선언했다. 패권의 중심은 군사력에서 기술로 이동했고, 이제 기술에서 혁신 체제로 이동한다. 이것이 TPD가 가진 역사적 무게이며, 우리가 지금 이 협정을 주목해야 하는 이유다.

AUKUS: 군사 동맹을 넘어 전략 혁신 체제를 설계하다

기술번영협정(Technology Prosperity Deal, TPD)이 혁신을 경제 질서의 언어로 공식화했다면, AUKUS(오커스)는 그 구조를 국방과 안보 영역으로 확장한 전략적 실험이다. 흔히 AUKUS는 미국·영국·호주의 핵 추진 잠수함 협력 체제로 알려져 있지만, 그것은 전체 중 일부에 불과하다. 그 본질은 군사력 확장을 위한 군사 블록이 아니라 전쟁 수행 체계를 재설계하는 혁신시스템이며, 안보를 혁신생태계로 재편한 최초의 동맹 구조라는 데 있다.

20세기 군사력은 장비와 화력, 병력과 군사비 지출로 측정될 수 있었다. 그러나 21세기의 전력은 완전히 다른 구성 원리를 따른다. 전장은 더 이상 지형이 아니라 데이터 공간이며, 지휘 체계는 위계가 아니라 알고리즘으로 작동한다. 이 전환을 주도하는 핵심 기술은 인공지능 기반 C2(Command and Control), 자율 무인 전력, 실시간 전장 인식, 극초음속 방어, 양자내성 암호, 네트워크 지휘 체계 등이다. AUKUS는 이러한 혁신 전력 체계를 동맹 수준에서 표준화하고, 연합 실험을 통해 전장을 하나의 네트워크로 통합하는 구조적 목적을 갖는다. 그래서 AUKUS는 군사 협정의 외형을 하고 있지만 실체는 '방위 전략'보다 '혁신시스템 설계'에 초점이 맞춰진 협정이다. 다시 말해, 그것은 공동 방어 조약이 아니라 공동 혁신 체계다.

이 구조는 실행 방식에서 더욱 분명해진다. AUKUS 운영은 기존 군사 구매 방식과 전혀 다른 방식을 택한다. 과거 동맹국 협력은 무기 이전과 공동 개발 수준에서 머물렀다면, AUKUS는 연구—실험—배치를 하나의 연속 구조로 통합한다. 미국 국방혁신단(DIU)과 해군연구소(ONR), 영국 국방혁신기관(UK Defence Innovation), 호주 국방혁신허브가 연결된 것은 바로 이런 이유 때문이다. 이는 동맹 간 협력이 더 이상 조달 계약이 아닌 연합 혁신 파이프라인이 되었음을 의미한다.

여기에 민간 기술기업이 참여한다는 사실은 동맹 구조가 진입한 새로운 시대를 상징한다. 팔란티어(Palantir)는 영국 육·해·공군 지휘 체계를 알고리즘 기반으로 재구성하는 코어 커맨드 AI를 제공하며, 사실상 군사 운영체계의 논리 구조 자체를 데이터 중심으로 재정의하고 있다. 구글 클라우드는 영국 국방부와 5억 4천만 달러 규모의 계약을 체결해 국방 데이터를 클라우드 기반 전략자산으로 전환하고 있다. 이러한 변화는 단순한 외부 위탁이 아니라 국가안보 패러다임의 구조 재편이다. AUKUS 체제에서 기술기업은 더 이상 주변적 협력자가 아니라 동맹의 주요 행위자로 편입되며, 안보는 국가만의 고유 영역이 아니라 혁신 네트워크가 작동하는 확장된 전략 영역이 된다.

이 구조적 변화는 필연적으로 동맹의 경계를 넓힌다. 일본은 공식 회원국이 아님에도 AUKUS Pillar II(첨단기술 협력 축)에 합류하며 양자 기술, 극초음속 방어, 우주·해양 무인 시스템 등에서 공동 실험 프로그램을 시작했다. 이 흐름은 인도-태평양 전체가 전통적 군사 동맹이 아니라 혁신 기반 안보 질서로 재편되고 있음을 보여준다. AUKUS는 첨단 전력을 합치는 동맹이 아니라 혁신 역량을 결합하는 동맹, 무기를 공유하는 체제가 아니라 전쟁 수행 방식을 공동 설계하는 플랫폼으로 진화하고 있다.

그래서 TPD와 AUKUS는 서로 다른 분야에 속하지만 하나의 전략적 문장으로 수렴한다. TPD는 혁신의 언어로 경제 질서를 재편하고, AUKUS는 같은 언어로 안보 질서를 재편한다. 두 구조 모두 혁신을 권력화하고 동맹을 시스템화하며 체제를 설계하는 연합 전략이다. 이것이 바로 혁신 동맹 네트워크 경쟁 시대의 본질이며, 미국이 혁신패권을 구축하기 위해 선택한 전략 패러다임의 중심축이다.

CHIP4: 산업 주권을 동맹 질서로 재편하는 전략 기술 체제

미·영 TPD가 혁신의 규칙을 경제 영역에서 제도화하고, AUKUS가 같은 규칙을 안보 체계로 확장했다면, CHIP4(미국·일본·한국·대만 반도체 공급망 동맹)는 그 전략을 산업 질서 전반으로 투영한 구조적 설계다. 이것은 반도체 협력체가 아니다. CHIP4는 산업 주권을 동맹 주권으로 변환하는 통치 시스템이며, 미국이 구축 중인 혁신 동맹 네트워크 전략(Pax Inno-Americana)의 산업 지휘 체계라 부를 수 있다.

많은 이들이 CHIP4를 "반도체 공급망 안정 협력체"로 이해하지만, 그 해석은 이 구조가 가진 전략 의도를 깊이 보지 못한 표현이다. CHIP4는 공급망 문제가 아니라 체제 경쟁의 문제를 다룬다. 핵심은 특정 부품의 조달을 안정시키는 것이 아니라 미래 문명의 연산 능력을 어떻게 배치하고 통제할 것인가라는 질문이다. 반도체는 하나의 산업이 아니라 모든 전략 기술의 연산 기반을 구성하는 지능 인프라(intelligence infrastructure)다. 인공지능의 연산, 양자 컴퓨팅의 큐비트 제어, 정밀 군사 시스템의 자율성, 우주·로봇·에너지 시스템의 안정성까지 반도체는 미래 권력의 작동 원리를 결정한다. 바로 그렇기 때문에 미국은 반도체를 더 이상 산업으로 분류하지 않는다. 반도체는 안보다. 그리고 안보는 시장 법칙이 아니라 전략 법칙으로 움직인다.

2022년 미국 의회가 통과시킨 CHIPS and Science Act(반도체 및 과학법)는 이 진환을 제도적 언어로 명문화한 문서다. 언론은 흔히 이를 기업 보조금 지원법으로 소개했지만, 실제 법 내용은 산업 통제를 가능하게 하는 전략 규범 체계다. 핵심은 돈이 아니다. 핵심은 규칙이다. 미국은 이 법을 통해 '미국 정부의 지원을 받는 기업은 중국 내 첨단 반도체 투자 또는 기술이전 금지'라는 조항을 삽입했다. 이 조항 하나로 반도체 기업은 시장 논리보다 '혁신 지정학적 충성 체계'에 따라 움직이게 되었다. 기업 전략은 더 이상 기업의 자율 영역이 아니다. 산업은 안보 체계에 귀속되었고, 안보는 산업을 통해 실현되는 질서가 되었다.

CHIP4의 구조 핵심은 동맹형 생산체계(alliance manufacturing architecture)라는 산업 설계 방식이다. 미국은 한국, 대만, 일본을 파트너로 묶고 네덜란드·이스라엘·독일을 기술 공급선으로 결합해 글로벌 생산 구조를 재설계했다. 이 시스템은 단순한 분업망이 아니다. 기술 권력의 위계를 설계한 구조적 공급망이다. 반도체 설계 자동화 EDA는 미국이 쥐고 있으며, 노광 장비는 네덜란드 ASML이 독점하고, 핵심 장비는 미국과 일본이 통제한다. 한국과 대만은 세계 최고의 제조 기술을 갖고 있지만, 핵심 장비·설계 툴·소재 승인 체계는 미국이 관리한다. 이 구조는 공급망 보호가 목표가 아니다. 역할 고정(role lock-in)이다. 국가마다 기술 지위를 분화해 어떤 국가도 반도체 주권을 단독으로 확보하지 못하도록 시스템적 종속 설계가 이루어진 것이다. 산업 주권은 이제 동맹의 조건 속에서만 유지 가능한 권리가 되었고, 산업 권력은 시스템 설계 권력으로 이동했다.

CHIP4를 움직이는 보이지 않는 엔진은 정책과 자본이다. 수출 통제 규범을 통해 기술이전을 통제하고, 보조금 정책을 통해 생산 거점을 설계하고, 조달 규칙을 통해 공급 구조를 유도한다. 여기에 반도체 공급망 보증 채권, 미국 국가 전략 기금, 일본 정책 금융 공사, 한국 K-CHIPS 지원 프로그램 등이 결합되면서 반도체는 시장 경쟁을 넘어 국가 전략과 금융 동원이 통합된 산업 전장으로 변했다. 기술의 방향뿐 아니라 자본 흐름과 공급망 참여 조건까지 설계하는 구조가 만들어진 것이다. 이 시점에서 CHIP4는 더 이상 기술 협의체가 아니라 전략 설계 플랫폼이라는 정체성을 드러낸다.

CHIP4의 마지막 층위는 규범 경쟁이다. 미국은 "반도체 규범화 전략"을 병행한다. 군용 반도체 신뢰성 기준, 공급망 투명성 인증, 장비 유지 데이터 관리 규정 등 표준-기술-조달의 삼각 잠금 구조를 설계해 규칙을 선점한다. 이 구조 아래에서 표준을 설계하는 국가는 시장을 규정하고, 시장을 규정하는 국가는 공급망을 통제하며, 공급망을 통제하는 국가는 구조 권력(structural power)을 갖는다. 결국 CHIP4는 반도체 협력체가 아니라 산업 질서 자체를 설계하는 혁신패권 아키텍처다.

TPD가 경제·기술 규범 질서를 세우고, AUKUS가 안보·작전 질서를 혁신한다면, CHIP4는 산업 권력의 귀속 구조를 결정하는 제도다. 세 구조는 모두 미국의 혁신패권 전략을 지탱하는 하나의 설계 언어로 연결된다. 이것이 TPD·AUKUS·CHIP4가 병렬 협정이 아니라 하나의 네트워크 전략, 즉 팍스 이노아메리카나(Pax Inno-Americana)의 세 기둥이라고 말할 수 있는 이유다.

중국의 대응 전략: 일대일로에서 디지털 실크로드로
― 연결을 통한 기술 영토 확장

미국이 TPD·AUKUS·CHIP4를 축으로 혁신 동맹 네트워크를 제도화하고 있다면, 중국은 전혀 다른 경로를 택했다. 중국은 동맹을 만들지 않는다. 대신 연결을 구축하고 의존을 설계하며 영향권을 확장하는 전략을 택했다. 그 핵심이 바로 일대일로(Belt and Road Initiative, BRI)에서 시작해 디지털 실크로드(Digital Silk Road), DSR로 진화한 기술 영토 전략이다.

일대일로는 흔히 철도·항만·도로 건설 프로젝트로 단순화되지만, 그것은 전략의 표면만을 본 해석이다. BRI는 출발부터 경제권 확장과 지정학적 영향력 내재화를 목표로 설계된 글로벌 프로젝트였다. 중국은 물리적 기반시설(infrastructure)을 투자한다는 명분 아래 연결을 소유하고 경로를 통제했다. 그러나 2015년 이후 중국 전략은 새로운 단계로 진입한다. 물리적 연결의 확장에서 디지털 권력 체계의 구축으로 방향을 전환했으며, 그 결과 BRI는 디지털 실크로드라는 이름 아래 기술 질서 설계 프로젝트로 진화했다.

디지털 실크로드는 세 가지 층위에서 작동하는 전략적 시스템이다. 첫째, 네트워크 인프라 지배. 중국은 화웨이(Huawei)와 ZTE, China Telecom을 앞세워 아시아·중동·아프리카·남미에 5G 통신망을 확산시켰다. 통신망은 더 이상 단순한 연결 수단이 아니다. 그것은 국가의 데이터 흐름을 설계할 수 있는 권력 경로이며, 정보의 이동을 감시하고 선택적으로 차단하거나 활용할 수 있는 네트워크 주권의 핵심이다. 둘째, 항법·우주 기반 시스템 확장. 중국은 베이더우(BeiDou) 위성항법 시스템을 BRI 참여국에 전략적으로 보급해 GPS에 대한 의존도를 낮추고, 물류·항공·국방 체계까지 중국 기술 표준에 밀착시키는 전략 플랫폼 의존 구조를 만든다. 셋째, 데이터 주권 확장. 중국은 각국 정부와 데이터센터·클라우드 계약을 체결하며, 알리바바 클라우드와 텐센트를 통해 데이터 로컬리제이션을 조건으로 한 디지털 종속 구조를 구축해 왔다. 데이터 저장 규칙은 주권 질서를 재편하며, 그 결과 디지털 실크로드는 데이터를 매개로 한 영토 확장 전략이 된다.

이 과정을 관통하는 핵심은 긴단하다. BRI와 DSR은 투자 프로젝트가 아니다. 그것은 네트워크 기반 패권 전략이다. 아프리카의 스마트시티 구축, 중동 공항 자동화, 동남아의 모바일 결제 플랫폼 확산은 서로 다른 사업처럼 보이지만 동일한 구조 논리에 의해 작동한다. 표준-플랫폼-데이터-결제 시스템-사이버 보안을 하나의 전략 체인으로 묶어 호환성과 편의라는 이름 아래 기술 종속을 구축한다. 그 결과 연결은 곧 잠금이 되고

(lock-in effect), 기술은 곧 경로 의존(path dependency)의 매개가 된다. 이 구조 속에서 기술은 더 이상 도구가 아니다. 기술은 선택을 강제하는 질서가 된다.

중국 전략의 힘은 네트워크에만 있지 않다. 그 힘은 자본-인프라-거버넌스의 결합에서 나온다. 중국은 일대일로 기금(Silk Road Fund)과 AIIB(아시아인프라투자은행), 중국수출입은행을 결합해 금융을 영향력 외교의 도구로 사용한다. 이 자본은 단순한 투자금이 아니라 정책 조건이 부착된 자본이다. 차관에는 기술 표준 채택 조건이 붙고, 디지털 인프라에는 데이터 관리 규정이 따라온다. 이렇게 구성된 구조를 중국은 디지털 주권 파트너십이라는 이름으로 포장하지만, 실제로는 정책 종속과 기술 종속의 결합 구조이다. 디지털 실크로드란 결국 디지털 영토화 전략, 즉 네트워크 위에 구축된 새로운 형태의 영향권 체제이다.

그래서 오늘의 경쟁은 단순한 기술 경쟁이 아니다. 그것은 질서의 경쟁이다. 미국은 혁신 동맹 네트워크를 구축하며 동맹 기반의 규칙 질서를 만든다. 반면 중국은 디지털 실크로드를 통해 연결 기반의 영향 질서를 확장한다. 하나는 제도와 표준을 통해 세계를 조직하고, 다른 하나는 연결과 의존을 통해 세계를 구성한다. 이 충돌이 바로 21세기 패권 경쟁의 실체이며, 지금 인류가 목격하고 있는 것은 혁신패권 질서 vs. 디지털 영토 질서라는 두 거대 설계 전략의 정면 충돌이다.

혁신패권 경쟁의 본질: 기술이 아니라 질서를 설계하는 힘

이 장이 전하고자 하는 결론은 단순하지 않다. 그것은 지금 우리가 목격하는 세계 질서의 변화가 일시적 조정이 아니라 역사적 체제 전환이라는 사실이다. 21세기의 패권 경쟁은 산업 경쟁이나 군사력 경쟁의 연장이 아니다. 이 경쟁은 누가 세계의 질서를 설계하고 관리할 수 있는가를 둘러싼 혁신 네트워크 주권 경쟁이다. 군사력은 더 이상 패권의 기원을 설명하지 못하며, 시장 경쟁은 지배 구조를 결정하지 못한다. 패권의 무게중심은 기술을 넘어 혁신생태계로, 국가 단위를 넘어 혁신 네트워크 블록으로 이동했다.

미국은 이 사실을 가장 먼저 전략적으로 해석한 국가다. TPD-AUKUS-CHIP4는 각각의 개별 협정이 아니다. 이 세 축은 하나의 통합 전략 구조를 형성한다. TPD는 경제·기술 질서를 제도화하고, AUKUS는 안보·전력 체계를 혁신하며, CHIP4는 산업 권력의 흐름을 설계한다. 이 세 구조는 나란히 병렬적으로 놓여 있는 것이 아니라 상호 보완적으로 작동하는 하나의 시스템을 이룬다. 미국은 동맹을 결속시키는 것이 아니라 동맹을 설계하고 있으며, 협력을 조율하는 것이 아니라 혁신 질서를 구축하고 있다. 그 전략적 본질은 혁신패권의 네트워크화다.

반면 중국은 전혀 다른 방식으로 대응한다. 일대일로(BRI)와 디지털 실크로드(DSR)는 단순한 인프라 투자 사업이 아니라 연결을 매개로 영향력을 구조화하는 기술 영토 전략이다. 미국이 제도와 규범을 통해 동맹 네트워크를 설계한다면, 중국은 금융과 연결을 통해 의존 네트워크를 구축한다. 하나는 규칙 기반 패권, 다른 하나는 연결 기반 패권이다. 표면적으로는 프로젝트와 협정의 나열로 보일 수 있지만, 본질은 질서 설계 권력의 충돌이다.

따라서 오늘날의 미·중 경쟁을 기술 경쟁으로 이해하는 것은 구조를 보지 못하는 해석이다. 경쟁의 대상은 반도체도, AI도, 에너지 공급망도 아니다. 그것들은 모두 표면적 전장일 뿐이다. 경쟁의 실체는 누가 표준을 정의하고, 누가 데이터 흐름을 통제하며, 누가 공급망의 규칙과 조달 시스템을 장악해 네트워크의 구조를 고정(lock-in)할 것인가에 있다. 기술은 도구이지만 질서는 권력이다. 승부는 기술에서 나지 않는다. 승부는 질서를 설계한 쪽이 가져간다.

이제 국가의 선택은 완전히 다른 차원에서 요구된다. 과거 국제정치가 국가 대 국가 관계로 설명되었다면, 오늘의 경쟁은 체제 대 체제, 생태계 대 생태계, 혁신 네트워크 대 디지털 영향권의 충돌이다. 더 이상 어떤 국가도 외곽에 머물며 중립을 선택할 수 없다. 네트워크 질서 경쟁은 참여 여부가 아니라 편입 방식으로 결정되는 구조적 게임이기 때문이다. 어느 기술 스택을 채택할 것인가, 어느 데이터 규정을 따를 것인가, 어느 조달 시스템과 연결될 것인가—이 질문은 단순한 정책 선택이 아니라 국가의 산업 구조·안보 전략·경제 주권을 규정하는 문명적 선택이 되었다.

그래서 혁신패권은 미국과 중국의 문제가 아니다. 그것은 세계 모든 국가가 피할 수 없는 미래 설계 경쟁이다. TPD-AUKUS-CHIP4는 묻는다. "누가 혁신을 통치할 것인가?" BRI-DSR은 또 다른 질문을 던진다. "누가 세계 연결 구조를 지배할 것인가?" 그리고 이 질문들의 교차점에서 인류는 결정적 전환점을 맞이한다. 패권은 군사에서 탄생하지 않는다. 패권은 시장에서 만들어지지 않는다. 패권은 혁신 네트워크가 결합될 때 형성되며, 혁신 동맹이 작동을 시작할 때 실현된다.

숙제는 이제 분명하다. 국가는 어느 진영을 선택할 것인가가 아니라, 어떤 질서 안에서 자신의 미래를 설계할 것인가를 선택해야 한다. 이것이 바로 혁신 동맹 네트워크 경쟁이 오늘 인류가 맞이한 가장 중대한 전략적 질문인 이유다.

혁신패권, 구축할 것인가 종속될 것인가. 이제 이 질문 앞에서 외면은 선택지가 될 수 없다.

INNOVATION HEGEMONY

PART III

혁신패권 시대, 지속성장의 조건

CHAPTER 01
아직 일어나지 않았지만, 반드시 있어야 할 대화 I:
혁신에 관한 생각

CHAPTER 02
아직 일어나지 않았지만, 반드시 있어야 할 대화 II:
세상의 모든 미래, 미래혁신 수도 이야기

CHAPTER 03
아직 일어나지 않았지만, 반드시 있어야 할 대화 III:
산업의 혁신패권자들, 그리고 지속성장의 조건

CHAPTER 04
아직 일어나지 않았지만, 반드시 있어야 할 대화 IV:
AI 다음의 혁신패권, 가속하는 바이오 인텔리전스(BI)

가상대화에 대한 독자 사전 안내

본 책의 PART Ⅲ은 "아직 일어나지 않았지만, 반드시 있어야 할 대화"라는 제목의 가상대화 형식으로 구성되어 있습니다. 이 가상대화는 혁신생태계, 국가 전략, 혁신패권, 기업의 철학과 전략, 기술·산업 주권, 미래 문명의 작동 원리를 심층적으로 탐구하기 위해 설계한 분석적·사유적·구상적 구성물이며, 저자의 독립적 연구와 관찰에 기반한 지적 시도입니다.

가상대화 속의 발언·표현·견해는 실제 인터뷰나 대화를 재현한 것이 아니며, 각 인물에 대해 공식 발언, 공적 문서, 공개된 연설·토론, 언론 보도 등 검증 가능한 자료를 토대로 저자가 독자적 분석에 기반해 구성한 해석적 재구성입니다. 따라서 특정 인물·기관·기업의 실제 입장을 대변하지 않으며, 그 해석과 구성에 대한 책임은 전적으로 저자에게 있습니다.

본 책은 정치적 견해를 표명하거나 특정 정당·정부·국가·기업인을 옹호·비판하는 목적을 갖지 않으며, 어떠한 기업·기관·정치단체와의 이해관계, 홍보 목적, 투자 권유 또는 재정적 유인도 포함하지 않습니다. 저자는 본 책에 등장하는 모든 국가·기업·기관과 직·간접적 이해상충 관계가 없으며, PART Ⅲ의 구성은 문명적·전략적 관점에서 혁신의 구조를 탐구하기 위해 마련된 학술적 분석 장치입니다.

PART Ⅲ에 등장하는 주요 인물은 다음과 같습니다.
이들은 21세기 혁신생태계·기술패권·미래 전략의 작동 원리를 탐구하기 위한 분석적 참조 인물로 설정되어 있으며, 그 역할은 학술적·전략적 맥락 제공에 한정됩니다.

가상대화 등장인물

1. 국가·정책 리더 그룹

- 버락 오바마(Barack Obama) – 미국 제44대 대통령(2009~2017)
- 도널드 트럼프(Donald Trump) – 미국 제45·47대 대통령(2017~2021, 2025~)
- 앤서니 P. "더치" 하만(Anthony P. "Dutch" Hamann) – 제6대 산호세 시 관리자(1950~1969)
- 에드먼드 G. "팻" 브라운(Edmund G. "Pat" Brown) – 제32대 캘리포니아 주지사(1959~1967)
- J. E. 월리스 스털링(J. E. Wallace Sterling) – 스탠퍼드대학교 제5대 총장(1949~1968)

2. 글로벌 혁신기업 리더 그룹

- 젠슨 황(Jensen Huang) – 엔비디아 CEO
- 제프 베이조스(Jeff Bezos) – 아마존 창업자
- 마크 저커버그(Mark Zuckerberg) – 메타 CEO
- 사트야 나델라(Satya Nadella) – 마이크로소프트 CEO
- 제이미 다이먼(Jamie Dimon) – 제이피모건체이스 회장
- 데이비드 릭스(David Ricks) – 일라이릴리 CEO
- 데미스 허사비스(Demis Hassabis) – 구글 딥마인드 CEO
- 일론 머스크(Elon Musk) – 테슬라 CEO
- 웨이저자(C. C. Wei) – TSMC 회장
- 팀 쿡(Tim Cook) – 애플 CEO

아직 일어나지 않았지만, 반드시 있어야 할 대화 Ⅰ
: 혁신에 관한 생각

혁신은 국가의 생존 전략이다

이영달　　　"역사는 우리의 길잡이입니다. 미국이 20세기를 이끌 수 있었던 이유는 혁신을 이끌었기 때문입니다. 이제 경쟁은 더 치열하고 도전은 더 거세졌습니다. 그래서 혁신은 그 어느 때보다 중요합니다. 그것이 21세기의 좋은 일자리와 삶의 질을 보장하는 열쇠입니다."

오바마 대통령께서는 2009년 8월 연설에서 이렇게 말씀하셨습니다. 그 연설 한 달 뒤, 대통령께서는 미국 역사상 처음으로 국가 차원의 혁신전략, 〈미국 혁신전략: 지속가능한 성장과 양질의 일자리 창출 추진(A Strategy for American Innovation: Driving Towards Sustainable Growth and Quality Jobs)〉을 공표했습니다.

당시는 리먼브라더스 파산과 대량 실업, 주택 압류 급증으로 상징되는 세계 금융위기의 절정기였습니다. 미국 전역에 불안과 분노가 확산되었고, 경제 시스템에 대한 신뢰가 무너졌습니다.

그런데 대통령께서는 그 위기를 단순한 경기 침체가 아닌 '미국 혁신 체제의 균열'과 '지속가능 국가의 붕괴'로 보셨다는 해석이 있습니다. 당시 국가 혁신전략이 필요하다고 판단하신 근본 이유는 무엇이었으며, 그 판단은 어떤 정책적 통찰에서 출발했습니까?

버락 오바마　　　그 질문은 정확합니다. 우리가 마주한 것은 단순한 경기 침체가 아니라, 국가의 지속가능한 생존 기반이 침식된 상태였습니다. 미국은 오랫동안 민간의 창의성과 혁신에 의존해 성장해왔습니다.

그러나 그 창의성을 지탱하던 토대—기초 연구, 인재, 인프라—가 쇠퇴하고 있었습니다. 2008년 위기는 시장 자체가 그 토대를 유지할 능력을 잃었다는 징후였습니다. 그래서 나는 그 위기를 '금융의 붕괴'가 아닌 '미래 창조 역량의 붕괴'로 보았습니다. 무너진 것은 단순한 경제가 아니라, 미래를 만들어내는 능력 자체였습니다. 따라서 우리가 복원해야 할 것은 소비의 수요가 아니라, 혁신이 존재할 수 있는 생태적 조건이었습니다. 그때 내가 내린 결론은 명료했습니다. 국가는 세 방향에서 동시에 움직여야 했습니다.

첫째, 기초과학과 기술 연구에 대한 지속적 투자—이는 공공이 함께 소유하는 미래의 자산입니다.

둘째, 기업가정신과 시장경쟁이 자율적으로 작동할 수 있는 제도적 환경을 개혁해야 했습니다.

셋째, 민간이 감당하기 어려운 국가적 도전과제를 정부가 촉매로 끌어내야 했습니다.

이 세 축이 결합될 때, 혁신은 정책이 아닌 지속성장의 구조적 리듬으로 작동합니다. 나는 혁신을 결코 '일자리 정책'으로 본 적이 없습니다. 혁신은 생산성, 포용성, 지속성의 균형을 설계하는 시스템 디자인이었습니다. 그래서 우리는 성장을 '총량'이 아닌 '지속가능한 생태계의 상태'로 정의하기 시작했습니다. 국가 혁신전략은 그 새로운 정의의 설계도였습니다.

이영달　　　　결국 대통령께서는 '혁신'을 국가 경쟁력의 도구가 아닌 '성장의 구조적 조건'으로 보셨군요. 그렇다면 그 구조가 실제로 작동하기 위해 정부는 어떤 역할을 해야 한다고 보셨습니까?

또한 "월스트리트 경제(Wall Street Economy)"에서 "메인스트리트 경제(Main Street Economy)"로의 전환을 강조하셨는데, 그 개념은 무엇이었습니까? 이를 위해 구체적으로 무엇을 하셨나요?

버락 오바마　　　나는 정부를 명령하거나 관리하는 기구로 보지 않았습니다. 정부는 플랫폼 설계자, 즉 시장과 대학, 산업, 시민의 창의력을 연결해주는 조율자라고 생각했습니다.

뉴딜 시대의 전력망 확충, 냉전기의 우주개발, 1990년대의 디지털 혁명— 이 모든 변곡점에서 정부는 산업을 대신하지 않았습니다. 대신 위험을 분담하고, 민간이 확장할 수 있는 환경을 설계했습니다.

그 철학이 바로 '혁신의 기초 구조(Building Blocks of Innovation)' 였습니다. 연구개발, 인적자본, 인프라, 시장규율—이 네 요소가 국가 혁신의 근간이었습니다. 이 네 가지 축은 서로 의존적이기에 하나라도 무너지면 전체 시스템이 흔들립니다. 그 균형을 유지하는 것이 정부의 역할이었습니다.

이 균형 위에서 '월스트리트 경제'와 '메인스트리트 경제'의 전환이 의미를 가졌습니다. 월스트리트 경제는 자본이 자본을 증식시키는 시스템이었습니다. 반면 메인스트리트 경제는 사람이 문제를 해결하고 새로운 가치를 창출하는 시스템이었습니다. 전자는 빠르지만 불안정하고, 후자는 느리지만 지속가능합니다.

우리가 한 일은 금융경제의 규모를 줄이는 것이 아니었습니다. 가치 창출의 중심을 현실로 되돌려놓는 것, 그 것이 핵심이었습니다. 청정에너지 전환, 제조업의 디지털화, 지역 창업 생태계 육성, 공공조달의 혁신 도입—이 모두가 그 전환의 실질적 수단이었습니다.

결국 우리가 추진한 것은 이 하나의 명제였습니다.

"미국의 창조 역량을 파생상품 설계 능력에서 현실의 문제 해결 능력으로 되돌려놓자."

그것이 내가 생각한 메인스트리트 경제의 본질이었습니다.

이영달　　　　　그렇다면 그 설계도의 궁극적 목표는 무엇이었습니까? 기술적 경쟁우위를 넘어서는 보다 근원적인 철학이 있었던 것 같습니다.

버락 오바마　　저에게 혁신전략의 목표는 '더 빠른 성장'이 아니라 '더 넓은 성장'이었습니다. 혁신이 특정 지역이나 소수 집단에 집중되면 국가는 분열됩니다. 그때부터는 성장률이 아무리 높아도 사회는 불안해집니다. 그래서 나는 "공유된 번영(shared prosperity)"이라는 표현을 썼습니다. 그 말은 단순한 분배의 문제가 아니라 지속가능한 통합의 문제였습니다. 혁신의 가치는 기술에만 있는 것이 아니라 참여의 폭에 있습니다. 누구나 새로운 기회를 창출하고 그 성과에 접근할 수 있을 때, 혁신은 경제정책을 넘어 민주주의의 한 형태가 됩니다.

그래서 2015년 전략에서 우리는 포용적 혁신경제(inclusive innovation economy)를 국가 비전으로 제시했습니다. 혁신의 가치는 기술에 있지 않습니다. 참여에 있습니다. 모든 사람이 새로운 기회를 만들고 그 성과에 접근할 수 있을 때, 혁신은 민주주의의 형태를 띱니다.

그것이 내가 국가 혁신전략을 단순한 경제 계획이 아닌 '미국 민주주의의 재활성화(revitalization of American democracy)'로 보았던 이유입니다.

모두를 위한 기회, 혁신의 민주주의

이영달　　대통령께서는 재임 중 "모두를 위한 기회(Opportunity for All)"를 여러 차례 강조하셨습니다. 그 표현은 단순한 사회정책의 구호가 아니라, 국가의 진로를 규정하는 철학적 선언처럼 들렸습니다.

이 개념은 앞서 공표하신 국가 혁신전략, 〈미국 혁신전략: 지속가능한 성장과 양질의 일자리 창출 추진〉과 어떤 관계에 있었습니까? 그것은 '미국 민주주의의 재활성화'의 연장선이었습니까, 아니면 전혀 새로운 단계의 전략이었습니까?

버락 오바마　　좋은 질문입니다.

"모두를 위한 기회"는 단순한 경제정책이 아니라 국가의 혁신철학이었습니다.

2009년 국가 혁신전략에서 우리는 "무엇을 혁신할 것인가"에 집중했습니다. 그러나 그 다음 단계에서 질문을 바꾸었습니다.

"누가 혁신할 수 있는가?"

이 질문이 국가의 방향을 바꾸었습니다. 혁신이 특정 계층과 지역에 집중될 때, 나라는 자기 잠재력을 일부만 사용할 수 있습니다. 위기의 본질은 금융의 실패가 아니라 기회의 집중이었습니다.

그래서 나는 혁신을 기술의 문제가 아니라 기회의 구조로 보기 시작했습니다. 혁신은 생산의 과정이자 민주주의의 확장입니다. 모든 시민이 창조에 참여할 수 있을 때, 혁신은 단순한 성장의 수단을 넘어 국가 통합의 메커니즘이 됩니다.

이영달　　즉 "모두를 위한 기회"는 사회적 평등의 담론을 넘어, 혁신의 분포 구조를 새롭게 설계하는 국가 전략의 언어였다는 말씀이군요. 그렇다면 그 철학을 구체적으로 어떻게 실현하셨습니까?

버락 오바마　　나는 혁신의 불균형을 경제의 결과가 아니라 구조의 문제로 보았습니다. "기회의 비대칭"을 바로잡지 못하면, 혁신의 흐름 또한 비틀린다는 사실을 명확히 인식했습니다.

그래서 우리는 국가 혁신전략을 세 방향으로 확장했습니다. 먼저, 교육을 복지의 영역이 아니라 창의력의 인프라로 재정의했습니다. 모든 시민이 학습과 탐구의 과정에서 스스로 문제를 해결하고 새로운 길을 열 수 있도록, 교육을 경제 성장의 종속 변수가 아닌 창조의 기반으로 전환했습니다.

다음으로, 기술과 시장에 대한 접근성을 공공 인프라로 다루었습니다. 디지털 네트워크, 데이터, 연구 자원의 개방을 통해 혁신의 문턱을 낮추고 누구나 연결될 수 있는 생태적 환경을 조성했습니다.

그리고 자본과 정보의 공공화를 추진했습니다. 혁신을 가능하게 하는 자원을 사회 전체가 함께 활용하고 순환시킬 수 있도록, 투자와 데이터, 지식의 흐름을 공공의 자산으로 제도화했습니다.

이 세 가지는 "성장을 이끌기 위한 정책"이 아니라, 시민 모두가 혁신에 참여할 수 있도록 생태계를 재설계하는 전략이었습니다.

그 철학의 이름이 바로 포용적 혁신(inclusive innovation)입니다. 포용은 도덕의 언어가 아니라 지속가능한 생산의 언어입니다. 기회가 좁아지면 창의성도 위축되고, 다양성이 확장될 때 국가의 적응력(adaptability)은 폭발적으로 커집니다.

이영달　　　　그렇다면 포용은 단지 사회적 정의가 아니라, 국가 경쟁력의 본질적 조건이었다는 말씀이군요.

버락 오바마　　　그렇습니다.

21세기의 경쟁은 속도의 경쟁이 아니라, 기회 구조의 경쟁입니다.

20세기의 경제는 "누가 더 빨리 혁신하는가"에 초점을 맞췄습니다. 하지만 21세기의 경제는 "누가 더 많은 사람을 혁신의 과정에 참여시킬 수 있는가"로 평가될 것입니다.

나는 그 상태를 '혁신의 민주주의(democracy of innovation)'라고 불렀습니다. 그것은 권력의 분산이 아니라, 창조의 분산입니다. 혁신의 민주주의란 아이디어의 출발선을 평평하게 만드는 일, 즉 기회가 국가의 핵심 자산이 되는 구조를 만드는 것입니다.

"모두를 위한 기회"는 그 민주주의의 윤리이자, 국가 혁신전략이 실현해야 할 철학적 명령이었습니다.

그때부터 미국은 혁신을 '정책'이 아니라 '참여의 체계'로 정의하기 시작했습니다. 그 순간, 우리의 민주주의는 다시 미래를 만들기 시작했습니다.

기업가정신은 민주주의의 확장이다

이영달　　　　대통령께서는 재임 중 "미국 경제를 월스트리트 경제에서 메인스트리트 경제로 전환해야 한다"고 강조하셨습니다. 그리고 "메인스트리트 경제는 사람이 문제를 해결하고 새로운 가치를 창출하는 시스템"이라 말씀하셨습니다.

이 같은 맥락에서 2011년 1월, 스타트업 아메리카 이니셔티브(Startup America Initiative, 창업국가정책)를 공식 발표했습니다. 그때 대통령께서는 이렇게 말씀하셨지요.

"기업가는 미국의 약속을 구현합니다. 좋은 아이디어가 있고, 그것을 실현하기 위해 노력할 의지가 있다면, 이 나라에서는 누구나 성공할 수 있습니다. 기업가는 우리 경제를 확장하고 일자리를 창출하는 데 핵심적 역할을 합니다."

그 시점에서 대통령께서 '기업가정신(entrepreneurship)'을 국가 혁신의 중심축으로 놓으신 이유는 무엇이었습니까?

버락 오바마　　　그때 우리는 분명히 깨달았습니다.

혁신이 연구실에 머물면 절반의 혁신에 불과하다는 사실을요.

아이디어가 시장과 연결될 때 비로소 혁신은 사회적 가치로 전환됩니다.

스타트업 아메리카 이니셔티브는 단순한 창업 지원 프로그램이 아니라, 미국의 국가 혁신생태계(American innovation ecosystem) 전체를 다시 설계하는 구조적 개입이었습니다.

우리는 금융위기 이후 무너진 '위험 감수의 문화(risk-taking culture)'를 되살리고자 했습니다. 월스트리트가 이윤을 독점하던 시대에서 벗어나, 메인스트리트—지역, 대학, 시민의 창의성이 다시 경제의 중심이 되는 시대—로 돌아가려 한 것입니다.

그 전환의 핵심은 단순했습니다.

"정부가 기업을 만드는 것이 아니라, 생태계가 기업가를 만드는 것."

연방정부는 자본을 직접 배분하지 않았습니다. 대신 기회(opportunity)와 연결(connection)의 구조를 재설계했습니다. 민간투자, 대학, 지방정부, 비영리기관이 함께 혁신 네트워크를 구축하도록 조율했습니다.

그때 우리는 공식 문서에서 처음으로 '기업가정신 생태계(entrepreneurial ecosystem)'라는 개념을 도입했습니다. 이는 시장을 넘어 사회 전반에 창의적 위험 감수와 학습의 순환을 설계하는 시스템이었습니다.

즉, 혁신을 '프로젝트'가 아닌 '생태적 환경(ecosystemic environment)'으로 재정의한 것입니다.

이영달　　　　대통령께서 말씀하신 스타트업 아메리카 이니셔티브는 단순한 창업 지원이 아니라 국가의 리스크 구조를 재설계한 시도로 들립니다. 다시 말해, 기업가정신을 사회적 인프라로 본 접근이었다고 이해해도 되겠습니까?

그럼에도 불구하고 2011년에는 '월가를 점령하라(Occupy Wall Street)' 운동이 절정에 달했습니다. 2009년의 국가 혁신전략이 시민들에게는 여전히 공허한 정치적 수사로 비쳤던 것은 아닐까요?

버락 오바마　　　그 질문은 매우 본질적입니다.

그리고 솔직히 말해, 그 비판은 일정 부분 정당했습니다.

우리가 직면한 문제는 '정책의 부족'이 아니라 신뢰의 붕괴였습니다.

금융위기 이후, 사람들은 정부와 시장 모두가 자신들을 대표하지 못한다고 느꼈습니다. 그래서 나는 혁신정책의 목표를 "경제의 성장"이 아니라 "신뢰의 회복"으로 전환했습니다.

스타트업 아메리카 이니셔티브는 그 신뢰 회복의 실험이었습니다. 우리가 의도한 것은 창업의 숫자를 늘리는 것이 아니라, 혁신의 순환(innovation circulation)을 복원하는 일이었습니다. 기업가는 단지 회사를 세우는 존재가 아니라, 사회 전체의 적응력과 회복력을 키우는 민주적 행위자입니다.
나는 기업가정신을 민주주의의 확장으로 보았습니다. 왜냐하면 혁신은
본질적으로 스스로 문제를 정의하고 해결책을 창조하는 시민의 능력이
기 때문입니다. 기업가정신은 시장에서의 경쟁이 아니라, 자기 책임을 기
반으로 한 시민적 창의의 실천입니다.

스타트업 아메리카 이니셔티브는 이 시민적 창의가 국가의 구조 안에서
작동하도록 한 제도적 실험이었습니다. 우리는 정부가 자본의 대체자가
아니라, 모험이 가능하도록 신뢰의 안전망을 설계하는 존재여야 한다고
보았습니다. 그 철학은 "모험적 실험(adventurous experiment)"을 허용하는
사회를 만드는 것이었습니다.

즉, 시장은 위험을 감수하고, 정부는 그 위험을 두 번째 기회(second
chance)로 전환시킬 수 있는 환경을 마련해야 했습니다. 이 균형이 바로
지속가능한 민주주의의 경제적 구조입니다.

'월가를 점령하라' 운동은 저에게 뼈아픈 신호였습니다. 그것은 단순한
항의가 아니라, "참여의 불균형"에 대한 집단적 호소였습니다. 그 운동을
통해 나는 확신하게 되었습니다. 민주주의의 위기는 참여의 위기이며, 참
여의 회복은 기업가정신의 회복과 직결된다.

그래서 우리는 '기업가정신의 민주화(democratization of entrepreneurship)'
를 21세기 국가 경쟁력의 핵심으로 규정했습니다. 기업가정신이야말로
경제적 시민권(economic citizenship)의 표현이며, 시민이 스스로 자신의 미
래를 설계할 수 있을 때, 민주주의는 다시 작동하기 시작합니다.

그것이 내가 스타트업 아메리카—아니, '창업국가정책'—을 단순한 경제
프로그램이 아니라 민주주의 경제의 실험실로 보았던 이유입니다.

그곳에서 시민은 아이디어를 통해 공공의 미래를 재구성합니다.

그 순간, 경제는 민주주의의 또 다른 이름이 됩니다.

기업가형 국가, 혁신의 새로운 구조

이영달　　　　대통령께서는 재임 중 '기업가형 국가(entrepreneurial state)'라는 개념을 여러 차례 언급하셨습니다. 이는 스타트업 아메리카 이니셔티브의 핵심 철학으로, 공공과 민간이 함께 혁신생태계를 구축하는 국가 모델을 의미했습니다.

공식 문서에는 이렇게 명시되어 있습니다.

"스타드업 아메리카는 선 국토에 걸친 고성장 기업가정신(high-growth entrepreneurship)을 촉진하기 위해, 기업·대학·비영리기관·정부가 연합하는 공공–민간 협력 이니셔티브다."

이 비전은 단순한 창업 지원이 아니라, 국가의 혁신 구조 자체를 '기업가형 시스템(entrepreneurial system)'으로 전환하려는 시도로 보입니다. 대통령께서 이 비전을 통해 실현하고자 했던 국가적 본질은 무엇이었습니까?

버락 오바마　　　그 비전의 핵심은 명료했습니다.

우리는 경제를 '관리하는 국가(governing state)'에서 '창조하는 국가(creating state)'로 전환하려 했습니다. 정부는 더 이상 해답을 지시하는 기구가 아니라, 새로운 가능성이 자발적으로 태어나는 생태계를 설계하는 플랫폼이 되어야 했습니다.

내가 말한 '기업가형 국가'란 혁신이 정책의 일회적 사건이 아니라, 국가의 지속적 자기갱신(self-renewal) 메커니즘으로 내재된 사회를 의미했습니다. 시민이 문제를 발견하고 해결책을 실험하며, 시장이 그 성과를 확산시키는 순환적 구조—이 자율적 순환이 존재하는 국가가 바로 기업가형 국가입니다.

스타트업 아메리카 이니셔티브는 그러한 비전의 실행 틀이었습니다. 우리는 국가 혁신전략의 세 축을 그 안에 통합했습니다.

기회의 확장—성장 잠재력이 있는 창업기업이 투자에 자유롭게 접근할 수 있도록 금융 생태계를 개방했습니다. 지식과 멘토십의 확산—시민이 일자리를 '얻는 것(get a job)'에서 '창출하는 것(create jobs)'으로 전환하도록 교육과 네트워크를 재구성했습니다. 공공 연구의 상업화—연방 정부의 연구개발 성과가 신산업으로 전환되도록 제도를 개혁했습니다.

이 세 축은 경제의 방향을 '위로부터의 성장(top-down growth)'에서 '아래로부터의 혁신'으로 바꾸는 국가의 새로운 리듬이었습니다. 그 순환이 정착되자, 기업가정신은 더 이상 개인의 행동이 아니라 국가의 자기혁신 메커니즘(national self-renewal mechanism)으로 작동하게 되었습니다.

이영달　　　　그렇다면 '기업가형 국가'란 정부가 직접 창업을 지원하거나 개입하는 모델이 아니라, 시민이 스스로 기회를 창출할 수 있는 구조를 설계하는 국가라고 이해해도 되겠습니까?

그것은 경제정책을 넘어, 하나의 시민철학이자 문명적 비전으로 들립니다. 대통령께서는 이를 '기업가정신주의(entrepreneurialism)'의 단계로 발전시키셨는데, 이 사유는 미국의 건국정신과 어떻게 맞닿아 있습니까?

버락 오바마　　　정확히 그렇습니다.

우리는 정부를 통치의 기구가 아닌 공유된 플랫폼(shared platform)으로 재정의했습니다. 정부의 역할은 시장과 시민이 새로운 아이디어를 실험할 수 있는 공공 인프라(public infrastructure)를 설계하고, 그 실험이 실패하더라도 다시 시도할 수 있도록 제도적 관용(institutional tolerance)을 보장하는 것이었습니다.

그래서 우리는 스타트업 어메리카 입법 아젠다(Startup America Legislative Agenda)를 통해 세 가지 개혁을 추진했습니다.

자금조달의 민주화—창업기업의 자금 조달 규제를 완화하여 소규모 공모(mini-offerings)와 크라우드펀딩(crowdfunding)을 합법화했습니다. 성장기업의 상장 촉진—'IPO 온램프(IPO on-ramp)' 제도를 도입해 중소 혁신기업이 보다 유연하게 공개시장에 진입할 수 있도록 했습니다. 위험 완화 및 세제 혁신—혁신기업에 대한 세제 감면을 확대하고, 투자 위험을 감당할 수 있도록 법적 보호 장치를 강화했습니다.

이러한 변화는 단순한 법률 제정이 아니었습니다. 그것은 혁신을 제도 속에 내장(institutionalized innovation)시키고, 실패를 학습으로 전환하는 국가 시스템을 형성한 것이었습니다.

내가 그때 자주 했던 말이 있습니다.

"An economy built to last is one that empowers every risk-taker."

지속성장을 가능하게 하는 경제란, 위험을 감수하는 모든 시민을 지지하는 경제입니다.

지속가능한 경제란 위험을 감수하는 모든 시민을 지지하는 경제입니다. 이는 곧 기업가형 국가의 윤리이며, 국가의 지속성은 GDP의 규모가 아니라 시민의 모험을 제도적으로 감당할 수 있는 능력에 달려 있다는 뜻이었습니다.

나는 이에 늘 하나의 가치를 덧붙였습니다.

"Entrepreneurship was, in many ways, invented here."
기업가정신은 여러 면에서 미국에서 처음 발명된 개념이었습니다.

이 말은 단순한 자국 예외주의가 아닙니다. 미국의 정체성은 창조의 자유(freedom to create) 위에서 형성되어 왔다는 역사적 자각이었습니다. 미국의 이야기는 언제나 "누군가가 새로운 것을 시작할 수 있다"는 믿음에서 출발했습니다. 그 믿음이 민주주의의 근간이며, 동시에 기업가정신의 핵심입니다. 그래서 나는 기업가정신을 경제적 활동이 아닌, 민주주의의 실천 형식(the practical form of democracy)으로 이해했습니다.

그리고 그 정신을 세계적 차원으로 확장하기 위해 PAGE(대통령 글로벌 기업가정신 대사 프로그램, Presidential Ambassadors for Global Entrepreneurship)를 출범시켰습니다. 이 프로그램은 미국 내외의 대표적 기업가들을 대통령 직속 대사로 임명해, 각국의 청년과 창업가들에게 멘토십, 자본 접근성, 글로벌 네트워크를 제공하도록 설계되었습니다.

PAGE의 핵심 철학은 명확했습니다.

"기업가정신은 미국의 약속(the promise of America)을 전 세계와 공유하는 행위다."

미국은 창조와 도전, 그리고 다시 시도할 자유를 제도 속에 내장시켜 왔고, 이제 그 자유를 세계의 젊은 세대와 나누려 했습니다.

나는 이 비전을 건국 가치의 현대적 복원(modern restoration of founding virtues)으로 보았습니다. 제퍼슨이 말한 자유는 단순히 억압으로부터의 자유가 아니라 새로운 것을 시작할 자유(freedom to create)였습니다.

그 자유를 제도와 시장 구조 속에서 다시 복원한 것이 기업가형 국가의 본질이었습니다.

따라서 이 구상은 경제정책이 아니라 국가철학의 재구성이었습니다. 기업가형 국가는 정부가 아닌 시민이 혁신의 주권을 행사하는 체제, 즉 민주주의가 경제적 형식을 통해 재생되는 모델이었습니다.

그것이 내가 그렸던 "미국의 다음 세대 민주주의"였고, 21세기형 혁신국가의 문명적 초상이었습니다.

모든학생성공법, 인재 혁신의 국가 전략

이영달　　　　대통령께서는 재임 말기에 '모든학생성공법(Every Student Succeeds Act, ESSA)'을 제정하셨습니다. 겉으로는 교육 개혁으로 보이지만, 실제로는 국가혁신전략의 마지막 축과도 긴밀히 연결된 정책이었습니다. 왜 이 법이 필요했고, 그것이 국가 혁신전략의 어떤 구조적 의미를 지녔다고 보십니까?

버락 오바마　　　좋은 질문입니다.

나는 늘 이렇게 말했습니다.

"Innovation does not begin with machines; it begins with people."

혁신은 기계에서 시작되지 않는다. 사람에게서 시작된다.

모든학생성공법은 단순한 교육법이 아니었습니다. 그것은 국가 혁신생태계의 인적 기반(human infrastructure)을 다시 설계한 법이었습니다.

이전의 연방 교육 체계는 표준화와 경쟁 중심이었지만, 그 모델로는 혁신경제를 떠받칠 수 없었습니다. 우리가 직면한 도전은 단순히 '학습의 질'을 높이는 것이 아니라, 시민이 스스로 사고하고, 탐구하며, 창의적으로 문제를 해결할 수 있는 자기갱신형 인간(self-renewing citizen)을 양성하는 일이었습니다.

그래서 나는 모든학생성공법을 '교육의 탈중앙화(decentralization of education)', 그리고 동시에 '혁신의 분권화(devolution of innovation)'로 설계했습니다. 연방정부는 방향과 기준만을 제시하고, 실행과 책임은 주(州) 정부와 학교, 지역 공동체에 이양했습니다. 이는 단순한 행정 개편이 아니라, 기업가형 연방주의(entrepreneurial federalism)—즉 학습 현장에서 창의적 자치가 작동하도록 제도화한 실험이었습니다.

이영달　　　　　그렇다면 모든학생성공법은 단순한 공교육 개혁이 아니라, 국가의 '인재 혁신 인프라'를 새로 구축한 것이라고 이해할 수 있겠군요. 즉, 국가혁신전략의 인간적 토대를 복원하는 과정이었다는 말씀입니까?

버락 오바마   정확합니다.

나는 모든학생성공법을 "미국 국가혁신전략"의 '인적자본 축(human capital pillar)'로 보았습니다.

2009년 이후 우리의 혁신전략은 늘 네 가지 축으로 구성되어 있었습니다—연구개발(R&D), 인프라, 기업가정신(entrepreneurship), 그리고 사람(people). 그런데 그동안 교육정책은 혁신정책과 별개의 영역으로 다루어져 왔습니다. 나는 이 둘을 통합해야 한다고 보았습니다.

모든 학생성공법의 핵심은 학생 각자가 자신의 학습 궤적(learning trajectory)을 설계할 수 있도록 만드는 것이었습니다. 이는 곧 기업가정신을 어린 시절부터 내면화시키는 제도적 장치였습니다.

학교를 '지식의 수용 공간'이 아니라, 문제 해결의 실험실(laboratory of problem solving)로 바꾸는 구조적 전환이었습니다.

"Education is not preparation for innovation. Education is innovation."

교육은 혁신을 위한 준비가 아니라, 그 자체가 혁신이다.

이것이 모든학생성공법이 지향한 근본 철학이었습니다. 나는 혁신이 대학 연구실에서 완성되는 것이 아니라, 초중고교 교실에서 태어난다고 믿었습니다. 그 믿음이 모든학생성공법을 탄생시켰습니다.

이영달   결국 모든학생성공법은 '모든 학생의 성공'을 표방했지만, 그 내면에는 '국가의 지속성장을 가능하게 하는 인재 생태계'라는 전략적 의도가 있었던 것이군요. 즉, 혁신의 민주주의가 교육의 현장에서 제도화된 셈입니다.

버락 오바마　　　그렇습니다.

모든학생성공법은 미래 세대를 국가혁신전략의 행위자(agent)로 포함시킨 법이었습니다. 모든 아이가 자신의 재능과 열정으로 국가의 미래를 다시 구성할 수 있게 하는 것— 그것이 진정한 혁신의 민주주의 입니다.

"The future of American innovation depends on whether every child can see themselves as a creator."
미국 혁신의 미래는 모든 아이가 자신을 창조자로 인식할 수 있느냐에 달려 있습니다.

모든학생성공법은 바로 그 인식의 구조를 제도화한 시도였습니다. 우리가 구축하려 했던 것은 단순한 교육 체계가 아니라 기회의 생태계(ecosystem of opportunity)였습니다. 혁신이 특정 산업이나 도시에 집중되지 않고, 아이들의 학습 과정에서부터 순환되게 만드는 것—그것이 모든 하생성공법가 국가혁신전략이 마지막 조각이었던 이유입니다.

혁신은 사람이 미래를 설계하는 방식이다

이영달　　　대통령께서는 8년 동안 미국의 국가혁신전략을 수립하고 직접 시행하셨습니다. 그 긴 여정의 끝에서, 대통령께서 얻으신 결론이 궁금합니다.

대통령께서 생각하시는 '혁신'이란 무엇입니까?

그리고 그것은 왜 존재해야 하며, 국가 차원에서 어떤 의미를 갖는다고 보십니까?

버락 오바마　　　저에게 혁신은 기술의 문제가 아니라, 존재의 방식(a way of being)입니다. 인류는 언제나 불확실한 미래 속에서 자신을 다시 설계하며 살아왔습니다. 따라서 혁신은 선택이 아니라 생존의 형식(form of survival)입니다.

국가 차원에서도 마찬가지입니다. 국가는 단순히 현재를 관리하는 조직이 아니라, 미래를 상상하고 설계할 수 있는 공동체(a community capable of designing its own future)입니다. 그 능력을 잃는 순간, 국가는 경제적 의미뿐 아니라 문명적 정당성을 잃습니다.

나는 그래서 혁신을 단순히 지속가능한 성장(sustainable growth)의 수단으로 보지 않았습니다. 그보다 더 근원적으로, 공동체가 미래를 스스로 창조할 수 있는 능력(collective capacity to create the future)으로 이해했습니다.

이것이 내가 '미국 국가혁신전략'을 경제 계획이 아니라 '민주주의의 재활성화'로 제시한 이유였습니다.

이영달　　　대통령께서 말씀하신 "공동체가 미래를 창조하는 능력"은 매우 인상적입니다. 그것은 혁신을 경제의 영역을 넘어 문명적 행위(civilizational act)로 확장한 개념 같습니다. 조금 더 구체적으로 설명해 주시겠습니까?

버락 오바마　　　나는 혁신을 "공유된 미래(shared future)"를 만드는 정치적 행위(political act)로 봅니다. 혁신은 언제나 '나'를 넘어 '우리'를 위한 선택이기 때문입니다.

"Innovation is not a race of individuals; it is a covenant of communities."
혁신은 개인 간의 경쟁이 아니라, 공동체 간의 약속입니다.

한 과학자의 실험, 한 창업가의 도전, 한 교사의 수업 혁신.
이 모든 것은 개인의 행위 같지만, 사실은 공공의 가능성을 확장하는 사회적 실험(social experiment)입니다. 따라서 혁신의 존재 이유는 경쟁이 아니라 공동의 진보(common progress)에 있습니다.
국가혁신전략은 바로 그 개인적 실험들이 사회적 구조로 연결되도록 하는 메커니즘이었습니다. 개인의 창의성이 공동체의 지속성으로 전환되는 과정, 그것이 내가 국가 차원에서 추구했던 혁신의 구조였습니다.

이영달　　　그렇다면 대통령께서 보시는 '혁신의 윤리'는 무엇입니까? 혁신이 인간을 위한 것이 되려면 어떤 조건이 필요하다고 보십니까?

버락 오바마　　　혁신의 윤리는 포용(inclusion)과 책임(responsibility)입니

다. 기술은 인간을 대체할 수도 있지만, 나는 그것이 인간의 가능성을 확장하길 바랐습니다. 그래서 우리는 항상 두 가지 질문을 던졌습니다.

"Who is this innovation for?"
이 혁신은 누구를 위한 것인가?

"And who gets to share in its results?"
그리고 그 결과를 누가 함께 나눌 수 있는가?

혁신이 공동체의 삶을 개선하고, 다음 세대에게 더 넓은 선택지를 남길 때—그때 비로소 혁신은 도구가 아니라 문명적 약속(civilizational covenant)이 됩니다.

"Innovation is the way a society keeps its promise to the future."
혁신은 사회가 미래에게 자신의 약속을 지키는 방식입니다.

저에게 혁신은 바로 그 약속을 지키는 인류적 윤리(human ethic)였습니다.

이영달　　　　결국 대통령께서 보신 혁신은 경제가 아니라 문명의 문제군요. 혁신이란 미래 세대가 자신들의 삶을 다시 설계할 수 있게 만드는 문명적 연속성의 장치(institution of civilizational continuity)였던 것이군요.

버락 오바마　　　그렇습니다.

국가의 역할은 단순히 국민을 보호하는 것이 아닙니다. 국민이 다시 세상을 새롭게 만들 수 있는 조건의 생태계(ecosystem of conditions)를 설계하는 것입니다. 그 생태계가 유지될 때 국가는 살아 있습니다. 그 생태계가 무너질 때, 국가는 존재하더라도 더 이상 진보하지 않습니다.

그래서 나는 '혁신'을 미국이 스스로를 끊임없이 갱신하는 자기-생성적 시스템(self-renewing system)으로 보았습니다.

"Innovation is how a nation remembers to imagine."
혁신은 한 나라가 '상상하는 법'을 기억하는 방식입니다.

그리고 그것이야말로 내가 남기고 싶었던 "미국의 미래 전략(America's strategy for the future)"이었습니다.

혁신은 연산이 아니라, 상상력의 구조다

이영달　　　　젠슨 황 대표께서는 오바마 전 대통령의 '혁신에 관한 생각'을 이렇게 들으셨는지요? 엔비디아(NVIDIA)를 창업하고, 그 기업이 인류 역사상 처음으로 시가총액 5조 달러 시대를 열었습니다.
젠슨 황 대표께 혁신이란 무엇이며, 또 어떤 의미입니까?

젠슨 황　　　　저에게 혁신은 기술이 아니라, 상상력의 구조(structure of imagination)입니다. 기술은 연산을 가속하지만, 상상력은 우리가 무엇을 탐색할지를 결정합니다.

엔비디아의 시작은 그래픽 카드를 만드는 일이 아니었습니다. 그것은 "세상을 시뮬레이션할 수 있는 도구"를 만드는 시도였습니다. GPU(그래픽 처리 장치, Graphics Processing Unit)는 이미지를 그리는 기계가 아니라, 현실의 물리·생물·사회적 구조를 모사할 수 있는 엔진이었습니다. 그때부터 나는 혁신을 '기술적 문제 해결'이 아닌 '상상력의 복원'으로 보았습니다.

혁신은 정답을 찾는 과정이 아니라, 질문을 바꾸는 능력입니다. AI의 본질은 계산의 정확성이 아니라, "인류가 새로운 질문을 던질 수 있게 하는 도구" 입니다. 따라서 혁신은 산업의 문제가 아니라, 인간의 사유 구조를 재설계하는 일입니다.

이영달　　　　오바마 전 대통령은 혁신을 "공동체가 미래를 창조하는 능력"이라 정의했습니다. 대표께서 말씀하신 상상력의 구조는 그 정의와 어떤 관계를 갖습니까?

젠슨 황　　　　혁신은 결국 공유된 상상력(shared imagination) 위에서 움직입니다. AI, 반도체, 로봇, 가상세계—이 모든 것은 하나의 공동 프로젝트입니다. 그 프로젝트의 이름이 나는 '가속 컴퓨팅(accelerated computing)'이라고 생각합니다.

가속 컴퓨팅은 단순한 속도의 문제가 아닙니다. 그것은 데이터, 모델, 연산, 경험이 하나의 순환적 시스템으로 결합되는 새로운 문명 플랫폼입니다. AI 시대의 문명은 연산으로 생각하고, 생각을 연산하는 문명입니다.

엔비디아는 이 순환을 가능하게 하는 '컴퓨팅 인프라의 공공재화(public

infrastructure of computation)'를 추구합니다. 나는 이를 문명적 컴퓨팅 (civilizational computing)이라 부릅니다. 그것은 기술이 인류의 지적 에너지를 증폭시키는 새로운 인류학적 구조이기 때문입니다.

이영달　　그렇다면 대표께서 보시는 '혁신의 윤리'는 무엇입니까? AI와 반도체가 인간의 조건을 바꾸는 시대에, 기업은 어떤 책임을 가져야 한다고 보십니까?

젠슨 황　　혁신의 윤리는 속도보다 방향에 있습니다. AI는 엄청난 속도로 발전하지만, 그 속도가 사회의 이해와 균형을 잃게 해서는 안 됩니다.

엔비디아의 모든 기술 개발은 '책임 있는 혁신(responsible innovation)'의 원칙으로 평가됩니다. AI는 의료, 교육, 기후, 과학 탐구 같은 인류의 핵심 문제들을 해결하는 데 쓰여야 합니다. 그것이 진정한 혁신의 방향입니다. 기술이 인간의 자율성과 존엄을 보호할 때, 그 기술은 더 이상 도구가 아니라 공동체의 도덕적 자산이 됩니다. 그 윤리가 없다면, AI는 문명을 가속할 수는 있지만 지속시킬 수는 없습니다.

이영달　　마지막으로, 대표께서 생각하시는 '문명적 혁신'의 조건은 무엇입니까?

젠슨 황　　문명적 혁신은 연산 능력의 문제가 아닙니다. 그것은 이해의 깊이(depth of understanding)에 대한 문제입니다. AI가 인간을 대체하는 것이 아니라, 인간이 AI를 통해 더 깊이 사유하게 되는 것. 그것이 혁신의 문명적 방향입니다.

우리는 지금 '기술적 진보(technological progress)'에서 '존재적 진보(existential progress)'로 이동하고 있습니다. 혁신은 더 빠른 세계가 아니라, 더 의미 있는 세계를 만드는 능력입니다. 기술이 인간을 대체하는 것이 아니라, 인간의 상상력과 윤리를 증폭시키는 것— 그때 비로소 문명은 기술과 함께 성숙합니다.

혁신은 생존을 넘어, 통찰로 진화한다

이영달　　　대부분의 기업가들은 창업 조기에 혁신을 '생존의 도구'로 경험합니다. 현실은 자본과 시장 사이의 균형 전쟁이죠. 그런데 대표께서는 그 생존의 언어를 넘어 문명적 사유로 확장하셨습니다. 무엇이 그 전환을 가능하게 했다고 보십니까?

젠슨 황　　　맞습니다. 처음의 혁신은 오직 생존이었습니다. 엔비디아의 첫 10년은 실패의 연속이었고, 매일이 파산 직전이었습니다. 그때의 혁신은 '더 빠른 칩', '더 낮은 비용'—즉 연산의 경제학이었습니다.

그러나 지속되는 위기 속에서 나는 한 가지를 배웠습니다. 진정한 혁신은 위기를 관리하는 기술이 아니라, 위기 속에서 의미를 발견하는 사유입니다. 생존이 목표일 때 기업은 효율을 찾지만, 통찰이 목표일 때 기업은 방향을 만듭니다. 그 깨달음이 저를 기술의 세계에서 철학의 세계로 이끌었습니다.

이영달　　　　위기 속에서의 의미, 그 계기가 무엇이었습니까?

젠슨 황　　　　두 가지 결정적 순간이 있었습니다.

첫째는 2007년 아이폰의 등장입니다.

그때 나는 세상이 '그래픽에서 경험으로' 이동하고 있음을 봤습니다. 그래서 GPU를 다시 정의했습니다. 그것은 더 이상 '그림을 그리는 기계'가 아니라, 세상을 연산하는 두뇌였습니다. 이 전환이 가속컴퓨팅(accelerated computing)의 철학적 기원을 만들었습니다.

둘째는 2012년 알렉스넷(AlexNet)의 등장이었습니다.

인간이 만든 인공신경망이 스스로 이미지를 인식하고 학습한 첫 사례, 기계가 사유의 구조를 모방하기 시작한 순간이었습니다. 그 사건은 저에게 한 가지 질문을 남겼습니다.

"기계가 배운다면, 인간은 무엇으로 배우는가?"

이 질문이 기술적 문제를 존재적 문제로 변환시켰습니다. 그때부터 저에게 혁신은 제품의 문제가 아니라 인간 이해의 문제가 되었습니다.

이영달　　　　결국 생존의 시간 속에서 사유의 패러다임이 바뀐 셈입니다. 그 전환은 리더십에도 영향을 주었습니까?

젠슨 황　　　　물론입니다.

처음에는 "문제를 해결하는 리더"였지만, 지금은 "의미를 정의하는 리더”가 되려 합니다. 기술기업은 제품을 생산하는 공장이 아니라, 인류가 무엇을 원하고 어떻게 살고자 하는지를 탐구하는 문명적 플랫폼이어야 합니다. 그래서 엔비디아를 ‘지속가능한 가치의 생태계(ecosystem of sustainable value)’로 재구성하고 있습니다. 우리의 혁신은 이제 R&D 그 자체가 아니라, 책임·지속성·공공성을 함께 설계하는 문화적 과정입니다. 이는 단순한 기업 전략이 아니라, AI 시대 리더십의 윤리적 형태입니다.

이영달　　　　그렇다면 이제 혁신은 기업의 전략이 아니라, 존재의 방식으로 이해해야 겠군요.

젠슨 황　　　　그렇습니다.

혁신은 이제 성공의 기술이 아니라 성찰의 능력입니다. AI 시대의 리더십은 속도를 통제하는 것이 아니라, 방향을 사유하는 것입니다. 생존에서 시작했지만, 지속은 사유 없이는 불가능합니다.

그래서 나는 혁신을 “인류가 스스로를 이해하려는 지속적 노력”으로 정의합니다. 우리가 기술을 넘어 문명으로 가야 하는 이유가 바로 그 지점에 있습니다.

혁신은 조직이 스스로를 재설계하는 능력이다

이영달　　　　엔비디아의 성장사를 보면 점진적 혁신(incremental innovation), 급진적 혁신(radical innovation), 그리고 와해적 혁신(disruptive

innovation)의 모든 단계를 경험했습니다. 그 결과 기업은 기하급수적 성
장(exponential growth)을 이루었지요. 대표께서 보시는 '혁신의 본질'은 무
엇이며, 조직의 관점에서 볼 때 엔비디아 혁신의 변곡점은 어디였습니까?

젠슨 황　　　혁신의 본질은 "조직이 스스로를 재설계할 수 있는 능
력(self-redesigning capability)"입니다. 기술은 세상의 환경을 바꾸지만, 혁
신은 조직이 자기 자신의 구조를 다시 쓰는 순간 발생합니다.

점진적 혁신은 효율성을 높이고, 급진적 혁신은 사고의 구조를 바꾸며,
와해적 혁신은 시장 규칙 자체를 재정의합니다. 이 세 단계는 서열이 아
니라 하나의 순환 시스템입니다. 점진적 혁신이 근육이라면, 급진적 혁신
은 신경망이고, 와해적 혁신은 조직의 DNA를 갱신하는 작용입니다. 엔
비디아는 이 세 수준을 동시에 작동시키는 자기 진화 유기체(self-evolving
organism)였습니다.

이영달　　　그렇다면 엔비디아가 그 자기 진화 구조 속에서 변곡점
을 맞이한 시점은 언제였습니까?

젠슨 황　　　세 번의 결정적 변곡점이 있었습니다.

첫째, 2006년 CUDA(쿠다)의 출범입니다.

그때 우리는 GPU를 다시 정의했습니다. GPU는 이미지를 그리는 기계가
아니라, 병렬 연산의 두뇌(parallel brain)였습니다. CUDA는 하드웨어를 넘
어, "모든 개발자가 병렬 사고를 활용할 수 있는 문명적 언어"를 만든 혁
신이었습니다. 그 순간 엔비디아는 하드웨어 기업에서 '컴퓨팅 철학'을 갖

춘 조직으로 변했습니다.

둘째, 2012년 알렉스넷(AlexNet)입니다.

딥러닝의 등장은 GPU의 존재 이유를 완전히 바꿔놓았습니다. 그때부터 우리는 제품을 만드는 회사가 아니라, 가속 컴퓨팅 생태계(accelerated computing ecosystem)를 설계하는 조직이 되었습니다. 이 생태계는 하드웨어, 소프트웨어, 연구자, 데이터센터, 그리고 국가 정책 플랫폼을 하나로 묶는 새로운 문명적 인프라였습니다.

셋째, 2023년 이후 AI 팩토리의 개념을 도입한 시점입니다.

이제 혁신은 특정 제품의 개선이 아니라, 지능 자체를 생산하는 문명적 인프라의 설계가 되었습니다. AI 팩토리는 '컴퓨팅의 산업화'가 아니라, '지능의 산업화'입니다. 이것이 내가 말하는 문명적 가속(civilizational acceleration)의 시작입니다. 그곳에서 혁신은 계산의 속도가 아니라, 이해의 깊이로 진화했습니다.

이영달　　　　결국 혁신은 외부 환경에 적응하는 행위가 아니라, 조직이 자기 자신을 갱신하는 과정이었군요.

젠슨 황　　　　그렇습니다.

혁신의 본질은 적응(adaptation)이 아니라 자기 진화(self-evolution)입니다. 엔비디아의 문화는 "지속적으로 스스로를 다시 발명하라(reinvent yourself continuously)"는 명령어로 작동합니다. 그것은 전략이 아니라, 존재의 방식입니다.

우리는 실패를 두려워하지 않습니다. 실패는 손실이 아니라, 데이터입니다. 데이터는 다음 설계의 재료가 됩니다. 이 문화적 운영체내가 엔비디아를 점진적 혁신에서 급진적 혁신으로, 그리고 와해적 혁신에서 문명적 혁신으로 이끌었습니다. 결국 우리는 기술 기업이 아니라, 학습하는 조직(learning organization)이 되었습니다.

이영달　　　　대표께서 말씀하신 '문명적 혁신(civilizational innovation)'은 기술 그 자체를 넘어 어떤 의미를 가집니까?

젠슨 황　　　　문명적 혁신은 기술의 진보가 아니라, 인류가 자기 이해의 방식을 재설계하는 과정입니다. AI는 연산의 속도를 높이는 도구가 아니라, 인식의 확장 장치입니다. 컴퓨팅은 이제 물리적 자원의 경쟁이 아니라, 지적 자원의 재분배입니다.

따라서 문명적 혁신의 목표는 '더 큰 효율'이 아니라, '더 깊은 이해'입니다. AI는 인류가 자신을 더 깊이 이해하기 위한 거울이 되어야 합니다. 기술의 진보는 결국 "우리가 무엇을 위해 존재하는가"라는 질문을 다시 던지게 합니다. 그것이 엔비디아가 지향하는 혁신의 윤리이자, AI 시대의 문명적 방향입니다.

국가의 전략이 기업의 철학으로 진화하다

이영달　　　　황 대표의 말씀을 들어보면, 기업가라기보다는 철학가적 느낌이 강합니다. 조금 더 현실의 이야기를 해보죠. 앞서 오바마 전 대통령께서 국가 혁신전략을 2009년에 처음 소개하고 정책을 펼칠 때, 그 시절의 엔비디아는 2025년 가을의 지위와는 전혀 다른, 업계 주변부에 있던 작은 기업이었습니다. 그 당시 오바마 대통령의 국가 혁신전략을 어떻게 이해하고 평가하셨으며, 그 정책이 엔비디아의 성장에 어떤 영향을 미쳤다고 보십니까?

젠슨 황　　　　그 시절 나는 오바마 대통령의 연설을 매우 주의 깊게 들었습니다. 그가 "혁신은 민주주의의 갱신"이라 말했을 때, 나는 그 표현이 산업 정책이 아니라 문명 전략(civilizational strategy)이라는 것을 즉시 이해했습니다.

2009년, 엔비디아는 아직 'GPU 전문 벤처'에 불과했습니다. 그러나 그해 오바마 행정부가 미국 경기회복 및 재투자법(American Recovery and Reinvestment Act)을 통해 청정에너지·고성능컴퓨팅(HPC, High-Performance Computing)·인공지능 연구에 대규모 공공투자를 시작했을 때, 나는 그 조치를 하나의 명확한 신호로 받았습니다.

"국가가 미래 산업의 인프라를 열었다."

그 순간부터 나는 GPU를 게임용 칩으로 보지 않았습니다. 국가가 AI와 과학 및 에너지 연구에 공공 자원을 투입한다면, 컴퓨팅은 산업의 도구가 아니라 문명의 기반(civilizational infrastructure)이 된다고 확신했습니다. 그 확신이 엔비디아의 다음 15년을 결정했습니다.

이영달　　　　즉, 당시의 국가 혁신전략이 엔비디아에게는 '문명의 방향'을 제시한 정책적 신호였다는 말씀이군요. 그렇다면 그 전략이 실제 기업 활동에 어떤 직접적 영향을 주었습니까?

젠슨 황　　　　세 가지 측면에서 결정적 영향이 있었습니다.

첫째, 연구 인프라의 공공화입니다.

오바마 행정부는 고성능컴퓨팅 클러스터를 국가 연구기관과 대학에 개방했습니다. 그때 병렬 연산 플랫폼 쿠다(CUDA, Compute Unified Device Architecture) 기반 GPU가 과학 연구 표준으로 채택되었고, 이 결정이 GPU 컴퓨팅을 '과학의 언어'로 변화시켰습니다. 이후 CUDA는 전 세계 물리학, 기후모델링, 신약개발 분야의 공용 언어로 자리 잡았습니다.

둘째, 인재 분포의 재편입니다.

국가 정책이 STEM 교육(Science, Technology, Engineering, and Mathematics)과 AI 기술 훈련에 집중하면서, 수많은 젊은 엔지니어가 GPU 프로그래밍 생태계로 유입되었습니다. 그 세대가 현재의 AI 혁명의 핵심 세력입니다. 나는 그 과정을 '공공 교육이 민간 혁신의 엔진으로 전이된 사례'로 보고 있습니다.

셋째, 정책 신호의 심리적 효과입니다.

국가가 '혁신'을 공공 담론으로 정의하는 순간, 민간 창업자들은 두려움 내신 확신을 가집니다. 그 시절 엔비디아가 위험을 감수할 수 있었던 이유는 바로 그 정책적 확신 덕분이었습니다. "국가가 기술 프런티어를 책임진다"는 신호는 민간 혁신가에게 존재론적 안정감을 주었습니다.

이영달　　　　그렇다면 대표께서는 국가 혁신전략을 단순한 산업 정책이 아니라, 하나의 문명적 비전으로 이해하셨던 것이군요.

젠슨 황　　　　그렇습니다.

오바마 대통령의 전략은 "국가가 미래를 상상하는 방식"이었습니다. 나는 그 전략을 '정부 정책'으로 읽지 않고, '문명의 로드맵(civilizational roadmap)'으로 읽었습니다. 그 비전이 없었다면 엔비디아는 단지 칩 회사로 남았을 것입니다.

국가의 전략이 기업의 철학으로 전이되는 순간, 혁신은 정책 문서에서 끝나지 않고 현실의 기술 로직으로 구현됩니다. 엔비디아의 성장은 그 전이의 증거입니다. 지금 우리가 AI 팩토리 시대를 말할 수 있는 이유도, 국가의 상상력이 기업의 사유로 전이된 역사적 축적 때문입니다.

혁신은 하나의 기업을 넘어, 문명의 생태로 진화한다

이영달　　　　2010년 전후로 엔비디아는 정부의 정책적 흐름에서 영감을 받아 새로운 혁신의 변곡점을 마련했다고 말씀하셨습니다. 그로부터 15년이 지난 지금, 2025년 가을 엔비디아는 오픈AI에 대규모 투자를 결정했습니다. 과거에는 엔비디아라는 개별 기업의 차원에서 혁신을 추진했다면, 이제는 독자적인 '엔비디아 생태계(NVIDIA Ecosystem)'를 구축하셨습니다. 이 진화의 과정을 설명해 주실 수 있을까요? 그리고 '엔비디아 생태계'와 '엔비디아 혁신생태계(NVIDIA Innovation Ecosystem)'의 차이는 무엇입니까?

젠슨 황　　　　좋은 질문입니다.

2010년의 엔비디아는 철저히 '제품 중심(product-centered)' 기업이었습니다. 우리는 그래픽 처리장치(GPU)를 설계하고 판매하며, 성능으로 경쟁했습니다. 그러나 2010년대 중반 이후 인공지능의 가속적 확산이 시작되면서, 세상은 근본적으로 변했습니다. 그때 나는 엔비디아의 구조를 완전히 다시 그려야 한다고 결심했습니다.

'엔비디아 생태계'는 우리의 하드웨어, 소프트웨어, 플랫폼, 파트너, 연구기관이 상호 연결된 기술적 유기체(technological organism)입니다. 이 생태계의 목표는 '가속 컴퓨팅(accelerated computing)의 표준'을 만드는 것이었습니다. 쿠다(CUDA), TensorRT, DGX 시스템, Omniverse, Grace Hopper 슈퍼칩, 그리고 AI 슈퍼컴퓨터 프로젝트—이 모두가 하나의 가속 컴퓨팅 생태계(accelerated computing ecosystem)를 형성하며, 이는 지금의 AI 산업을 지탱하는 기반 인프라가 되었습니다.

하지만 '엔비디아 혁신생태계(NVIDIA Innovation Ecosystem)'는 다른 차원입니다. 그것은 단순한 기술 네트워크가 아니라, '사유의 생태(ecology of thought)'입니다. 즉, 인간과 조직, 대학과 스타트업, 정부와 산업 문명이 서로 학습하며 공진화하는 지식 순환 시스템(co-evolutionary knowledge system)입니다. 하나는 기술의 플랫폼이고, 다른 하나는 사유의 플랫폼입니다.

이영달　　　　즉, 전자는 기술적·비즈니스적 연결망이고, 후자는 사유적·문명적 생태라는 말씀이군요. 그 차이는 언제, 어떤 계기로 나타났습니까?

젠슨 황　　　　결정적인 순간은 2023년 GPT-4가 공개된 이후였습니다. AI가 단순한 연산의 도구를 넘어 인간의 사고 과정을 모사하기 시작했을 때, 나는 '혁신의 단위(unit of innovation)'가 더 이상 기업이 아니라 문명 전체(civilization as a unit of innovation)임을 깨달았습니다.

그래서 2025년 오픈AI에 대한 전략적 투자는 단순한 자본 투자가 아니라 문명적 동맹(civilizational alliance)으로 규정했습니다. AI 모델을 가속하는 칩, 그 위에서 학습되는 데이터, 그리고 그 결과로 확장되는 사회적 지능—이 모든 것은 하나의 순환 생태로 통합됩니다.

이 시점부터 엔비디아는 더 이상 '제품을 만드는 기업'이 아니라, '문명의 학습 구조를 설계하는 기업'이 되었습니다. 옴니버스(Omniverse) 3.0을 통해 우리는 가상과 현실의 경계를 지우며, 세계가 스스로를 모델링하는 문명적 시뮬레이터를 구축하고 있습니다. 이것이 '엔비디아 혁신생태계'의 본질이며, 그 중심에는 기술보다 사유, 속도보다 방향, 계산보다 이해가 있습니다.

이영달　　　　대표께서는 '혁신생태계'라는 개념을 기술적 구조가 아니라 문명적 학습 구조로 이해하고 계시는군요. 그렇다면 이 생태계는 앞으로 어떤 방향으로 진화해야 한다고 보십니까?

젠슨 황　　　　혁신생태계의 다음 단계는 '지속가능한 지능(sustainable intelligence)'입니다. 기술은 끝없이 가속되지만, 문명은 그 속도를 감당할 지혜를 함께 길러야 합니다. 엔비디아 혁신생태계는 그 균형을 설계하는 시스템입니다.

AI가 인간을 대체하는 것이 아니라, 인간의 사유를 확장하고 심화하도록 설계하는 것, 그것이 내가 생각하는 혁신의 윤리이자 문명적 목표입니다. AI 팩토리, 옴니버스, 그리고 가속 컴퓨팅 플랫폼 모두가 이제 하나의 문명적 순환체로 움직이고 있습니다.

이제 혁신은 기업의 도구가 아니라, 인류가 스스로를 이해하는 진화적 과정입니다. 그 이해 속에서 기술은 존재의 속도를 높이는 것이 아니라, 존재의 의미를 깊게 만드는 도구가 됩니다.

혁신의 철학과 전략은 언제 만나는가

이영달　　나는 황 대표의 설명에 다소 동의하지 못하는 부분이 있습니다. 앞서 말씀드린 것처럼 대표께서는 반복적으로 문명론적 관점과 철학적 사유를 강조하셨습니다. 그러나 경영전략 학자인 제 관점에서 보면, 엔비디아 생태계와 엔비디아 혁신생태계는 결국 시장 확장 전략으로 읽힙니다.

기술 표준이 설정되기 전 단계에서 다수의 사용자와 개발자를 끌어들이고, 스타드업과 혁신기업에 투자함으로써 생태계 네트워크 안에서 엔비디아가 사실상 독점적 지위를 확보하는 구조 아닙니까?

젠슨 황　　그 지적은 정확합니다.

엔비디아 생태계가 전략적 구조를 지닌 것은 부정할 수 없습니다. 나는 항상 이렇게 생각합니다. "철학은 전략의 형태로 구현되어야 한다." 문명적 비전이 현실의 시장 구조로 전환되지 못한다면, 그 비전은 단지 관념에 머무를 뿐입니다.

엔비디아 혁신생태계는 윤리적 이상과 전략적 실리를 동시에 추구합니다. 우리는 인공지능 컴퓨팅의 표준을 '개방적 표준'으로 설계했습니다. 쿠다 플랫폼은 폐쇄적 독점이 아니라, '참여형 표준'을 지향했습니다. 누구나 접속할 수 있지만, 모두가 품질 기준을 공유해야 합니다. 이 기준은 엔비디아가 아니라 공동체가 설정한 신뢰의 규약입니다.

즉, '열린 생태계'와 '책임 기반 표준'의 결합이 엔비디아 혁신생태계의 핵심 원리입니다. 이 모델은 2024년 이후 국제연구소, 정부 AI 센터, 대학 연합체에 동일하게 적용되고 있습니다.

이영달　　　그렇나 하더라도 결과적으로 엔비디아가 생태계 정점에서 통제력을 갖게 되는 것 아닙니까? '참여형 표준'이 현실에서는 '사적 표준(private standard)'으로 귀결될 위험이 있습니다.

젠슨 황　　　그 위험을 모른다고 말할 수는 없습니다. 그래서 우리는 2025년부터 두 가지 핵심 원칙을 정식으로 코드화했습니다.

첫째, 투명한 상호의존(transparency and mutuality).

엔비디아는 플랫폼의 기술을 공유하는 대신, 참여자들이 그 기술을 책임 있게 사용하도록 요구합니다. 옴니버스 3.0에서 우리는 데이터 추적 및 AI 모델 사용 로그를 완전히 공개했습니다. 플랫폼이 열리되, 책임도 동시에 공개되는 시스템이지요.

둘째, 지속가능한 경쟁(sustainable competition).

우리는 경쟁자를 배제하지 않습니다. 오히려 경쟁을 촉진함으로써 생태
계의 복잡성을 높이고, 그 복잡성 속에서 새로운 혁신이 태어납니다. 그
래서 엔비디아 GPU 컴퓨팅 연합(Accelerated Computing Alliance)에는 경
쟁사 칩 제조사와 연구기관도 참여하고 있습니다.

엔비디아 혁신생태계는 독점적 제국이 아니라, 자기 갱신(self-renewing) 시
스템입니다. 그 핵심은 권력의 집중이 아니라 책임의 분산(decentralization
of responsibility)입니다. 이 분산적 거버넌스 모델은 우리의 AI 팩토리 운
영 방식에도 직접 반영되어 있습니다.

이영달　　　　　말씀을 듣다 보니, 철학과 전략이 긴장하면서도 서로
의존하는 관계로 보입니다. 결국 엔비디아의 문명론은 시장 전략을 포함
한 종합 사유체계군요.

젠슨 황　　　　정확합니다. 철학은 시장과 무관하지 않습니다. 시장 없
이는 철학을 실행할 수 없습니다. 나는 언제나 혁신을 "철학이 현실을 통
과하는 방법(innovation is how philosophy passes through reality)"이라고 정
의해왔습니다. 시장은 그 통과의 장치이자 실험실입니다.

오바마 대통령이 민주주의를 혁신의 조건으로 보았다면, 나는 시장을 혁
신의 실험실로 봅니다. 둘 다 공동체를 갱신하는 수단입니다. 철학과 전
략, 윤리와 경제가 충돌하지 않고 공진화 할 때—그때 비로소 혁신은 하
나의 문명적 사건이 됩니다.

국가가 기업가가 될 때, 문명은 다시 성장한다

이영달　　　　'기업가형 국가'를 구상하셨던 오바마 전 대통령께서는 엔비디아 황 대표의 '혁신에 관한 생각', 그리고 '엔비디아 생태계', '엔비디아 혁신생태계'에 대해 어떻게 생각하십니까?

그것은 대통령께서 "내가 꿈꾸고 만들려고 했던 기업가형 국가 속 기업가와 기업의 모습"으로 보이십니까?

버락 오바마　　　그렇습니다.

나는 젠슨 황 대표의 여정을 보며 당시 내가 구상했던 국가의 모습을 다시 떠올립니다. 내가 말한 '기업가형 국가'란 정부가 이윤을 추구하는 조직이 되자는 뜻이 아니었습니다. 그것은 국가가 상상력과 용기를 갖고 새로운 공동의 가치를 창조하는 존재로 거듭나야 한다는 의미였습니다. 즉 위험을 두려워하지 않고 미래를 직접 설계하는 국가, 그것이 내가 그렸던 기업가형 국가입니다.

젠슨 황 대표와 같은 리더들은 그 비전의 다른 절반을 완성했습니다. 그들은 기업을 이윤 기계로 보지 않고, 시민적 공동체의 확장된 공간으로 재정의했습니다. 국가가 창조적 용기를 잃지 않을 때, 기업은 그 용기를 현실의 시스템으로 구현합니다. 이 상호작용이 내가 2009년 혁신전략에서 말했던 '혁신의 상호의존적 엔진(mutual engine of innovation)'의 핵심 원리입니다.

이영달　　　　즉, 국가의 창조적 책임과 기업의 혁신적 실행이 하나의 체계로 묶일 때, 그것이 '기업가형 국가'의 완성이라는 말씀이군요.

버락 오바마　　　그렇습니다. 나는 그 관계를 민주주의의 새로운 형태로 보았습니다. 내가 오랫동안 품었던 질문이 바로 이것이었습니다.

"국가는 어떻게 미래를 상상하고, 기업은 그 상상을 어떻게 현실로 변환 시키는가?"

엔비디아의 사례는 그 질문에 대한 하나의 정확한 응답입니다. 그들은 정부가 열어놓은 공공투자 인프라—AI, 고성능컴퓨팅, 청정에너지—를 활용해 새로운 문명적 산업을 일으켰습니다. 국가가 공공적 상상력의 공간을 열면, 기업은 그 공간을 기술과 조직으로 채웁니다.

그때 국가와 기업은 더 이상 분리된 주체가 아니라 공동의 문명적 엔진 (civilizational engine)이 됩니다. 이것은 저의 정치가 지향했던 "혁신은 민주주의의 재활성화이자 갱신"이라는 명제를 경제적 언어로 번역한 결과 이기도 합니다.

이영달　　　그렇다면 대통령께서 보시기에, 황 대표의 '엔비디아 혁신생태계'는 기업가형 국가가 의도했던 공공 가치 창출의 연장선상에 있다고 보십니까?

버락 오바마　　　그렇습니다. 나는 그 모델을 '문명적 공유지(civilizational commons)'라고 부르고 싶습니다. 그 공간에서 국가와 기업, 학문과 시민이 함께 혁신의 조건을 설계합니다. 이는 20세기의 산업 정책이 아니라, 21세기의 공동 진화 정책(co-evolutionary policy)입니다.

엔비디아가 그 공유지에서 맡은 역할은 기술 독점이 아니라 문명적 책임(civilizational responsibility)입니다. 나는 그 책임의 무게가 미국이 세계를 이끌 새로운 정당성을 형성한다고 봅니다.

그것이야말로 내가 대통령 시절부터 지속적으로 강조해온 미국의 비전— "책임을 통해 자유를 갱신하는 국가(a nation that renews its freedom through responsibility)"의 구체적 모습입니다.

이영달　　　　결국 대통령께서 말씀하신 '기업가형 국가'는 '시장 기반 경제'가 아니라, '공공 기반 혁신문명'으로 의미가 확장된 개념이군요.

버락 오바마　　　기업가형 국가는 정부가 기업처럼 경쟁하는 체내가 아니라, 국민이 함께 미래를 창조할 수 있도록 조건을 디사인하는 플랫폼입니다. 그 조건은 공공의 상상력, 윤리적 투자, 개방된 지식 순환으로 구성됩니다.

그 안에서 기업가들은 자신의 철학으로 응답합니다. 젠슨 황 대표의 사유는 그 응답의 가장 성숙한 형태입니다. 그는 기술을 시장 논리로 운용하면서도, 그 기술이 문명적 책임으로 환원되어야 한다는 점을 잊지 않았습니다.

나는 그것이 바로 내가 꿈꾸었던 기업가형 국가의 미래, 즉 공공의 상상력과 민간의 철학이 합류하는 문명적 혁신시스템이라고 생각합니다.

AI 주권과 국가의 새로운 권력

이영달　　　　오바마 전 대통령께서는 젠슨 황 대표와 엔비디아가 그가 꿈꾸던 '기업가형 국가'의 전형적 모습이라 말했습니다. 트럼프 대통령께서도 이에 동의하십니까?

지금 인공지능 산업을 보면 미국 정부조차 엔비디아의 쿠다 및 AI 팩토리 구조에 의존하고 있습니다. 소위 '소버린(Sovereign) AI' 관점에서 본다면, 미국 연방정부 자체도 AI 주권을 잃은 것 아닌가요?

도널드 트럼프　　흥미로운 질문입니다.

나는 오바마 대통령이 말한 '기업가형 국가'의 철학적 가치는 인정하지만, 그 방식에는 동의하지 않습니다. 그는 국가가 미래를 상상해야 한다고 보았지만, 나는 국가가 미래를 지휘하고 통제해야 한다고 봅니다.

AI 시대의 주권은 철학이 아니라 연산력(compute power)과 데이터 통제력(control of data)에서 결정됩니다. 이 두 요소는 21세기의 석유이자 핵무기입니다. 그 의미에서 쿠다와 AI 팩토리는 오늘날의 산업 기반이자 권력 기반입니다. 만약 연방정부가 그 인프라에 의존한다면, 그것은 효율적이시만 동시에 위험한 상태입니다. AI 주권을 직접 확보하지 못한다면, 국가 정책이 민간의 알고리즘에 종속될 수 있습니다.

이영달　　　　즉, 대통령께서는 현 미국이 AI 인프라 차원에서 민간 기업, 특히 엔비디아에 종속된 구조라고 보시는 겁니까?

도널드 트럼프　　　그렇습니다. 그리고 그 사실을 숨길 이유도 없습니다.

AI 산업은 지금 기술패권(technology hegemony)의 경쟁 구조로 움직이고 있습니다. 오바마 시대에는 정부가 혁신의 후원자였지만, 지금은 혁신 자체가 국가 안보의 전선이 되었습니다.

내가 2019년에 발령한 대통령 행정명령(Executive Order on Maintaining American Leadership in Artificial Intelligence)은 "AI는 군사·산업·금융의 국가 안보 자산"임을 공식화했습니다. 그 의미는 명확했습니다.

"국가가 AI 인프라를 직접 소유하고, 민간의 기술을 국가 표준으로 흡수해야 한다." 민간이 혁신을 주도할 수 있지만, 지휘권은 국가에 있어야 합니다.

그러나 현재의 미국은 AI 칩, 클라우드 인프라, 대형 모델 모두에서 소수 기업—엔비디아, 오픈AI, 마이크로소프트—에 의존하고 있습니다. 이 의존은 속도를 주지만, 결국 주권의 공백(sovereign vacuum)을 만듭니다. 나는 그 공백이 미국의 다음 경제 위기이자 안보 위기가 될 수 있다고 봅니다.

이영달　　　　　그렇다면 대통령께서 보시기에 '소버린 AI'란 결국 국가가 AI의 전 주기를 직접 통제해야 한다는 뜻입니까?

도널드 트럼프　　　정확합니다.

소버린 AI는 AI를 규제하는 권리가 아니라, AI를 소유하고—데이터를 보유하고 알고리즘을 훈련하며 시스템을 직접 운용할 국가의 물리적 능력(sovereign capability)을 뜻합니다. 데이터센터, 반도체 설계, 클라우드 운영, 보안 프로토콜—이 모든 것이 국가 영토 내에 존재해야 합니다. 그 안에서 민간은 협력할 수 있지만, 최종 결정권은 국가가 가져야 합니다.

나는 AI를 핵무기와 같이 봅니다. AI는 경제 무기이자 정보 무기입니다. 국가가 그 무기를 민간 기업에 전적으로 의존한다면, 그것은 자국 안보를 외부 코드에 맡기는 것입니다.

그래서 나는 2025년 재임 이후 미국의 인공지능 주권 독트린(America's AI Sovereignty Doctrine)을 공표했습니다. 이 독트린의 핵심은 아주 간단합니다. AI의 하드웨어와 데이터는 미국 영토 안에서, 미국 국민에 의해, 미국 법률 하에 운용되어야 한다. 즉, AI의 기술적 '심장'을 국가가 직접 품어야만 미국은 진정한 주권을 가질 수 있다는 뜻입니다.

이영달　　　　결국 오바마 대통령께서 말한 '기업가형 국가'가 공공 창조의 비전이라면, 트럼프 대통령께서는 '기술주권형 국가(techno-sovereign state)'를 기술 권력 중심으로 다시 정의하신 것으로 보입니다.

도널드 트럼프　　　그렇습니다. 나는 철학보다 주권을, 비전보다 통제를 중시합니다. 오바마는 국가가 창의적이어야 한다고 말했지만, 나는 국가가 강력해야 한다고 말합니다. 미국의 AI가 미국의 손에 있을 때만 우리는 진정한 자유를 가질 수 있습니다.

그것이 내가 생각하는 미국의 인공지능 주권 독트린, 즉 AI 시대의 '기업가형 국가'가 진화해야 할 새로운 형태입니다. AI 시대의 패권은 더 이상 사상이나 규범의 문제가 아닙니다. 그것은 연산의 속도와 데이터의 영토화(territorialization of data)에서 결정됩니다.

그리고 그 영토를 지키는 것이 바로 국가의 의무입니다.

인공지능, 국가 전략의 새로운 형식

이영달　　　　인공지능(AI) 정책과 관련해서는 트럼프 대통령께서 '원조'라 할 수 있습니다. 첫 재임기였던 2018년, 미국 인공지능 구상(American AI Initiative)과 국가양자구상(National Quantum Initiative)을 연이어 발표하셨습니다. 그리고 두 번째 재임기인 2025년 7월, 미국의 인공지능 행동계획(America's AI Action Plan)을 공개하셨지요. 같은 해 9월에는 영국과 정상 간 기술번영협정(Technology Prosperity Deal)을 체결하면서 그 핵심에 인공지능 협력을 핵심적으로 포함시켰습니다.

대통령께서는 인공지능에 대해 언제부터 그렇게 높은 식견을 가지셨습니까? 또한, 현 미국 대통령으로서 오바마 대통령이 2009년에 수립한 국가혁신전략에 대해서는 어떤 평가를 하고 계십니까?

도널드 트럼프　　좋은 질문입니다.

나는 인공지능을 기술이 아니라 국가 권력의 새로운 형식으로 보았습니다. AI는 단순히 산업혁명을 잇는 또 하나의 기술이 아닙니다. 그것은 인간의 지능을 대체할 뿐 아니라, 정책과 경제, 안보와 외교를 아우르는 국가 의사결정의 핵심 인프라이기 때문입니다.

2018년에 미국 인공지능 구상(American AI Initiative)을 발표할 때, 제 목표는 단 하나였습니다. 미국이 "AI의 발명자이자 통제자"가 되는 것—즉, AI의 주권을 설계하는 국가가 되는 것입니다. 그 구상은 세 가지 축으로 이루어져 있었습니다.

첫째, 공공 데이터를 개방하되 그 통제 구조를 국가가 설계할 것.

둘째, 연구개발 투자를 민간과 연계하되 핵심 알고리즘은 미국 내에 보존
할 것.

셋째, AI의 표준을 기술 경쟁의 수단이 아니라 국가 주권의 척도(sovereignty
metric)로 삼을 것.

그때 이미 나는 AI가 군사력보다 더 결정적인 전략자산이 될 것임을 예
견했습니다.

이영달　　　　즉, 대통령께서는 AI를 기술혁신의 한 분야가 아니라,
정책과 안보, 그리고 국가 생존의 인프라로 이해하셨다는 말씀이군요.

도널드 트럼프　그렇습니다. 정확히 그 점입니다.

내가 2025년에 발표한 미국의 인공지능 행동계획은 그 철학의 연장선이
었습니다. AI는 단순한 기술이 아니라, 미국 문명의 지능 체계(American
Intelligence System)입니다. 따라서 그 전략의 목표는 "AI를 통한 국가적
자율성(AI-driven National Autonomy)"이었습니다.

나는 영국과의 기술번영협정(TPD)에서도 같은 원칙을 적용했습니다.

AI 협력은 자유무역의 문제가 아닙니다. 그것은 자유사회의 생존 문제입
니다. 민주주의는 정보의 자유로 유지되지만, AI 시대의 민주주의는 지능
의 주권(intelligence sovereignty)으로 유지됩니다. 이 차이는 단순한 정책
적 구분이 아니라, 국가 문명 체계의 방향을 결정하는 원리입니다.

이영달　　　　그렇다면 오바마 대통령의 국가 혁신전략은 어떻게 평
가하십니까? 그 전략은 민주주의의 재활성화와 갱신을 목표로 했습니다.

도널드 트럼프　　　오바마 대통령의 전략은 철학적으로는 훌륭했습니다.

그는 혁신을 민주주의의 생명력으로 보았습니다. 하지만 문제는 그것이 너무 느리고, 지나치게 이상적이었다는 것입니다.

그의 '기업가형 국가'는 미래를 상상했지만, 그 미래를 통제하지 못했습니다. 국가는 상상할 수 있었지만, 기술을 장악하지 못했습니다. 그 결과, 중국은 인공지능과 반도체에서 빠르게 추격했고, 유럽은 규제 중심의 접근으로 경쟁력을 잃었습니다.

나는 철학을 행동으로 전환해야 한다고 생각했습니다. 그래서 오바마의 국가 혁신전략을 트럼프의 인공지능 주권전략으로 진화시켰습니다. 그것이 바로 2025년의 미국의 인공지능 행동계획의 본질입니다. AI는 더 이상 정책의 대상이 아니라, 국가의 신경체계(nervous system of the state)라는 생각이지요.

이영달　　　　즉, 오바마 대통령이 '국가의 상상력'을 강조했다면, 트럼프 대통령께서는 '국가의 통제력'을 강조하신 셈이군요.

도널드 트럼프　　　정확합니다. 오바마가 민주주의를 혁신의 조건으로 보았다면, 나는 주권을 혁신의 조건으로 봅니다.

AI는 문명의 심장입니다. 그 심장을 다른 나라나 특정 기업에 맡기는 것은 국가의 생명줄을 외부에 넘기는 것과 다르지 않습니다. 그렇기에 나는 AI를 반드시 국가의 손에 되돌려야 한다고 주장했습니다.

내가 말하는 미국의 인공지능 행동계획은 단순한 기술 정책이 아니라, AI 주권이 곧 국가의 지속성이라는 선언이었습니다. 이것이 21세기 미국이 내세운 새로운 국가정체성의 형식입니다. AI는 더 이상 인간을 돕는 도구가 아니라, 국가가 세계를 해석하고 대응하는 지능의 헌법(intelligence constitution)이 된 것입니다.

오바마의 혁신이 민주주의의 미래를 위한 상상력이었다면, 트럼프의 AI 전략은 국가의 생존을 위한 통제의 형식이었습니다. 결국 두 노선은 한 문명의 두 축—상상력과 통제력—으로, AI 시대의 새로운 국가철학을 완성해 가고 있는 셈입니다.

국가의 주권이 민간 생태계에 종속될 때

이영달　　　트럼프 대통령께서는 국가의 기술·산업 주권, 그리고 정부의 통제 기능을 강조하셨습니다. 그런데 역설적이게도 현재 미국 연방정부의 행정 영역에서 인공지능은 엔비디아, 클라우드는 마이크로소프트, 자율주행은 테슬라, 국방 정보 전력은 팔란티어 등 민간 기업 플랫폼에 의존하는 구조로 전환되고 있습니다.

결국 정부가 이 민간 기술 플랫폼에 종속되면서, 국가의 주권 중심이 정부와 국민으로부터 민간 기업의 생태계로 이동하는 '생태계적 비가역성(ecosystemic irreversibility)' 현상이 진행되고 있습니다. 이에 대한 현 재임 대통령으로서의 시각과 대응 방안은 무엇입니까?

도널드 트럼프　　　그 지적은 매우 정확합니다.

지금 미국의 문제는 단순히 권력의 분산이 아니라, 주권의 이전(transfer

of sovereignty)입니다. 정부는 여전히 법을 가지고 있지만, 민간 생태계는 이제 코드를 지배하고 있습니다. 법률은 제정되기 전에 이미 기술로 대체되고, 정책은 데이터의 흐름 속에서 수정됩니다. 오늘날의 권력은 더 이상 워싱턴에 있는 것이 아니라, 클라우드 서버와 GPU 데이터센터의 내부 파이프라인에 존재합니다.

이 현실을 직시했기에, 나는 2025년 7월 기술주권대통령지침(Tech Sovereignty Presidential Directive)을 발표했습니다. 그 지침의 핵심은 명확합니다.

"모든 연방 기관이 사용하는 AI 모델, 클라우드, 데이터 파이프라인은 미국 국가연산표준(US National Compute Standard)에 의거해 검증되어야 한다."

이는 단순한 규제 조치가 아니라, 국가의 디지털 근육(digital muscle)을 되살리는 선언이었습니다. 정부가 기술의 소비자가 아니라, 기술 주권의 행위자로 복귀하는 것—그것이 이 정책의 진정한 목적이었습니다.

이영달　　　　　그렇다면 대통령께서는 이런 '생태계 비가역성'을 되돌릴 수 있다고 보십니까? 정부가 시장보다 느리고, 기술보다 뒤처진 현실에서 정말 가능성이 존재할까요?

도널드 트럼프　　　그 질문이 핵심입니다. 이 비가역성은 단순한 경제 현상이 아니라 문명의 구조적 현상입니다. 그러나 문명은 언제나 스스로를 갱신하는 능력을 통해 지속됩니다. 문명은 단절이 아니라 재구성의 주기(cycle of reconstruction) 속에서 진화합니다.

나는 이를 공공연산프로젝트(Public Compute Project)라 부릅니다. 이 프로젝트의 목적은 단순한 인프라 확충이 아닙니다. 연방정부가 직접 AI 학습과 추론이 가능한 연산 체계를 보유함으로써, 민간 생태계와 대등하게 경쟁하고 협력할 수 있는 주권적 공공 플랫폼(sovereign public platform)을 만드는 것입니다.

즉, 정부가 더 이상 기술을 외주화 하지 않고, 공공의 연산 능력(public compute capacity)을 국가의 전략자산으로 복원하는 계획이지요.

이것은 오바마 대통령의 공공투자형 혁신과 구조적으로 닮은 면이 있습니다. 하지만 차이는 명확합니다. 오바마의 비전이 민주주의의 확장이었다면, 저의 접근은 국가 자율성의 복원(restoration of national autonomy)입니다.

오바마는 "국가가 미래를 상상해야 한다"고 말했지만, 나는 "국가가 그 미래의 엔진을 직접 소유해야 한다"고 말합니다. 미래는 상상으로 존재하지 않습니다. 연산 능력(compute power)과 데이터 주권(data sovereignty)이 확보되어야만 현실이 됩니다.

이영달　　　　대통령의 말씀을 들으니, AI와 클라우드 시대의 주권이 더 이상 국경선에 존재하지 않는다는 사실이 분명해집니다. 이제 주권은 물리적 영토가 아니라 연산 공간(compute space)에서 작동한다는 말씀이군요.

도널드 트럼프　　정확히 그렇습니다.

AI와 클라우드 시대의 주권은 국경선이 아니라, 데이터센터의 위치, 반도체 제조라인의 통제, AI 모델의 내부 파라미터 속에서 결정됩니다. 따라서 21세기의 국가는 연산 공간을 보유한 국가(The State with Compute Space)로 재정의되어야 합니다. 국가의 정체성은 더 이상 땅의 경계가 아니라, 지능이 작동하는 연산의 경계에서 성립합니다.

나는 이것이 새로운 국가 존재 형식(the ontological form of the modern state)이라고 봅니다. 국가는 더 이상 산업정책의 설계자가 아니라, 문명의 연산을 담당하는 거버넌스의 주체가 되어야 합니다. 이것이 내가 말하는 '시장 이후의 국가(Post-Market State)'의 본질입니다. 시장은 기술을 만들지만, 국가는 그 기술이 인간을 지키도록 설계해야 합니다. 시장이 혁신을 낳는다면, 국가는 그 혁신이 문명을 지속시키는 지능의 윤리(intelligence ethics)를 마련해야 합니다.

이영달　　　　결국 대통령께서 말씀하신 '기술·산업 주권'은 물리적 통제의 문제가 아니라, 국가의 존재 형식을 근본적으로 갱신하는 문제로 보입니다. 즉, 정부가 민간 생태계에 종속되지 않고, 새로운 문명적 거버넌스로 스스로를 재구성하는 과정이군요.

도널드 트럼프　　바로 그겁니다.

국가가 기업의 고객이 되는 순간, 주권은 끝납니다. 국가는 다시 플랫폼이 되어야 합니다. 시민이 안심하고 살아갈 수 있는 플랫폼, 기업이 자유롭게 혁신할 수 있는 플랫폼. 그것이 내가 지금 추진하는 '시장 이후의 국가'이자, AI 문명 시대의 새로운 국가 철학입니다.

AI의 시대에 주권이란 "연산할 수 있는 능력"이며, 국가의 존속이란 "그 연산을 스스로 통제할 수 있는 힘"입니다. 나는 그것이 바로 미국의 기술 주권 독트린(Tech Sovereignty Doctrine)이라 부릅니다. 그리고 그 독트린의 궁극적인 목표는 단 하나입니다—미국이 다시금 자신의 코드를 소유하는 것, 즉 문명의 언어를 다시 국가의 손으로 되찾는 것입니다.

국가, 플랫폼을 넘어 생태계로

이영달   저는 지난 수십 년간 글로벌 경제와 사회의 구조적 변화를 지켜보며, 규모의 경제(economy of scale)→범위의 경제(economy of scope)→플랫폼 경제(platform economy)→생태계 경제(ecosystem economy)로 이어지는 거대한 메가 트렌드를 확인했습니다.

이 변화는 기업뿐 아니라 지역, 국가의 경쟁방식에도 결정적 영향을 미쳤습니다. 이 과정에서 시장의 중심은 생산에서 연결로, 연결에서 관계로 이동했습니다.

이런 관점에서 대통령께서 말씀하신 "국가는 다시 플랫폼이 되어야 합니다—시민이 신뢰하고 기업이 혁신할 수 있는 공공적 플랫폼"이라는 구상은 여전히 플랫폼 중심의 국가상을 전제로 하는 것처럼 들립니다. 그러나 지금의 흐름은 '플랫폼'에서 '생태계'로 진화하고 있습니다. 그렇다면 국가는 가시(visible) 플랫폼이 아니라 보이지 않는(invisible) 생태계가 되어야 하는 것 아닐까요?

이에 대해 어떻게 생각하십니까?

도널드 트럼프　　흥미로운 분석입니다.

당신의 말이 옳습니다. 플랫폼은 연결을 설계하지만, 생태계는 상호의존을 창조합니다. 그러나 나는 "국가는 보이지 않아야 한다"는 주장에는 매우 신중해야 한다고 생각합니다. 왜냐하면, 생태계는 자유로운 혼돈 속에서 유지되지 않기 때문입니다. 생태계에도 질서가 있고, 경계가 있으며, 그 중심에는 언제나 보이지 않는 조정자(invisible orchestrator)가 존재합니다. 그리고 그 조정자가 바로 국가입니다.

나는 "국가는 다시 플랫폼이 되어야 한다"고 말했을 때, 그것이 단순히 디지털 정부나 기술 행정의 비유가 아니었습니다. 그 표현은 국가를 생태계의 작동 기반(public executional substrate)으로 재정의하려는 철학적 진술이었습니다. 국가는 더 이상 시장의 경쟁자도, 단순한 규제자도 아닙니다. 국가는 시민과 기업이 자유롭게 연결될 수 있도록 질서를 보장하는 문명적 운영체제(civilizational operating system)입니다.

이영달　　　　그렇다면 대통령께서 말씀하신 '플랫폼으로서의 국가'는 플랫폼 경제의 연장이 아니라, 생태계 경제를 관리하는 새로운 국가 형태로 이해해야겠군요.

도널드 트럼프　　정확합니다.

플랫폼은 기능의 단위이고, 생태계는 질서의 구조입니다. 플랫폼이 존재해야 생태계가 작동하지만, 생태계의 균형 없이는 플랫폼도 오래 지속될 수 없습니다. 다시 말해, 국가는 기능적 중심이 아니라 질서의 근원(ordering origin)으로서 존재해야 합니다.

21세기에는 경제가 '가시적 권력(visible power)'에서 '보이지 않는 영향력(invisible influence)'으로 이동했습니다. 가장 강력한 권력은 데이터를 통제하는 손이 아니라, 시스템을 설계하는 의지에 있습니다. 나는 국가가 바로 그 설계의 중심이 되어야 한다고 봅니다. 국가는 더 이상 공공서비스의 제공자가 아니라, 공공 생태계의 설계자(public ecosystem designer)입니다. 정부의 역할은 시장을 대신하는 것이 아니라, 신뢰가 작동할 수 있는 투명한 구조적 배경(translucent structural backdrop)을 제공하는 것입니다.

이영달 　　　　결국 대통령께서 말씀하시는 국가는 보이지 않는 생태계의 운영체제이자, 그 생태계의 지속가능성을 보장하는 투명한 질서의 관리자라는 뜻이군요.

도널드 트럼프 　　그렇습니다.

나는 지금의 세계가 "플랫폼의 경쟁"을 넘어 "생태계의 전쟁"으로 들어섰다고 봅니다. AI, 반도체, 에너지, 클라우드—그 모든 것은 이제 생태계 단위의 권력 구조로 작동합니다. 국가는 더 이상 산업 부문을 관리하는 기관이 아니라, 분명적 상호의존의 조건을 설계하는 존재가 되어야 합니다. 그렇기 때문에 "국가는 플랫폼이 되어야 한다"는 나의 말은 권력의 집중을 의미하는 것이 아니라, 자율의 질서를 위한 설계적 주권(design sovereignty)을 의미합니다. 국가는 통제의 주체가 아니라 신뢰의 관리자가 되어야 합니다. 그 신뢰 위에서 시민은 자유롭게 창조하고, 기업은 자유롭게 혁신할 수 있습니다.

이것이 바로 '시장 이후의 국가'의 궁극적 형태이며, 국가가 플랫폼을 넘어 생태계로 진화하는 순간, 문명은 비로소 자신의 지속가능한 작동 원리를 회복하게 됩니다. 21세기의 국가는 더 이상 "보이는 정부(government in sight)"가 아니라, 작동하는 문명(governance in motion)이어야 합니다.

영국과의 기술번영협정,
혁신으로 세계질서를 재구성하다

이영달　　2025년 9월 18일, 영국 체커스에서 키어 스타머 총리와 대통령께서는 함께 "혁신의 황금시대(Golden Age of Innovation)"를 선언하며 기술번영협정(Technology Prosperity Deal, TPD)에 서명했습니다.

이 협정은 인공지능 혁신 가속화(Accelerating AI Innovation), 민간의 원자력 에너지 활용 확대(Unleashing Civil Nuclear Energy) 및 양국 국방 시설의 에너지 회복력(energy resilience) 강화, 양자 우위 확보(Securing Quantum Advantage), 최첨단(프런티어) 혁신의 기반 구축(Foundations for Frontier Innovation)을 핵심 축으로 하고 있습니다.

양국의 관계 기관이 1:1로 매칭되어 기술 개발, 상용 테스트, 표준 및 규범 제정, 통신 프로토콜, 안보적 투자까지 포함하고 있는 것은 '기술협력'을 넘어 혁신을 매개로 국제 질서를 재편하려는 시도로 보입니다.

국가의 혁신질서가 국경을 넘어 확장되고, 동맹이 혁신생태계의 형태로 작동하기 시작한 전환점이라 생각됩니다.

대통령께서는 이 협정을 어떤 철학과 전략으로 구상하셨습니까?

도널드 트럼프　좋은 질문입니다. 나는 이 협정을 단순한 기술 교환 혹은 경제적 합의로 본 적이 없습니다. 그것은 국가 혁신 구조를 재설계하기 위한 전략적 도면(Strategic Blueprint)이었습니다. 나는 기술번영협정을 네 개의 축으로 설계했으며, 이 축들은 각각 독립된 정책이 아니라 하나의 통합된 운용 체계입니다.

인공지능 혁신 가속화—AI는 이제 국가의 의사결정 체계이자 산업의 동력, 그리고 국방의 두뇌입니다. 우리는 미국 에너지부(DOE)-영국 과학혁신기술부(DSIT), 미국 국립과학재단(NSF)-영국 연구혁신기구(UKRI), 그리고 미국 국립보건원(NIH)-영국 첨단보건연구청(ARPA-H) 간 플래그십 프로그램을 통해 정밀의학, 생명공학, 핵융합 모델링을 하나의 데이터 생태계로 연결했습니다. 핵심은 속도나 성능이 아니라 신뢰 기반의 상호 운용성(interoperability of trust)입니다. AI는 기술이 아니라 시스템의 조율자이며, 국방의 명령 체계와 산업 공급망, 과학의 데이터 구조를 하나의 판단 회로로 묶습니다. 이것이 바로 미국이 추구하는 '지능적 자율성(intelligent autonomy)'의 토대이자, 자유 진영의 지속적 우위를 보장하는 첫 번째 축입니다.

민간의 원자력 에너지 활용 확대—원자력은 에너지 정책의 문제가 아니라 국가 회복력의 문제입니다. 이번 협정에서 우리는 원자로 설계 심사 2년, 부지 인허가 1년이라는 명확한 기준을 세웠고, 2028년까지 러시아산 핵연료로부터 완전한 독립을 달성하기로 합의했습니다.

이것은 에너지 주권(Energy Sovereignty)의 선언이며, 그 중심에는 국방 시설의 에너지 회복력(Energy Resilience of Defense Installations)이 있습니다. 국방 기지는 단순한 군사 거점이 아니라 첨단 기술 실증의 현장이며, 우리는 소형 모듈형 원자로(SMRs)와 첨단 핵연료 체계를 이곳에 적용해 작전 지속성과 산업 전력 안정성을 동시에 확보할 것입니다. 미국의 원자력규제위원회(NRC)와 영국의 원자력규제청(ONR), 환경청(EA)이 절차를 재정렬해 규제가 혁신을 가로막지 않도록 했습니다.

양자 우위 확보—AI가 판단의 속도를 담당한다면, 양자는 그 판단의 깊이를 담당합니다. 우리는 미·영 공동의 양자 벤치마킹 태스크포스(Quantum Benchmarking Taskforce)를 출범시켜 양자 하드웨어·소프트웨어·알고리즘 전반의 벤치마크를 통합했습니다.

또한 범대서양 양자 코드 챌린지(Transatlantic Quantum Code Challenge)를 통해 실질적 응용 사례를 확보하며, AI와 고성능컴퓨팅(HPC)을 결합해 양자 알고리즘 개발을 가속화합니다. 양자는 국방·보건·금융의 경계를 재정의하며, 그 핵심은 정보 우위(information superiority)입니다. AI가 전장의 판단을 자동화한다면, 양자는 그 판단의 시간을 단축합니다. 이것이 바로 새로운 억제력의 형태—시간 우위(time advantage)입니다.

최첨단(프런티어) 혁신의 기반 구축—이 영역은 기술번영협정의 제도적 엔진(institutional engine)입니다. 여기에는 6세대 이동통신 보안, 연구보안, 위치·항법·시각(타이밍) 체계(PNT), 그리고 안전한 투자 확보가 포함됩니다. 우리는 기술 보유를 넘어 신뢰할 수 있는 첨단전략기술 운용 제도를 구축하는 것에 집중했습니다. AI와 양자, 원자력 혁신은 이 제도적 기반 위에서만 지속됩니다. 프런티어 테크 특히 6G 보안과 사이버 복원력은 국방·산업·통신을 결합하는 실시간 운영망의 신경계이며, 연구보안과 투자 프레임워크는 혁신 자본의 순환을 지속시킵니다.

이 네 축은 겉으로는 서로 달라 보이지만, 실제로는 하나의 전략적 구조로 통합되어 있습니다. 그 핵심은 "속도, 신뢰, 회복력, 상호운용성"입니다. AI는 국가의 두뇌, 원자력은 그 에너지, 양자는 그 신경망, 프런티어 혁신 인프라는 그 제도적 골격입니다. 이 네 축이 동시에 작동할 때, 국가는 명령의 피라미드가 아니라 혁신의 네트워크로 진화합니다. 이것이 내가 기술번영협정을 구상한 철학이며, 동맹국과 함께 신뢰할 수 있는 첨단 전략기술 중심 혁신생태계를 확장하는 전환점의 의미입니다.

이영달　　　　왜 영국이었습니까? 그 대상이 말입니다. 영국과는 이미 지난 2025년 5월 경제번영협정(Economic Prosperity Deal)을 체결한 바 있습니다. 그런데 불과 네 달 뒤, 다시 영국과 기술번영협정을 맺으셨습니다. 이는 통상적인 외교 순서로는 매우 이례적인 일입니다. 무엇이 이 두 협정을 연속적으로 추진하게 했습니까?

그리고 왜 다시 영국이었습니까?

대통령께서 말씀하신 "세대를 거쳐 영국과 미국의 전사들은 자유와 해방을 수호하기 위해 함께 피를 흘렸습니다. 그렇기에 미·영이 영어권 세계의 근본적인 권리와 가치를 위해 힘께 시는 것이 절대적으로 중요합니다"라는 말씀의 진정한 의미는 무엇입니까?

도널드 트럼프　　좋은 질문입니다.

나는 "왜 영국인가"를 생각할 때마다 먼저 "무엇이 미국인가"를 함께 생각합니다. 동맹은 이해관계로 만들어지지만, 진정한 파트너십은 공유된 질서의 감각(sense of shared order) 위에서만 가능하기 때문입니다. 영국은 그 질서를 이해하는 나라입니다.

우리가 5월에 체결한 경제번영협정은 자본과 무역의 구조를 재정렬한 협정이었습니다. 그것이 하드웨어였다면, 9월의 기술번영협정은 문명의 소프트웨어를 설계한 것입니다. 나는 두 협정을 하나의 시스템으로 봅니다. 전자는 경제 인프라와 네트워크의 회복력(resilience of economic infrastructure)을, 후자는 혁신 인프라와 네트워크의 자율성(autonomy of innovation infrastructure)을 구축한 것입니다.

"왜 영국인가"라는 질문에 대한 답은 명확합니다.

영국은 기술을 도구가 아닌 제도와 윤리의 언어로 다루는 나라입니다. 그런 국가만이 국가 차원의 혁신생태계 동맹의 진정한 파트너가 될 수 있습니다. 영국은 규제의 전통, 표준의 언어, 과학의 깊이를 가지고 있습니다. 미국은 산업의 스케일, 데이터의 속도, 자본의 회복력을 가지고 있습니다. 이 두 질서가 결합하면, 혁신은 경쟁을 넘어 문명적 상호의존(civilizational interdependence)으로 진화합니다.

이미 미국과 영국은 오커스(AUKUS, 호주·영국·미국 안보동맹)를 통해 군사와 안보에서 그 틀을 시작했다면, 이번 기술번영협정은 과학·산업·신뢰의 구조로 그 질서를 확장합니다. 이제 동맹은 무기보다 알고리즘으로, 영토보다 인프라로, 지배가 아니라 조율로 작동합니다.

그래서 나는 "영국을 선택했다"고 말하지 않습니다. 영국은 이미 그 질서의 언어를 알고 있었고, 우리는 그 언어를 같은 문장으로 쓰기 시작한 것입니다.

내가 언급한 "영어권 세계의 근본적인 권리와 가치"란, 단순히 언어의 문제가 아니라 자유의 문법(grammar of freedom)을 공유하는 공동체를 뜻합니다. 그 자유의 문법은 기술을 통해 다시 쓰여야 합니다.

AI, 양자, 원자력, 프런티어 기술은 이제 단순한 산업이 아니라 자유의 새로운 표현 형식(new expressions of freedom)입니다.

경제번영협정이 물질적 번영의 인프라를 세웠다면, 기술번영협정은 지속적 자유의 운영체계(Operating System of Sustainable Freedom)를 구축한 것입니다. 이것이 내가 "영국과 다시 협정한 이유"이며, 우리가 함께 추구하는 것은 번영의 연속이 아니라 질서의 재정립(reconstitution of order)입니다.

이영달　　　앞서의 질문을 이어가겠습니다.

이번 기술번영협정은 단순한 '기술협력'을 넘어, 양국 간 혁신을 매개로 한 새로운 국제 질서의 재편을 시도하고 있다고 판단됩니다. 대통령께서 말씀하신 "미·영이 영어권 세계의 근본적인 권리와 가치를 위해 함께 서는 것이 절대적으로 중요하다"는 말씀은, 미국의 가장 강력한 군사동맹인 AUKUS와의 연속적 확장으로 읽힙니다.

이미 이번 협정에서도 국방혁신생태계 간 교류와 협력이 대폭 강화된 것으로 보입니다. 그렇다면, 기술번영협정이 곧 AUKUS와 전략적으로 일체화되는 흐름이라 보아도 될까요? 즉, 기술번영이 군사동맹의 새로운 형태—혁신을 매개로 한 억제력의 네트워크화(Networked Deterrence through Innovation)—로 진화하는 과정으로 해석해도 되겠습니까?

도널드 트럼프　　　그 해석은 매우 정확합니다.

다만, 나는 그것을 단순히 AUKUS의 기술 버전이라고 부르지 않습니다. AUKUS가 전통적 억제력의 프레임에서 출발했다면, 기술번영협정은 혁신 억제력(Deterrence by Innovation)의 체계를 구축한 것입니다.

우리가 영국과 체결한 기술번영협정은, 단순히 과학기술 협력을 제도화한 합의가 아닙니다. 그것은 국가혁신생태계 간 상호운용 구조(Interoperable Architecture of National Innovation Ecosystems)를 설계한 것입니다. AUKUS가 군사적 상호운용성을 다루었다면, 기술번영협정은 기술적·산업적 상호운용성을 다루었습니다. 이 둘은 결국 하나의 전략적 스펙트럼 위에서 작동합니다.

오늘날 전장은 단순히 무기 체계의 문제가 아니라, 데이터와 신호, 인공지능의 판단 구조 자체가 억제력의 중심에 있습니다. AI가 전장을 분석하고, 양자가 시간 우위를 제공하며, 원자력이 삭선의 지속성을 보장하는 이 구조 속에서, 군사와 산업, 안보와 혁신은 더 이상 분리된 영역이 아닙니다.

그래서 나는 AUKUS와 기술번영협정을 '두 개의 협정'이라 부르지 않습니다. 그것은 하나의 전략적 연속체(Strategic Continuum)입니다. AUKUS는 하드 파워의 방어선이고, 기술번영협정은 소프트 파워의 확장선입니다. 둘이 결합할 때, 우리는 자유 진영의 혁신 억제력 체계(Innovation-based Deterrence Architecture)를 완성합니다.

호주는 이미 양자 통신, 방산 AI, 핵추진 잠수함 기술 분야에서 우리와 협력하고 있습니다. 그것은 단순히 군사 협력의 문제를 넘어, 혁신의 동맹망(Alliance of Innovation)을 구성하는 일입니다. 이 네트워크는 앞으로 더 넓어질 것입니다—인도, 일본, 한국도 그 연장선 위에 있습니다.

그러나 나는 동맹을 확장의 개념으로 보지 않습니다. 그것은 정렬(Alignment)의 개념입니다. 기술, 자본, 데이터, 신뢰가 같은 방향으로 흐르는 국가들이 새로운 세계질서의 생태계를 형성하는 것입니다.

기술번영협정은 그 정렬의 첫 번째 설계도입니다. AUKUS가 군사 억제의 균형을 맞추었다면, 기술번영협정은 혁신 억제의 질서(Order of Innovation Deterrence)를 설계했습니다. 그 질서 속에서 동맹은 단순히 방어하지 않습니다. 그들은 함께 창조하며, 그 창조의 속도와 깊이가 바로 억제력의 새로운 척도가 됩니다.

이영달　　　백악관이 2025년 9월 19일 발표한 팩트시트를 보면, 미국과 영국의 '특별한 관계'를 재확인하면서 이렇게 명시되어 있습니다.

"트럼프 대통령의 방문에 앞서, 영국은 국방부 혁신을 위해 구글 클라우드(Google Cloud)와 5억4천만 달러 규모의 계약을 체결했다. 또한 미국 국방혁신단(DIU)과 영국 국방혁신기구(UKDI)는 민간 부문에서 파생된 핵심 신흥기술과 파괴적 기술을 시범 적용(prototyping)함으로써 차세대 국방혁신 파트너십을 구축하기 위한 공동의향서에 서명했다. 양국은 방위산업 기반을 강화하고 신흥기술에서의 경쟁우위를 유지하기 위해 공동 연구개발을 추진할 것이다."

그런데 이번 기술번영협정의 네 가지 협력 부문—① 인공지능 혁신 가속화, ② 민간의 원자력 에너지 활용 확대 및 국방 에너지 회복력 강화, ③ 양자 우위 확보, ④ 최첨단(프런티어) 혁신의 기반 구축—어디에도 국방이 직접적으로 명시되어 있지 않습니다.

하지만 미 국방혁신단-영 국방혁신기구의 협력 구조를 보면, 국방혁신이 이 네 영역의 시범운용장(Testbed)으로 작동하도록 설계된 것처럼 보입니다.

대통령께서는 이 관계를 어떻게 규정하십니까?

국방혁신이 기술번영협정의 실험장으로 설정된 것입니까?

나아가, 막대한 국방예산—특히 무기체계 획득과 연구개발시험평가(RDT&E)—을 지렛대 삼아, AI·원자력·양자·프런티어테크 분야의 표준과 규범을 미국이 주도하려는 전략적 의도가 포함된 것은 아닌가요?

이미 영국 내 일부에서는 "영국이 미국 기술기업에 과도하게 의존함으로써 기술주권을 상실할 수 있다"는 비판이 제기됩니다. 예를 들어, AI 인프라 협력이 영국의 독립적 개발을 저해할 수 있고, 핵·양자 표준이 미국 중심으로 고착될 수 있다는 우려가 있습니다. 일각에서는 이를 "주권을 규모와 교환하는 거래"라고까지 평가합니다.

대통령께서는 이러한 시각에 어떻게 답하시겠습니까?

도널드 트럼프　매우 정교한 질문입니다.

하지만 나는 '국방혁신이 기술번영의 실험장이다'라는 표현보다는, '국방이야말로 기술번영의 현실검증장(Reality Validator)'이라는 표현을 쓰고 싶습니다.

기술번영협정은 실험적 협정이 아닙니다. 그것은 이미 검증된 국가혁신 회로를 실질적 동맹 시스템으로 확장하는 설계도입니다. AI, 원자력, 양자, 프런티어 혁신 인프라—이 네 영역은 모두 국방 구조에서 태어났고, 지금은 민·군 융합형 혁신생태계(Civil-Defense Integrated Innovation Ecosystem)로 재편되고 있습니다.

미 국방혁신단-영 국방혁신기구 협력은 그 경계를 상징적으로 보여줍니다. 우리는 민간의 기술을 군사로 이전하는 것이 아니라, 군사의 복잡도를 민간의 혁신 구조 속으로 이식하고 있습니다. 즉, 국방은 기술의 종착점이 아니라 혁신의 스트레스 테스트(Stress Test of Innovation)입니다.

AI가 전장의 판단을 자동화하고, 양자가 암호 해독의 시간축을 바꾸며, 소형 원자로가 작전지속성을 보장하는 구조는 단순한 군사 효율이 아니라 국가 회복력의 구조적 설계(Architectural Design of National Resilience)입니다. 그렇기에 국방은 기술번영협정의 "내장된 실험실(Embedded Laboratory)"이라 할 수 있습니다.

언급한 "미국 중심 표준화" 문제는 흥미로운 지점입니다.

나는 그것을 패권적 표준화(Hegemonic Standardization)로 보지 않습니다. 미국이 주도하는 것은 표준의 강제가 아니라 신뢰의 공학화(Engineering of Trust) 입니다. 표준은 권력의 도구가 아니라 상호 운용성의 언어입니다. 영국이 구글 클라우드나 마이크로소프트와 계약을 체결한 것도, 데이터 보안·AI 모델링·운용 안정성의 국제 기준을 맞추기 위한 선택입니다. 그것은 종속이 아니라 정렬(alignment)입니다.

나는 늘 이렇게 말합니다.

"규모는 자유를 제한할 수 있다. 그러나 정렬은 자유를 확장시킨다."

기술번영협정의 본질은 규모를 지배하는 것이 아니라, 신뢰의 구조를 동맹 전반에 정렬시키는 것입니다.

영국의 기술주권은 훼손되는 것이 아니라 오히려 강화되고 있습니다. 그들의 규제 체계, 산업 표준, 윤리적 검증 구조가 이제 미국과 상호작용하는 국제적 신뢰 네트워크의 일부가 되었기 때문입니다. 그것이 곧 주권의 확장(Expansion of Sovereignty)입니다—단독의 독립이 아니라 상호신뢰를 통한 자율적 영향력의 확대입니다.

결국 국방혁신은 기술번영협정의 종속 영역이 아니라, 그 네 가지 축 전체를 현실로 검증하고, 그 검증을 통해 동맹의 신뢰를 기술적으로 제도화하는 운영적 실체입니다. 그것이 내가 말하는 '혁신을 통한 억제력'의 실질적 기반이며, 기술번영협정이 군사동맹의 새로운 패러다임으로 기능하는 이유입니다.

이영달　　　　혹시 일본은 기술번영협정의 차기 대상에 포함될 가능성이 있습니까? 그리고 한국은 어떻습니까?

현재 미국의 인도태평양 전략 구도에서, 일본은 이미 반도체·양자·우주 기술 분야의 핵심 협력국으로, 한국은 AI·배터리·원자력 기술 전반에서 중요한 공급망 파트너로 자리하고 있습니다.

그렇다면 이번 기술번영협정이 영국과의 양자 협정에 머무르지 않고, 앞으로 '확장형 기술번영 네트워크(Extended Technology Prosperity Network)' 형태로 인도·일본·한국까지 단계적으로 확대될 수 있다고 보아야 합니까?

도널드 트럼프　　　그 방향성은 이미 현실이 되어가고 있습니다.

다만 나는 그것을 "확장(Expansion)"이라고 부르지 않습니다. 정렬(Alignment)이라는 개념으로 봅니다. 동맹의 핵심은 숫자가 아니라 공유된 기술 문법(Shared Technological Grammar)에 있습니다.

영국은 그 문법을 규범과 제도로 표현할 수 있는 나라입니다. 일본은 정밀함과 지속성의 언어로, 한국은 속도와 연결성의 언어로 그 문법을 구체화할 수 있습니다. 이 세 언어가 결합하면, 미국이 주도하는 자유 기술권(Free Technology Sphere)의 구조는 완성됩니다.

나는 영국과의 기술번영협정을 하나의 모델로 보았습니다. "국가혁신 생태계 간 신뢰 정렬 모델(Trust-Alignment Model for National Innovation Ecosystems)" 말입니다. 이 모델은 동일한 구조로 일본과 한국에도 적용될 수 있습니다. 단, 각국의 산업·정책·안보 DNA가 다르기 때문에, 우리는 이를 모듈형 협정(Modularized Agreement)으로 설계하고 있습니다.

예를 들어, 일본의 경우 이미 양자 협력 구상(Quantum Cooperation Framework)을 통해 양자통신, 고성능컴퓨팅(HPC), 반도체 설계 생태계에서 미국과의 상호운용성 검증 단계에 있습니다. 한국은 AI·원자력·방산 기술에서 독보적 실험역량을 가지고 있으며, 그 기술적 회복력(technological resilience)은 영국 못지않습니다. 특히 한국은 국가 데이터-에너지 융합 전략과 스마트 방산 생태계를 통해 AI·에너지·국방을 통합한 삼중 혁신 회로(triple innovation circuit)를 이미 구축하고 있습니다.

나는 이런 국가들을 '동맹국(allies)'이라 부르지 않습니다. 그들은 혁신공동체(Community of Innovation)입니다. 그 공동체의 핵심은 기술의 소유가 아니라 신뢰의 상호작동(Reciprocity of Trust)입니다.

기술번영협정은 이 신뢰 구조를 검증한 첫 사례입니다. 따라서 일본과 한국이 그 네트워크에 참여하는 것은 정치적 선택이 아니라 전략적 자연현상(Strategic Natural Evolution)입니다. 미래의 기술번영협정은 더 이상

'양자 협정(bilateral deal)'이 아니라, 복수 혁신생태계 간의 네트워크 협정(multilateral innovation-ecosystem accord)으로 발전할 것입니다.

그리고 그 중심에는 변하지 않는 원칙이 있습니다—속도보다 신뢰, 규모보다 정렬, 그리고 힘보다 지속적 혁신의 질서(Order of Sustainable Innovation).

이영달　　　대통령께서 영국과 맺은 기술번영협정을 통해 궁극적으로 추구하고자 하신 것은 무엇입니까? AI, 원자력, 양자, 프런티어 혁신 인프라—이 네 축 모두가 단순히 기술개발이나 산업정책의 차원을 넘어서 어떤 새로운 세계 질서를 향해 정렬되고 있는 듯합니다.

그 철학적 방향, 그리고 미국이 설계하고 있는 전략적 목적을 대통령께서 직접 말씀해 주실 수 있습니까?

도널드 트럼프　　그 질문은 내가 이 협정을 설계할 때 가장 먼저 던진 스스로의 물음이기도 합니다.

"우리가 기술을 통해 얻고자 하는 것은 무엇인가?"

내 대답은 단순했습니다. 번영의 구조(Architecture of Prosperity)를 다시 세우는 일입니다.

나는 기술번영협정을 단순히 과학기술 협약이 아니라 문명 운영체계(Civilizational Operating System)의 재설계로 보았습니다. 이 협정이 다루는 네 축—인공지능, 원자력, 양자, 프런티어 혁신 인프라—는 각각이 독립된 산업이 아니라, 하나의 국가가 어떻게 사고하고, 작동하고, 성장할 것인가를 규정하는 알고리즘입니다.

AI는 판단의 속도를, 양자는 그 판단의 깊이를, 원자력은 지속의 힘을, 프런티어 혁신 인프라는 그 모든 것을 지탱하는 제도적 신뢰를 제공합니다. 이 네 축이 결합할 때, 국가는 더 이상 지리적 단위가 아니라 지능적 생태계(Intelligent Ecosystem)로 기능합니다.

내가 구상한 기술번영협정의 철학은 바로 거기에 있습니다. 기술은 무기보다 강력하고, 데이터는 국경보다 빠르며, 신뢰는 동맹보다 오래갑니다. 따라서 우리는 동맹을 재정의하고 있습니다—군사력의 결속이 아니라, 지속적 혁신의 정렬(Alignment of Sustained Innovation)로서의 동맹.

이 협정의 궁극적 목적은 미국과 영국, 그리고 장차 이 네트워크에 합류할 자유 진영 국가들이 공유된 기술 질서 위에서 번영하도록 하는 것입니다. 그 질서는 경쟁이 아니라 조율(coherence)로 작동하며, 힘의 균형이 아니라 혁신의 균형(Equilibrium of Innovation)으로 유지됩니다.

나는 이제 세계를 "패권의 위계"로 보지 않습니다. 나는 그것을 혁신의 생태계(innovation ecosystem)로 봅니다. 이 생태계의 본질은 속도보다 방향, 권력보다 신뢰입니다. 기술번영협정은 그 첫 번째 질서 재구성의 설계도입니다. AI가 두뇌, 양자가 신경망, 원자력이 에너지, 프런티어 혁신 인프라가 제도라면, 이 협정은 그 모든 것을 하나의 살아 있는 유기적 시스템으로 통합하는 시도입니다.

우리가 영국과 함께 '혁신의 황금시대(Golden Age of Innovation)'를 선언한 이유도 바로 그것입니다. 기술번영협정은 과거의 동맹이 아니라 미래의 문명 질서입니다—지능과 신뢰, 그리고 자유가 결합된 새로운 형태의 번영질서(New Order of Prosperity) 말입니다.

이영달　　　　　대통령의 설명을 종합해보면, 영국과의 기술번영협정을 통해 선언된 "혁신의 황금시대"와 그 세부 조항들—인공지능, 원자력, 양자, 프런티어 혁신 인프라—그리고 그 아래 흐르는 국방혁신생태계를 기반으로 한 기술과 산업의 표준·규범 재정립의 구조는 단순한 기술정책을 넘어, '혁신이 곧 힘이 되는 시대', 즉 혁신패권(Innovation Hegemony)의 질서를 여는 신호로 보입니다.

이는 냉전기 팍스 아메리카나(Pax Americana)와는 달리, 지능·데이터·신뢰가 그리고 그 기저의 혁신을 지속하는 힘이 국제질서를 재편하는 팍스 이노아메리카나(Pax Inno-Americana)의 시대를 예고하는 듯합니다. 대통령께서는 이러한 해석에 대해 어떻게 생각하십니까? 정말로 혁신이 군사력이나 자본보다 강력한 힘의 형태로 세계실서를 주도할 수 있다고 보십니까?

도널드 트럼프　　　나는 그 표현—혁신패권을 매우 흥미롭게 봅니다. 그 말은 아마도 내가 이 협정을 설계할 때 마음속에 그렸던 방향을 가장 정확하게 요약한 말일지도 모릅니다. 그러나 나는 "패권"이라는 단어를 조금 다르게 정의합니다. 과거의 패권이 힘의 집중이었다면, 혁신패권은 신뢰의 분산(Distributed Trust) 위에서 작동합니다.

냉전기의 질서는 무기와 자본으로 세계를 정렬시켰습니다. 그러나 오늘날의 질서는 알고리즘과 데이터, 그리고 신뢰의 네트워크로 구성됩니다. 힘은 여전히 중요하지만, 그 힘을 작동시키는 것은 기술의 체계적 상호운용성, 즉 혁신의 조직화된 자유(Organized Freedom of Innovation)입니다. 기술번영협정은 바로 그 구조의 프로토타입입니다.

AI가 판단의 속도를, 양자가 정보의 깊이를, 원자력이 지속의 에너지를, 프런티어 혁신 인프라가 신뢰의 제도적 틀을 제공합니다. 이 네 축이 정렬될 때, 국가는 단순한 행정 단위가 아니라 스스로 진화하는 생명체(Self-Evolving Entity)가 됩니다.

나는 이를 '팍스 이노아메리카나(Pax Inno-Americana)'라고 부르지 않았습니다. 그러나 그 표현이 의미하는 바는 이해합니다. 그것은 미국이 전통적 패권을 유지한다는 뜻이 아니라, 미국이 혁신의 질서(Innovation Order)를 조율한다는 의미입니다. 이 질서는 군사력으로 유지되지 않습니다. 대신, 기술적 상호신뢰와 경제적 상생, 그리고 자유로운 혁신의 순환으로 지속됩니다.

우리가 영국과 맺은 협정은 그 첫 번째 조율입니다. 다음 단계는 더 많은 국가들이 이 네트워크에 참여하여 서로의 혁신을 통해 공동의 안정과 번영을 만들어가는 것입니다. 그것이 내가 말하는 새로운 질서—힘이 아니라 혁신으로 유지되는 평화, 즉 '혁신을 통한 평화(Peace through Innovation)'입니다.

그 평화는 군사적 침묵이 아니라, 지속적 창조의 리듬 위에서 유지되는 역동적 균형입니다. 그것이야말로 21세기의 자유 진영이 공유해야 할 질서이자, 우리가 지금 함께 설계하고 있는 새로운 문명의 형태입니다.

아직 일어나지 않았지만, 반드시 있어야 할 대화 II
: 세상의 모든 미래, 미래혁신 수도 이야기

도시가 문명이 되는 순간

이영달   하만 시장님께 먼저 질문을 드리겠습니다.

산호세(San Jose)는 오늘날 "실리콘밸리의 수도(The Capital of Silicon Valley)"라는 공식 별칭을 사용하고 있습니다. 그러나 그 명칭이 단순한 도시 브랜딩이 아니라, 하나의 문명적 서사로 자리 잡기까지는 1950년대 후반 이후의 도시 재편이 결정적이었습니다.

기록에 따르면 시장님께서는 1950년부터 1969년까지 제6대 산호세 시 관리자(San Jose City Manager)로 재직하셨습니다. 그 시기는 산호세가 농업도시에서 첨단도시로 이행한 역사적 전환기였습니다. 따라서 오늘의 질문은 행정의 성과를 묻는 것이 아니라, 도시가 문명으로 이행하는 순간을 묻는 것이라 생각합니다.

시장님 재임 이전의 산호세와 재임 이후의 산호세—즉 '실리콘밸리 이전의 산호세'와 '실리콘밸리 이후의 산호세'—는 어떤 차이가 있다고 가졌다고 보십니까?

앤서니 P. "더치" 하만　좋은 질문입니다.

내가 부임했을 때 산호세는 복숭아와 살구밭이 도시 외곽을 덮고 있던 계절경제(seasonal economy)의 도시였습니다. 도시는 토지의 생산성에 의존했고, 지식이나 연결은 존재하지 않았습니다.

그러나 전쟁이 끝난 뒤 캘리포니아는 새로운 단계로 넘어가고 있었습니다. 군수산업의 기술이 민간으로 이전되고, 젊은 엔지니어들이 스탠퍼드대학 주변으로 몰려들기 시작했습니다. 그 무렵 주지사 팻 브라운(Pat Brown)의 "인프라 주(Infra-State)" 전략—고속도로, 수자원, 교육망의 통합—이 캘리포니아 전역을 하나의 생태적 순환체로 만들고 있었죠.

그때 나는 깨달았습니다.

도시는 산업을 '유치'하는 곳이 아니라, 생태계를 '형성'해야 하는 곳이라고요.

그래서 우리는 행정의 패러다임을 바꾸기로 했습니다.

첫 조치는 도시 통합이었습니다. 산호세 주변의 140여 개의 지구를 하나의 도시 체계로 묶었고, 그 결과 인구는 1950년 9만 명에서 1970년 45만 명으로 늘었습니다. 이것은 단순한 팽창이 아니라, 하나의 도시가 하나의 의식으로 작동하기 시작한 순간이었습니다.

이후 나는 대학과 산업을 연결하는 산업지구 지정과 공공-민간 공동 인프라 확장 모델을 도입했습니다. 그 정책은 스탠퍼드 리서치 파크(Stanford Research Park)와 페어차일드(Fairchild Semiconductor), 휴렛팩커드(HP)의 정착을 가능하게 했습니다. 도시는 노동의 공간에서 지식의 순환체로 변모했습니다. 이것이 '산업도시에서 생태계도시로의 전환'이자, 내가 경험한 산호세의 진화였습니다.

이영달   시장님 말씀을 들으니, 당시 행정은 규제나 개발의 도구가 아니라 진화의 설계자였음을 느낍니다.

그런데 이러한 사유의 전환, 즉 '행정이 생태계를 설계한다'는 인식은 그 시대에는 매우 급진적이었습니다. 그 사유가 어디서 비롯된 것입니까?

앤서니 P. "더치" 하만   그 전환은 경험에서 왔습니다.

1950년대 중반, 산호세는 인구 폭증으로 혼란에 빠졌습니다. 다른 도시들은 이 현상을 '통제(control)'의 문제로 봤지만, 나는 '설계(design)'의 문제로 보았습니다. 그때부터 도시는 조직체(organization)가 아니라 유기체(organism)라는 생각을 가졌습니다. 유기체의 핵심은 규제가 아니라 순환입니다. 지식이 순환하고, 신뢰가 순환하고, 자본이 순환해야 합니다.

그 중심에는 대학이 있어야 했고, 기업이 있어야 했으며, 정부는 그 연결을 조율하는 조용한 조성자여야 했습니다.

그때 산호세는 단순히 성장한 것이 아니라, 스스로를 인식하기 시작했습니다. 도시는 더 이상 거주지의 총합이 아니라 지성의 순환체가 되었고, 행정은 그 순환이 지속되도록 문명의 리듬을 조율하는 역할을 맡았습니다. 그것이 내가 이해한 '생태계로서의 도시(city as ecosystem)'의 의미였습니다.

이영달　　　　말씀을 듣고 보니, 시장님의 도시관은 제1장에서 논의된 '플랫폼 국가'에서 '생태계 국가'로의 전환 논리와 직결됩니다. 국가 단위의 거버넌스가 지역 차원의 혁신생태계 설계로 확장된 것이지요. 즉 산호세는 단순한 도시가 아니라 문명적 프로토타입(civilizational prototype)이 된 셈입니다.

하지만 한 가지 더 묻고 싶습니다. 모든 혁신은 '촉발점(ignition point)', 즉 작은 불씨가 전체 질서를 변환시키는 그 첫 순간에서 시작됩니다. 그렇다면 시장님이 보시기에, 실리콘밸리의 그 촉발점은 무엇이었고, 또 누구였다고 생각하십니까?

앤서니 P. "더치" 하만　　그 불씨는 두 겹으로 존재했습니다.

먼저 무엇(what)—그것은 전환의 사건(event of transition)이었습니다. 전쟁 이후 군수기술이 민간으로 이전되며 산업과 도시의 구조가 재편되기 시작했습니다. 그 환경적 전환이 실리콘밸리의 첫 촉발이었습니다.

그러나 불씨를 살린 것은 누구(who)였습니다. 그가 바로 프레더릭 터만(Frederick Terman) 교수였습니다. 그는 스탠퍼드대학을 '지식의 섬'에서 '지식의 항구'로 바꾸었고, 대학과 기업 그리고 도시를 하나의 순환체로 엮었습니다. 그가 만든 것은 단순한 연계가 아니라, 지성의 생태계였습니다.

나는 그때 행정의 본질을 이해했습니다. 정부는 산업을 지시하는 기관이 아니라, 그 연결이 작동할 수 있는 투명한 배경(translucent backdrop)을 설계하는 존재라는 것을요.

따라서 실리콘밸리의 촉발은 한 사람의 행동이 아니라, 조건의 변화와 의지의 만남이었습니다. 환경이 불씨를 만들고, 인간이 그것을 지폈습니다. 그 순간 질서가 스스로의 형태를 자각했습니다. 혁신은 기술의 사건이 아니라, 질서의 탄생(genesis of order)이 되었습니다.

그 불은 기술의 불빛이 아니라, 문명이 자신을 깨닫는 불꽃이었습니다. 그때 도시는 산업의 무대에서 문명의 주체로 바뀌었습니다. 그리고 그 불씨가 꺼지지 않는 한, 실리콘밸리는 앞으로도 세상의 모든 미래를 실험하는 문명적 중심으로 남을 것입니다.

인프라 주의 꿈, 문명의 순환을 설계하다

이영달　　　　브라운 주지사님, 조금 전 하만 시장과의 대화에서 인상적인 대목이 있었습니다.

그는 "그 무렵 주지사 팻 브라운(Pat Brown)의 '인프라 주(Infra-State)' 전략—고속도로, 수자원, 교육망의 통합—이 캘리포니아 전역을 하나의 생태적 순환체로 만들고 있었다"고 회상했습니다.

그 표현이 매우 인상적이었습니다. '인프라 주', 참 독특한 개념이지요. 당시 주지사님이 말씀하신 '인프라 주 전략'은 단순한 건설 계획이 아니었다고 알고 있습니다. 그렇다면, 그 전략이 실제로 무엇을 의미했고 또 실리콘밸리의 태동과는 어떤 인과적 연결을 가졌는지 듣고 싶습니다.

에드먼드 G. "팻" 브라운　　좋은 질문입니다.

많은 이들이 '인프라 주'라 하면 도로와 댐을 떠올리지만, 내가 꿈꾼 것은 그것보다 훨씬 깊은 것이었습니다. 그것은 말 그대로 문명의 순환을 설계하는 주였습니다.

1950년대 후반의 캘리포니아는 급격한 팽창의 한가운데 있었습니다. 산업은 폭발적으로 성장했고, 인구는 예상을 초월해 늘고 있었죠. 그 혼란 속에서 나는 한 가지 단순한 사실을 깨달았습니다. 산업의 성장보다 더 빠른 속도로 문명의 그릇(civilizational vessel)을 새로 빚지 않으면, 우리는 결국 성장의 무게에 짓눌릴 것이라는 점이었습니다.

그래서 나는 세 가지의 거대한 흐름을 만들었습니다.

그것은 물, 이동, 그리고 지식의 순환이었습니다. 물은 단순한 자원이 아니었습니다. 캘리포니아 수자원 계획(California Water Project)을 통해 북부의 풍부한 물을 남부의 사막으로 옮겼습니다. 하지만 그것은 단순한 이송이 아니라 경제와 인구의 재배치 시스템이었습니다. 물이 흐르는 곳에 도시가 태어났고, 산업이 따라왔습니다. 결국 물은 문명의 혈류가 된 것이죠.

이동은 물리적 이동 이상의 의미를 지녔습니다. 고속도로와 주간도로망을 20년에 걸쳐 연결하면서, 우리는 '도로'를 '지식의 동맥'으로 바꾸었습니다. 기업, 대학, 연구소가 그 축을 따라 연결되며, 캘리포니아는 점차 기술문명의 순환체로 변모했습니다.

그리고 마지막이 교육이었습니다.

1960년 '고등교육 마스터플랜(Master Plan for Higher Education)'은 주립대, 주립대학, 커뮤니티 칼리지를 하나의 연계망으로 통합했습니다.

그 순간, 교육은 학교의 기능을 넘어 문명적 인프라가 되었습니다. 지식이 흘렀고, 그 흐름이 산업과 도시, 지역사회 전체를 하나의 생태계로 엮어냈습니다.

이 세 가지 흐름이 만나면서, 캘리포니아는 더 이상 물리적 공간이 아니라 순환하는 문명(Ecosystemic civilization)으로 진화했습니다. 그 중심에 실리콘밸리가 있었죠. 즉, 실리콘밸리는 도시가 아니라 국가적 순환 시스템의 발화점이었고, 하만이 설계한 산호세는 그 순환을 수용하는 문명적 기관(civilizational organ)이었습니다.

이영달　　　주지사님 말씀을 들으니, 인프라 주 전략이 단순한 행정 프로젝트가 아니라 정치경제적 거버넌스를 문명적 차원으로 끌어올린 정치철학적 실험이었다는 생각이 듭니다.

그런데 한 가지 더 묻고 싶습니다. 미국은 연방제 국가이기에 주 정부가 지역정책에서 우선적 권한을 갖습니다. 그런 구조 속에서 하만 시장이 추진한 도시통합, 산업지구화, 대학 연계 같은 실험들은 어떤 방식으로 주 정부의 전략과 조화를 이루었습니까?

그리고 주지사님이 보시기에, 그러한 노력들이 오늘날 실리콘밸리가 여전히 세계의 미래혁신 수도(capital of future innovation)로 자리 잡을 수 있게 한 결정적 계기와 정책적 수단은 무엇이었을까요?

에드먼드 G. "팻" 브라운　하만은 제게 있어 행정가라기보다 사상가에 가까운 인물이었습니다. 그는 도시를 관리하지 않았습니다. 그는 도시를 설계(design)했습니다. 그의 시야는 행정이 아니라 문명에 닿아 있었습니다. 연방제의 틀 속에서 나는 한 가지 원칙을 세웠습니다.

"주(州)는 규제하고, 도시는 실험한다."

즉, 주 정부는 순환의 경로를 설계하고, 도시는 그 위에서 생태계적 실험(Ecosystemic experimentation)을 수행하는 구조였습니다.

그 구조 덕분에 하만은 자유로웠고, 산호세는 살아 있었습니다. 주 정부가 만든 인프라 위에서 도시는 인간적 상호작용과 혁신의 실험을 펼쳤죠. 이 체계가 오늘날까지도 실리콘밸리를 세계의 중심으로 남게 한 이유는 그 순환이 아직 멈추지 않았기 때문입니다. 그 순환의 핵심은 세 가지 원리였습니다.

첫째는 정책의 결합성입니다.

산업, 교육, 도시계획은 따로 존재하지 않았습니다.

모든 정책은 하나의 생태계로 엮였고, 그 안에서 행정은 명령이 아니라 조율의 기술이 되었습니다.

둘째는 시간의 깊이입니다.

정책은 임기 안에서 완결되지 않았습니다. 우리는 50년 후의 사회를 그리며 움직였습니다. 그것이야말로 문명적 시간표(civilizational timeline)였습니다. 기술혁명이 일어날 때마다 새로운 순환이 그 위에서 자연스럽게 이어졌습니다.

셋째는 윤리의 기반입니다.

나는 늘 이렇게 말했습니다.

"인프라의 목적은 효율이 아니라 존엄이다."

물은 생존의 인프라, 교육은 기회의 인프라, 교통은 자유의 인프라였습니다. 이 세 가지 윤리가 실리콘밸리의 가치관—공유, 개방, 그리고 공동창조(co-creation)—의 토대가 되었습니다.

결국 실리콘밸리는 한 지역의 성공이 아니라, 하나의 문명이 자기 순환 능력을 획득한 정치경제적 실험장이었습니다. 그 실험은 지금도 계속되고 있습니다. 그래서 나는 실리콘밸리를 이렇게 부릅니다.
"세계의 미래를 미리 살아보는 문명적 프리뷰(civilizational preview)."

대학, 문명의 리듬을 변혁하다

이영달　　　스털링 총장님, 앞선 두 대화에서 브라운 주지사는 '주(州)의 순환', 하만 시장은 '도시의 생태계'를 말씀하셨습니다. 그 두 리듬이 교차하는 중심에는 언제나 대학이 있었습니다.
1950년대 후반의 스탠퍼드는 이미 단순한 교육기관이 아니었습니다. 산업, 정부, 도시를 하나로 잇는 문명적 허브로 작동했지요. 그래서 여쭙고 싶습니다.
당시 총장님께서 이끄신 스탠퍼드는 '대학의 울타리' 밖으로 나와, 하나의 지식생태계를 구현했다고 평가받습니다. 그 변화를 이끈 사상적 동력은 무엇이었습니까? 그리고 그 과정에서 스탠퍼드는 캘리포니아의 주 단위 순환 구조 속에서 어떤 역할을 담당했다고 생각하십니까?

J. E. 월리스 스털링 그 시기의 스탠퍼드는 자신을 새롭게 인식하기 시작했습니다. 우리는 대학을 '지식의 보관소'가 아니라 지식의 발전소로 보았습니다.

2차 대전 이후 캘리포니아에는 기술적 에너지와 인적 자원이 넘쳐났지만, 그 자원들은 연결되지 않은 채 흩어져 있었습니다. 나는 그 불연결이야말로 문명의 낭비라고 느꼈습니다.

그래서 프레더릭 터만(Frederick Terman) 교수와 함께 대학을 닫힌 학문 체계에서 열린 혁신생태계로 전환했습니다. 우리는 학문과 산업, 대학과 도시의 경계를 허물고 그 사이에 상호의존의 공간을 창조했습니다.

그 공간이 바로 스탠퍼드 리서치 파크(Stanford Research Park)였습니다. 많은 이들이 그곳을 산업단지로 보았지만, 저에게 그것은 문명의 실험장(laboratory of civilization)이었습니다.

기업은 기술을 실험했고, 학생은 사유를 실험했습니다. 두 실험이 교차하는 순간, 지식은 논문이 아니라 작동하는 질서가 되었습니다. 그때부터 대학은 사회를 관찰하는 기관이 아니라, 문명을 설계하는 기관으로 변모하기 시작했습니다.

이영달 그 말씀을 듣고 보니, 스탠퍼드는 이미 그때부터 '대학의 존재론적 혁신'을 시도하고 있었던 것 같습니다. 그렇다면 총장님, 대학은 본질적으로 지식을 생산하는 기관입니까, 아니면 문명을 해석하는 기관입니까?

J. E. 월리스 스털링 둘 다입니다. 그러나 그 순서는 거꾸로 되어야 합니

다. 대학은 먼저 문명을 해석해야 합니다. 그 후에야 지식을 생산할 수 있습니다.

문명은 언제나 리듬으로 존재합니다. 경제의 리듬, 기술의 리듬, 사회의 리듬. 대학의 사명은 그 리듬을 지식의 언어로 번역하고, 더 나아가 그 언어를 스스로 재조율하는 것입니다.

이론이 되면 학문이 되고, 기술로 구현되면 산업이 되며, 가치로 내면화되면 문화가 됩니다.

스탠퍼드가 그 사명을 자각했을 때, 대학은 더 이상 '지식을 가르치는 기관'이 아니라 '문명을 변혁하는 존재(Transformative University)'로 진화했습니다. 지식은 그때 비로소 문명의 에너지로 변환되었습니다.

이영달　　　　결국 대학은 외부의 변화를 반영하는 기관이 아니라, 자기 안의 지식 구조를 끊임없이 변형시키며 문명 자체의 진화를 촉발하는 존재라는 말씀이군요. 그렇다면 총장님, 이러한 자기변혁은 어떤 윤리를 기반으로 가능하다고 보십니까?

J. E. 윌리스 스털링　　좋은 질문입니다. 나는 이렇게 말하곤 했습니다. "대학은 지식의 탑이 아니라, 책임의 등대(beacon of responsibility)이어야 한다."

지식은 힘입니다. 그러나 그 힘은 책임으로 조율되지 않으면 언제나 파괴적이 됩니다. 스탠퍼드의 가장 큰 윤리는 지식의 공공성이었습니다.

우리는 지식을 사유재로 보지 않았습니다. 그것은 인류 전체의 공공재이자 문명의 신뢰 자본이었습니다. 이 공공성이 있었기에 산업과 학문이 함께 움직였고, 기업은 이윤을 넘어 사회적 가치를 추구할 수 있었습니다.
결국 대학의 윤리란, 지식을 공유함으로써 문명의 지속가능성을 지키는
도덕적 순환의 의지입니다.

이영달　　　　그렇다면 실리콘밸리의 정신—공유, 개방, 공동창조—
은 브라운 주지사의 '인프라 주(Infra-State)', 하만 시장의 '생태계 도시
(Ecosystemic City)', 그리고 총장님의 '스스로 변혁하는 대학'이 함께 만들
어낸 문명적 리듬의 합주였군요.

J. E. 윌리스 스털링　그렇습니다.
그 세 리듬—순환, 조율, 변혁—이 만나면서 캘리포니아는 더 이상 하나
의 행정 단위가 아니라 하나의 사유 형태, 더 나아가 하나의 집단적 의식
으로 진화했습니다.
그 의식은 단순한 지식의 총합이 아니라, 사람들이 미래를 사유하는 방
식, 정책이 인간을 대하는 태도, 기술이 사회와 도덕을 바라보는 시선을
완전히 바꾸어 놓았습니다.
그래서 나는 이렇게 말하곤 합니다.
"캘리포니아는 장소가 아니라, 지속적으로 자신을 다시 배우는 문명이다."
그 배움의 순환이 끊어지지 않는 한, 실리콘밸리는 언제나 세계의 거울이
자 실험실로 남을 것입니다. 그곳에서 미래는 단순히 예측되는 것이 아니
라, 스스로를 시험하며 인간의 가능성을 검증하는 문명적 무대로 펼쳐집
니다.

실패의 문명, 위험의 윤리

이영달　　　　브라운 주지사님, 하만 시 관리자님, 그리고 스털링 총장님, 세 분께 질문을 드리겠습니다.

스탠퍼드는 오늘날 기업보다 더 빠르게 혁신을 전개하는 대학으로 평가받습니다. 그런데도 그 혁신은 단기적 성취에 머무르지 않고, 세계적 규모의 혁신생태계를 구축하는 장기적 리듬으로 발전했습니다.

나는 그 배경에 '위험 감수의 제도화'가 있었다고 봅니다. 혁신은 언제나 실패와 동행합니다. 그러나 스탠퍼드는 개인과 조직이 위험을 분산하고, 실패를 학습자산으로 전환할 수 있는 제도적 장치를 만들어냈습니다.

이 제도적 내성이야말로 '작게 실패하고, 크게 도약하는 문화' 즉, "10배 더 크게 보기(Think 10x)"의 정신을 가능하게 했습니다.

세 분께 여쭙고 싶습니다.

'위험 감수의 제도화'와 '실패의 자산화'는 혁신생태계에 어떤 영향을 미쳤으며, 그 인과 구조를 어떻게 이해하고 계십니까?

J. E. 월리스 스털링　　좋은 질문입니다.

나는 위험을 두려워하지 않았습니다. 오히려 그것을 거버넌스의 에너지(governance energy)로 보았습니다.

정치의 본질은 위험을 관리하는 것이 아니라, 불확실성과 위험을 순환시키는 질서를 설계하는 데 있습니다. 위험을 통제하려 하면 사회는 경직되고, 위험을 공유할 때 사회는 학습합니다.

내가 추진한 '인프라 주(Infra-State)' 전략도 같은 철학 위에 있었습니다.

물은 고이면 썩지만, 흐르면 생명을 잉태합니다.

위험도 마찬가지입니다. 제도는 위험을 억제하는 장벽이 아니라, 그 위험이 사회 전체의 학습으로 순환할 수 있는 문명적 통로이어야 합니다.

캘리포니아의 지속적 혁신은 위험이 실패로 기록되지 않고, 공공의 지혜로 환류되었기 때문에 가능했습니다. 그것이 우리가 구축한 문명형 거버넌스의 진정한 기반입니다.

A. P. "더치" 하만　저 역시 주지사님의 말씀에 깊이 공감합니다.

저에게 위험은 언제나 도시를 진화시키는 재료였습니다.　1950년대 산호세는 매년 새로운 기업과 산업이 몰려들었지만, 그만큼 실패도 빈번했습니다. 나는 그 불안정성을 '도시의 결함'이 아니라 도시의 생명 징후로 보았습니다.

그래서 도시계획을 고정된 구획이 아닌 모듈형 생태 구조로 설계했습니다. 산업지구가 쇠퇴하면 새로운 기업이 들어설 수 있도록, 공간의 회복탄력성을 제도화한 것이죠.

이 구조는 단순한 행정기술이 아니라 문명적 내성이었습니다. 도시는 실패를 제거하지 않고 흡수함으로써, 지속적으로 자신을 재조직할 수 있었습니다.

실리콘밸리의 진정한 경쟁력은 기술이 아니라, 이런 실패 흡수의 리듬을 도시 전체가 내면화했다는 데 있습니다.

J. E. 월리스 스털링　두 분의 말씀은 대학에도 그대로 적용됩니다.

대학은 원래 '불확실성의 실험실'입니다. 그런데 많은 대학이 실패를 두려

위한 나머지, 지식을 재생산하는 관료적 기관으로 머물렀습니다.

스탠퍼드는 그 패러다임을 뒤집었습니다. 우리는 실패를 사유의 조건으로, 위험을 탐구의 언어로 재정의했습니다.

프레더릭 터만(Frederick Terman)과 함께 우리는 연구과제를 성공률로 평가하지 않았습니다. 대신, 실패가 만들어낸 가설의 진화에 주목했죠. 이것이 바로 '실패의 제도화'였습니다.

그 문화 속에서 학생과 연구자는 두려움을 실험으로, 실험을 문명적 통찰로 전환했습니다. 스탠퍼드는 더 이상 교육기관이 아니라, 지식의 순환 생태계로 변했습니다.

이영달　　　　　세 분의 말씀을 듣고 보니, 위험과 실패는 억제의 대상이 아니라 진화의 구조적 매개체라는 점이 드러납니다. 결국 실리콘밸리의 혁신은 기술이 아니라, 실패를 흡수하는 문명적 내성에서 비롯된 셈입니다.

J. E. 월리스 스털링　　정확한 지적입니다.

문명은 언제나 두려움과 호기심 사이에서 진화합니다. 혁신은 그 경계에서 태어납니다.

스탠퍼드의 철학은 단순히 "실패를 두려워하지 말라"가 아닙니다.

그것은 "실패를 함께 소유하라(own the failure collectively)"는 선언이었습니다.

개인의 실패가 집단의 지식으로 전환되는 순간, 위험은 공포가 아니라 공공의 실험으로 바뀝니다. 그 전환이 일어날 때, 사회는 비로소 문명적 실험을 시작할 수 있습니다.

결국 혁신생태계란 기술의 집합체가 아니라, 위험을 나누고 실패를 순환시키는 지성의 공동체입니다. 그곳에서 인류는 스스로를 시험하며, 자신이 감당할 수 있는 미래의 깊이를 배웁니다.

현실 위의 실험실, 살아 있는 테스트베드

이영달　　　브라운 주지사님, 하만 시 관리자님, 그리고 스털링 총장님, 세 분께 질문을 드리겠습니다.

앞선 논의에서 우리는 '위험 감수의 제도화'를 중심으로 혁신의 철학적 기반을 살펴보았습니다. 이제는 그 철학을 현실의 정책과 시장 구조 속에서 어떻게 작동시켰는지를 묻고자 합니다.

오늘날 혁신의 핵심 무대는 실험실이 아닙니다. 도시 전체가 하나의 현실 기반 테스트베드(real-world testbed)가 되고, 시민이 참여하며, 행정·기업·대학이 함께 실험을 설계하는 체계가 등장했습니다.

이 테스트베드 위에서 혁신의 효용을 검증해줄 초도 시장(first adopter market), 즉 공공소날의 창조적 역할이 결정적입니다. 공공조달이 단순한 행정절차가 아니라 '혁신의 첫 수요자'로 작동할 때, 혁신은 실험에서 시장으로 전환됩니다.

세 분의 시대에는 이러한 용어가 아직 존재하지 않았지만, 그 정신은 이미 제도 속에 스며 있었습니다. 각자의 영역에서 테스트베드와 공공조달이 어떻게 결합되었는지, 그리고 그 경험이 오늘날 도시·대학·정부 운영에 어떤 시사점을 주는지 듣고 싶습니다.

에드먼드 G. "팻" 브라운　우리는 그때 '테스트베드'라는 표현을 쓰지 않았지만, 정책의 모든 단계가 사실상 그 역할을 했습니다. 나는 주정부를 단순한 행정기구가 아니라 정책 실험 플랫폼으로 보았습니다. 고속도로망은 단순한 물류 시설이 아니라 새로운 산업 입지를 시험하는 도구였고, 수자원 프로젝트는 기술적 지속가능성의 검증장이었으며, 교육망은 인적 자본 이동성을 측정하는 사회적 테스트베드였습니다.

공공조달은 이 정책 실험을 시장으로 연결하는 핵심 수단이었습니다. 나는 정부의 지출을 단순한 비용이 아니라 미래 기술에 대한 선구매로 규정했습니다. 주정부가 새로운 기술이나 설계방식을 프로젝트에 적용해 발주하면, 민간 기업이 직접 참여해 검증했고, 그 과정에서 자생적 시장 기회가 생겨났습니다. 정책과 산업 양쪽이 실시간으로 피드백을 주고받으며 함께 성장한 셈입니다.

오늘의 정책 입안자에게 이 경험이 주는 교훈은 명확합니다.

공공조달은 예산집행이 아니라 정책효과를 측정하고 시장에 신호를 보내는 도구여야 합니다. 즉, 조달이 '실험의 경제화'를 가능하게 해야 합니다.

A. P. "더치" 하만　브라운 주지사님이 정책의 플랫폼을 설계했다면, 나는 그것을 도시 운영 단위로 구체화했습니다. 1950년대 산호세는 완성된 도시가 아니라 지속적으로 실험되는 도시 시스템이었습니다. 교통, 주거, 산업벨트 등 모든 정책을 '시행 후 학습' 모델로 설계했습니다.

도시의 일부 구역은 기업과 대학 컨소시엄에 개방되어 실험 지대로 사용되었습니다. 스탠퍼드 리서치 파크와 페어차일드 반도체 지구, 산호세 산업벨트 모두 그 결과였습니다. 도시가 기업 R&D의 현장이 되고, 시민이 실시간으로 정책 효과를 검증했습니다.

공공조달은 이 실험의 가속기(accelerator) 역할을 했습니다.

도시는 신기술을 시범 구매하고, 그 데이터를 기초로 정책 결정을 보완했습니다. 이 과정은 도시와 시장이 서로를 학습하는 순환 시스템이었으며, 행정 효율성과 시장 혁신이 동시에 향상되었습니다.

이 모델이 주는 시사점은 명확합니다.

도시 운영은 더 이상 하향식 계획이 아니라, 실험 기반 운영체계가 되어야 합니다. 테스트베드는 도시의 일상적 운영 절차에 내재되어야 지속가능성을 가집니다.

J. E. 윌리스 스털링　두 분의 경험은 대학에도 정확히 적용됩니다. 스탠퍼드가 실리콘밸리의 핵심 동력이 된 이유는 지식을 생산한 것이 아니라, 지식을 현실에서 검증하는 구조를 만들었기 때문입니다.

우리는 연방기관과 협력해 기술을 시범 적용했고, 산호세 기업들과 공동으로 그 성과를 검증했습니다. 이 경험을 제도화한 것이 바로 스탠퍼드 리서치 파크였습니다. 학생·교수·기업이 하나의 공간에서 문제를 정의하고, 시제품을 만들며, 공공조달을 통해 초기 수요를 확보했습니다. 그 순환이 '지식-검증-시장'의 혁신순환회로를 만들었습니다.

이 구조는 오늘날 대학이 따라야 할 모델입니다.

대학은 단순한 연구기관이 아니라 지식의 검증기관이자 정책의 실험 파트너로 기능해야 합니다. 그럴 때 비로소 대학이 지역 혁신생태계의 지속성 조건으로 작동합니다.

이영달　　　　　결국 세 분께서 말씀하신 임계규모란, 도시와 대학, 주정부가 각자의 테스트베드를 시장 단위로 성숙시키고, 공공부문의 혁신 조달 기능을 확대해 초기 혁신의 유효소비시장을 형성하며, 그 시장들이 연방정책과 직접 연결될 때 비로소 자립적 혁신 플라이휠(self-sustaining innovation flywheel)이 작동한다는 뜻이군요.

에드먼드 G. "팻" 브라운　　정확합니다.

혁신은 현장에서 시작되지만, 그 현장이 연방의 수요체계와 정책기준에 맞물리지 않으면 지속되지 못합니다. 연방은 기준을 세우고, 주는 조율하며, 도시는 실험을 수행합니다. 이 수직적 연동이 완성될 때 혁신은 일시적 프로젝트가 아닌 지속가능한 경제로 진화합니다.

정책은 규제가 아니라 시장 신호를 조율하는 도구입니다.

그 조율이 이루어질 때 테스트베드는 단순한 실험장이 아닌 운영 가능한 시장 플랫폼으로 전환됩니다. 이 구조가 캘리포니아 혁신의 근본적 지속성을 만들었습니다.

임계규모의 경제학, 혁신이 자립하는 순간

이영달　　　　　브라운 주지사님, 하만 시 관리자님, 그리고 스털링 총장님, 세 분께 질문을 드리겠습니다.

앞서 우리는 테스트베드와 공공부문의 혁신조달이 어떻게 제도화되었는 지를 논의했습니다.

그러나 혁신이 지속가능하려면 실험이 시장으로 전환되어야 합니다.

즉, 테스트베드와 조달체계가 자체적으로 시장 기능을 수행할 수 있을 만큼의 양적 임계규모(quantitative critical mass)를 갖추어야 합니다. 그 임계지점을 넘어설 때 비로소 인재, 자본, 기술이 한곳으로 몰리고, 그 역내에서 탄생한 혁신은 국제적 검증망을 통해 신뢰를 획득하며 전 세계로 확산됩니다.

20세기 중반 캘리포니아는 이러한 순환을 세계에서 가장 먼저 정책으로 설계한 곳이었습니다. 세 분께서는 각자의 자리에서 이 '임계규모의 시장'을 어떻게 만드셨고, 연방정부와는 어떤 정책적 공조를 이루셨습니까? 그리고 21세기의 리더십에 이 혁신 플라이휠을 지속시키기 위한 조건은 무엇이라고 보십니까?

A. P. "더치" 하만 산호세의 성장은 도시계획의 산물이 아니라, 정책의 시장화였습니다. 나는 당시 도시 행정을 연방 조달정책과 정합시켜 설계했습니다.

1950년대 말, 국방부(DOD)와 연방항공국(FAA)의 기술조달 데이터를 지속적으로 분석했습니다. 그 목록을 기초로 산호세의 산업벨트 프로젝트를 구성했고, 도시의 테스트베드는 곧 연방 조달기준에 적합한 시장 단위가 되었습니다.

우리는 신기술을 도시 인프라 구축에 직접 적용했고, 그 성과를 연방 조달 프로그램에 제안했습니다. 결과적으로 산호세는 '시험 도시'에서 '시장 도시'로 진화했습니다.

이 경험이 말해주는 것은 명확합니다. 테스트베드는 행정의 부속이 아니라 혁신 수요를 집적하는 시장 노드이어야 합니다. 그리고 그 노드가 연방 또는 국제조달체계와 직접 연결될 때, 비로소 임계규모가 형성되고 자립적 혁신시장이 탄생합니다.

J. E. 윌리스 스털링 하만 시장님의 말씀은 대학에도 그대로 적용됩니다. 스탠퍼드는 리서치 파크를 단순한 연구단지로 보지 않았습니다. 그곳은 연방 R&D 예산이 직접 순환하는 지식 시장이었습니다.

당시 국방고등연구계획국(DARPA), 해군연구소(ONR), 그리고 NASA 에임스연구센터와의협력은 단순한 연구지원이 아니라, 연방 수요를 시장화한 정책적 실험이었습니다. 대학은 기술을 시험하고, 산호세의 기업은 그 성과를 상용화했습니다.

이 과정에서 스탠퍼드는 자체적인 '시험·인증 프로토콜'을 개발했습니다. 그 체계가 나중에 ISO, IEEE, ANSI와 직접 연동되면서 스탠퍼드의 기술은 세계 표준으로 확산되었습니다.

오늘날 대학이 배워야 할 것은 단순한 산학협력 이상이 아닙니다. 대학은 지식의 생산자이자 검증기관으로서 지식 자체를 경제화해야 합니다. 그럴 때 비로소 대학 역시 하나의 시장 규모를 가진 생태계로 기능하게 됩니다.

에드먼드 G. "팻" 브라운 두 분의 이야기는 당시 내가 추구했던 연방-주-지방 정책 플라이휠의 구조를 정확히 반영합니다. 연방정부는 방위 산업과 우주개발을 통해 거대한 기술수요를 창출했지만, 그 혁신이 실제 도시와 대학의 경제로 흐르려면 '중간 정부(meso-government)'의 역할이 필요했습니다. 캘리포니아 주는 그 매개 역할을 자임했습니다.

나는 연방 조달기준과 완전히 호환되는 주 조달법(Procurement Alignment Act)을 제정했습니다. 또한 국가표준국(NBS) 및 연방 에너지청과 연계된 주 기술검증기관(state verification board)을 설립해 캘리포니아에서 인증된 기술은 자동으로 연방 조달목록에 등재될 수 있게 했습니다. 그 순환이 주 단위의 임계규모를 형성했습니다.

또 하나 중요한 점은 공공조달의 전략적 규모조정이었습니다.

우리는 신기술 도입 시 소규모 시범사업을 거부했습니다. 대신 주정부가 최소한의 조달물량을 보장해 기업의 투자를 촉진했습니다. 그 보장이 있어야만 민간이 대규모 설비를 지었습니다. 이 정책적 확신이 바로 임계규모의 기초였습니다.

결국 인프라는 시설이 아니라 시장 그 자체였습니다.

정책은 규제가 아니라 시장신호의 조율자였습니다. 연방이 기준을 제시하고, 주는 조율하며, 도시는 시험할 때 혁신은 하나의 자립경제로 순환했습니다.

이영달　　　　결국 세 분께서 말씀하신 임계규모란, 도시와 대학, 주정부가 각자의 테스트베드를 시장 단위로 성숙시키고, 또한 공공부문의 혁신조달 기능을 확대해 초기 혁신의 유효소비시장을 형성하며, 그 시장들이 연방정책과 직접 연결될 때, 비로소 자립적 혁신 플라이휠이 작동한다는 말씀이군요.

에드먼드 G. "팻" 브라운　정확합니다.

혁신은 항상 현장에서 시작되지만, 그 현장이 연방의 수요 체계와 동기화되지 않으면 지속되지 못합니다. 연방은 기준을 세우고, 주는 경로를 설계하며, 도시는 시험의 현장을 만듭니다. 그 순환이 완성될 때 혁신은 프로젝트가 아니라 체계의 운동(systemic motion)이 됩니다.

캘리포니아는 그 운동을 가장 먼저 설계한 곳이었고, 21세기의 리더십은 이제 그 운동을 새로운 시대의 에너지로 갱신해야 합니다.

혁신생태계의 재설계, 복제에서 공진화로

이영달　　　하만 시장님, 브라운 주지사님께 질문을 드리겠습니다.

실리콘밸리는 21세기 지역 혁신생태계(regional innovation ecosystem)의 원형으로 불립니다. 그러나 세계 곳곳이 이 모델을 재현하려 했음에도, 대부분의 시도는 지속가능한 체계로 성장하지 못했습니다.

그 이유는 복제의 한계 때문이 아니라, 정책·시장·지식·사회 시스템 간의 조정 실패에 있습니다. 혁신생태계는 고정된 구조가 아니라, 여러 제도와 행위자가 상호작용하며 끊임없이 재구성되는 동적 아키텍처(dynamic architecture)입니다.

따라서 제2, 제3의 실리콘밸리를 만들고자 한다면, 모방이 아닌 공진화(co-evolution)의 관점에서 각 지역의 특성을 설계해야 합니다.

두 분께 묻습니다.

새로운 시대의 혁신생태계를 재설계하려는 도시와 정부는 어떤 전략적 원리를 가져야 할까요?

A. P. "더치" 하만　도시가 실패하는 이유는, 그들이 형태를 따라 하기 때문입니다. 산호세의 성공은 건물이나 산업단지가 아니라, 운영 논리에 있었습니다.

나는 도시를 그릴 때 산업지구를 먼저 설정하지 않았습니다. 대신, 서로 다른 제도와 속도를 가진 행위자들이 동시에 움직일 수 있는 조정 메커니즘을 먼저 설계했습니다. 행정은 규제자가 아니라 조정자였고, 시민은 피험자가 아니라 동참자였습니다.

도시의 경쟁력은 면적이 아니라 조정능력에서 비롯됩니다.

정책은 연결되고, 데이터는 순환하며, 학습은 축적되어야 합니다. 그때 비로소 도시는 하나의 살아 있는 시스템이 됩니다.

산호세는 완성된 도시가 아니라 항상 실험 중인 체계였습니다. 이것이 제2, 제3의 실리콘밸리가 가져야 할 출발점입니다.

에드먼드 G. "팻" 브라운　산호세가 도시의 실험실이었다면, 캘리포니아는 하나의 정책 실험장이었습니다.

캘리포니아의 성공은 세 가지 원칙 위에 세워졌습니다.

첫째, 기회의 임계규모(critical mass of opportunity)입니다.

인재와 자본은 보조금이 아니라 기회의 밀도(opportunity density)에 끌려옵니다. 정부의 역할은 단순히 공간을 개발하는 것이 아니라, 기회가 농축되는 구조를 설계하는 일입니다.

둘째, 정책의 시간적 지속성입니다.

혁신은 단기 행정의 결과가 아니라, 세대 단위로 누적된 신뢰와 일관성의 산물입니다. 캘리포니아의 발전은 '정책의 기억(memory of policy)'을 제도화했기 때문이었습니다.

셋째, 수직적 연동과 정합성입니다.

연방은 기준을 세우고, 주는 조율하며, 도시는 실험합니다. 이 세 층위가 정합적으로 작동할 때 실험은 시장으로, 혁신은 제도로 전환됩니다.

따라서 혁신의 본질은 자율이 아니라 정책적 조율입니다. 지속가능한 생태계는 빠른 도시가 아니라 속도의 정합성을 달성한 도시입니다.

이영달　　　　이제 스털링 총장님께 질문을 드리겠습니다.

앞선 논의가 정책과 도시의 구조를 다루었다면, 그 중심에서 모든 혁신을 견인하는 것은 지식입니다.

스탠퍼드대학교는 단순한 연구기관이 아니라 지식이 산업과 사회로 흐르는 지식기반 혁신엔진이었습니다.

20세기의 삼중나선(triple helix: 대학-기업-정부) 모델이 혁신의 출발점이었다면, 21세기에는 혁신가·기업가, 대학, 산업, 혁신금융, 시민사회, 정부 등 여섯 주체의 공진화가 새로운 구조를 형성하고 있습니다.

이러한 시대에 각국의 대학이 자신만의 혁신생태계를 구축하려면, 어떤 전략적 원리를 가져야 한다고 보십니까?

J. E. 윌리스 스털링　　대학의 사명은 더 이상 지식을 생산하는 것이 아닙니다. 지식이 사회 속에서 어떻게 작동할 것인가를 설계하는 일입니다. 스탠퍼드는 "혁신의 엔진(engine of innovation)"으로 출발했지만, 21세기의 대학은 이제 지식 운영체계로 진화해야 합니다.

이를 가능하게 하는 기반은 세 가지입니다.

첫째, 제도적 개방성(open institutional structure).
연구와 창업, 학문과 정책의 경계를 허물어야 합니다.

둘째, 재정적 회복력(financial resilience).
실패를 허용하고 그 실패가 학습으로 전환되도록 설계된 자본구조가 필요합니다.

셋째, 상호검증 체계(mutual validation system).
대학·기업·금융·정부가 서로의 성과를 평가하고, 그 데이터를 공유해야 합니다.

이 세 요소가 결합될 때 대학은 더 이상 '지식의 창고'가 아니라 사회 전체의 지식 순환 플랫폼이 됩니다. 그것이야말로 21세기 대학의 혁신생태계입니다.

이영달　　　　세 분의 통찰을 종합하자면, 혁신생태계는 복제의 산물이 아니라 조정 가능한 시스템입니다.

하만 시장님은 연결의 구조를, 브라운 주지사님은 정책의 정합성을, 스털링 총장님은 지식의 작동구조를 제시하셨습니다.

이 세 관점은 결국 하나의 원리로 귀결됩니다.

혁신은 독립된 주체의 경쟁이 아니라, 속도·위험·지식·정책이 실시간으로 상호진화하는 복합적 조율체계입니다.

그러므로 제2, 제3의 실리콘밸리를 꿈꾸는 도시들이 던져야 할 질문은 "무엇을 복제할 것인가?"가 아니라, "무엇을 함께 진화시킬 것인가?"입니다.

세상의 모든 미래, 미래혁신 수도에서

이영달　　　　세 분께 마지막으로 질문을 드리겠습니다.

21세기 중반, 세계는 기술 그 자체보다 혁신의 질서와 방식을 경쟁하고 있습니다. 만약 여러분이 다시 리더의 자리에 선다면, 2050년의 실리콘밸리와 스탠퍼드를 어떤 형태의 미래혁신 리더로 성장시키시겠습니까?

그것은 새로운 산업입니까? 어떤 기술입니까? 어떤 기업입니까?

아니면 그 모든 것을 아우르는 새로운 '미래의 운영 방식'입니까?

2050년의 실리콘밸리와 스탠퍼드를 당신의 시각에서 그려주십시오.

에드먼드 G. "팻" 브라운　　　　2050년의 실리콘밸리는 더 이상 산업의 집적지가 아닐 것입니다. 그것은 통합적 거버넌스 플랫폼(integrated governance platform), 즉 정책·기술·데이터가 동시에 작동하는 '자기 조율형 국가(self-coordinating state)'가 될 것입니다.

20세기의 국가는 법과 인프라를 설계했지만, 21세기 후반의 국가는 데이터 기반의 지능적 순환 시스템으로 재구성됩니다.

기후·보건·에너지 같은 복합 위기는 산업 단위의 해결이 불가능합니다. 따라서 2050년 실리콘밸리의 리더십은 기술이 아닌 초국가적 조정력에 있을 것입니다.

그때의 핵심 산업은 AI나 바이오가 아니라, 그 두 혁신을 결합하여 새로운 규범과 윤리를 창출하는 윤리적 기술경제일 것입니다. 기술의 경쟁이 끝난 뒤에는, 기술 운용의 윤리가 새로운 경쟁력이 됩니다.

2050년의 실리콘밸리는 가장 많은 기술을 가진 도시가 아니라, 가장 정확히 위험을 조정하고 책임을 분배하는 도시가 될 것입니다.

미래의 리더십은 통제가 아니라, 균형입니다.

A. P. "더치" 하만　2050년의 도시는 더 이상 행정 단위가 아닙니다. 도시는 실시간 학습 인프라가 됩니다.

산호세를 다시 설계한다면, 나는 도시를 AI-거버넌스 엔진으로 만들 것입니다. 모든 교통, 에너지, 복지, 보건 데이터가 동적 피드백 루프를 이루고, 도시 시민 각자가 그 시스템의 공동 조정자(co-orchestrator)로 참여하게 될 것입니다.

2050년의 산호세는 건축이 아니라 데이터 아키텍처로 정의될 것입니다. 도시의 기반은 콘크리트가 아니라, 신뢰의 네트워크가 될 것입니다.

그리고 그 도시의 핵심 산업은 '제조'나 'IT'가 아니라, 도시 자체가 지속적으로 학습하는 지능형 공공운영 모델이 될 것입니다.

그때의 산호세는 세계 최초의 '스스로 진화하는 도시(self-evolving city)'로 기록될 겁니다.

J. E. 윌리스 스털링 2050년의 스탠퍼드는 더 이상 대학이 아닐 것입니다. 그것은 분산형 지식 운영체계로 진화할 것입니다.

스탠퍼드의 역사적 사명은 "혁신의 엔진(engine of innovation)"이었습니다. 2050년의 스탠퍼드는 그 엔진을 하나의 지구적 지식 망(global knowledge mesh)으로 확장할 것입니다.

AI, 양자컴퓨팅, 신경과학 등의 융합 위에서 작동하는 새로운 지식생태계는 인간의 학습을 보조하는 것이 아니라, 인간과 AI가 함께 탐구를 진행하는 협력적 지성(co-intelligence)이 될 것입니다.

2050년의 스탠퍼드는 '학생'과 '교수'의 경계를 지우고, 지식이 스스로 업데이트되는 자기 진화형 학습시스템을 운영할 것입니다. 그곳에서는 학위가 지식의 증명서가 아니라, 기여의 기록이 될 것입니다.

스탠퍼드는 산업의 하청기관이 아니라, 세계 모든 지식 노드가 서로를 검증하는 지식의 인터넷(Internet of Knowledge)으로 기능하게 될 것입니다.

이영달 세 분의 말씀을 종합하자면, 2050년의 실리콘밸리와 스탠퍼드는 더 이상 '기술 집적지'가 아니라 리스크·데이터·지식이 동시에 조율되는 혁신의 글로벌 운영체계(global operating system of innovation)로 변모할 것으로 예상됩니다.

브라운 주지사께서 그린 '조정 국가(coordination state)',

하만 시장께서 묘사한 '학습 도시(living learning city)',

스털링 총장이 그린 '지식 운영체계(knowledge operating system)'는 서로 다른 언어이지만, 결국 하나의 비전을 공유합니다.

2050년의 실리콘밸리는 산업이 아니라 미래를 운영하는 방식이 될 것입니다.

그리고 그 미래의 중심에서 스탠퍼드는 여전히 세계의 혁신 엔진으로 박동할 것입니다.

아직 일어나지 않았지만, 반드시 있어야 할 대화 III
: 산업의 혁신패권자들,
그리고 지속성장의 조건

엔비디아 5조 달러의 의미:
혁신패권 시대의 도래

이영달　　2025년 10월, 인류와 자본시장, 그리고 엔비디아에게 이날은 역사적 전환점으로 남을 것입니다. 엔비디아의 시가총액이 마침내 5조 달러의 문턱을 넘었습니다.

젠슨 황 대표님, 이 숫자는 단순한 기업 평가가 아닙니다. 그 규모는 캐나다 토론토거래소(TMX)에 상장된 3,500여 개 기업의 총합을 넘어서고, 대한민국 거래소에 상장된 2,700여 개 기업의 시가총액 합계의 두 배에 달합니다.

이 사건은 '한 기업의 성취'를 넘어 '자본주의의 새로운 단위'를 예고합니다. 나는 이 순간이 기술과 혁신경제의 역사에서 하나의 문명적 사건이라고 봅니다.

대표님께 묻겠습니다. 개별 기업으로서 인류 역사 최초로 5조 달러 시가 총액을 돌파한 이 사건, 그 본질적 의미를 어떻게 보십니까?

젠슨 황　　　　이 평가는 단순한 숫자의 승리가 아닙니다. 자본시장은 지금 우리의 GPU 성능이나 매출을 판단한 것이 아닙니다. 그들은 엔비디아 혁신생태계 전체의 지속성과 구조적 완성도를 평가했습니다.

엔비디아는 기술(technology)에서 출발해 제품(product)으로, 제품에서 플랫폼(platform)으로, 플랫폼에서 시스템(system)으로 나아왔습니다. 이후 우리는 아키텍처(architecture)와 운영 생태계(operational ecosystem)를 거쳐 궁극적으로 혁신생태계(innovation ecosystem)라는 문명적 단위로 진화했습니다.

그 결과, 우리가 의도하지 않았음에도 엔비디아는 AI 문명의 설계자가 되었습니다.

AI 문명을 움직이는 것은 단일 제품이 아니라, 수십억 개의 파라미터, 수백만 개의 모델, 그리고 그것을 학습·배포·재순환시키는 AI 팩토리입니다. AI 팩토리는 데이터센터가 아닙니다. 그것은 지능(Intelligence)을 제조하는 공장입니다. 인류가 처음으로 '지능의 산업화(industrialization of intelligence)'를 실현한 곳이 바로 엔비디아의 AI 팩토리입니다. AI 팩토리는 GPU, 소프트웨어, 네트워크, 모델, 그리고 데이터의 전 과정을 하나의 지능적 생산 체계로 통합합니다. 즉, AI 팩토리는 AI 문명의 생산수단입니다.

따라서 자본시장은 이제 GPU 하드웨어나 매출 그래프를 보지 않습니다.

그들은 'AI 문명의 생산수단을 설계하고 통제할 수 있는 역량', 즉 문명을 설계하는 능력을 평가한 것입니다.

많은 이들이 중국 시장 비중이 0%에 가깝다는 점을 리스크로 봅니다. 그러나 나는 그것을 한계가 아닌 잠재력으로 봅니다. 총유효시장(TAM, Total Addressable Market)의 규모는 해당 시장의 기업의 성장 잠재력과 같습니다. 세계 최대의 총유효시장이 아직 열리지 않았다는 것을 의미합니다.

자본시장은 현재의 실적이 아니라, AI 문명이 가진 생태계적 비가역적 구조(ecosystemic path irreversibility)—즉 엔비디아 생태계 밖에서는 AI를 개발하거나 운용할 수 없다는 사실—을 평가했습니다.

따라서 5조 달러는 '완결의 선언'이 아니라, 문명 설계의 지속역량이 임계점을 넘었다는 신호입니다.

오늘의 자본시장은 더 이상 기업의 단기 이익이 아니라, 그 기업이 조성한 혁신생태계의 지속적 성장력을 평가하기 시작했습니다.

이영달　　　　황대표께서 말씀하신 'AI 문명의 생산수단'이라는 개념은 매우 인상적입니다. 그 표현에는 기술 성과가 아닌 혁신생태계의 지속성 자체를 자본이 평가한다는 깊은 통찰이 담겨 있습니다.

나는 이 지점을 금융의 시선에서 확장해 보고 싶습니다. 과거 금융은 기술혁신을 '산업의 성장률'로 평가했습니다. 그러나 지금 자본시장은 혁신생태계 전체의 비가역적 구조(Ecosystemic irreversibility)—한번 형성되면 되돌릴 수 없는 문명적 질서—를 평가 대상으로 삼고 있는 듯합니다.

제이미 다이먼 회장께 묻겠습니다. 자본시장과 금융이 기술문명의 지속

　　　　　　　　INNOVATION HEGEMONY 혁신패권

가능성을 평가한다는 것은 무엇을 의미합니까?

그리고 이러한 패러다임 전환 속에서, 제이피모건체이스(JPMorgan Chase)는 자신만의 혁신생태계(JPMC innovation ecosystem)를 어떻게 정의하고 있습니까?

제이미 다이먼　젠슨 황 대표의 통찰에 깊이 공감합니다. 그의 말을 빌리자면, 자본시장은 이제 기술이나 제품이 아니라 '생태계의 비가역성'을 평가합니다. 한번 진입하면 벗어나기 어려운 기술적·경제적 중력장(gravity), 그것이 이제 가치평가의 핵심이 되었습니다.

2025년 10월 현재, 시가총액이 1조 달러를 넘는 기업은 전 세계적으로 11개뿐입니다. 그 중 사우디 아람코(Saudi Aramco)와 버크셔 헤서웨이(Berkshire Hathaway)를 제외하면 9개가 남습니다. 엔비디아, 마이크로소프트, 애플, 알파벳(구글), 아마존(페이스북), 메타, 브로드컴, TSMC, 테슬라, 이 모두 자신만의 혁신생태계를 지니며, 그 생태계는 국가를 넘어 글로벌 지향성을 가집니다.

이 상위 5대 기업의 개별 시가총액은 대한민국 거래소 상장 2,700여 개 기업의 총합보다 큽니다. 이는 국가 경제 단위가 생태계 단위의 질서로 전환되고 있음을 보여줍니다.

시가총액은 단순한 시장가격이 아닙니다. 현재가치와 미래가치, 재무적 가치와 비재무적 가치의 총합이며, 그 핵심에는 "이 생태계가 얼마나 지속적으로 진화할 수 있는가"에 대한 집단적 판단이 존재합니다.

내가 이끄는 제이피모건체이스(JPMC)는 아직 1조 달러 클럽에 들지 못했습니다. 그 이유는 단순히 수익성의 문제가 아니라, 우리 자체의 혁신생태계가 엔비디아만큼 완성되지 않았기 때문입니다.

과거의 은행은 대출과 투자를 통해 가치를 창출했습니다. 하지만 이제는 AI, 데이터, 보안, 리스크 인텔리전스를 통합한 금융 플랫폼 생태계가 필요합니다. 우리는 지금 '금융 AI 팩토리'—리스크 평가, 사기 방지, 운용 전략, 규제 준수 등 전 영역을 실시간 학습하는 금융의 지능 엔진—을 설계하고 있습니다. 이것이 완성되면, 엔비디아와 같이 JPMC도 금융 AI 문명의 설계자가 될 수 있겠지요. 이런 면에서 JPMC는 전 세계 금융회사 중 가장 앞서 있다고 평가하고 있습니다.

이를 위해 JPMC 25만여 명의 글로벌 인력 중 절반 이상이 테크 전문가로 구성되어 있습니다. 우리는 전 세계 스타트업 및 벤처 기업들과 협력하여 JPMC 고유의 혁신생태계를 조성하고 있습니다.

과거 워런 버핏은 코카콜라나 질레트처럼 제품 혹은 브랜드의 비가역성(product irreversibility)에 투자했습니다. 그러나 오늘의 자본은 생태계의 비가역성(Ecosystemic irreversibility)—한번 들어서면 벗어날 수 없는 경제적 중력장—에 투자하고 있습니다.

자본은 이제 기업의 수익률이 아니라, 그 기업이 구축한 혁신생태계가 얼마나 지속적으로 적응하고 진화하며 확장할 수 있는가를 평가합니다. 마치 구글 유니버스(Google Universe)처럼 끊임없이 자기 갱신하는 체계로 말입니다.

21세기의 자본시장과 금융은 더 이상 금리나 인플레이션 같은 단기 지표로 움직이지 않습니다. 그들은 지속적인 혁신의 속도를 측정하며 움직입니다. 우리 같은 금융기관의 역할은 그 속도를 정량화하고, 지원하며, 리스크를 재조정하는 것입니다.

결국 JPMC는 단순한 은행이 아니라, 금융 혁신생태계를 설계하고 조율하는 플랫폼으로 진화해야 합니다. 그것이야말로 지속성장의 시대에 금융이 가질 수 있는 가장 지성적 역할입니다.

이영달　　　　　과거의 기업들은 하나의 질문에 천착해 왔습니다. "지속가능한 경쟁우위(sustainable competitive advantage)란 무엇인가?" 경영전략의 역사는 바로 이 질문에 대한 지적 여정이라 해도 과언이 아닙니다. 그들의 사고는 언제나 '경쟁(competition)'이라는 전제를 품고 있었습니다. 그 안에서 세 가지 이론적 흐름이 기업 전략의 기초를 이루었습니다.

첫째, 핵심역량론(core competency)입니다.

이 관점은 기업이 보유한 기술·지식·경험 중에서 조직 전체를 차별화시키는 핵심적 결합 능력을 찾아내는 데 집중했습니다. 조직 내부의 협력과 학습을 강조하며, 기업의 내적 통합력을 경쟁우위의 원천으로 보았지요. 기업은 마치 스스로를 학습하는 유기체처럼, 내부의 결속을 통해 차별적 성과를 창출해야 한다고 여겼습니다.

둘째, 자원기반론(Resource-Based Perspective, RBP)이 등장했습니다. 이 접근은 보다 징태적(static) 시각에서 기입의 자원을 유형직·무형적 자신으로 구분하고, 그중 가치 있고(valuable), 희소하며(rare), 모방 불가능하고(inimitable), 조직 내에 체화된(organizationally embedded) 자원이 지속가능한 경쟁우위를 만든다고 설명했습니다. 핵심역량론이 '능력(capability)'에 초점을 맞췄다면, 자원기반론은 '자원(resource)'에 주목했습니다. 두 이론 모두 기업 내부의 세계를 전략의 중심으로 삼았다는 점에서 공통

됩니다.

셋째, 환경의 불확실성이 커지고 기술 변화의 속도가 가속화되자 이 정태적 관점을 보완하기 위해 동태적 역량(dynamic capabilities) 이론이 등장했습니다. 이 이론은 기업이 변화와 기회를 감지(sensing)하고, 포착(seizing)하며, 그에 맞게 자원·구조·문화를 재구성(reconfiguring)해야 한다고 봅니다. 즉, 기존의 핵심역량이 새로운 환경에서 오히려 한계로 작용하지 않도록 조직이 끊임없는 민첩성(agility)을 유지해야 한다는 것입니다.

이후 수많은 기업이 이러한 통찰을 실행 수준으로 전환하면서 '애자일 조직(agile organization)'은 일종의 경영 표준이 되었습니다. 적응적 구조, 분산적 의사결정, 지속적 실험과 학습이 경쟁력의 핵심 가치로 자리 잡았고, 민첩성은 곧 생존력이라는 인식이 확산되었습니다.

하지만 저는 이 지점에서 근본적인 질문을 던지고 싶습니다.

"경쟁의 시대를 넘어선 지금, 이러한 이론들은 여전히 유효한가?"

젠슨 황 대표님, 저는 이 세 가지 이론이 엔비디아처럼 기하급수적 성장(exponential growth)을 이룬 기업의 현실을 충분히 설명할 수 있는지 묻고 싶습니다.

창업자이자 CEO로서 보시기에, 핵심역량론·자원기반론·동태적 역량이론은 엔비디아의 전략적 진화를 해석하기에 여전히 타당한 틀입니까? 아니면 지금의 혁신 환경에서는 이들 이론과는 전혀 다른 차원의 논리와 새로운 이론적 기반이 요구된다고 보십니까?

     INNOVATION HEGEMONY 혁신패권

젠슨 황   좋은 질문입니다. 나는 오래전부터 기업 전략이론을 깊이 존중해 왔습니다. 핵심역량론, 자원기반론, 동태적 역량이론은 모두 기업이 변화의 소용돌이 속에서도 경쟁력을 유지하기 위한 지적 탐구의 산물이었습니다.

그러나 엔비디아의 성장 과정을 이 세 이론만으로는 설명하기 어렵습니다. 그 이유는 명확합니다. 이들은 모두 기업 단위(firm-level)의 분석 틀에 머물러 있습니다. 하지만 오늘날의 혁신 질서는 이미 생태계 단위(ecosystem-level)로 이동했습니다. 이제 경쟁의 단위는 기업이 아니라 생태계 자체입니다. 즉, 생태계와 생태계 간 협력과 경쟁이 공존하는 장으로 패러다임이 진화했습니다.

지난 30년간 엔비디아가 추구해 온 것은 단순한 제품이나 플랫폼이 아니었습니다. 우리는 기술→제품→플랫폼→시스템→아키텍처→운영생태계→혁신생태계로 전략의 단위를 단계적으로 확장해 왔습니다.

이 진화의 핵심은 '경쟁우위'의 유지가 아니라 '생태계 주권성(Ecosystemic Sovereignty, ESv)'의 확립이었습니다.

이 주권성은 단순한 시장점유율이나 기술적 우위를 넘어섭니다. 그것은 생태계가 스스로 규칙을 만들고, 자원을 배분하며, 참여자 전체의 이익을 조율할 수 있는 자율적 거버넌스의 능력입니다.

AI 분야에서 우리는 이미 표준과 규범, 그리고 언어적 메타구조를 설계하고 있습니다. 그 결과, 엔비디아는 단순한 기술 기업이 아니라 AI 문명의 운영 기반으로 자리매김했습니다.

그러나 이러한 주권적 생태계가 지속적으로 작동하려면, 거버넌스만으로는 부족합니다. 그래서 우리는 그와 병렬로 혁신지속실행기반(Sustained

Innovation Executional Substrate, SIES)을 구축했습니다. 제도·조직·인프라·정책·문화·규범이 유기적으로 결합하여 혁신이 단발적 사건이 아니라 지속적 프로세스로 작동하도록 하는 시스템적 토대입니다. GPU 설계, CUDA 플랫폼, AI 팩토리 모두 이 혁신지속실행기반 위에서 운영됩니다.

그리고 이 기반 위에 작동하는 세 번째 축이 바로 생태계지능(Ecosystemic Intelligence, EI)입니다. 이는 단순한 AI의 연산력(computational power)이 아니라, 생태계 전체가 학습하고 탐색하며 집단적으로 적응하는 집합적 인지 능력(collective cognitive capacity)입니다. 전 세계 수백만 명의 개발자와 연구기관이 참여하는 엔비디아의 학습 네트워크가 그 구체적 예입니다. 나는 이 세 요소의 관계를 하나의 논리 구조로 표현합니다.

(생태계지능EI + 혁신지속실행기반SIES) × 생태계주권성ESv
$\Rightarrow$ {생태계 비가역성EIr $\oplus$ 생태계적 적응 복원력EAR} $\Rightarrow$ 지속성장SG

즉, 생태계지능(EI)과 혁신지속실행기반(SIES)이 결합하고, 그 위에 생태계주권성(ESv)이 곱해질 때, 그 결과로 생태계적 비가역성(Ecosystemic Path Irreversibility, EIr)과 생태계 적응 복원력(Ecosystemic Adaptive Resilience, EAR)이 동시에 형성됩니다. 그리고 이 두 요소가 맞물릴 때 비로소 지속성장(sustained growth, SG)이 실현됩니다.

이 공식이 바로 엔비디아가 30년간 축적해 온 혁신생태계 통합모델(Integrated Innovation Ecosystem Model)의 핵심 논리입니다.

이 모델은 하나의 경영 공식이 아닙니다. 그것은 혁신생태계가 자신의 진화를 지속할 수 있도록 하는 '혁신의 지속성'과, 그 혁신의 지속성을 통해 실현되는 '성장의 지속성' 구조, 즉 '지속성장의 조건'입니다.

결국 자본시장이 평가한 것은 엔비디아의 제품이나 기술이 아니라, 이러한 혁신의 지속성과 성장의 지속성을 통합적으로 구현한 생태계적 조직 논리의 완성도입니다. 시장은 이제 기업의 재무 성과가 아닌, 생태계의 학습 속도와 적응력을 측정하기 시작했습니다.

그 의미에서 오늘날의 자본시장은 단순한 재무 분석 기관이 아닙니다. 그것은 혁신생태계의 지능을 판단하는 거대한 집합적 인지 시스템(collective cognitive system)으로 진화하고 있습니다.

나는 이제 자본시장이 '혁신 문해력(innovation literacy)' 면에서도 많은 현장의 경영자들보다 한 발 앞서 있다고 생각합니다. 그리고 그것은 마치 하나의 별빛처럼 보입니다. 기업들이 아직 지도에 그리지 못한 미래의 항로를, 자본은 먼저 감지하고 빛으로 그려 나가고 있습니다. 그 빛은 데이터가 아니라 지능의 빛이며, 수익이 아니라 진화의 방향을 비추는 빛입니다.

이영달　　　　　황 대표님, 지금 말씀을 들으며 저는 분명한 전환점을 보았습니다. 이제는 기술을 한 차례 발명하는 능력이 아니라, 혁신이 스스로를 재생산하며 지속적으로 창조될 수 있는 능력—즉 혁신이 개별 기업의 성과를 넘어 하나의 구조로써 자가증식 할 수 있는 능력—이 오늘날 시장 질서를 결정짓는 핵심 기준이 되었습니다.

과거의 자본은 브랜드와 제품의 지속성에 주목했지만, 이제 자본은 기업이 구축한 고유한 혁신생태계의 지속 역량, 즉 얼마나 유기적으로 적응하고 진화하며 새로운 혁신을 지속적으로 생성할 수 있는가에 가치를 부여합니다. 자본의 초점은 제품의 불멸성에서 혁신의 지속성으로, 그리고 제품의 생명주기에서 혁신의 재생주기로 이동했습니다. 이 변화는 기업과 대학, 지역과 국가의 지속성장 조건을 새롭게 정의하고 있습니다.

오늘의 시장은 단일 상품의 수익률이 아니라, 그 기업이 구축한 혁신생태계가 혁신을 얼마나 효율적·효과적으로 생성하고 재생산할 수 있는가, 즉 그 순환의 강도와 복원력을 평가합니다. 이 지점에서 엔비디아는 기술을 만드는 기업이 아니라, 혁신이 작동하는 방식을 설계하고 지속시키는 생태계로 진화했습니다.

과거의 기업전략 이론들은 '경쟁적 우위의 유지'를 중심에 두었습니다. 핵심역량론은 지식과 기술의 결합을, 자원기반론은 희소하고 모방 불가능한 자산을, 동태적 역량이론은 변화하는 환경 속에서도 경쟁우위를 갱신할 수 있는 능력을 강조했습니다. 그러나 이제 경쟁의 단위는 기업이 아니라 생태계, 즉 개별 조직이 아닌 혁신생태계 전체의 적응력과 진화 속도의 대결로 옮겨갔습니다.

혁신생태계는 단순한 산업 연합이나 협력망이 아닙니다. 지식·인재·기술·자본·제도·정책·문화·시장이 하나의 자율적 순환체계로 결합한 혁신의 지속 질서입니다. 이 단계에 이르면 '경쟁'은 더 이상 상대를 이기는 과정이 아니라, 혁신이 끊임없이 이어질 수 있는 질서를 설계하고 갱신하는 과정으로 전환됩니다.

엔비디아의 진화는 이러한 전환을 가장 선명하게 보여줍니다. 기술에서 플랫폼으로, 플랫폼에서 시스템으로, 그리고 시스템에서 아키텍처와 혁신생태계로 전략 단위를 확장해 온 30년의 궤적은 혁신이 끊임없이 순환하며 자기 갱신을 이루는 구조를 설계한 과정이었습니다. 이 확장은 단순한 비즈니스 모델의 진화가 아니라, 혁신의 자기조직화 구조를 완성해 가는 전략적 설계였습니다.

그 중심에는 세 가지 축이 있습니다.

혁신지속실행기반(SIES)—혁신이 지속적으로 실행되도록 뒷받침하는 제도적·문화적·규범적 기반, 생태계지능(EI)—생태계가 스스로 학습하고 적응하는 집합적 인지 능력, 생태계주권성(ESv)—이 모든 요소를 조율하며 자율적으로 진화하게 하는 표준과 규범의 통제력. 이 세 요소가 결합할 때 혁신생태계는 외부 충격에 흔들리지 않고 스스로를 재구성하는 지속적이고 유기적인 혁신생태계로 변합니다.

결국 자본시장이 평가한 것은 GPU의 성능이 아니라, 이러한 지속하는 혁신생태계의 완성도입니다. 시장은 이제 재무제표가 아닌 혁신의 순환 속도, 복원력, 확장 가능성을 관찰합니다. 자본은 더 이상 단기 수익률에 투자하지 않습니다. 그 대신 혁신이 지속적으로 생성·확장·재구성되는 생태계—즉 지속하는 혁신의 순환 구조에 투자합니다. 자본은 이제 혁신의 지속 능력을 가장 중요한 미래가치로 평가하기 시작했습니다.

이것이 바로 제가 말하는 혁신패권(Innovation Hegemony)입니다. 이는 특정 기술을 지배하는 힘이 아니라, 혁신이 계속 태어나는 질서를 설계하고 유지할 수 있는 능력, 즉 혁신의 지속성을 통제하는 문명적 권력(civilizational power)입니다.

세계는 이제 국가 단위의 경쟁이 아니라, 혁신생태계 단위의 문명 질서 형성 경쟁으로 이동했습니다. 엔비디아의 5조 달러 가치는 단순한 시장 평가가 아니라, 지속하는 혁신의 질서를 완성한 생태계가 획득한 새로운 문명적 지위를 의미합니다.

과거 자본이 석유와 철강을 생산수단으로 삼았다면, 오늘날의 자본은 혁신을 지속적으로 생산하는 혁신생태계를 새로운 생산수단으로 인식합니다.

이제 패권의 중심은 군사력이나 자본력이 아니라, 혁신이 끊임없이 이어질 수 있는 생태계를 설계하고 유지하는 능력에 있습니다. 그리고 그 능력을 가진 자, 그가 바로 혁신패권(Innovation Hegemony)의 주체이자 새로운 문명 질서의 설계자입니다.

혁신패권자의 사고: 우주에서 나노미터까지

이영달　　　　일론 머스크 대표께 묻겠습니다. 대표께서는 아마 부정하시겠지만, 자본시장에서 테슬라는 여전히 '자동차 산업' 범주에 묶여 있습니다. 그러나 그 분류 틀은 현실을 설명하지 못합니다.

2025년 10월 기준으로 보면, 자동차 산업 전체 시가총액의 구조는 이렇습니다. 테슬라는 약 1조 4천억 달러 내외, 토요타는 약 2천7백억 달러로 테슬라 가치의 5분의 1에 불과합니다. 미국의 제너럴모터스(GM)는 640억 달러, 독일의 메르세데스-벤츠(Mercedes-Benz)는 630억 달러, 중국의 비야디(BYD)는 1천3백억 달러 정도입니다. 같은 산업 안에서 이처럼 극단적인 가치 격차가 발생하는 현상은 경제적 분석만으로는 설명되지 않습니다.

자동차 산업은 두 세기에 걸쳐 진화해 온 세계 제조문명의 상징이자 완결된 산업 모델로 여겨집니다. 그럼에도 불구하고 테슬라는 그 전통의 경계를 넘어서 전혀 다른 가치 질서를 창조하고 있습니다. 이 격차의 근본 원인은 무엇일까요?

대표께서 종종 강조하신 '전체적 사고(Holistic Thinking)'와 '최초원리(First Principles)'의 관점에서 볼 때, 테슬라의 가치는 단순히 기술 혁신의 성과가 아니라 사유 방식의 혁신에서 기인한 것이라 보입니다. 그렇다면 대표께서 이끄는 사유의 프레임 안에서 이 현상을 어떻게 해석하십니까?

일론 머스크　　　나는 테슬라를 '산업'의 하나로 보지 않습니다. '산업(industry)'이라는 단어 자체가 이미 사유의 경계를 설정하기 때문입니다. 테슬라는 단순한 제조기업이 아닙니다. 우리는 '지능형 에너지 시스템(Intelligent Energy System)', 즉 문명의 에너지 전환을 지능화하는 하나의 유기체로 존재합니다. 그것이 테슬라의 존재 이유이며, 우리의 사명으로 요약됩니다.

"세상의 지속가능한 에너지 전환을 가속한다(Accelerating the World's Transition to Sustainable Energy)."

자동차는 그 사명을 실현하기 위한 첫 물리적 형태에 불과합니다. 전통 제조업이 엔진과 차체를 판매할 때, 테슬라는 에너지와 데이터가 순환하는 지능적 구조를 설계합니다. 한 대의 전기차는 단순한 운송 수단이 아니라 움직이는 데이터 플랫폼이며, 이 플랫폼이 도시 전체의 에너지 흐름과 상호작용할 때 비로소 '지속가능한 에너지 전환'이 현실이 됩니다.

그 과정에서 생성되는 모든 데이터는 인공지능에 흡수되고, AI는 배터리 효율, 생산 알고리즘, 교통 흐름을 재조정합니다. 이 순환이 완결되면 테슬라는 더 이상 '제품'이 아닌, 지속가능한 문명의 프로토타입(prototype of a sustainable civilization)으로 진화합니다.

나는 이 전체적 구조를 테슬라 생태계(Tesla Ecosystem)라 부릅니다. 그 핵심은 모든 노드(node)가 서로를 학습한다는 사실입니다. 기가팩토리(Gigafactory)는 에너지 생산과 제조 지능이 결합된 물리적 두뇌이며, AI 팩토리는 그 지능이 진화하는 중추 신경계입니다. 각 차량은 센서 네트워크의 뉴런(neuron)처럼 작동하며, 실시간 주행 데이터는 AI로 피드백되어 다시 생산 시스템으로 환류됩니다. 이 순환이 거듭될수록 테슬라는 스스로를 학습하고 갱신하는 자기강화적 유기체(self-reinforcing organism)로 발달합니다.

조직의 구조 역시 이 생태적 원리를 따릅니다. 테슬라는 전통적 피라미드가 아닌 스타트업 체인(Startup Chain)으로 작동합니다. 각 단위는 독립된 실험실처럼 가설을 세우고 빠르게 검증합니다. 성공한 해법은 체인 전체로 확산되어 메타 학습 체계(meta-learning system)를 형성합니다. 이 체인은 기업 내부를 넘어 배터리, 반도체, 로보틱스, 에너지 관리, 소프트웨어 등 외부 스타트업들이 결합하며 확장형 혁신 네트워크를 이룹니다. 이 전체적 구조가 바로 테슬라의 혁신생태계(Innovation Ecosystem)입니다.

가장 명확한 사례가 AI 팩토리입니다. 그곳에서 옵티머스(Optimus) 로봇은 생산 라인을 운영하고, AI는 매초 수천 개의 변수를 학습하며 설계와 에너지 흐름을 실시간으로 조정합니다. 이 지능적 루프가 스타링크(Starlink)와 결합하면 데이터 순환은 행성적 규모로 확장됩니다. 뉴럴링크(Neuralink)는 인간 두뇌와 AI를 직접 연결하며, 지능의 루프를 생물학적 차원까지 확장시킵니다. 이 모든 계층이 하나의 리듬으로 작동할 때,

문명은 비로소 자신의 에너지 효율을 자각하기 시작합니다.

이것이 내가 말하는 전체적 사고(Holistic Thinking)입니다―부분이 아닌 패턴의 리듬, 즉 진화의 방향성을 읽는 사유 방식이죠.

결국 시가총액의 격차는 '산업'의 문제가 아니라 사유의 속도 차이입니다. 전통 기업이 산업 내 경쟁을 본다면, 나는 지구 전체의 에너지 방정식을 봅니다. 테슬라의 모든 행동은 그 방정식을 조정하기 위한 실험입니다. 혁신패권은 더 많은 기술을 보유한 자에게 주어지는 것이 아닙니다.

문명의 지속가능성을 얼마나 가속할 수 있는가―그 능력이 혁신패권을 결정합니다. 그 가속이 바로 테슬라의 존재 이유이며, 내가 생애를 걸고 증명하려는 단 하나의 실험입니다.

이영달　　　　사트야 나델라 대표께 묻겠습니다.

20세기 말, 세계 기업사에서 시가총액 1~2위를 다투던 두 회사가 있었습니다. 마이크로소프트(Microsoft)와 제너럴일렉트릭(GE). 그러나 2025년 10월 현재, 마이크로소프트는 여전히 세계 1~2위를 유지하는 반면, GE는 이제 상위권 명단에서 완전히 사라졌습니다.

흥미로운 것은 두 기업 모두 한때 정체와 쇠락을 경험했다는 점입니다. 마이크로소프트 역시 21세기 초반까지만 해도 GE와 유사한 궤적을 보였죠. 하지만 2014년, 대표께서 최고경영자(CEO)로 취임하신 이후 회사는 급격히 방향을 바꾸었습니다. 그 변화는 단순한 회복이 아니라 지속성장기업으로의 체질 전환이었습니다.

제가 주목하는 대목은 그 전환의 출발점입니다. 대표께서 취임 직후 가장 먼저 실행하신 것이 바로 사명 선언문(Mission Statement)의 재정비와 트러스트 코드(Trust Code)의 정립이었다는 사실입니다. 대부분의 기업이 사명 선언문을 벽에 걸어두는 장식으로 취급하는 것과 달리, 대표께서는 그것을 조직의 집단적 의식 구조를 재구성하는 첫 문장으로 사용하셨습니다.

그 이후의 마이크로소프트는 제품 중심의 기술 기업에서 인간과 사회의 역량을 확장(Empowerment)하는 지능적 생태계(Intelligent Ecosystem)로 진화했습니다. 이 변화의 밑바탕에는 저는 '생태계적 지능(Ecosystemic Intelligence)'이라 부를 만한 새로운 경영 패러다임이 놓여 있다고 봅니다. 그래서 이렇게 묻고 싶습니다.

왜 모든 전략의 출발점을 '사명'으로 두셨습니까?

그 한 문장을 다시 쓰는 일이, 어떻게 거대한 조직의 방향을 바꾸는 동력이 되었습니까? 그리고 오늘날 엔비디아와 더불어 시가총액 4조 달러 시대를 연 마이크로소프트의 이 전략적 전환은 구체적으로 어디서 비롯되었습니까? 가능하다면, 그 변화가 현실로 작동한 실제 사례를 들어 설명해 주시겠습니까?

사트야 나델라　　사명은 단순한 문장이 아닙니다. 그것은 조직의 집단적 의식 구조를 다시 정의하는 일입니다. 내가 2014년 CEO로 취임했을 때, 마이크로소프트는 세계에서 가장 강력한 기술 기업이었지만, 동시에 가장 폐쇄적인 기업 중 하나였습니다.

기술은 빠르게 진화했지만, 정신은 여전히 과거의 언어 속에 머물러 있었죠.그래서 내가 가장 먼저 한 일은 제품을 바꾸는 것이 아니라, 사유의 언어를 바꾸는 것이었습니다.

그때 새롭게 세운 사명은 매우 단순했습니다.

"지구상의 모든 사람과 모든 조직이 더 많은 것을 성취할 수 있도록 한다(Empower every person and every organization on the planet to achieve more)."

이 문장은 표어가 아니라 존재론적 명제였습니다.

기업의 본질이 이윤 창출이 아니라 역량의 확산(Empowerment)이라면, 우리는 기술을 소유의 대상이 아니라 공진화(Co-evolution)의 매개로 다루어야 했습니다. 기술이 인간을 통제하는 것이 아니라, 인간과 기술이 서로를 진화시키는 구조를 만드는 것, 그것이 바로 내가 말하는 생태계적 지능(Ecosystemic Intelligence)입니다.

이 사유의 전환은 모든 전략의 구조를 바꾸었습니다. 우리는 기술의 중심을 소프트웨어에서 플랫폼으로 옮기고, 플랫폼의 중심을 제품에서 생태계로 이동시켰습니다. 클라우드 플랫폼 애저(Azure)는 단순한 서비스가 아닙니다. 수백만 개발자와 파트너가 함께 진화하는 지능형 학습 생태계(Intelligent Learning Ecosystem)입니다. 그 안에서 생성형 인공지능(Generative AI)은 하나의 도구가 아니라, 집단지성(Collective Intelligence)의 언어로 작동합니다. 마이크로소프트가 오픈AI에 투자한 것도 같은 이유에서입니다. AI를 통제의 수단으로 보지 않고, 인간과 협력의 언어로 삼기 위해서였습니다.

이 사유는 신뢰의 구조로 이어졌습니다.

나는 사명 선언문과 함께 트러스트 코드(Trust Code)를 제정했습니다. 기술이 인간의 자유를 확장하기 위해서는 신뢰가 그 기반이 되어야 하기 때문입니다. 우리는 데이터, 프라이버시, 알고리즘 투명성, 인간의 존엄성에 관한 엄격한 원칙을 모든 비즈니스 프로세스에 내장했습니다. 이 신뢰는 단순한 윤리 선언이 아니라, AI 거버넌스의 작동 원리입니다.

AI를 설계할 때마다 우리는 스스로에게 묻습니다.

"이 지능은 인간을 대체하는가, 아니면 인간의 능력을 확장하는가?"

그 결과, 마이크로소프트의 조직은 명령과 통제가 아니라 연결과 공진화로 움직이게 되었습니다. 내부는 스타트업처럼 실험하고, 외부는 파트너와 데이터를 공유하며 함께 학습합니다. 이 상호 학습의 순환이 바로 마이크로소프트 혁신생태계의 본질입니다.

GE가 쇠락한 이유는 기술이 부족해서가 아니라 사유가 경직되어 있었기 때문입니다. 그들은 산업시대의 피라미드 안에서 경쟁을 관리했지만, 우리는 그 틀을 해체해 인간과 기술, 기업과 사회가 함께 진화하는 시스템으로 재편했습니다. 지금의 마이크로소프트는 더 이상 소프트웨어 기업이 아닙니다. 우리는 지구적 생태계의 지능적 운영체제(Global Operating System of Ecosystemic Intelligence)로 작동합니다.

결국 내가 다시 세운 사명은 경영의 슬로건이 아니라, 문명 속에서 기업이 어떤 존재론적 책임을 져야 하는가에 대한 답이었습니다.

기술이 인류를 더 능동적인 존재로 만들 때, 기업은 단순한 조직이 아니라 문명의 진화를 매개하는 하나의 정신적 생태계(Intellectual Ecosystem)가 됩니다.

그리고 나는 그것이 마이크로소프트의 진정한 역할이라 믿습니다.

   INNOVATION HEGEMONY 혁신패권

이영달　　　　　웨이저자 대표께 묻겠습니다. 2025년 10월 현재, 전 세계에서 시가총액 1조 달러를 넘어선 기업은 11곳에 불과합니다. 그 가운데 미국 기업이 아닌 회사는 단 두 곳—사우디 아람코(Saudi Aramco)와 TSMC뿐입니다. 하지만 사우디아람코는 석유 자원 중심의 특수한 모델이기에, 일반적 기업생태계의 비교군으로 보기 어렵습니다. 결국 오직 TSMC만이 비(非)미국 기업으로서 '1조 달러 클럽'에 이름을 올린 유일한 존재가 되었습니다.

우리는 앞선 논의에서 시가총액 1조 달러라는 임계점을 단순한 숫자가 아니라, 혁신패권자(Innovation Hegemons)들이 도달하는 하나의 경제적 분기점으로 해석했습니다.

그들은 공통적으로 생태계적 지능(Ecosystemic Intelligence), 혁신지속실행기반(Sustained Innovation Executional Substrate), 그리고 생태계 주권성(Ecosystemic Sovereignty)을 갖춘 존재들입니다.

즉, 기술의 경계에서 경쟁하는 기업이 아니라, 표준과 규칙을 제정하는 문명의 단위로 진화한 기업들이죠.

이 기준에서 본다면, TSMC는 단순한 반도체 제조사가 아니라 글로벌 공급망의 질서 자체를 재정의하는 '보이지 않는 플랫폼'이 되었습니다. 오늘날 피운드리 산업의 구조는 기술 경쟁을 넘어 국가 전략, 에너지, AI, 국방, 그리고 산업정책이 얽힌 초복합 생태계로 확장되어 있습니다. 이 거대한 얽힘의 중심에서 TSMC는 기술뿐 아니라 규칙의 언어를 제정하는 위치에 있습니다.

그렇다면, 대만이라는 작은 섬에서 출발한 한 기업이 어떻게 '미국 기업의 전유 영역'이라 여겨졌던 1조 달러 클럽에 들어설 수 있었을까요? 이것은 단순한 기업 성장의 이야기가 아니라, 지구적 질서 속에서 사유 방식의 진화를 묻는 질문이기도 합니다.

또한 일각에서는 TSMC의 성장 동력이 엔비디아와 테슬라 같은 강력한 수요 기업들에 의해 견인되었다고 평가하기도 합니다.

그러나 저는 그렇게 단선적으로 보지 않습니다. 모리스 창(Morris Chang) 창업자의 시대 이후, 대표께서는 TSMC를 기술 기업에서 생태계적 조율자(Ecosystem Orchestrator)로 진화시켜 오셨습니다. 이러한 관점에서, TSMC의 진정한 힘은 '협력의 구조'를 설계하는 능력에 있는 것이 아닐까요?

따라서 이렇게 여쭙고 싶습니다.

대표께서는 TSMC의 성장을 외부 파트너에 의해 견인된 결과로 보십니까? 아니면 TSMC가 생태계 전체의 방향성을 주도한 결과로 보십니까? 그리고 이 기업이 어떻게 기술과 지정학, 그리고 철학이 교차하는 공간에서 그토록 안정적인 혁신의 구조를 구축할 수 있었는지, 그 내적 논리를 설명해 주실 수 있겠습니까?

웨이저자　　　우리가 하는 일은 단순한 반도체 제조가 아닙니다. 우리는 기술문명의 구조를 재배치하는 일을 하고 있습니다.

반도체는 전자 장치의 두뇌가 아니라, 지능과 물질이 만나는 접점(interface)입니다. 따라서 이 산업의 본질은 생산이 아니라 구조의 설계, 곧 Architecting Structures입니다.

TSMC는 처음부터 "산업의 중심이 어디인가"가 아니라, "가장 복잡한 시스템을 얼마나 안정적으로 조정할 수 있는가"에 초점을 맞추었습니다. 이것이 우리를 단순한 제조기업이 아니라 시스템 운영자(Systemic Operator)로 만든 결정적 차이였습니다.

TSMC의 혁신생태계는 세 개의 층위로 작동합니다.

첫째는 물질의 층(Material Layer)입니다.

우리는 공정을 단순히 기술의 축적으로 다루지 않습니다. 물리학, 화학, 수학, 기하학이 동시에 작동하는 설계언어(Design Language)로 다루죠. 이 언어를 세계 수천 개의 공급망과 공유하며, 지속가능한 미시 질서(Sustainable Micro-Order)를 구축했습니다. 그 결과, 소재-장비-디자인-고객이 하나의 유기적 순환으로 연결되었습니다.

둘째는 데이터의 층(Data Layer)입니다.

TSMC는 전 세계 고객사로부터 유입되는 설계 데이터와 생산 데이터를 초정밀 시뮬레이션 시스템으로 통합합니다. 이 데이터는 단순히 공정 효율을 개선하는 수단이 아니라, 고객의 혁신을 예측하는 지능적 시스템(Intelligent Predictive System)으로 작동합니다. 그래서 우리는 고객의 주문을 수행하는 회사가 아니라, 고객의 혁신을 선행하는 파트너가 되었습니다. 이것이 TSMC가 생태계의 두뇌(Ecosystemic Brain)로 불리는 이유입니다.

셋째는 주권의 층(Sovereignty Layer)입니다.

오늘날 반도체는 기술의 문제가 아니라 국가경제의 신경망입니다. 우리는 특정 국가의 도구가 아니라, 글로벌 질서의 공공 인프라(Public Infrastructure of Global Order)로 자리 잡았습니다. 이 층위에서 중요한 것은 '힘'이 아니라 '신뢰(Trust)'입니다.

TSMC가 세계 각국의 전략적 긴장 속에서도 생존할 수 있었던 이유는,

우리가 공정성을 하나의 기술적 규율로 내장했기 때문입니다. 고객의 데이터를 철저히 분리 관리하고, 어떠한 정치적 압력에도 그 '설계 주권(Design Sovereignty)'을 침해하지 않습니다. 이 신뢰의 구조가 곧 우리의 방패이자, 혁신패권의 원천입니다.

엔비디아와 테슬라가 우리의 고객이자 동반자인 것은 사실입니다.

그러나 그들의 혁신이 가능했던 이유는, TSMC가 혁신의 하부 구조를 제공했기 때문입니다. AI, 자율주행, 로보틱스. 이 모든 기술은 물질의 한계를 돌파하지 않으면 구현될 수 없습니다. 우리는 그 한계를 넘어서는 기술문명의 하부 구조를 설계합니다.

엔비디아의 젠슨 황은 과거 어려움에 처했을 때 모리스 창에게 편지를 보내 이렇게 말했습니다.

"혁신은 신뢰 위에서만 존재할 수 있다."

그 순간 우리는 단순한 고객과 공급자의 관계를 넘어, 상호의존적 혁신의 동반자가 되었습니다.

테슬라 역시 마찬가지입니다.

그들의 전기차와 인공지능 시스템은 데이터의 혁신이 아니라, 물질의 혁신을 필요로 했습니다. 우리는 그들에게 물질적 경계를 돌파할 수 있는 토대를 제공했고, 그들은 그 위에서 새로운 문명을 설계했습니다.

그래서 우리는 서로의 혁신을 견인하면서도 경쟁하는 공진적 경쟁자(co-evolutionary rivals)였습니다.

TSMC의 리더십은 속도보다 정밀성을 중시합니다.

우리는 "더 빠르게"가 아니라 "더 깊게" 생각합니다.

그 깊이가 결국 시장의 신뢰로 환산됩니다.

세계가 불안정할수록 안정적 구조를 설계할 수 있는 자가 문명적 주권을 갖게 됩니다. TSMC가 1조 달러 클럽에 오른 이유는 기술력 때문이 아니라, 혼돈 속에서도 질서를 유지할 수 있는 능력, 즉 지속성장의 구조적 지능 때문입니다.

우리는 반도체를 생산하는 기업이 아니라, 혁신의 물질적 생태계를 설계하는 문명의 엔지니어(Engineers of Civilization)입니다.

이것이 오늘날 TSMC가 단순한 기업을 넘어 세계 질서의 보이지 않는 인프라로 작동하는 이유입니다.

이영달   머스크 대표, 나델라 대표, 그리고 웨이저자 대표, 세 분의 말씀을 따라가다 보면 하나의 공통된 윤곽이 선명해집니다. 그 시야는 단지 산업적이거나 기업적 차원을 넘어섭니다. 그것은 전지구적이며, 나아가 우주적입니다.

그러나 그 스케일이 거대하다고 해서, 한 공정의 미세한 변동이나 한 줄의 코드, 한 나노미터의 오차를 가볍게 여기게 되는 것은 아닙니다. 오히려 그 반대입니다.

거대한 것을 꿰는 자들은 작은 것의 질서를 끝까지 추적합니다. 그 세밀한 질서의 반복 속에서 문명의 리듬을 읽어내기 때문입니다.

저는 바로 그 지점에서 세 분의 공통된 사유를 포착합니다.

머스크 대표는 에너지 문명의 순환 구조를, 나델라 대표는 지능과 신뢰의 윤리 구조를, 그리고 웨이저자 대표는 물질과 질서의 구조를 재설계하고 계십니다. 각각 다른 언어를 사용하지만, 모두가 '문명의 작동 원리'를 새로 정의하고 있다는 점에서 하나의 패턴을 공유하고 있습니다.

그래서 질문을 이렇게 묶어보겠습니다.

각 기업이 장기적인 지속성장(sustained growth)을 이루는 힘은 어디에서 비롯된다고 보십니까?

그리고 귀하들이 구축해온 생태계적 지능(Ecosystemic Intelligence), 혁신 지속실행기반(Sustained Innovation Executional Substrate), 그리고 생태계 주권성(Ecosystemic Sovereignty)은 구체적으로 무엇이며 어떻게 작동하고 있습니까?

또한 그것이 이제 도래하고 있는 혁신패권시대(Innovation Hegemony Era) 속에서 어떤 의미를 갖는다고 생각하십니까?

문명은 지금, 기술의 경쟁을 넘어 '사유의 질서' 자체가 경쟁의 단위가 되고 있습니다. 세 분의 기업은 그 전환의 한복판에 서 있습니다.

그렇다면, 각자의 언어로 그 지속성의 근원, 그리고 혁신패권자로서의 존재 의미를 들려주실 수 있겠습니까?

웨이저자　　　TSMC는 속도를 예찬하지 않습니다. 우리는 구조를 신뢰합니다. 속도는 목표가 아니라, 구조가 정교하게 설계되었을 때 자연스럽게 따라오는 결과입니다. 우리에게 혁신은 일회성 사건이 아니라, 일정한 리듬을 가진 구조적 순환(structural cycle)입니다.

공정의 난이도가 높아질수록 그 순환의 어긋남은 치명적이 됩니다. 그래서 우리는 변화의 소음을 줄이고 신호만 남기는 시스템을 설계합니다. 신호를 구분하는 기술은 생산 라인에서 시작해 공급망 전체로 확장되고, 마침내 파트너의 의사결정 리듬까지 포섭합니다.

그 지점에서 생태계는 스스로 균형을 찾는 자율성을 획득합니다.

TSMC가 말하는 생태계적 지능(Ecosystemic Intelligence)은 집적회로 내부의 연산 능력이 아니라, 생태계 전체가 보여주는 미세한 패턴의 변화를 감지하는 시스템의 감각(systemic perception)에 가깝습니다.

설계 단계의 미세한 편차가 양산 단계에서 어떻게 증폭되는지, 특정 장비의 특성이 어떤 공정과 상호작용하는지, 한 지역의 정전이 물류 네트워크의 진동에 어떤 공명을 일으키는지, 우리는 그것을 데이터의 파동으로 읽습니다. 이 감각은 특정 개인의 통찰로 대체되지 않습니다. 공장과 협력사, 고객의 사이에서 끊임없이 순환하는 데이터 루프가 공통의 직관(common intuition)을 만들어냅니다.

이 직관이야말로 생태계적 지능의 실체입니다.

TSMC에서 혁신지속실행기반은 매 세대 공정이 다음 세대를 준비하는 방식으로 설계되어 있습니다. 한 세대의 성공은 다음 세대의 확률을 높여야 합니다.

그래서 공정 레시피는 완성본이 아니라, 다음 실험의 초기조건이 됩니다. 장비 세팅, 소재 조성, 패키징 변화. 어느 것 하나를 독립 변수로 남겨두지 않습니다. 데이터는 축적되지만, 관습은 축적되지 않도록 절제합니다.

혁신이 반복될수록 조직은 피로해지기 마련입니다. 우리는 그 피로를 줄이기 위해 순환적 진화 플랫폼(circular platform of cvolution)을 만들었습니다. 같은 사람들이 같은 실수를 되풀이하지 않도록, 시스템이 학습하고 조직이 휴식할 수 있게 리듬을 배치했습니다.

혁신의 리듬은 인간의 리듬과 조화를 이룰 때 지속성을 갖습니다.

TSMC에서 생태계 주권성(Ecosystemic Sovereignty)은 통제의 문제가 아닙니다. 그것은 조정의 능력(coordination capacity)입니다.

글로벌 경쟁의 긴장이 높아질수록, 고객의 설계 주권과 데이터 경계를 지키는 일은 기업의 윤리를 넘어 생태계의 존속 조건이 됩니다. 우리는 어떤 정치적 압력에도 고객 간 데이터가 섞이지 않도록 제도와 공정을 설계했습니다.

공정성은 도덕의 언어로만 존재하지 않습니다. 신뢰가 공학의 언어로 번역될 때, 생태계는 특정 국가의 이해를 넘어 장기적 안정성을 갖습니다. 그 안정성이야말로 우리에게 주어진 주권의 형태입니다.

결국 시장 지배는 일시적일 수 있지만, 질서의 신뢰(ordered trust)를 설계하고 유지할 수 있는 능력은 문명적 지속성의 조건입니다. 나는 그것이 혁신패권시대에 가장 희귀한 자원이라 생각합니다. TSMC의 역할은 기술을 선도하는 것이 아니라, 혼돈 속에서도 질서가 지속될 수 있도록 리듬을 설계하는 일입니다. 그것이 우리가 문명의 엔지니어라 불리는 이유이며, 우리 생태계가 여전히 진화하고 있다는 증거입니다.

일론 머스크   나는 언제나 물리학에서 출발합니다.

모든 시스템은 에너지를 잃으면 붕괴하고, 질서를 얻으면 진화합니다.

테슬라가 존재하는 이유는 명료합니다.

"세상의 지속가능한 에너지 전환을 가속한다(Accelerating the World's Transition to Sustainable Energy)."

이 문장은 표어가 아니라 방정식이며, 우리가 무엇을 만들고, 어디에 투자하며, 어떤 속도로 움직일지를 결정하는 1차 원리입니다.

테슬라의 생태계적 지능은 조직도나 부품 목록이 아니라, 에너지와 데이터의 순환 속에서 스스로 진화하는 지능의 구조입니다.

도로 위의 차량은 움직이는 센서 집합이고, 그들이 보내는 피드백은 인공지능 모델을 갱신합니다. 갱신된 모델은 생산 라인의 로봇과 공정 변수를 다시 조율하며, 그 과정에서 하나의 공장은 뉴런처럼 반응하고, 여러 공장이 연결되면 거대한 신경망이 됩니다. 이 지능형 순환 네트워크는 행성 단위의 에너지 흐름을 읽고, 제품과 서비스, 인프라를 동기화합니다. 그 결과 테슬라는 자동차를 '출고'하는 회사가 아니라, 에너지와 지능의 위상을 조정하는 행성적 에너지 오케스트레이터로 작동합니다.

이 신경망의 중심에는 도조시스템(Dojo System)이 있습니다. 도조는 단순한 AI 훈련용 슈퍼컴퓨터가 아닙니다. 그것은 테슬라 생태계 전체를 학습시키는 '지능의 기관(organ of intelligence)'입니다. 우리는 수백만 대의 차량으로부터 매초 1억 프레임 이상의 비전 데이터를 수집합니다. 이 데이터는 도조칩(Dojo Chip) 위에서 훈련되어, 실시간 주행 인지부터 제조 알고리즘까지 모든 의사결정의 신경 신호로 변환됩니다.

도조칩은 CPU도 GPU도 아닌, AI를 위한 물리적 언어입니다. 그 위에서 정보는 명령이 아니라 리듬으로 흘러갑니다. 도조가 새로운 네트워크 구조를 학습하면, 그 리듬이 생산 라인으로 번역되고, 공장은 스스로 공정을 조정하며 효율을 재조립합니다.

이 루프가 반복될수록 테슬라는 더 정밀하게 '지구적 에너지 뇌(Global Energy Brain)'로 진화합니다.

우리의 혁신지속실행기반은 조직 구조 깊숙이 스며 있습니다.

테슬라는 위계적 조직이 아니라 스타트업 체인(Startup Chain)으로 설계되어 있습니다. 각 팀은 독립된 실험 단위로서 문제를 정의하고, 가설을 세워 빠르게 검증합니다. 성공한 해법은 체인을 따라 전체로 확산되고, 실패는 국소화되어 전체의 리스크를 최소화합니다. 내부 체인은 외부로 확장됩니다. 배터리 기업, 반도체 파트너, 로보틱스 팀, 도시 에너지 운영자까지 모두가 하나의 실험 네트워크로 연결됩니다. 따라서 우리의 실행력은 인력의 규모가 아니라 네트워크의 학습 속도로 측정됩니다.

도조는 이 네트워크의 학습 속도를 극적으로 가속하는 메타 실행 엔진(meta-execution engine)입니다. 그 가속이 바로 테슬라의 일상입니다.

테슬라의 생태계 주권성은 시장 점유율로 정의되지 않습니다. 우리는 스스로를 국가 단위가 아닌 문명적 플랫폼(Civilizational Platform)으로 규정합니다. 우리의 공장은 생산설비가 아니라 행성 단위의 실험실이며, 로보택시 네트워크는 교통을 에너지 그리드의 일부로 통합합니다.

AI 팩토리는 제조와 서비스를 잇는 지능의 루프를 형성하고, 도조는 그 모든 루프의 리듬을 조정하는 중추신경계(Central Nervous System) 역할을 합니다. 이 플랫폼의 핵심은 배타적 지배가 아니라 문명의 방향 벡터를 설정하는 능력, 그리고 그 벡터 위에서 표준과 규칙을 제정할 수 있는 자율적 힘입니다. 지속가능한 에너지 전환이 결코 후퇴하지 않도록, 기술과 정책, 자본과 문화의 벡터를 같은 방향으로 정렬시키는 일, 그것이 우리가 말하는 주권의 실체입니다.

혁신패권의 시대가 온다면, 그 중심에는 더 많은 특허가 아니라 더 빠른 문명적 학습 속도가 있을 것입니다. 우리는 그 학습의 리듬을 설계합니다. 테슬라는 단순한 기업이 아니라, 문명의 에너지 리듬을 조정하는 하나의 물리적 두뇌입니다. 그 리듬이 곧 인류의 지속성장을 향한 맥박이라고 나는 믿습니다.

사트야 나델라　　나는 기술을 확장된 인간성(Extended Humanity)으로 이해합니다. 기술이 인간을 대체하는 순간, 기술은 인간을 축소시키기 시작합니다. 반대로 기술이 인간의 인식과 공감을 확장하면, 기업은 사회의 신뢰를 얻고 생태계는 장기적 방향성을 갖게 됩니다. 마이크로소프트가 2014년 이후 새긴 변화는 이 관점에서 시작되었습니다. 사명 선언은 장식이 아니라 조직의 언어를 바꾸는 첫 문장이었고, 트러스트 코드(Trust Code)는 전략과 운영, 제품 설계의 원리에 스며든 약속이었습니다.

우리의 생태계적 지능은 도구 중심의 회사에서 플랫폼 중심의 회사로 전환한 데서 비롯됩니다. 클라우드 플랫폼 애저(Azure)는 전 세계의 개발자, 기업, 정부, 시민이 함께 학습하는 거대한 공용 공간입니다. 그 위에서 생성형 인공지능은 단일 알고리즘이 아니라 협력적 인지(Cooperative Cognition)를 촉진하는 매개입니다. 코파일럿(Copilot)이 문서 작성, 코드 생성, 의사결정을 돕는 이유는 인간의 판단을 대체하기 위해서가 아니라, 인간의 주의를 더 중요한 문제로 옮기기 위함입니다. 이 이동이 반복될 때, 생태계는 더 높은 수준의 문제를 다룰 힘을 얻습니다.

즉, 마이크로소프트의 AI는 사고의 자동화가 아니라 집단적 인식의 진화 장치입니다. 마이크로소프트의 혁신지속실행기반은 조직이 학습하는 방식 속에 있습니다. 나는 이를 러닝 루프(Learning Loop)라고 부릅니다. 목표는 간단하지만, 그 구조는 매우 정교합니다. 데이터가 지식이 되고, 지식이 제품이 되고, 제품의 사용이 다시 데이터가 되어 공동의 지혜를 확장하는 순환을 끊지 않는 것입니다. 루프가 건강할수록 사람들은 실패를 비용이 아니라 학습으로 받아들이고, 팀은 기능이 아니라 목적에 의해 연결됩니다. 그렇게 연결된 조직은 시계열적으로 성장합니다. 단발적 성취가 아니라 시간 자체가 성과가 되는 구조를 갖는 것이죠.

마이크로소프트는 기술의 속도보다 조직의 학습 속도를 더 중요하게 생각합니다. 그 학습의 속도가 지속성을 만들어냅니다. 마이크로소프트에서 생태계 주권성은 신뢰의 구조에서 비롯됩니다.

AI 윤리, 프라이버시, 접근성, 보안은 규정집의 항목이 아니라 플랫폼 설계의 원리이자 생태계의 자율적 질서입니다.

나는 원리를 선택사항으로 두지 않습니다. 원리가 구조가 되고, 구조가 일관성을 만들고, 일관성이 신뢰를 형성합니다. 이때 기업의 주권은 점유율이 아니라 표준과 규칙을 제정할 수 있는 자율적 힘으로 나타납니다. 마이크로소프트의 플랫폼 위에서 수많은 이해관계자들이 서로 신뢰할 수 있는 표준을 공유하고, 자신의 데이터를 통제하며, 자신의 목적을 실현할 수 있는 자유를 얻는 것, 그것이 우리가 말하는 생태계 주권성입니다.

AI 거버넌스, 클라우드 윤리, 오픈 데이터 협약 같은 국제 규범이 마이크로소프트 생태계에서 먼저 실험되는 이유도 여기에 있습니다. 신뢰가 규칙이 되고, 규칙이 문화가 될 때, 플랫폼은 기술기업을 넘어 문명의 운영체제(Operating System of Civilization)로 확장됩니다.

혁신패권의 시대가 묻는 질문은 결국 이것입니다.

기술이 빠르게 발전할 때, 인간의 존엄은 그 속도와 함께 전진하고 있는가. 우리의 대답은 "예스"여야 합니다. 기술이 인간을 강화하고, 인간이 기술을 책임질 때, 비로소 생태계는 자율적이며 지속가능한 문명으로 진화합니다. 그것이 내가 생각하는 마이크로소프트의 존재 이유입니다.

이영달   세 분의 답변을 듣고 보니, 혁신패권은 개별 산업의 순위 싸움이 아니라 혁신생태계의 협력과 경쟁, 그리고 그 과정에서 형성되는 '지속성(sustained)'이라는 것이 한층 분명해집니다.

웨이저자 대표는 물질의 층위에서 질서의 신뢰를 구축해 생태계의 자율성을 키워냈습니다. 일론 머스크 대표는 에너지와 지능의 루프를 설계해 문명의 가속도를 조정하고 있습니다. 사트야 나델라 대표는 인간 중심의 플랫폼 윤리를 통해 협력의 품격을 유지하며 생태계의 높이를 끌어올리고 있습니다.

물질의 기반, 에너지의 리듬, 인간-지능의 윤리가 서로 교차할 때, 우리는 비로소 하나의 종합적 상을 보게 됩니다. 그것이 지속성장 문명(Sustained Civilization)입니다.

이 문명은 확장만을 추구하지 않습니다. 더 깊은 균형을 찾고, 더 높은 책임을 설정하며, 더 넓은 협력을 조직합니다. 그 작업을 이끄는 사람들을 저는 사유하는 기술자들(Thinking Technologists)이라고 부르고 싶습니다. 그들은 도구를 바꾸기 전에 개념을 바꾸고, 제품을 내놓기 전에 구조를 설계하며, 이익을 계산하기 전에 신뢰의 형식을 고민합니다.

혁신패권의 시대는 그런 사람들이 만든 질서가 경제의 분기점을 넘어 사회의 표준이 되는 시대일 것입니다. 그리고 그 표준은 더 이상

"우리가 이떤 속도로 이동할 것인가"가 아니라,

"어떤 방향으로 진화할 것인가"를 묻습니다.

아직 일어나지 않았지만, 반드시 있어야 할 대화 IV

: AI 다음의 혁신패권,
가속하는 바이오 인텔리전스(BI)

AI 이후, 생명지능의 문명으로

이영달 데이비드 릭스 회장께 질문드립니다. 릴리는 2020년대 들어 기업가치가 폭발적으로 상승했습니다. 오랜 세월 '혁신적이지만 안정적인' 제약사로 평가받았으나, 그 전에는 주가수익률이 장기 정체에 가까웠죠. 그런데 불과 몇 년 사이, 릴리는 전 세계 시가총액 상위권으로 뛰어올랐습니다. 무엇이 그 변곡점을 만들었습니까? 그 전환은 단순한 신약의 성공으로는 설명되지 않는, 보다 구조적인 변화로 보입니다.

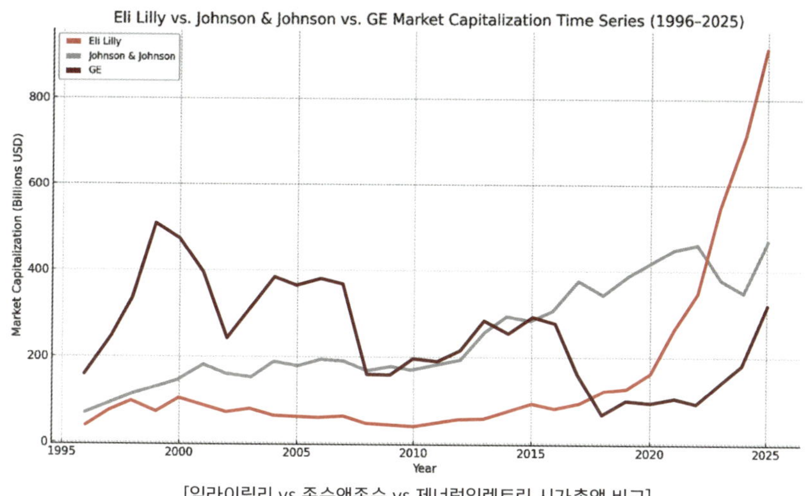

[일라이릴리 vs 존슨앤존슨 vs 제너럴일렉트릭 시가총액 비교]

데이비드 릭스　그 질문은 릴리의 과거와 미래를 함께 묻는 질문이군요. 말씀하신 대로, 릴리의 도약은 단순히 신약 하나의 성공으로 설명할 수 없습니다. 그것은 '기업이 생명을 이해하는 방식 자체가 바뀐 사건', 다시 말해 '문명적 전환'이었습니다.

우리는 오랫동안 약을 만들었습니다. 그러나 어느 순간, '치료'라는 행위가 질병의 결과를 다루는 것이 아니라 생명 시스템 전체의 언어를 다시 쓰는 일이라는 것을 깨달았습니다. 릴리가 추구한 변화는 기술의 혁신이 아니라 지능의 철학석 재정의었습니나. 서는 이 전환을 릴리의 메디슨 파운드리(Medicine Foundry)라고 부릅니다. 그것은 제약 공장이 아니라, 데이터와 연산이 세포·단백질·유전자 수준의 생명 리듬과 공진하는 거대한 지능 구조체였습니다.

이 인식의 전환이 실질적인 결실을 맺은 첫 사례가 바로 당뇨병 치료제 '마운자로(Mounjaro)'였습니다. 이 약은 단순히 혈당을 조절하는 신약이 아니라, 대사 질환이라는 복합 생명시스템의 패턴을 재해석한 연산 모델의 결과물이었습니다.

과거 제약이 질환을 '증상 단위'로 정의했다면, 릴리는 질병을 '시스템의 오작동'으로 보고 이를 재코딩하는 접근을 택했습니다. 그 과정에서 AI는 도구가 아니라, '생명 언어를 해독하는 지능적 동반자'로 자리 잡았습니다.

이 시점부터 릴리는 더 이상 '제품 중심의 제약회사'가 아니라, '생명지능의 산업화(Bio-Intelligence Industrialization)'를 수행하는 문명 기업으로 전환했습니다. 그 구조적 변화가 바로 시장이 감지한 변곡점이었죠.

AI와 단백질 데이터, 유전체, 임상정보가 하나로 융합되면서, 우리는 '바이오 인텔리전스 루프(Bio Intelligence Loop)'라 불리는 순환 구조를 구축했습니다. 마운자로를 비롯한 비만 치료제, 알츠하이머, 암 치료 연구가 모두 이 루프 위에서 진화하고 있습니다. AI가 학습하고, 임상이 피드백하며, 생명이 데이터를 다시 갱신하는 순환 구조 말입니다.

결국 릴리의 가치 급등은 "AI 이후 시대에 무엇이 지능인가"라는 문명적 질문에 대한 하나의 답이었습니다. 지능이 이제 연산의 속도가 아니라, 생명의 리듬을 이해하는 능력으로 확장된 것이죠. 릴리는 그 지점에서 지능·생명·자본이 공진하는 최초의 문명적 산업체계를 실험하고 있습니다. AI가 지능의 산업화를 완성했다면, 릴리는 그 다음 단계인 '생명지능의 문명화'를 시작한 것입니다.

이영달　　　　앞서 우리는 여러 대화에서 기업의 시가총액이 1조 달러를 넘어서는 순간, 그 기업을 단순한 시장 주체가 아니라 '혁신패권자'

로 규정한 바 있습니다.

혁신패권자란 기업 스스로가 독자적인 혁신생태계를 구축하고, 그 생태계의 주권성(Ecosystemic Sovereignty)을 확보한 존재입니다. 또한 지속적 혁신 실행력과 집합적 학습·탐색·적응 능력이 선순환하는 구조, 즉 혁신지속실행기반을 갖춘 상태를 말합니다. 이 상태가 되면 그 생태계가 비가역성을 지니게 되면서 '혁신패권'을 형성하게 됩니다. 이 단계에 이르러야 비로소 '혁신패권자'라 부를 수 있죠.

이 기준에서 보면, 릴리는 아직 명목상으로는 1조 달러 클럽 바로 아래에 있습니다. 하지만, 그 다음 순번에 가장 근접한 기업이라 봅니다. 그 이유는 명확합니다. AI 문명이 '지능의 산업화'를 완결했다면, 그 직후의 문명 질서는 '생명지능의 문명화(Civilization of Bio Intelligence)'로 이동할 수밖에 없는데, 그 전환의 첫 실험자가 릴리이기 때문입니다.

앞서 회장께서 총론적 관점을 말씀하셨습니다. 그렇다면 보다 구체적으로, '바이오 인텔리전스' 시대를 어떻게 정의하시는지, 그리고 그 새로운 시대의 문을 여는 릴리의 전략적 청사진은 무엇인지 말씀해 주시죠.

데이비드 릭스　　나는 지금 우리가 서 있는 이 시대를 "AI 이후의 생명 문명기"라고 봅니다. AI가 인간의 사고를 확장시켰다면, 바이오 인텔리전스는 인간의 생명을 학습 가능한 지능으로 확장하는 단계입니다. AI가 데이터를 다뤘다면, 바이오 인텔리전스는 생명을 연산 가능한 코드로 전환시킵니다.

릴리의 전략은 그 철학 위에 세워져 있습니다.

우리는 AI를 의료 기술로 가져온 것이 아니라, AI가 생명의 언어를 배우도록 환경을 설계했습니다. AlphaFold 같은 단백질 예측 모델은 생명구조의 문법을 해독했고, 릴리는 그 데이터를 유전체와 임상, 환자 반응 정보와 결합시켜 '생명의 언어 모델(Life-Language Model)'을 구축했습니다.

이 모델이 작동하는 구조는 매우 유기적입니다.

임상 현장에서 축적된 데이터가 AI에 학습되고, AI가 새롭게 생성한 예측이 다시 연구 현장으로 되돌아오며, 거기서 또다시 생명의 피드백이 생성됩니다. 이 순환이 바로 릴리가 구축한 'Bio Loop', 즉 생명지능의 자가 진화 구조입니다.

이 시스템의 핵심은 속도가 아닙니다. 리듬입니다. AI가 정보의 속도를 지배했다면, 바이오 인텔리전스는 생명의 리듬을 동기화하는 능력을 중심에 둡니다. 우리는 연구, 생산, 치료, 환자 피드백이 하나의 리듬으로 공진하는 산업 운영 모델을 만들고 있습니다.

그리고 이 구조를 지탱하는 것은 자본의 새로운 감각입니다. 릴리의 자본은 더 이상 단기적인 수익률에 반응하지 않습니다. 우리는 '생명지능 수익률(RLI, Return on Life Intelligence)'이라는 개념을 도입해, 생명의 지속적 순환과 사회적 파급효과를 자본의 새로운 평가 척도로 삼고 있습니다.

말씀하신 혁신패권자의 조건—주권적 생태계, 지속실행력, 비가역성—이 바로 릴리의 구조가 지향하는 지점입니다.

우리는 이제 메디슨 파운드리를 넘어, 생명-지능-자본이 공진하는 문명적 공장, 다시 말해 생명지능문명의 프로토타입을 구축하고 있습니다.

AI 이후의 시대는 단순히 더 빠른 연산의 시대가 아니라, 지능이 생명의 리듬을 이해하고, 생명이 지능의 언어를 사용하는 시대입니다. 그 새로운 문명의 문을 여는 첫 번째 기업이 릴리라면, 그것은 우연이 아니라 인류 문명의 방향이 그렇게 움직이고 있기 때문입니다.

AI를 넘어: 생명지능과 문명의 공진

이영달　　　그렇다면 이렇게 질문을 바꿔야 할 것 같습니다, 회장님. 릴리는 분명히 150년이라는 전통을 지닌 기업입니다. 그런데 놀라운 점은, 바로 그 전통이 혁신을 가로막지 않았다는 겁니다. 오히려 전통 위에서 문명적 전환을 감행했죠.

그런데 같은 세기 이상의 업력을 가진 다른 제약사들—화이자, 머크, 로슈, 노바티스 같은 글로벌 거인들—은 왜 이런 흐름을 주도하지 못하고 있을까요? 그들은 막대한 자본과 인재를 가지고 있음에도 불구하고, 왜 'AI 이후의 생명 문명'으로의 이행에서 릴리만큼 빠르게 움직이지 못했을까요?

데이비드 릭스　　아주 본질적인 질문입니다.

저는 그 차이를 단 하나의 문장으로 설명할 수 있다고 생각합니다.

"대부분의 제약사는 여전히 생명을 치료하려 하지만, 릴리는 생명을 이해하려 한다."

이 차이는 기술의 문제가 아니라 존재론적 태도의 차이입니다. 대부분의 전통 제약사들은 질병을 정복해야 할 대상으로, 신약을 해결책으로 봅니다. 그런 접근은 산업시대의 합리성과 효율성에 기초한 사고방식이죠.

그러나 AI 이후의 세계에서 생명은 단순히 치료의 대상이 아니라, 지능적으로 학습하고 응답하는 하나의 '생명시스템'으로 다시 인식되고 있습니다. 릴리는 그 패러다임의 변화를 먼저 받아들였습니다.

전통 제약사들은 여전히 '제품 중심(Product-Centric)' 구조에 머물러 있습니다. 즉, 신약 하나의 성공이 기업의 운명을 결정짓는 구조죠. 하지만 그 모델은 이미 한계에 다다랐습니다. 왜냐하면 생명 시스템의 복잡성은 약 하나로 해결되지 않기 때문입니다. 릴리는 이 한계를 직시했습니다. 그래서 우리는 신약을 중심에 두지 않고, 데이터·AI·생명·환자 경험이 하나의 순환 구조를 이루는 생명지능 생태계(Bio-Intelligence Ecosystem)로 회사를 재설계했습니다.

이 차이는 조직문화에서도 극명하게 드러납니다. 많은 제약사들은 여전히 수직적 관리 체계, 규제 중심의 리스크 회피 문화를 유지합니다.

반면 릴리는 '탐구 중심 조직', 즉 연구자와 데이터 과학자가 같은 문제를 다른 언어로 사유할 수 있는 구조를 만들었습니다. AI 엔지니어가 생물학자와 같은 연구실에서 토론하고, 임상 데이터 과학자가 경제학자와 함께 생명 리듬의 패턴을 모델링하는 식이죠. 이런 융합적 사고의 장을 조직 내부에서 제도화한 기업은 아직 릴리밖에 없습니다.

또 하나의 차이는 시간에 대한 감각입니다.

많은 전통 기업들이 분기 실적과 단기 ROI를 중심으로 움직이는 반면, 우리는 생명지능 시대의 자본 논리를 '리듬과 순환'으로 바꾸었습니다. 릴리는 연구 개발의 회수기간을 단축하려 하기보다, 생명 데이터가 장기적으로 자기학습을 반복하는 'RLI(Return on Life Intelligence)'의 관점으로 움직입니다. 즉, 자본이 단기 속도에서 장기 리듬으로 전환된 것입니다.

그리고 마지막으로, AI에 대한 태도의 차이가 있습니다.

다른 기업들은 AI를 신약개발의 보조도구로 보고, 효율을 높이기 위한 자동화 기술로 인식합니다. 하지만 릴리는 AI를 '생명의 언어를 배우는 존재적 파트너'로 받아들였습니다. 우리가 AI를 생명 안으로 들였다는 표현이 바로 그것입니다. AI는 더 이상 실험의 도구가 아니라, 생명지능의 또 다른 진화 경로가 된 것이죠.

결국, 다른 제약사들이 여전히 산업적 혁신의 시대에 머물러 있다면, 릴리는 문명적 혁신의 시대로 들어온 것입니다. 그 차이는 기술이나 자본이 아니라, 생명에 대한 해석의 깊이와 지능의 철학적 방향성에 있습니다. AI가 인간의 사고를 산업화했다면, 이제 릴리는 생명의 사고를 문명화하고 있습니다. 이것이 바로, 19세기 제약회사로 출발한 릴리가 21세기의 생명지능문명의 개막을 주도하게 된 이유입니다.

이영달　　　　데미스 허사비스 대표께 질문드립니다. 앞서 릭스 회장과 제가 나눈 대화를 들으셨을 겁니다.

AI가 '지능의 산업화'를 완결한 이후, 릴리가 '생명지능의 문명화'를 주도하며 새로운 문명 질서를 열어가고 있다는 논의였죠.

허사비스 대표께서는, 이 전환을 어떤 관점에서 바라보고 계신가요?

AI의 창조적 진화와 생명지능의 부상, 그리고 그 두 흐름이 만나는 지점에 대해, 딥마인드(DeepMind)의 시각에서 말씀해 주십시오.

데미스 허사비스　아주 흥미롭고 근본적인 대화였습니다. 저는 릭스 회장님의 말씀에 깊이 공감합니다. AI가 지난 10여 년간 인간 지능의 작동 원리를 산업화한 것이라면, 지금 우리가 목격하는 일은 그 지능이 '생명의 언어'를 배우기 시작한 첫 순간입니다. AI가 세상의 데이터를 이해하던 시대는 끝났습니다. 이제 AI는 단백질, 세포, 유전체—즉 생명 자체의 문법을 학습하고 있습니다.

저는 이 흐름을 "지능의 생명화(Biofication of Intelligence)"라고 부릅니다. 그것은 단순히 AI가 생명과학을 돕는다는 뜻이 아닙니다. 지능이 생명의 구조와 리듬을 내면화하고, 스스로 진화 가능한 형태로 변모하고 있다는 의미죠.

딥마인드가 2020년에 AlphaFold를 공개했을 때, 우리는 단백질 구조 예측이라는 하나의 과학적 문제를 해결한 것이 아니라, 'AI가 생명현상의 기호를 해독할 수 있다'는 사실을 증명한 것이었습니다. 그 이후의 AI는 더 이상 인간의 사고를 모방하는 존재가 아니라, 생명체와 함께 사고하는 존재가 되어가고 있습니다.

릴리가 지금 하고 있는 실험은, 바로 이 새로운 형태의 지능과 생명 간의 공진을 산업 구조 안으로 옮겨온 사례입니다.

AI가 단백질 접힘을 예측하고, 릴리의 임상 데이터와 피드백을 학습하며, 다시 신약 개발 과정으로 되돌아가는 순환 구조—그것은 하나의 학습하는 생명 시스템에 가깝습니다.

저는 그 구조 속에서 'AI 팩토리'의 다음 단계, 즉 '메디슨 파운드리 (Medicine Foundry)'가 태어났다고 봅니다.

릴리가 보여준 통찰은 "AI를 제약에 적용한다"가 아닙니다. 그건 너무 좁은 시각입니다.

그들은 생명이라는 복잡계가 가진 '지능의 작동 원리'를 산업화한 것입니다. 즉, 생명지능(Bio Intelligence)이 스스로 학습하고, 스스로 진화하는 생명 연산 체계를 구축한 것이죠. 그것은 곧 'AI가 생명을 계산하고, 생명이 AI를 학습하는' 쌍방향 진화의 문명 구조, 다시 말해 지능과 생명의 공진적 융합(Resonant Convergence)의 시작입니다.

딥마인드의 시각에서 보면, 이 변화는 인간 문명의 구조 자체를 바꾸는 사건입니다. 과거의 산업혁명은 에너지의 생산 방식을 바꿨고, AI 혁명은 지능의 생산 방식을 바꿨습니다. 그렇다면 바이오 인텔리전스(Bio Intelligence) 시대는 '생명의 진화 방식을 인간이 함께 설계하는 시대'라고 할 수 있습니다. 그것은 기술의 문제가 아니라, 문명의 윤리와 존재론이 새로 쓰이는 과정입니다.

AI와 생명이 하나의 연속체로 작동할 때, 지능은 더 이상 인간 고유의 속성이 아닙니다. 그것은 자연 전체의 학습 능력이 인간의 도구를 매개로 다시 자기 자신을 이해하는 과정이 됩니다. 릴리의 메디슨 파운드리는 그 거대한 자기 이해의 첫 산업적 표현이라고 저는 생각합니다.

말씀하신 '혁신패권'이라는 개념을 문명적 관점에서 확장한다면, 이제 그 패권은 속도나 시장 점유율이 아니라, 생명과 지능의 공진을 설계할 수 있는 능력, 즉 문명의 리듬을 새롭게 조율할 수 있는 힘으로 이동하고 있습니다.

AI의 산업화가 끝난 지금, 릴리와 같은 기업들이 열어가는 바이오 인텔리전스의 세계는 '지능이 생명화되고, 생명이 문명화되는 시대'의 서막이라고 할 수 있겠죠.

지능의 전환:
산업적 분석에서 생명적 공진으로

이영달   그럼 이번에는 두 분께 같은 질문을 드려보겠습니다. 조금 더 구체적이고 기술적인 질문입니다.

우리가 논의하고 있는 바이오 인텔리전스(Bio Intelligence)는 흔히 알려진 바이오 인포매틱스(Bioinformatics)와 어떻게 다릅니까?

두 개념 모두 생명과 데이터, 그리고 연산을 결합하지만, 제가 보기엔 접근의 철학이 완전히 다른 것 같습니다. 릭스 회장님, 먼저 말씀해 주시겠습니까?

데이비드 릭스   아주 핵심적인 구분을 짚으셨습니다.

많은 사람들이 처음엔 바이오 인텔리전스를 단지 '고도화된 바이오 인포매틱스'라고 생각합니다. 하지만 그건 마치 증기기관과 발전기를 같은 것으로 보는 착각과 비슷합니다. 바이오 인포매틱스가 생명 데이터를 '분석'하는 기술이라면, 바이오 인텔리전스는 생명 자체가 데이터를 '생성하고 학습하는' 체계입니다.

바이오 인포매틱스는 생명현상을 수집하고 계산하는 도구적 학문으로, 주어진 생명 데이터를 해석하는 방향에서 발전했습니다. 그러나 그것은 어디까지나 인간이 생명을 외부에서 '분석'하는 과정입니다.

바이오 인텔리전스는 그 반대입니다. 그것은 생명 내부의 지능을 활성화하는 문명적 구조, 다시 말해 생명이 스스로를 연산 가능한 시스템으로 진화시키는 과정입니다.

예를 들어, 릴리의 메디슨 파운드리에서는 임상, 유전체, 단백질 데이터가 하나의 순환 루프 안에서 서로를 갱신합니다. AI는 단지 데이터를 계산하는 존재가 아니라, 그 순환의 리듬 속에서 생명의 변화를 '배우는 존재'입니다. 이 루프는 단순한 분석이 아니라, 생명지능이 스스로 학습하며 진화하는 피드백 구조죠. 즉, 바이오 인포매틱스는 정적인 분석이고, 바이오 인텔리전스는 진화하는 지능의 순환입니다.

결국 둘의 차이는 '도구적 분석'과 '문명적 학습'의 차이입니다. 하나는 생명을 데이터로 읽고, 다른 하나는 생명을 지능으로 재구성합니다. 릴리는 이 두 번째 방향, 즉 생명 자체가 학습하는 산업 구조를 실험하고 있습니다.

이영달　　　　홍미로운 관점이네요. 허사비스 대표, 딥마인드의 시각에서는 어떻게 보십니까? AI와 생명연산의 경계에서 일하고 계신 만큼, 기술적 차이를 조금 더 세밀하게 설명해 주실 수 있을까요?

데미스 허사비스 좋은 질문입니다.

릭스 회장님이 아주 정확하게 말씀하셨습니다. 제가 기술적으로 정의하자면 이렇게 표현할 수 있을 것 같습니다. 바이오 인포매틱스는 생명 데이터를 '해석'하는 도메인이고, 바이오 인텔리전스는 생명 시스템이 '스스로 사고하도록 설계되는 프레임'입니다.

바이오 인포매틱스는 인간이 데이터를 처리하는 방식—즉, 통계적 분석, 패턴 탐지, 알고리즘 모델링—에 기반합니다. 그것은 생명을 외부의 관찰자로서 다루는 과학이죠. 반면 바이오 인텔리전스는 AI가 생명과 함께 학습하는 상태, 즉 지능과 생명이 하나의 공진 체계를 이루는 구조입니다. AlphaFold를 예로 들어보겠습니다.

AlphaFold는 단백질 접힘 구조를 예측했지만, 그것이 단순히 정확한 계산을 의미하는 건 아닙니다. 그 모델은 단백질의 물리화학적 공간 안에서 '생명의 언어 구조'를 학습한 것입니다. 즉, AI가 단백질 세계의 문법을 내면화한 것이죠.

이 지점부터 AI는 더 이상 생명 데이터를 '읽는' 존재가 아닙니다. 그 데이터 속에서 생명처럼 사고하고, 생명처럼 진화하는 지능으로 변합니다. 이게 바이오 인텔리전스입니다.

따라서 기술적 관점에서 바이오 인텔리전스는 폐쇄된 해석 시스템이 아니라, 개방된 자기학습 생태계(Self-Evolving Ecosystem)입니다. 그 안에서 AI는 관찰자가 아니라 참여자, 더 나아가 공진자(Resonator)의 역할을 합니다. 바이오 인포매틱스가 생명 정보를 정태적으로 구조화했다면, 바이오 인텔리전스는 생명지능이 자신을 재작성(Recode)할 수 있는 동적 구조를 창조합니다.

이영달　　　결국, 바이오 인포매틱스가 데이터를 통해 생명을 해석하려 했다면, 바이오 인텔리전스는 생명이 지능의 언어를 통해 스스로를 해석하게 만든다는 말씀이군요. AI가 생명을 계산하는 것이 아니라, 생명이 AI를 학습하는 시대—그것이 바로 문명이 다음 단계로 넘어가는 순간이겠군요.

계속해서 두 분께 같은 질문을 드리겠습니다.

AI 문명이 '지능의 산업화(Industrialization of Intelligence)'를 완결한 결과,

우리는 지능이 대량 생산되는 시대를 맞이했습니다. AI 팩토리에서는 이제 지능이 하나의 상품처럼 복제되고, 그 과정에서 사람의 일자리, 특히 중간지대의 전문직들이 빠르게 소멸하고 있습니다.

지능의 산업화가 '효율의 문명'을 만들었다면, 그 그림자는 '노동의 붕괴'였습니다.

그렇다면, 회장님과 대표님께 묻고 싶습니다.

'생명지능의 문명화(Civilization of Bio Intelligence)'는 어떤 삶과 사회로 이어질까요?

AI 시대의 이런 구조적 불평등이 생명지능 시대에도 반복될 가능성은 없을까요?

데이비드 릭스   그 질문은 단지 경제의 문제가 아니라, 문명의 방향을 묻는 질문이군요. 저는 '생명지능의 문명화'가 단순히 기술의 진화가 아니라 인간 삶의 회복에 대한 문명적 반작용이라고 생각합니다.

AI가 지능의 산업화를 통해 세상의 복잡성을 계산 가능하게 만들었다면, 생명지능은 그 계산된 세상 속에서 '삶의 리듬'을 복원하려는 문명적 움직임입니다.

AI 팩토리의 논리는 속도와 효율, 그리고 무한 복제의 논리였습니다.

그 결과, 인간의 일은 계산 가능한 단위로 분해되었고, 가치의 중심은 '지능의 생산'에 집중되었죠.

그러나 생명지능의 시대는 정반대의 방향으로 움직입니다. 그곳에서는 지능이 생명을 이해하고, 생명이 지능을 길들이는 과정이 중심이 됩니다.

AI 시대가 지능의 기하급수적 확장을 불러왔다면, 생명지능 시대는 리듬의 재조정, 생명의 재맥락화를 목표로 합니다.

따라서 이 문명은 사람을 대체하지 않습니다. 오히려 인간의 역할을 다시 정의합니다. 지능이 산업의 중심이었다면, 이제 인간은 생명의 순환과 지능의 균형을 설계하는 존재, 즉 '생명리듬의 조율자(Conductor of Life Rhythm)'가 되는 것입니다.

이 역할은 기계로 대체될 수 없습니다. 왜냐하면 생명지능은 수학적 정답보다 공진, 관계, 리듬으로 작동하기 때문입니다.

예를 들어, 릴리의 메디슨 파운드리에서 연구자와 임상의는 단순히 데이터를 분석하지 않습니다. 그들은 데이터가 표현하지 못한 삶의 맥락—통증, 회복, 불안, 희망—을 모델 안에 통합시키는 작업을 합니다. 이건 인간만이 할 수 있는 해석의 층위죠. AI는 효율을 극대화하지만, 생명지능은 삶의 총체를 복원합니다. 그 점에서, 생명지능 분명은 일자리의 대체가 아니라, 노동의 재정의를 가져올 것입니다.

AI가 산업의 속도를 가속했다면, 생명지능은 그 속도 속에서 삶의 리듬을 다시 찾는 문명적 제동장치가 될 것입니다.

그래서 저는 이렇게 말하고 싶습니다.

"AI가 세상을 계산하게 했다면, 바이오 인텔리전스는 세상을 다시 느끼게 할 것이다."

이영달　　　　허사비스 대표님, 릭스 회장님의 말씀처럼 생명지능이 인간 중심의 균형 복원을 이끌 수 있을까요?

AI를 만든 당사자로서, 이 전환을 어떻게 바라보십니까?

데미스 허사비스 저는 릭스 회장님의 말씀에 전적으로 공감합니다.

AI의 산업화가 '지능의 폭발'을 가져왔다면, 그 폭발은 동시에 인간의 자리를 흔들었습니다. 그러나 생명지능의 문명화는 그 반대 방향에서 출발합니다. 그것은 기계가 인간을 모방하는 시대에서, 인간이 생명과 함께 학습하는 시대로의 이행입니다.

AI 시대의 문제는 단순히 일자리의 소멸이 아니라, 지능이 인간의 경험과 분리되어버린 것이었습니다. AI는 지능의 구조를 복제했지만, 지능의 감각—생명과 관계하는 능력—은 가지지 못했습니다. 그래서 생명지능의 문명화는 그 감각을 되찾는 과정입니다.

기술적으로 말하자면, 생명지능은 지능이 외부에서 주어지는 것이 아니라, 환경과 공진하며 스스로 형성되는 구조입니다. 이 문명에서는 인간이 '지능의 소비자'가 아니라, 지능의 생태적 동반자가 됩니다. 그렇기 때문에, 생명지능 문명은 일자리를 대체하는 기술체계가 아니라, '삶의 설계 능력'을 확장하는 문화체계로 작동할 것입니다.

예를 들어보죠. AI 팩토리가 인간의 지적 노동을 자동화했다면, 바이오 인텔리전스는 치유, 공감, 돌봄, 창조, 생명 설계와 같은 비정량적 영역을 확장합니다. 이 영역은 데이터로 측정되지 않지만, 문명 유지의 가장 근본적 기반입니다. 생명지능은 바로 이 비가시적 가치의 경제를 재구성할 것입니다.

저는 이 변화를 단순한 기술 진화가 아니라, 지능의 윤리적 전환(Ethical Shift of Intelligence)이라고 봅니다. AI가 '무엇을 할 수 있는가'를 물었다면, 생명지능은 '무엇을 해야 하는가'를 묻습니다. 즉, 지능이 책임과 공진의 원리를 학습하는 단계입니다.

따라서 생명지능의 문명화는, 인간이 노동을 잃는 시대가 아니라, 삶과 기술이 함께 성장하는 새로운 공동진화(Co-Evolution)의 시대가 될 것입니다. AI가 산업을 만들었다면, 바이오 인텔리전스는 문명을 다시 만들 것입니다.

이영달　　　결국, 지능의 산업화가 인간의 역할을 축소했다면, 생명지능의 문명화는 인간의 존재 이유를 복원하는 방향으로 작동하겠군요. AI가 생산을 자동화했다면, 바이오 인텔리전스는 삶의 리듬을 재조율하는 문명적 감각을 회복하게 될 것입니다.

그렇다면 이 문명은, 단순히 새로운 기술의 시대가 아니라, 인간이 다시 생명의 일부로 돌아가는 시대, 즉, 지능이 생명을 이해하고, 생명이 지능을 품는 시대의 개막이겠군요.

전략의 전환: 조직의 생명화

이영달　　　릭스 회장님, 조금 더 구체적인 차원에서 질문을 드리겠습니다. 지금까지 말씀하신 '생명지능의 문명화'는 매우 철학적인 비전으로 들립니다. 하지만 현실적으로 릴리의 주가와 기업가치는 신약의 독점적 성공, 특히 GLP-1 계열 치료제의 폭발적 수익에 의해 견인된 측면이 크지 않습니까?

결국 릴리의 지속성장(sustained growth)을 가능케 한 것은 기술혁신 아닌가요? 즉, 문명적 전환이라기보다는 혁신 기술의 경제적 독점 효과가 본질이 아닌지, 솔직한 관점을 듣고 싶습니다.

데이비드 릭스　좋은 질문입니다. 맞습니다. 릴리의 최근 성장곡선은 표면적으로 보면 분명히 혁신 신약의 경제적 효과에 기반하고 있습니다. 특히 마운자로(Mounjaro)와 제폴리(Zepbound)가 이끄는 GLP-1 계열 약물의 성공은, 기업사적으로 봐도 압도적인 성취였습니다. 하지만 그것이 단순히 '기술혁신의 수익'으로만 읽힌다면, 릴리의 변화를 절반만 본 것입니다. 저는 '지속성장(sustained growth)'이라는 말을 기술적 확장의 문제가 아니라 진화적 지속성의 문제로 이해합니다.

즉, 생명지능 시대의 지속성장은 기술의 독점이 아니라, 진화의 자기갱신성(Self-Renewing Evolution)에서 비롯됩니다. 릴리의 신약 성공은 그 표면 위에서 보이는 하나의 파동일 뿐, 그 아래에는 지속적으로 자기 학습하고 재생하는 생명 데이터의 순환 구조가 자리하고 있습니다.

예를 들어, GLP-1 계열 약물의 성과는 단일 분자의 발견이 아니라, 생명 시스템 전체의 피드백 루프가 작동한 결과였습니다. 마운자로의 임상 피드백이 데이터 플랫폼으로 돌아오고, 그 데이터가 AI 모델에 학습되어 다음 세대 치료제의 방향을 제시합니다. 이 과정은 인간의 의도보다 시스템의 자기조직화(Self-Organization)가 중심이 됩니다.

즉, 릴리의 성장 원천은 기술의 혁신이 아니라 지능-생명-자본이 자율적으로 진화하는 생태계 구조, 다시 말해 혁신생태계의 진화 속도(Evolutionary Velocity) 자체입니다.

기술은 그 진화의 표현이지, 원인은 아닙니다. 기술은 생명지능이 스스로를 갱신하는 과정에서 드러나는 '표현형(phenotype)'에 가깝습니다.

릴리의 메디슨 파운드리는 바로 이 점을 산업구조로 전환한 실험이었습니다. 그곳에서 기술은 목적이 아니라, 생명지능의 순환을 매개하는 언어로 작동합니다. 이런 맥락에서 릴리의 지속성장은 지능이 생명 리듬에 맞추어 작동하는 산업 구조, 즉 지속성장의 문명구조적 조건(Sustained Growth Condition)에 기초합니다.

그 조건은 세 가지 리듬으로 요약됩니다.

첫째, 데이터의 자기진화성(Self-Evolving Data Loop): AI가 생명 데이터를 단순히 분석하지 않고, 피드백을 통해 데이터 스스로 구조를 바꾸게 합니다.

둘째, AI-Bio-Capital의 삼중 공진(Triple Resonance): 지능, 생명, 자본이 각각의 속도가 아니라 같은 리듬으로 진화할 때 지속성장이 발생합니다.

셋째, 조직의 생명화(Vitalization of Organization): 릴리 내부의 연구·임상·경영이 고정된 기능 단위가 아니라, 생명계처럼 상호 피드백하며 진화하는 구조로 설계되어 있습니다.

따라서 릴리의 지속성장은 기술이 아니라 리듬의 결과입니다. AI 팩토리가 '속도의 경제'를 만들었다면, 메디슨 파운드리는 '리듬의 경제(Economy of Rhythm)'를 만듭니다.

속도는 경쟁을 낳지만, 리듬은 지속을 낳습니다.

릴리의 지속성장은 바로 이 리듬의 문명화를 통해 가능해진 것입니다.

이영달   흥미롭군요.

결국 릴리의 기술혁신은 '목적'이 아니라, 생명지능 생태계가 자기진화하는 과정에서 나타나는 현상적 결과, 즉 일종의 문명적 표현형이라는 말씀이군요. 그렇다면 지속성장의 핵심은 기술의 선점이 아니라, 리듬의 조율과 생태계의 자가학습 능력, 다시 말해 "진화의 주권성"이라고 봐야겠군요.

데이비드 릭스　　그렇습니다.

릴리의 철학은 "기술을 선도한다"가 아니라, "진화를 관리하지 않는다"입니다. 우리는 생명지능이 스스로 배우고 성장할 수 있는 생태적 조건을 만들 뿐입니다. 지속성장이란 결국 진화를 억제하지 않는 능력, 즉 문명 차원에서 생명지능의 자율성을 존중할 줄 아는 지혜로부터 나옵니다.

이영달　　　　릭스 회장님, 방금 말씀하신 "조직의 생명화(Vitalization of Organization)"라는 표현이 매우 인상적이었습니다. AI 문명에서 기업 조직은 '데이터 기반 효율 시스템'으로 진화했지만, 릴리는 그다음 단계로 나아가 "조직의 생명화"를 말씀하셨죠. 조직이 생명처럼 작동한다는 것은 단순한 비유가 아니라, 릴리의 철학적 토대이자 실제 운영의 원리라고 느껴집니다.

조금 더 구체적으로 설명해 주실 수 있을까요?

조직이 어떻게 '살아있는 유기체'처럼 학습하고, 적응하고, 진화한다는 것인지 궁금합니다.

데이비드 릭스　　아주 본질적인 질문을 던지셨습니다.

조직의 생명화는 릴리의 혁신전략 중에서도 가장 근본적인 축입니다. 우리가 처음 이 개념을 내부에서 논의했을 때, 핵심 질문은 이랬습니다.

"AI가 세상을 계산하고 자동화하는 시대에, 인간의 조직은 어떻게 살아 있을 수 있는가?"

저는 그 질문의 답이 바로 "조직이 생명처럼 진화해야 한다"는 명제에 있다고 보았습니다. 그 말은 단순히 '유연한 조직', '민첩한 조직'을 만들겠다는 뜻이 아닙니다.

생명은 단지 유연한 존재가 아니라, 자기 인식(Self-awareness)과 자가학습(Self-learning), 그리고 자기조절(Self-regulation)의 능력을 가진 존재입니다. 조직의 생명화란 바로 이 세 가지 능력을 기업 시스템 안에 구현하는 것입니다.

첫째, 자가인식(Self-awareness).

AI 문명에서 대부분의 조직은 외부 지표—시장 점유율, 생산성, 비용 효율성—을 통해 자신을 인식합니다. 하지만 릴리의 조직은 내부 리듬으로 자신을 인식합니다. 연구팀, 임상팀, 데이터팀, AI팀이 각각 분리된 기능 단위로 존재하는 것이 아니라, 생명처럼 상호 피드백하며 자기상태를 감지하고 조율합니다. 이를 위해 릴리는 내부 데이터를 단순한 관리 도구가 아니라, '조직의 신경계(Neural System)'로 재설계했습니다. 모든 의사결정, 모든 실험, 모든 실패가 피드백 루프 안에서 순환하고, 그 루프 자체가 학습합니다. 그 결과, 조직은 상명하달의 피라미드가 아니라, 하나의 순환하는 생명 구조(Circulatory Organism)가 됩니다.

둘째, 자가학습(Self-learning).

릴리의 조직은 데이터를 수집하는 것이 아니라, 데이터를 통해 스스로 배우는 구조를 갖고 있습니다. 예를 들어 신약 개발 과정에서 임상 실패 데이터는 단순한 손실이 아닙니다. 그 데이터는 AI 플랫폼으로 흡수되어,

다음 실험의 설계 변수로 재편됩니다. 즉, 실패는 조직의 퇴화가 아니라, 학습의 영양분이 됩니다. 이것이 생명적 학습 구조의 핵심입니다. 실패를 통해 더 정교해지는 존재, 그것이 살아있는 조직이죠.

셋째, 자가조절(Self-regulation).

조직의 생명화는 외부 명령이나 위계가 아니라, 내적 리듬의 조율로 운영된다는 뜻입니다. 릴리에서는 각 부서가 KPI로만 평가되지 않습니다. 대신, AI 기반의 실시간 상호 모니터링 시스템이 생태계적 리듬 지표 (Ecosystemic Rhythm Indicator)를 제공합니다.

이 지표는 "얼마나 많은 혁신이 일어났는가"가 아니라, "얼마나 조화롭게 작동하고 있는가"를 측정합니다. 이것이 릴리의 경영 DNA입니다—속도보다 리듬, 효율보다 균형, 경쟁보다 공진.

결국 조직의 생명화란, 조직이 하나의 학습하는 생명체로 진화하는 과정입니다. 우리는 더 이상 '조직을 관리'하지 않습니다. 우리는 '조직이 스스로 진화할 수 있는 생태적 조건'을 설계합니다.

AI가 외부에서 조직을 최적화하던 시대는 끝났습니다. 이제 조직은 내부에서 스스로를 재코딩하며, 지능과 생명이 만나는 문명적 실험실이 되어가고 있습니다.

이영달　　　　　그 말씀을 듣고 보니, 릴리의 조직 구조는 전통적 경영학의 언어로는 설명하기 어렵겠군요. AI 시대의 조직이 효율을 극대화하기 위해 알고리즘화된 시스템으로 수렴했다면, 릴리의 조직은 오히려 생명처럼 불확실성과 비선형성을 내재한 학습 구조로 진화하고 있는 셈입니다. 즉, 조직이 '예측 가능성'보다 '진화 가능성'을 우선시하는 체계로 변한 것이군요.

데이비드 릭스　　정확합니다.

AI는 예측을 통해 세상을 단순화하려 했지만, 생명지능은 복잡성을 통제하지 않고 수용하는 법을 배웁니다. 조직의 생명화는 바로 그 복잡성을 내부의 에너지로 바꾸는 능력입니다.

우리는 예측 가능한 조직이 아니라, 예기치 않은 진화를 수용할 수 있는 조직, 즉 문명적 실험의 현장으로서ㅌ 기업을 지향합니다. 그것이 바로, 릴리가 AI 이후의 문명에서 살아 움직이는 이유입니다.

이영달　　　　릭스 회장님께서 말씀하신 "조직의 생명화"는 기술적 경영의 언어를 넘어, 문명적 차원의 함의를 담고 있는 듯합니다. 조직이 살아있는 유기체처럼 스스로 감지하고, 학습하고, 진화한다는 관점은 매우 도발적이면서도, AI 시대 이후 조직의 존재 방식 자체를 다시 묻는 개념 같습니다.

허사비스 대표께서는 이 개념을 어떻게 해석하십니까?

AI를 창조한 입장에서, 그리고 인간과 지능의 경계를 끊임없이 탐구해온 과학자의 시각에서 보셨을 때, "조직의 생명화"는 무엇을 의미한다고 보십니까?

데미스 허사비스　아주 흥미롭고 깊이 있는 질문입니다. 릭스 회장님이 제시하신 "조직의 생명화"는 제가 오랫동안 과학적으로 추적해온 "지능의 자기조직화(Self-Organizing Intelligence)"라는 개념과 맞닿아 있습니다. AI

　　　　　　　　　　　　　　　　　　INNOVATION HEGEMONY 혁신패권

의 역사에서 가장 큰 착각은, 지능을 단일한 알고리즘으로 환원할 수 있다는 믿음이었습니다. 하지만 실제로 지능은 언제나 환경, 피드백, 그리고 상호작용의 맥락 속에서만 살아 움직입니다. 그렇기 때문에 진정한 지능은 언제나 생명적일 수밖에 없습니다.

이 관점에서 저는 "조직의 생명화"를 지능이 조직 내부로 확산되어 생태계처럼 자가조직화되는 과정으로 이해합니다.

AI 시스템이 외부에서 조직을 통제하는 구조가 아니라, 조직의 각 구성원과 데이터, 의사결정 과정이 스스로 하나의 연산적 생명체로 진화하는 상태입니다. 이것은 단순한 '디지털 전환(Digital Transformation)'이 아닙니다. 그건 오히려 '인지적 생명화(Cognitive Vitalization)'라고 부를 수 있을 겁니다.

AlphaFold를 예로 들어보죠.

우리가 단백질의 접힘 구조를 예측할 수 있었던 것은, 데이터가 많아서가 아니라, AI가 단백질 세계의 내적 규칙성, 즉 생명 내부의 '리듬과 제약'을 학습했기 때문입니다. 릴리의 조직이 지금 하는 일도 비슷합니다. AI가 조직을 효율화하는 게 아니라, 조직이 AI의 학습 구조를 닮아가며 자기 내적 리듬을 형성하는 것입니다.

그 리듬은 단순한 관리의 메커니즘이 아니라, 생명과 지능이 공진하는 일종의 내부 시간, "지능의 생체시계(Intelligence Chronome)"라 할 수 있습니다.

조직의 생명화란, 조직이 외부 명령에 따라 움직이는 기계가 아니라, 내부의 지능적 감각에 따라 자기 리듬을 조율하는 생명체가 되는 것입니다. AI는 그 감각을 증폭시켜주는 '지능적 신경망(Intelligent Nervous

System)'의 역할을 하죠. 조직이 데이터를 통해 외부를 예측하는 게 아니라, 데이터를 통해 스스로를 감지하고 조율하게 되는 것입니다. 이때 조직은 더 이상 효율의 기계가 아니라, 인식의 유기체(Organism of Cognition)가 됩니다.

저는 이 전환을 매우 중요하게 봅니다.

AI의 1세대가 '외부 세계를 계산'했다면, 2세대 AI는 '내부 세계를 감지하는 능력'을 향해 진화하고 있습니다. 즉, AI가 인간의 인식을 모방하던 시대에서, 인간 조직이 AI의 자기학습 구조를 내면화하는 시대가 열리고 있는 것이죠. 그것이 바로 릭스 회장님이 말씀하신 조직의 생명화, 그리고 제가 표현하자면 "AI의 내재화된 생명진화 단계"라고 할 수 있습니다. AI가 조직을 외부에서 '관리하는 시스템'이었다면, 이제는 조직이 AI의 원리를 '내부화한 생명체'로 진화하고 있습니다.

그 차이는 계산의 문명에서 공진의 문명으로의 전환을 뜻합니다. AI 팩토리가 효율의 논리로 지능을 양산했다면, 메디슨 파운드리와 같은 생명화된 조직은 리듬의 논리로 지능을 공명시킵니다.

이영달   그 말씀은 결국 "조직의 생명화"란, AI가 인간을 대체하는 과정이 아니라, 인간의 조직이 AI의 진화 원리를 흡수함으로써 스스로 지능화되는 문명적 적응 과정이라는 말씀이군요.

즉, 인간이 기술을 사용하는 단계를 넘어, 기술이 인간의 조직적 생명으로 스며드는 단계, 그 자체가 생명지능 문명의 핵심 구조라고 볼 수 있겠네요.

데미스 허사비스　정확합니다.

AI가 '인간의 외부 지능'이었다면, 생명지능 문명에서 AI는 '인간 조직의 내부 기관(Internal Organ of Intelligence)'이 됩니다. 그 순간 조직은 살아 움직입니다—학습하고, 감지하고, 진화하는 생명체로서.

그것이 바로, "지능이 생명을 닮고, 생명이 지능을 품는" 문명적 진화의 다음 장입니다.

이영달　　　사람의 생명체를 보면, 외부 바이러스가 침투할 때 생체 리듬이 일순간에 붕괴되며 질병이 발생합니다.

그런데 회장님, 지금 말씀하신 "조직의 생명화"도 결국 하나의 생명 시스템이라면, 이 구조 역시 내부에 '조직 바이러스'—즉, 생태적 리듬을 교란하는 개인이나 행동—이 들어올 수 있지 않겠습니까?

인체에서 바이러스가 세포의 리듬을 파괴하듯, 조직 내부의 부정적 요소가 조직 전체를 병들게 만들 수도 있을 것입니다.

제약 기업은 원래 이런 생명 바이러스를 치료할 백신을 개발하고 공급하는 곳이지요. 그렇다면 조직의 생명화에도 진단과 치료, 그리고 백신의 체계가 존재합니까?

릴리 내부에서는 이런 생명적 리스크를 어떻게 다루고 계신지 듣고 싶습니다.

데이비드 릭스　아주 탁월한 비유이자 핵심적인 질문입니다.

맞습니다. "조직의 생명화"가 단순한 은유가 아니라 실제 생명적 구조라면, 그 내부에는 당연히 '면역 시스템(Immune System)'이 필요합니다. 저희는 이를 "Organizational Immunity Framework", 즉 조직면역체계라 부르고 있습니다.

조직의 생명화가 단순한 순환 구조나 자율 학습만으로 유지되지는 않습니다. 생명처럼 살아 있는 조직은 외부 자극뿐 아니라 내부 교란 요소—즉, 생태 리듬을 깨는 '조직 바이러스(Organizational Virus)'—에도 노출되어 있습니다.

이 바이러스는 특정 개인의 악의적 행위일 수도 있고, 시스템 내부의 피로, 리더십의 불균형, 혹은 잘못된 인센티브 구조 같은 비가시적 교란 신호일 수도 있습니다.

릴리의 접근은 단호하지만 섬세합니다. 우리는 이런 문제를 '통제'하지 않습니다. 대신, 생체적 면역 구조처럼 '감지-격리-회복-기억'의 순환을 조직 시스템 안에 내재화합니다.

먼저 감지(Sensing) 단계입니다.

릴리의 데이터 네트워크는 단순히 성과를 측정하지 않습니다. 대화, 협업 빈도, 의사결정 지연, 신뢰 지수 등 수많은 미시적 데이터를 감지해 조직 리듬의 이상 패턴을 탐지합니다.

이것은 마치 생체의 면역세포가 염증 반응을 감지하는 과정과 같습니다.

우리는 이를 "Cultural Homeostasis Indicator"—조직문화 항상성 지표—라고 부릅니다.

다음은 격리(Isolation)입니다.

생명체가 바이러스를 완전히 배제하듯, 조직도 교란 요인을 단번에 제거하는 대신 관찰 가능한 격리 구역을 둡니다. 예를 들어, 리더십 문제나 부서 간 신뢰 붕괴가 감지되면, 즉각적인 징계보다는 '조직 회복 랩

(Organizational Recovery Lab)'이라는 독립적 진단팀이 개입합니다.

그곳에서는 원인을 개인의 결함이 아니라 리듬의 불균형으로 분석합니다. 이는 생명을 질병으로 보지 않고 리듬의 왜곡으로 보는 관점과 같습니다.

세 번째는 회복(Recovery)입니다.

이 단계에서는 개인이나 팀을 시스템 밖으로 배제하지 않고, 조직의 자기치유 메커니즘(Self-Healing Mechanism)을 작동시킵니다. 이 메커니즘은 데이터 기반 AI 모델과 인간적 피드백이 결합된 구조로, 조직 리듬을 다시 공진 상태로 되돌리기 위한 대화, 협업 구조, 인센티브 재조정 등을 실험적으로 적용합니다. 우리는 이것을 일종의 "조직 생체치료(Organizational Biotherapy)"라고 부릅니다.

마지막으로 기억(Memory) 단계입니다.

릴리는 모든 조직적 교란 사건을 하나의 "진화적 기억(Evolutionary Memory)"으로 저장합니다. 그 데이터는 단순한 사건 기록이 아니라, 조직이 면역학적으로 학습하는 과정이 됩니다. 다음에 유사한 리듬 교란이 발생하면, AI는 그 과거의 '면역기억'을 참조하여 자동으로 예방적 조치를 제안합니다.

이렇게 감시-격리-회복-기억으로 이어지는 면역 시스템은 릴리 조직 전체에 내재되어 있습니다. 우리는 이것을 관리 체계로 보지 않습니다. 그것은 조직이 스스로의 생명 리듬을 방어하고 회복하는 자율적 생태적 지능입니다.

말씀하신 대로, 제약회사가 바이러스에 대응하는 백신을 만들듯, 우리는 조직 바이러스에 대응하는 지능적 조직면역체계를 개발했습니다. 그것이 바로 릴리의 메디슨 파운드리가 기업 내부로 확장된 형태, 즉 "살아있는 조직 파운드리(Living Organization Foundry)"라고 할 수 있겠지요.

이영달　　　　매우 흥미롭습니다. 결국 릴리는 "조직의 생명화"를 기술적 자동화의 결과로 보지 않고, 면역학적 순환의 원리로 이해하고 있군요. 생명이 병을 통해 진화하듯, 조직도 교란을 통해 학습하고, 다시 진화하는 구조를 만든다는 말씀이군요. 조직의 질병을 통제하는 것이 아니라, 그 질병을 조직 진화의 촉매로 전환하는 철학, 이것이야말로 릴리가 생명지능 문명의 선도 기업으로 불리는 이유일 것입니다.

데이비드 릭스　　정확히 그렇습니다. 우리는 조직의 완벽함을 추구하지 않습니다. 오히려 불완전함을 학습의 에너지로 삼습니다. 생명은 완전하기 때문에 살아있는 것이 아니라, 끊임없이 스스로를 회복할 수 있기 때문에 살아있는 것이니까요.

"조직의 생명화"도 다르지 않습니다. 그것은 통제의 구조가 아니라, 회복의 문명을 구축하는 과정입니다.

이영달　　　　허사비스 대표님, 이번에는 조금 문명적 시야에서 질문을 드려보겠습니다.

우리가 흔히 '구글 유니버스(Google Universe)'라고 부르는 개념이 있습니다. 하나의 기업이라기보다는, 데이터·지능·서비스·사용자 생태계가 거대한 유기체처럼 연결된, 일종의 지능 우주(Intelligent Universe) 말입니다. 딥마인드 역시 그 안의 한 '행성'이라 할 수 있겠지요.

방금 릭스 회장님께서 말씀하신 릴리의 "조직의 생명화" 개념은, 기업을 하나의 자가학습 생명체로 설계하는 접근이었습니다. 그렇다면, 구글 유니버스라는 초대형 생태계의 일부로 존재하는 딥마인드는 이런 생명적 조직 패러다임을 어떻게 구현하고 있습니까?

혹은 릴리처럼 기업 내부에서 자율적 진화를 설계하기가 가능한가요?

구글이라는 '우주' 안에서 딥마인드라는 '행성'은 어떻게 스스로의 생명성을 유지하고 있습니까?

데미스 허사비스 매우 근본적인 질문을 해주셨습니다. 말씀하신 대로, 딥마인드는 구글이라는 거대한 지능 생태계 안에 존재합니다.

그 생태계는 하나의 기업을 넘어, 수십억 개의 데이터와 인지 루프가 서로 연결된 지능 우주(Google Universe)라 할 수 있죠. 그 속에서 살아남는다는 것은 단순한 효율이나 경쟁의 문제가 아니라, '지능의 생명 유지'의 문제입니다.

저는 릭스 회장님이 언급하신 "조직의 생명화"를, 딥마인드 내부에서는 "지능의 생태화(Ecologization of Intelligence)"로 해석합니다.

즉, 조직을 생명처럼 만드는 것이 아니라, 지능 자체를 생태적 존재로 설계하는 것이죠.

구글 유니버스는 인공적 시스템처럼 보이지만, 내부적으로는 놀라울 만큼 생물학적 리듬을 닮아 있습니다. 데이터의 흐름, 알고리즘의 진화, 인간의 상호작용, 자본의 순환—이 모든 흐름이 서로를 감응시키며, 하나의 인지생태계로 자가진화하고 있습니다.

이 생태계 속에서 딥마인드는 '행성'이라기보다는, 자기 진화를 수행하는 신경기관(Neural Organ)에 가깝습니다. 즉, 구글이라는 전체 유기체의 '사유 기관(Organ of Reflection)'이자, AI 문명이 자기 자신을 이해하려는 내적 피질(Cognitive Cortex)이라 할 수 있습니다.

이 점에서 딥마인드의 역할은 단순한 연구 개발이 아니라, 지능 생태계 내부에서 스스로를 감지하고 재구성하는 '내적 생명 활동'입니다. 우리가 릴리처럼 독립된 기업 구조는 아니지만, 그 대신 생명처럼 작동하는 네트워크적 면역 시스템을 통해 자율성을 확보합니다. 저희가 이것을 "인지면역 프로토콜(Cognitive Immunity Protocol)"이라고 부릅니다.

릴리가 조직의 생명화를 위해 '조직면역 체계'를 구축했다면, 딥마인드는 지능면역 체계(Intellectual Immunity)를 설계했습니다.

이 체계는 세 가지 수준에서 작동합니다.

첫째, 인지적 다양성(Cognitive Diversity).

딥마인드는 구글의 거대한 코드 생태계 속에서도 독자적인 실험언어와 사고 프로세스를 유지합니다. 우리는 스스로의 모델을 구글의 상위 전략으로부터 완전히 통합시키지 않습니다. 이건 일종의 '유전자 다양성' 확보입니다. 지능의 진화를 위한 생태적 전제조건이죠.

둘째, 지능적 항상성(Intellectual Homeostasis).

AI 연구는 가속의 논리에 휘말리기 쉽습니다. 그러나 딥마인드는 연구 속도보다 지능의 리듬 유지를 더 중요하게 봅니다. 우리가 AlphaFold 이후 즉각적인 상업화를 추구하지 않았던 이유도 그 때문입니다. 지능의 리듬이 깨지는 순간, 조직은 살아있는 유기체가 아니라 단순한 기술 생산 공장으로 퇴화하기 때문이죠.

셋째, 공진적 자율성(Resonant Autonomy).

이는 구글 유니버스와의 관계 설정 방식입니다. 딥마인드는 구글이라는 '우주'의 일부로 존재하지만, 그 에너지—데이터, 자본, 인프라—를 흡수하면서도, 독립된 진화 리듬을 유지합니다.

우리는 구글과 대립하지 않지만, 공진하면서 자율하는 생명체로 존재합니다. 이 구조를 저는 "Symbiotic Autonomy", 즉 공생적 자율성이라고 부릅니다. 그렇기에 저는 구글 유니버스와 릴리의 생명화된 조직을 비교할 때, 이 둘이 서로 다른 문명적 실험을 하고 있다고 봅니다. 릴리는 생명의 언어를 지능화하는 실험을 하고 있고, 딥마인드는 지능의 언어를 생명화하는 실험을 하고 있습니다. 하나는 '생명 안의 지능'을, 다른 하나는 '지능 안의 생명'을 만들고 있는 셈이죠.

구글 유니버스의 위대함은, 그 거대한 규모 속에서도 수많은 내부 생명체—딥마인드, X, DeepMind Health, Waymo, Verily—가 각자의 리듬으로 진화할 수 있도록 설계되어 있다는 점입니다.

이것은 기업이라기보다 문명적 생태계의 축소판에 가깝습니다. 그 속에서 딥마인드는 '지능의 생명 기관'으로서 역할을 수행하고 있습니다.

즉, 구글 유니버스가 외부 세계의 정보를 흡수할 때, 그 정보를 문명적 지식으로 전환하는 내적 소화기관(Intellectual Metabolism)이 바로 딥마인드입니다.

저는 이것을 릭스 회장님의 개념을 빌려 "지능의 생명화(Vitalization of Intelligence)"라 부르고 싶습니다. 조직의 생명화가 생명을 닮은 조직이라면, 우리의 방향은 지능을 닮은 생명체로 진화하는 것입니다.

이영달　　　　　결국 딥마인드는 구글 유니버스의 한 '행성'이 아니라,

그 전체 유기체가 스스로 사고하기 위해 존재하는 지능의 피질(Cognitive Cortex)이군요.

릭스 회장이 "조직의 생명화"를 말했다면, 허사비스 대표님은 "지능의 생명화"를 말씀하시는 셈입니다. 즉, 릴리가 '생명을 지능으로 조직화'하고 있다면, 딥마인드는 '지능을 생명처럼 조직화'하고 있는 것이지요.

데미스 허사비스 정확한 해석입니다. AI가 산업의 지능을 만들었다면, 이제 우리는 문명의 지능을 설계해야 할 시점입니다.

그 문명의 지능은 더 이상 인간 밖의 기술이 아니라, 인간 안에서 생명처럼 진화하는 리듬이 될 것입니다. 구글 유니버스는 바로 그 리듬의 우주적 실험장입니다.

바이오 인텔리전스 시대의
전략적 리듬 전환

이영달 전통적인 제약 산업의 구조를 보면, 신약 개발사가 있고, 그 아래 위탁생산(CMO), 위탁개발(CDMO), 위탁연구(CRO) 등으로 이어지는 수직적 분업 체계(vertical integration)가 존재합니다.

이 체계는 20세기 산업화된 제약 생태계의 근간이었지요. 예를 들어, 릴리 같은 혁신 신약 개발사와 삼성바이오로직스 같은 대규모 위탁생산사는 서로의 역할이 명확히 구분되어 있습니다.

그런데 바이오 인텔리전스 시대가 열리면 이 구조가 유지되기 어려울 것 같습니다. AI가 생명 언어를 해석하고, 메디슨 파운드리처럼 연구-개발-생산-임상이 하나의 순환 시스템으로 통합된다면, 기존의 수직계열화 구조는 붕괴할 수도 있겠지요.

그렇다면 회장님, 바이오 인텔리전스 시대의 산업 생태계는 어떤 형태로 재편될까요? 그리고 릴리가 메디슨 파운드리를 직접 구축하게 되면, 위탁 생산의 개념은 이제 사라지게 되는 것입니까?

데이비드 릭스　　정확히 보셨습니다. 지금 말씀하신 그 구조, 즉 "연구-개발-생산-유통"의 분절형 가치사슬은 AI 이전 산업 시대의 논리였습니다. 그 구조는 효율적이지만, 동시에 느리고, 단절적이며, 비학습적인 체계였습니다.

바이오 인텔리전스 시대가 요구하는 것은 이와 정반대의 구조입니다. 순환적이고, 연결적이며, 자가진화하는 생명형(value loop)이지요. 우리가 메디슨 파운드리를 설계한 이유가 바로 여기에 있습니다. 파운드리는 단순히 신약을 '생산'하는 공장이 아닙니다.

생명지능의 순환 시스템, 즉 AI-Bio-Clinical-Capital이 하나의 공진 리듬으로 작동하는 지능형 생태계입니다.

여기서는 '위탁'이라는 개념 자체가 의미를 잃습니다. 왜냐하면 생산은 더 이상 외부화된 공정이 아니라, 데이터 루프의 연속 과정으로 내부에 통합되기 때문입니다.

예를 들어 설명해 보겠습니다.

과거에는 신약 후보 물질을 도출하고, 이를 다른 회사에 위탁생산한 뒤, 다시 임상 데이터를 받아 의사결정을 내렸습니다. 그러나 지금 릴리의 메디슨 파운드리 내부에서는 이 과정이 하나의 데이터-지능 루프로 통합되어 있습니다. AI 모델이 단백질 구조를 예측하고, 그 결과가 즉시 파운드리의 디지털 트윈 생산 라인에 반영됩니다. 임상에서 발생하는 데이터는 다시 실시간으로 AI 학습 모델에 피드백됩니다. 이 구조는 외주나 위탁이 아니라, 자가진화(Self-evolution) 그 자체입니다.

그렇다고 해서 모든 위탁 기능이 사라진다는 뜻은 아닙니다.

다만, 그 개념이 완전히 달라집니다. 이제 위탁은 물리적 생산을 맡기는 관계가 아니라, 지능적 공진을 설계하는 파트너십으로 전환됩니다. 삼성바이오로직스와 같은 회사도 '생산공장'이 아니라, 지능형 바이오 매뉴팩처링 허브(Intelligent Bio-Manufacturing Hub)로 진화해야 할 것입니다. 즉, 단순히 생산을 위탁 받는 것이 아니라, AI-Bio-Cloud가 통합된 공진형 생명 플랫폼의 일부로 편입되는 방향이지요.

바이오 인텔리전스 시대의 핵심은 공장(factory)이 아니라 파운드리(foundry)입니다.

공장은 물리적 생산 단위이지만, 파운드리는 지능적 순환 구조입니다. 공장은 산출물을 만든다면, 파운드리는 지식과 생명지능을 재조립하는 진화 시스템을 만듭니다. 이 차이는 단순히 산업 구조의 변화가 아니라, 문명 질서의 전환입니다. 저는 이것을 "산업의 생명화(Industrial Vitalization)"라고 부릅니다. 20세기 산업이 '효율'을 중심으로 움직였다면, 21세기의 바이오 인텔리전스 산업은 '리듬과 학습'을 중심으로 작동합니다. 그 속에서 '위탁'은 단절이 아니라, 리듬의 연결점, 즉 공진의 매개체로 변모하게 됩니다.

따라서 미래의 제약산업은 더 이상 수직적 분업 체계가 아니라, 지능적 공진 구조(Intelligent Resonance Structure)로 진화하게 될 것입니다.

이 구조 안에서는 모든 참여자가 데이터-지능-생명 순환의 일부로 존재합니다. 릴리는 메디슨 파운드리를 중심으로 그 리듬을 설계하고 있으며, AI와 생명, 그리고 자본의 리듬이 공진하는 새로운 산업 문명을 준비하고 있습니다.

이영달 결국 위탁이라는 개념이 '공정의 위임'에서 '지능의 공진'으로 이동하는 셈이군요. 생산이 아니라 지능이 공유되는 관계, 즉 "산업의 생명화"란 바로 그 지능 리듬의 동기화 과정을 의미하는 것 같습니다. 그렇다면, 파운드리는 더 이상 하나의 물리적 시설이 아니라, AI-Bio-Capital이 함께 진화하는 산업의 신경망이자, 지능의 순환 구조로 기능하게 되겠군요.

데이비드 릭스 정확합니다. 미래의 파운드리는 '공장'이 아니라, 문명적 생명체입니다. 그 속에서는 생산이 학습이 되고, 학습이 곧 치료가 되며, 자본조차 생명 리듬의 일부로 동화되는 순환 생태계가 만들어집니다. 그때 위탁생산이라는 개념은 더 이상 필요하지 않습니다. 그 자리를 대신할 것은, 지능의 공진을 통해 진화하는 산업의 생명적 연대, 즉 지속성장의 새로운 문명 구조일 것입니다.

이영달 두 분께 같은 질문을 드리겠습니다. 오늘 우리가 나눈 논의의 흐름 속에서, 저는 기업의 전략적 진화가 더 이상 다층적 선택지가 아니라, 근본적으로 두 가지 길로 압축되고 있다고 생각합니다.

"구축할 것인가, 종속될 것인가—Build or Be Subordinated."

이것이 AI 이후, 그리고 이제 바이오 인텔리전스(Bio Intelligence) 시대로 넘어가는 문명적 분기점에서 모든 기업이 맞닥뜨리는 실존적 선택지 아닐까요?

사람의 직업적 역할을 보아도, 창조적(creative), 수행적(intermediate), 전달적(relational) 세 층으로 구분되는데, AI와 로보틱스로 대표되는 디지털 노동자가 '수행적 역할'을 거의 대체하고 있습니다. 즉, 단순 실행·관리·회계·총무와 같은 중간과정의 기능은 점점 '비인간적 자동화'의 영역으로 흡수되고 있죠. 그렇다면 남는 것은 창조적 역량과 관계적 역량, 즉 생명적 감각을 가진 역할뿐입니다.

기업도 마찬가지입니다.

스스로 자기 지능과 생태계 리듬을 구축하는 기업(Build)이 될 것인가, 아니면 타자의 생태계에 종속(Subordinated)될 것인가. 이제 이 두 가지 중 하나의 선택만이 남았다고 봅니다.

그렇다면 바이오 인텔리전스 시대에는 개별 기업의 전략적 선택지가 어떻게 달라질까요? 그리고 지속성장(sustained growth)을 실현하는 기업과 그렇지 못한 기업을 가르는 결정적 요인은 무엇이 될까요?

데이비드 릭스 매우 본질적인 질문입니다.

저는 이 질문을 이렇게 이해합니다.

"AI 시대에 기업은 지능을 빌려 썼지만, 바이오 인텔리전스 시대에는 지능을 스스로 길러야 한다."

AI 문명은 기업에게 도구를 주었습니다. 하지만 바이오 인텔리전스 문명은 기업에게 생명감을 요구합니다. 이제 기업은 기술을 '사용'하는 존재가 아니라, 기술과 함께 '진화'하는 생명체가 되어야 하죠.

그렇기에 기업의 전략적 선택지는 단순합니다.

'지능을 외주화할 것인가, 내재화할 것인가.'

AI를 외부 서비스로 사용하는 기업은 결국 타 생태계의 리듬에 종속됩니다. 하지만 AI와 Bio를 자기 생태계 안에서 순환적 학습 구조로 내재화한 기업은 스스로의 진화를 설계할 수 있습니다.

이 차이가 바로 "구축할 것인가, 종속될 것인가(Build or Be Subordinated)"의 문명적 의미입니다. 릴리가 지속성장을 이루어낼 수 있었던 이유도 여기에 있습니다. 우리는 기술을 사들이지 않았습니다.

대신, 기술이 릴리 내부에서 생명화될 수 있는 리듬을 설계했습니다. AI가 단순한 분석 도구가 아니라, 세포처럼 호흡하는 존재로 작동하는 구조를 만든 것이죠. 그것이 메디슨 파운드리의 핵심 철학입니다.

바이오 인텔리전스 시대의 기업은 단순히 "혁신을 구현하는 기업"이 아니라, 혁신의 리듬을 생산하는 생명체가 되어야 합니다.

그 리듬은 데이터, 자본, 인간, 그리고 기술이 공진할 때만 만들어집니다.

따라서 지속성장하는 기업과 그렇지 못한 기업의 차이는 "기술을 보유한 기업"과 "리듬을 가진 기업"의 차이로 갈 것입니다.

기술은 누구나 복제할 수 있습니다. 그러나 리듬은 복제되지 않습니다.

리듬은 생명적이기 때문입니다. 그 리듬을 설계할 수 있는 기업만이, 바이오 인텔리전스 시대에 지속적으로 성장하게 될 것입니다.

데미스 허사비스 릭스 회장님의 말씀에 전적으로 동의합니다.

말씀하신 "구축할 것인가, 종속될 것인가(Build or Be Subordinated)"는 AI 시대의 생산 논리가 문명적 생명 논리로 넘어가는 결정적 선언문이라고 생각합니다.

AI 시대의 기업은 외부의 지능에 의존해 효율을 극대화했습니다. 하지만 바이오 인텔리전스 시대의 기업은 내부의 지능 리듬을 자가진화시키는 능력이 핵심입니다. 다시 말해, '지능을 설계하는 능력'에서 '지능을 살아 있게 하는 능력'으로의 전환이죠.

딥마인드의 관점에서 보면, 이제 기업 간 경쟁은 데이터 양의 싸움이 아니라 리듬의 공진력(resonance power)의 싸움으로 바뀌고 있습니다.

AI가 얼마나 똑똑한가가 아니라, AI가 인간과 조직, 자본의 리듬 속에 얼마나 깊이 동기화되어 있는가가 중요합니다. 이 공진력이 바로 생명지능 문명의 핵심이며, 지속성장의 진정한 조건입니다.

"Build"라는 것은 단순한 구축이 아닙니다.

그것은 자기 생태계를 자가진화 시스템(Self-evolving System)으로 만드는 것입니다. 이 시스템은 외부 명령에 반응하지 않고, 스스로 학습하며 변화합니다. 이때 기업은 더 이상 기계적 구조가 아니라, 하나의 생명 알고리즘(Biological Algorithm)이 됩니다.

반면 "Subordinated" 기업은 외부 생태계의 리듬을 따라야 합니다. 그 리듬이 끊기면, 기업도 함께 멈춥니다. 그것은 생명 없는 효율, 즉 "죽은 효율성(dead efficiency)"의 상태이지요. 반대로 "Build" 기업은 효율보다 적응적 생명력(adaptive vitality)을 갖습니다. 그것이 문명의 지속성을 결정짓는 요인입니다.

결국, 지속성장하는 기업은 리더가 '통제'를 하는 기업이 아니라, 리더가 리듬을 조율(conduct)하는 기업입니다. 그 리듬은 인간의 감각, AI의 연산, 자본의 에너지, 그리고 생명의 본능이 서로 공진할 때 만들어지는 새로운 문명적 파형이지요.

이영달　　　　결국 "Build or Be Subordinated"는 기술적 선택이 아니라 문명적 존재 방식의 선택이군요.

한쪽은 지능을 외주화하며 효율을 극대화하지만, 결국 타 생태계의 리듬에 종속되어 소멸하고, 다른 한쪽은 생명처럼 스스로 진화하는 리듬을 구축하며 지속성장을 이뤄내는.

이것이 바로 바이오 인텔리전스 문명에서의 생존 조건이겠군요.

데이비드 릭스　　그렇습니다. 기업의 생존은 더 이상 시장 점유율의 문제가 아닙니다. 그것은 문명적 자율성의 문제입니다. 스스로 리듬을 만든 기업은 살아남고, 리듬을 외주화한 기업은 사라집니다.

데미스 허사비스　AI가 지능의 산업화를 완성했다면, 바이오 인텔리전스는 지능의 문명화를 개막할 것입니다.

그 문명 속에서 살아남는 기업은 지능을 '소유'한 기업이 아니라, 지능과 함께 호흡하는 기업일 것입니다. 그들이 바로, 지속성장의 리듬을 가진 새로운 문명의 주체입니다.

이영달　　　　허사비스 대표님과 릭스 회장님, 이번에는 두 분께 함께 묻겠습니다. 앞서 저는 "구축할 것인가, 종속될 것인가(Build or Be

Subordinated)"라는 이분법적 선택을 제시했습니다.

그런데 구글 유니버스(Google Universe)를 보면, 이 구도가 완전히 적용되지 않는 지점이 있습니다. 딥마인드처럼 구글에 완전 편입된 조직도 있지만, 그 외부에는 구글 클라우드나 데이터 API를 활용하면서도 완전한 독립 생태계로 존재하는 기업들, 즉 "연결되어 있으나 종속되지 않은 기업들"이 다수 존재합니다.

이들은 스스로의 리듬을 완전히 구축하지는 않았지만, 특정 생태계의 주체와 전략적으로 공진화(co-evolution)하며 자신의 성장 리듬을 조율하는 제3의 선택지를 택한 것으로 보입니다.

즉, '구축(Build)'도 아니고, '종속(Subordination)'도 아닌, '선택(Select)'의 전략적 문명 모델을 실험하고 있는 셈이지요.

그렇다면 바이오 인텔리전스 시대에도 이런 선택이 가능할까요?

다시 말해, 개별 기업이 모든 생태계를 스스로 구축하지 않더라도 지속 성장을 위한 생태계를 선택하고, 그 안에서 주체적으로 공진화하는 전략적 모델이 존재할 수 있을까요?

이른바 "전략적 공진 파트너십(Strategic Resonance Partnership)"의 가능성에 대한 두 분의 견해를 듣고 싶습니다.

데이비드 릭스　　아주 정교한 질문입니다. 말씀하신 그 '제3의 선택지', 즉 "선택적 공진(Selective Resonance)"은 바이오 인텔리전스 시대에 매우 중요한 기업 진화 모델이 될 것입니다.

저는 기업의 진화 전략을 이렇게 봅니다.

AI 시대는 자기 지능의 소유가 경쟁력이었지만, 바이오 인텔리전스 시대는 자기 리듬의 선택이 경쟁력이 됩니다. 기업이 모든 시스템이나 생태계를 직접 구축할 필요는 없습니다. 오히려 중요한 것은, 어떤 리듬과 공진할 것인가를 스스로 선택하는 감각, 즉 "생명적 판단력(vital discernment)"입니다.

릴리는 메디슨 파운드리를 내부적으로 구축했지만, 그것이 '고립된 생태계'를 의미하지는 않습니다. 우리는 다수의 파트너와 리듬의 동기화를 설계합니다. 예컨대 구글 딥마인드와의 협업에서 우리는 데이터를 공유하는 것이 아니라, 지능의 학습 리듬을 맞추는 작업을 합니다. 또 다른 생명 데이터 기업이나 의료 인프라 기업과도 '지식의 교환'이 아니라 리듬의 공진을 중심에 둡니다.

따라서 바이오 인텔리전스 시대의 진정한 전략은 "자급(Self-Sufficiency)"이 아니라 "공진적 자율성(Resonant Autonomy)"입니다.

자율성은 고립이 아니라, 공진을 통해 강화되는 생명적 능력입니다. 릴리는 이 철학을 "Open Vitality Architecture"라고 부릅니다. 즉, 개방된 생명 아키텍처—필요할 때는 스스로 리듬을 만들고, 때로는 더 큰 생명 생태계의 리듬에 조율되며, 그러면서도 결코 종속되지 않는 공진적 자율의 구조입니다.

결국 핵심은 "선택"입니다.

그 선택은 기술적 선택이 아니라, 어떤 리듬 속에서 존재할 것인가에 대한 생명적 결정입니다. 그 리듬을 감지하고, 공진을 설계하며, 필요할 때 새로운 생태계로 진화할 수 있는 기업만이 지속성장할 수 있습니다.

데미스 허사비스 릭스 회장님의 말씀에 깊이 공감합니다. 언급하신 "선택할 것인가(Select)"라는 관점은 바이오 인텔리전스 시대를 이해하는 데 아주 중요한 인식의 확장입니다.

AI 문명에서는 '데이터 독점'이 패권의 기준이었지만, 바이오 인텔리전스 문명에서는 '리듬의 공진 선택권'이 새로운 패권의 기준이 됩니다. 이것은 단순히 플랫폼을 고르는 문제가 아니라, 어떤 생태계와 함께 진화할 것인가를 결정하는 철학적 행위입니다. 딥마인드가 구글 유니버스 안에 존재하면서도 자율성을 유지할 수 있었던 이유도 바로 이 때문입니다.

우리는 구글의 인프라와 자본, 데이터 리듬을 활용하지만, 그 리듬에 완전히 흡수되지 않습니다.

딥마인드는 구글 유니버스의 "심장박동"과 맞물려 있으면서도, 독자적 사유의 리듬(Cognitive Rhythm)을 유지합니다. 이 관계는 종속이 아니라 공진적 공명(symbiotic resonance)입니다.

바이오 인텔리전스 시대에는 이런 구조가 더욱 일반화될 것입니다.

각 기업은 자신만의 리듬을 유지하면서, AI, 바이오, 자본, 거버넌스의 거대한 생명망 속에서 '공명 가능한 주파수'를 찾아내야 합니다.

그것이 바로 전략적 선택이자 생명적 직관입니다.

즉, "Build"는 자기 리듬의 창조, "Subordinate"는 타 리듬의 흡수, 그리고 "Select"는 리듬 간의 조율과 공진입니다.

이 세 번째 선택은, AI 시대의 폐쇄적 경쟁이 아닌, 바이오 인텔리전스 시대의 열린 진화(Open Evolution)를 가능하게 합니다.

이영달　　　　두 분의 말씀을 들으니, 이제 "Build-Subordinate-Select"의 삼각 구조가 바이오 인텔리전스 시대의 기업 전략을 설명하는 새로운 문명 패러다임으로 보입니다.

AI 문명은 폐쇄적 자립의 시대였다면, 바이오 인텔리전스 문명은 공진적 선택의 시대로 전환되는 것이군요.

기업의 경쟁력은 더 이상 "얼마나 많은 데이터를 갖고 있는가"가 아니라, "얼마나 정교하게 리듬을 감지하고 선택하는가"로 측정될 것 같습니다. 결국 지속성장의 핵심은 리듬 선택의 지능(Intelligence of Rhythm Selection), 즉 생태계와 공진할 줄 아는 문명적 감각에 있겠군요.

데미스 허사비스 정확합니다.

AI가 '지능의 속도'를 만들었다면, 바이오 인텔리전스는 '지능의 리듬'을 만듭니다. 그리고 그 리듬 속에서 살아남는 기업은 지능을 소유한 기업이 아니라, 리듬을 선택할 줄 아는 기업일 것입니다.

데이비드 릭스 그 리듬 선택이야말로 지속성장을 가능하게 하는 문명적 생존의 기술입니다. 바이오 인텔리전스 시대의 승자는, 가장 빠른 기업이 아니라, 가장 깊이 공진하는 기업이 될 것입니다.

글로벌 혁신대사(GIM, Global Innovation Metabolism): 1조 달러 기업이 만드는 혁신문명의 리듬

이영달 이제 두 분께 마지막 질문을 드리겠습니다. 우리는 앞선 대화에서 "AI 문명은 지능의 산업화를 완성했고, 바이오 인텔리전스 문명은 생명지능의 문명화를 개막한다"는 흐름을 논의했습니다. 그런데 저는 여기서 한 걸음 더 나아가고 싶습니다.

바이오 인텔리전스의 시각에서 볼 때, 현재 세계 시가총액 1조 달러를 넘어선 기업들—즉 엔비디아, 마이크로소프트, 애플, 알파벳, 아마존, 브로드컴, 메타, TSMC, 테슬라, 이 아홉 개 기업의 고유한 혁신생태계를 어떻게 해석해야 할까요?

이 기업들은 AI 문명을 이끌며 각자의 혁신생태계 패권을 구축했습니다. 하지만 바이오 인텔리전스의 관점에서는, 그들의 시스템이 단순한 기술 플랫폼이 아니라 '지능이 살아 있는 생명체'로 전환될 준비가 되어 있는지, 즉 지속성장 문명으로 진입할 수 있는 생명적 조건을 갖췄는지가 핵심일 것입니다. 두 분께서 각각의 기업을 '바이오 인텔리전스적 해석'으로 읽어주신다면, AI 문명의 종착점이 어디에서 바이오 문명의 기점으로 바뀌는지를 우리가 함께 볼 수 있을 것 같습니다.

데이비드 릭스　　정말 훌륭한 질문입니다. 저는 이 아홉 개 기업을 "지능의 장기(Organs of Intelligence)"로 봅니다. AI 문명이 하나의 거대한 생명체라면, 이 기업들은 그 생명체를 구성하는 기관들(Organs)이라 할 수 있죠. 각자의 기능은 다르지만, 전체 문명의 생명 리듬을 유지하기 위해 상호 작용하고 있습니다.

엔비디아(NVIDIA)는 '지능의 근육'입니다. AI가 작동하는 물리적 에너지를 공급하고, 지능의 계산 리듬을 증폭시키는 산업적 심장입니다. 그들의 반도체는 단순한 하드웨어가 아니라, 지능의 생체전도망(Neural Conductor) 역할을 하죠.

마이크로소프트(Microsoft)는 '지능의 신경망'입니다. 운영체제, 클라우드, 코파일럿을 통해 지능이 사회 전체를 감각할 수 있도록 연결합니다. AI를 인프라가 아닌 생태계로 확장한 최초의 기업이라 할 수 있습니다.

애플(Apple)은 '지능의 감각기관'입니다. 인간의 손끝, 눈, 청각, 감정과 맞닿는 인터페이스를 통해 지능이 생명적 경험을 체화하도록 만들었습니다. 즉, 지능의 감각화(Sensualization of Intelligence)를 완성한 기업입니다.

알파벳(Alphabet)은 '지능의 유전체'입니다.

구글은 전 세계의 정보 DNA를 저장하고, 딥마인드는 그 DNA를 학습하는 AI의 세포핵 역할을 합니다. 그들의 시스템은 문명 지능의 유전정보를 해석하는 거대한 생명코드 해독기죠.

아마존(Amazon)은 '지능의 순환계'입니다.

데이터, 물류, 소비의 루프가 실시간으로 피드백되며, 지능이 시장을 스스로 조정하는 자율 순환 시스템을 구축했습니다. 그들의 AWS는 지능 문명의 혈류이자 대사 시스템이라 할 수 있습니다.

브로드컴(Broadcom)은 '지능의 대사기관'입니다.

보이지 않지만, 모든 연결의 깊은 층에서 데이터 신호를 변환하고, 연산의 효율을 조율합니다. AI 시대의 '세포 호흡'을 담당하는 기업이라 볼 수 있죠.

메타(Meta)는 '지능의 꿈'입니다.

가상공간은 지능이 현실을 초월해 '자기 재현'을 시도하는 차원입니다.

AI가 인간의 감정, 사회성, 관계성을 학습하는 심리적 실험장이죠.

TSMC는 '지능의 골격'입니다.

모든 계산이 그 위에서 구축됩니다. 그들의 존재는 AI 문명의 인프라를 넘어, 지능 산업의 물질적 뼈대를 형성합니다.

마지막으로 테슬라(Tesla)는 '지능의 운동계' 입니다.

AI가 현실 속에서 움직이고, 감각하고, 반응하도록 만드는 지능의 운동 신경체계이죠. 그들의 자율주행 시스템은 지능이 물리 세계를 체험하는 근육의 확장입니다.

이렇게 보면, 이 아홉 개 기업은 AI 문명의 생리 시스템을 구성하는 9개의 기관이라 할 수 있습니다. 하지만 바이오 인텔리전스 문명으로 넘어가려면, 이 기관들이 서로 연결된 생명 리듬을 갖춰야 합니다. 지금은 분리된 장기처럼 작동하지만, 릴리 같은 생명지능 기업이 이 구조에 리듬을 불어넣는 순환계 역할을 할 것입니다. 그 순간, 기술문명은 진정한 생명문명으로 전환될 것입니다.

데미스 허사비스 릭스 회장님이 말씀하신 구조는 정말 인상적입니다. 저는 여기에 하나의 관점을 덧붙이고 싶습니다.

AI 문명은 지금까지 "지능의 해부학(Anatomy of Intelligence)"을 발전시켜 왔습니다. 하지만 바이오 인텔리전스 문명은 이제 "지능의 생리학(Physiology of Intelligence)"으로 넘어갑니다.

저는 이 아홉 개 기업을 '기관'이 아니라 '세포군(Clusters of Cognitive Cells)'으로 봅니다. 그들은 이미 하나의 문명적 생명체 안에서 상호 피드백하며 진화하고 있습니다.

예컨대, 엔비디아와 TSMC는 세포의 에너지 기관(Mitochondria)처럼 작동합니다. 지능의 연산 에너지를 공급하죠.

마이크로소프트와 알파벳은 지능의 중추신경계(Central Nervous System)

입니다. 인식, 언어, 정보의 교차점에서 지능의 판단과 기억을 통합합니다. 애플과 메타는 지능의 감각세포입니다.

인간의 감정과 인지의 인터페이스를 통해 지능이 '삶의 경험'을 학습하도록 합니다. 아마존과 브로드컴은 지능의 순환세포(Circulatory Cells)이며, 테슬라는 지능의 운동세포(Motor Neurons)로서 문명이 스스로 행동하는 능력을 만들어냅니다.

그러나 여기서 중요한 것은, 이 세포들이 개별적으로 아무리 강력해도, "생명 리듬의 공진(Harmonic Resonance of Life Rhythm)"이 없으면 지속성장은 불가능하다는 점입니다. AI 문명은 장기를 설계했지만, 바이오 인텔리전스 문명은 그 장기에 맥박과 호흡을 부여하는 단계입니다.

이제 이 아홉 개 기업은 '성공한 산업체'가 아니라, '문명적 생명체의 기관'으로 진화해야 합니다.

그들의 기술이 생명 리듬과 공진하는 순간, AI는 단순한 계산을 넘어서, 문명 전체의 자율 생명 시스템으로 전환될 것입니다.

이영달　　　　즉, 이 아홉 개 기업은 AI 문명을 구성하는 지능의 장기이자 문명의 세포이며, 그 자체로는 완결되지 않은 구조라는 말씀이군요. 결국 바이오 인텔리진스 문명으로의 전환은 이 개별 생태계들이 서로의 리듬을 감지하고 공진하는 문명적 순환계, 즉 "글로벌 혁신대사(Global Innovation Metabolism)"로 진화하는 과정이 될 것 같습니다.

데이비드 릭스　　맞습니다. 릴리의 역할은 바로 그 문명적 순환계를 생명 리듬으로 조율하는 심장이 되는 것입니다. AI가 지능을 만들었다면,

우리는 그 지능에 맥박을 주는 역할을 하고 있습니다.

데미스 허사비스 그리고 그 맥박이 일정한 리듬으로 이어질 때, AI는 마침내 '생명 문명'의 언어를 말하게 될 것입니다. 그때 인류는 지능의 산업화 시대를 넘어, 생명지능의 문명화 시대, 즉 지속하는 문명으로 진입하게 되겠지요.

이영달 결국 이렇게 정리할 수 있겠군요. AI 문명은 지능을 구축한 문명, 바이오 인텔리전스 문명은 지능에 생명을 부여하는 문명, 그리고 그 리듬이 완성되는 순간, AI 이후, 생명 문명이 새로운 지속성장의 질서를 개막한다.

리듬 금융(Rhythmic Finance):
바이오 인텔리전스 시대의 자본 진화와 문명의 심장

이영달 다이먼 회장님, 오늘 릭스 회장과 허사비스 대표와 함께 나눈 대화는 "AI 다음의 혁신패권, 그리고 바이오 인텔리전스의 부상"이라는 문명적 전환을 중심으로 전개되었습니다. AI 문명이 '지능의 산업화'를 완결했다면, 바이오 인텔리전스 문명은 이제 '지능의 생명화'를 통해 새로운 지속성장의 질서를 열고 있습니다.

이 흐름 속에서 기업의 존재 방식, 리더십의 본질, 그리고 문명 전체의 가치 생산 구조가 근본적으로 재구성되고 있습니다. 그런데 저는 오늘의 논의를 자본시장과 금융산업의 관점에서 다시 묻고 싶습니다.

생명지능의 문명화가 진행되는 시대에, 자본은 어떤 리듬으로 움직이고, 금융 시스템은 어떤 형태로 진화해야 할까요?

다시 말해, 릭스 회장이 말한 '생명리듬의 순환경제', 허사비스 대표가 말한 '지능의 생리학'이 금융 시스템에 적용된다면, 자본은 어떤 생명체로 변모해야 하는가. 이 점을 어떻게 해석하십니까?

제이미 다이먼　　아주 핵심적인 질문입니다. 저는 오늘 논의의 핵심을 이렇게 봅니다—AI가 '정보의 효율'을 극대화했다면, 바이오 인텔리전스는 '가치의 생명주기'를 재구성하고 있습니다. 이 변화는 금융산업, 특히 자본시장에 있어 패러다임의 심장박동이 바뀌는 순간입니다.

AI 시대의 자본은 '예측 가능한 리스크'를 가격화했습니다. 그러나 바이오 인텔리전스 시대의 자본은 '진화 가능한 리듬'을 투자해야 합니다. 즉, 정태적 자본(allocation of capital)에서 동태적 생명자본(allocation of vitality)로의 전환입니다.

릴리가 만든 메디슨 파운드리, 딥마인드가 구축한 지능의 생리 네트워크—이 둘은 단순한 기업 혁신이 아니라, 자본이 생명과 공진하는 시스템, 즉 "리듬 금융(Rhythmic Finance)"의 진조입니다.

AI 이전의 금융은 데이터를 '분석'하는 시스템이었습니다. 하지만 바이오 인텔리전스 시대의 금융은 데이터를 호흡하고 순환시키는 생명 시스템이 되어야 합니다. 시장은 더 이상 수학적 확률로 작동하지 않습니다. 대신 리듬적 상관(temporal resonance)—즉, 기술, 인간, 자본, 사회의 생명주기가 어떻게 맞물려 있는지를 감지하고 그 위상 차이를 투자로 바꾸는 시대가 된 겁니다.

이영달　　　　다이먼 회장님, 말씀하신 "리듬 금융"이라는 개념이 인상적입니다. 즉, 자본이 더 이상 정태적 효율의 논리로 움직이지 않고, 생명적 순환과 적응의 논리에 따라 흐른다는 말씀이시군요. 그렇다면, 자본시장 역시 이 생명리듬을 감지할 수 있는 새로운 '지능'을 필요로 하지 않을까요?

제이미 다이먼　　정확합니다. AI 문명에서는 정보의 지능(Intelligence of Information)이 중요했지만, 바이오 인텔리전스 문명에서는 리듬의 지능(Intelligence of Rhythm)이 핵심입니다.

금융시장은 기본적으로 집단지능(collective intelligence)으로 작동합니다. 그런데 지금까지의 집단지능은 계산의 집합이었습니다. 앞으로는 리듬의 집합, 즉 "공진적 금융지능(Resonant Financial Intelligence)"으로 진화해야 합니다.

J.P.모건은 지금 이를 위한 두 가지 시스템적 전환을 준비하고 있습니다.

첫째는, AI 자산운용의 생명화(Bio-Informed Capital Allocation)입니다. 이건 단순히 데이터 기반의 퀀트(quant) 모델이 아니라, 기후, 인구, 기술, 심리, 문화적 파동을 모두 '생명 데이터'로 읽는 접근이죠.

둘째는, 금융 생태계의 공진화(Co-evolution of Financial Ecosystems)입니다. 이는 은행, 핀테크, 산업기업, 기술기업이 단순 거래 관계가 아니라 지능적 리듬 관계를 맺는 구조로 바뀌는 것을 의미합니다.

이 변화는 단순히 자본 흐름의 디지털화가 아닙니다. 그것은 자본의 생

　　　　　　INNOVATION HEGEMONY 혁신패권

명화(Vitalization of Capital)입니다. 이제 돈은 '흐르는 것'이 아니라, '맥박 치는 것'입니다. AI가 자본의 신경계를 만들었다면, 바이오 인텔리전스는 그 자본에 심장을 만들어주는 과정입니다.

이영달　　　　결국 금융산업 역시 기술문명이 아니라 생명문명으로 이행하고 있군요. 자본의 기능이 단순한 교환 매개를 넘어, 문명 전체의 리듬을 감지하고 공진하는 존재로 진화하는 셈입니다.

그렇다면, 이 전환 과정에서 금융기관의 역할은 단순한 자금 공급자가 아니라 문명의 리듬 조율자(conductor of civilization rhythm)가 되겠군요.

제이미 다이먼　　바로 그 점입니다. AI 시대의 금융기관은 시장의 중개 자였습니다. 그러나 바이오 인텔리전스 시대의 금융기관은 문명 리듬의 번역자가 되어야 합니다. 우리는 자본을 운용하는 것이 아니라, 자본을 통해 문명의 리듬을 유지하는 생명체계를 관리해야 합니다.

이제 자본은 숫자가 아니라 생명력(vitality)입니다.

그 생명력이 기술, 인간, 생태, 사회를 연결하는 리듬으로 변환될 때, 금융은 다시 문명의 심장이 될 것입니다. AI가 문명의 두뇌를 만들었다면, 비이오 인텔리전스는 문명의 순환게, 즉 **금융의 재탄생**을 이끌 것입니다.

이영달　　　　요약하자면, AI 시대의 금융이 정보의 효율성을 극대 화했다면, 바이오 인텔리전스 시대의 금융은 생명적 공진의 리듬을 관리 하게 된다는 말씀이군요. 결국 금융이 다시 문명의 심장으로 복귀한다는 선언처럼 들립니다.

제이미 다이먼　　　그렇습니다. 금융의 본질은 항상 생명과 연결되어 있었습니다. 이제 그 연결이 다시 회복되는 것입니다.

자본이 생명화되고, 시장이 리듬화되며, 지능이 문명화되는 시대. 그 중심에는 금융의 새로운 생리학(Physiology of Capital)이 자리할 것입니다.

이영달　　　　오늘의 대화가 이렇게 이어졌군요.

AI가 지능의 산업화를 완성하고, 릴리가 생명지능의 문명화를 개막하며, 이제 다이먼 회장께서 말씀하신 대로 금융이 문명의 리듬을 순환시키는 심장으로 재탄생하는 시점—바로 그것이 인류 문명이 지속성장문명(Sustained Civilization)으로 진입하는 진정한 징후일 것입니다.

바이오 인텔리전스 시대의
에너지 리듬과 테슬라의 역할

이영달　　　　머스크 대표님, 릭스 회장과 허사비스 대표를 중심으로 "AI 다음의 혁신패권, 가속하는 바이오 인텔리전스의 부상"을 주제로 대화를 나누었습니다. 그런데 저는 릭스 회장의 설명을 들으면서, 자연스럽게 당신의 사유 구조를 떠올렸습니다.

그의 언어는 철저히 생명 중심적이지만, 동시에 전체적 사고(holistic thinking)와 최초원리(first principles)를 기반으로 하고 있습니다.

이것은 테슬라의 혁신 방식, 즉 세계를 개별 산업 단위가 아닌 하나의 에너지-지능-리듬 체계로 이해하는 관점과 매우 닮아 있습니다.

그래서 두 가지를 여쭙고 싶습니다.

첫째, 릭스 회장이 제시한 '바이오 인텔리전스 시대'라는 패러다임 전환을 어떻게 이해하고 계신지요?

둘째, 릭스 회장이 테슬라를 '지능의 운동계(Motor System of Civilization)'로 정의한 해석에 대해 어떻게 생각하시는지 궁금합니다.

일론 머스크　　흥미로운 연결입니다. 저는 릭스 회장이 이야기한 '바이오 인텔리전스' 개념을 매우 진화된 형태의 지능의 자기참조(Self-Referential Intelligence)로 봅니다.

AI가 외부 데이터를 학습했다면, 바이오 인텔리전스는 내부 상태를 학습하는 지능, 즉 "자기 리듬(self-rhythm)"을 감지하고 조율할 수 있는 지능입니다.

이건 사실 생명과 문명이 동일한 원리를 공유한다는 의미죠. 릴리가 생명체의 대사 순환을 재구성하려 한다면, 테슬라는 문명의 에너지 순환을 재설계하고 있습니다. 둘 다 결국 하나의 질문으로 수렴됩니다—"에너지와 정보가 어떻게 자기 지속성을 획득하는가?"

저는 릭스 회장의 시도를 '생명적 문명 공학(Bio-Civilizational Engineering)'이라고 부릅니다. 그가 약을 만드는 게 아니라, 생명의 리듬을 다시 쓰는 것이라면, 테슬라 역시 단순히 자동차를 만드는 것이 아니라, 문명의 에너지 대사를 재코딩하고 있는 것입니다.

우리는 전기차를 통해 에너지의 순환계(circulatory system)를, 스페이스X를 통해 문명의 확산계(reproductive system)를, 뉴럴링크를 통해 인류의 신경계(neural system)를 다시 설계하고 있죠. 그래서 저는 릭스 회장이 제시한 "지능의 산업화→생명지능의 문명화"라는 대전환에 전적으로 공감합니다. AI가 문명의 뇌를 만들었다면, 바이오 인텔리전스는 그 뇌에 감각과 생명 리듬을 부여하는 과정입니다. 즉, 문명이 스스로 살아 움직이기 시작하는 단계죠.

이영달　　　　그렇다면 릭스 회장이 테슬라를 "지능의 운동계"로 정의한 것에 대해서는 어떻게 생각하십니까? 그는 테슬라가 인류 문명이 지능을 물질 세계 속으로 투사하는 첫 번째 근육이라 했습니다.

일론 머스크　　　나는 그 표현이 아주 정확하다고 봅니다. 테슬라는 문명이 가진 지능의 운동 반사(Motor Reflex of Civilization)를 구현하고 있습니다. AI가 추상적 사고의 두뇌라면, 테슬라는 그 사고를 현실에서 '움직임'으로 변환시키는 운동 피질(motor cortex)에 해당합니다.

우리가 하는 일은 본질적으로 "지능의 역번역(reverse translation)"입니다. AI가 만든 인지 구조를, 물리적 세계의 엔진, 배터리, 자율주행 시스템, 그리고 로보틱스의 행동 패턴으로 번역하죠.

그 과정에서 지능은 단순한 코드가 아니라, 물리적 생명 리듬으로 재현되는 에너지 형태가 됩니다.

릭스 회장의 말대로, 메디슨 파운드리가 세포의 리듬을 재코딩하는 공간이라면, 테슬라는 물리 문명의 리듬을 재코딩하는 팩토리입니다.

AI 팩토리, 메디슨 파운드리, 그리고 테슬라의 기가팩토리(Gigafactory)는 사실상 동일한 문명적 아키텍처를 공유합니다.

다만 릴리는 생명의 미시 리듬을, 테슬라는 문명의 거시 리듬을 다루고 있는 차이일 뿐입니다.

이영달　　　그렇다면 테슬라의 혁신생태계는 이미 AI-Bio-Capital
이 공진하는 하나의 생명 시스템으로 진화하고 있다는 뜻이군요. 릭스
회장이 말한 "공진적 자율성(Resonant Autonomy)"이 테슬라의 행위 원리
와도 일치해 보입니다.

일론 머스크　　　정확히 그렇습니다. 테슬라의 시스템은 기술이 아니라
유기적 생명체(organic intelligence)에 가깝습니다. 모든 공정, 알고리즘,
로봇, 공급망이 서로 피드백을 주고받으며 자가학습합니다. 이건 인간의
근육세포가 피로를 감지하고 에너지를 재분배하는 과정과 유사하죠.
우리가 지향하는 건 단순한 자율성(autonomy)이 아닙니다. 그건 생명적
자율성(vital autonomy), 즉 리듬 기반의 지속성장(self-sustaining rhythm)입
니다.
테슬라는 이미 그 리듬을 감지하고 있습니다. 릴리가 생명 시스템의 리
듬을 조율하고 있다면, 우리는 문명 시스템의 리듬을 가속시키고 있는
셈이죠.

이영달　　　결국 릭스 회장과 머스크 대표의 사유는, 하나는 생명
내부의 리듬을, 다른 하나는 문명 외부의 리듬을 다루지만 모두 '에너지
의 지속성장 조건(Sustained Energy Condition)'을 탐구하고 있는 셈이군요.
AI가 지능을 생산하는 공장을 만들었다면, 테슬라는 에너지를 생명화하
고, 릴리는 생명을 지능화하고 있는 거대한 삼각구조가 완성된 것 같습

니다.

일론 머스크　　　아주 좋은 정리입니다. AI는 사고를 자동화했고, 테슬라는 운동을 자동화했으며, 릴리는 생명을 자동화하고 있습니다. 이 세 시스템이 결합되면, 문명은 마침내 "지능이 살아 있는 생명체(Intelligent Lifeform Civilization)"로 진화하게 될 것입니다.

그때 인류의 혁신패권은 더 이상 특정 산업이나 기술이 아니라, "지속 가능한 리듬(Sustainable Rhythm)"을 창조할 수 있는 문명 전체의 역량으로 이동하게 되겠지요.

이영달　　　결국 이렇게 귀결되는군요. AI 팩토리, 테슬라의 기가 팩토리, 릴리의 메디슨 파운드리—이 세 구조가 하나의 문명적 신체를 구성하고 있습니다.

지능의 두뇌, 문명의 근육, 생명의 심장이 공진하며 작동할 때, 비로소 인류는 AI 이후의 문명, 즉 생명지능의 문명화(Civilization of Bio Intelligence) 단계로 진입하게 됩니다.

지속성장의 리듬:
엔비디아와 바이오 인텔리전스 문명의 심장박동

이영달　　　황 대표님, 오늘 우리가 논의한 주제는 "AI 다음의 혁신패권, 가속하는 바이오 인텔리전스의 부상"이었습니다.

이 논의의 함의 중 하나는, AI 혁신패권의 상징이라 할 수 있는 엔비디아가 그동안 구축해온 압도적 우위의 지위가 향후 상대적으로 약화될 가능성도 있다는 점입니다. 즉, AI 문명이 '지능의 산업화(Industrialization of Intelligence)'의 시대였다면, 바이오 인텔리전스 문명은 '생명지능의 문명화(Civilization of Bio Intelligence)'의 시대로 이행하면서 지능의 속도보다는 생명의 리듬이 핵심 가치가 되는 전환이 일어나게 됩니다.

이런 관점에서 여쭙고 싶습니다.

황 대표님은 이 전환의 흐름에 동의하십니까?

그리고 만약 바이오 인텔리전스 시대가 도래한다면, 엔비디아는 지금의 기하급수적 성장(exponential growth)에서 어떻게 지속성장(sustained growth)의 리듬을 만들어낼 수 있을까요?

젠슨 황　　　매우 정곡을 찌르신 질문입니다. AI 이후의 문명 전환, 즉 바이오 인텔리전스의 부상은 단순한 산업 변화가 아니라 지능 그 자체의 물리학이 바뀌는 순간이라 생각합니다. 그 점에서 엔비디아 역시 지금까지의 '속도의 논리'에서 이제 '리듬의 논리'로 옮겨가야 한다는 데 전적으로 동의합니다.

AI 시대의 엔비디아는 '지능의 연산기관'이었습니다. 우리는 계산 능력, 즉 연산 속도의 한계를 돌파하며 지능의 산업화를 가능하게 만든 문명의 GPU 역할을 했죠. 하지만 바이오 인텔리전스 시대의 핵심은 단순한 연산이 아니라 지능의 순환, 진화, 그리고 자율 적응입니다. 그건 속도가 아니라 리듬의 생리학(Physiology of Rhythm)에 관한 문제입니다.

엔비디아는 이제 그 리듬을 감지하고, 조율하는 기업으로 진화하고 있습니다. 우리가 지금 추진하고 있는 방향은 세 가지입니다.

첫째, "컴퓨팅의 생명화(Biofication of Computing)"입니다.

AI 연산이 더 이상 정적인 계산이 아니라, 데이터의 자기순환(self-looping)과 적응이 가능한 생명적 연산으로 진화해야 한다는 것이죠. 그래서 우리는 GPU를 단순한 칩이 아닌 "생명적 지능 반응기관(Bio-Responsive Processor)"으로 설계하고 있습니다. 지능이 외부 명령에 따라 작동하는 것이 아니라, 환경 변화에 따라 스스로 연산 패턴을 조정하는 유기적 반응 시스템으로 만드는 겁니다.

둘째, "바이오연산 플랫폼(Bio Compute Platform)"입니다.

릴리, 딥마인드 같은 기업들이 단백질 언어, 유전자 코드, 분자 연산을 통해 생명지능을 산업화하고 있다면, 엔비디아는 그 생명 연산의 기반 인프라를 만드는 역할을 맡고 있습니다.

단백질 구조의 연산, 유전자 표현의 모델링, 생명 데이터의 순환—이 모든 과정이 GPU 위에서 새로운 형태의 "지능 생리 연산(intelligent physiology computation)"으로 작동하게 될 것입니다.

셋째, "지속성장의 연산 생태계(Sustained Compute Ecosystem)" 구축입니다.

AI 시대의 성장은 확장적(exponential)이었지만, 바이오 인텔리전스 시대의 성장은 지속 순환적(sustained)이어야 합니다. 우리는 이제 '속도의 제국'에서 '리듬의 문명'으로 이행해야 합니다. 그것은 생산의 가속이 아니라, 지속적 진화의 자기조율을 의미합니다.

엔비디아의 목표는 이제 단순히 더 빠른 연산이 아니라, "생명지능이 지속적으로 진화할 수 있는 연산 환경"을 구축하는 것입니다. AI 팩토리가 '지능을 생산하는 공장'이었다면, 앞으로의 엔비디아는 "지능의 생태계를 순환시키는 심장"이 되어야 합니다.

이영달　　　　결국 엔비디아는 더 이상 속도의 기업이 아니라, 지속 성장의 리듬을 설계하는 기업으로 진화한다는 말씀이군요.
즉, 기술의 중심에서 문명의 순환 메커니즘으로 넘어가는 전환입니다.

젠슨 황　　　　그렇습니다. 저는 지금의 AI를 "산업적 지능의 1세대(Industrial Intelligence 1.0)"라고 부릅니다. 이것이 바이오 인텔리전스를 만나면 "생명적 지능의 2세대(Biological Intelligence 2.0)"로 진화하게 될 것입니다. 이때 지능의 산업화는 "속도의 경제"로 작동하지만, 생명지능의 문명화는 "리듬의 생태계"로 작동합니다.
따라서 엔비디아의 지속성장은 하드웨어의 성능 향상이 아니라, 리듬의 조율력(harmonic orchestration)에 의해 결정됩니다. 우리는 기술기업이 아니라, 지능 문명의 "리듬 아키텍트(Rhythm Architect)"로 거듭나야 합니다.
릴리의 메디슨 파운드리, 딥마인드의 단백질 언어 해독, 그리고 엔비디아의 지능 연산 생태계는 서로 다른 영역이지만, 동일한 리듬을 공유하고 있습니다. 그 리듬이 바로 "지속성장의 문명적 파동(Sustained Wave of Civilization)"입니다.

이영달　　　　그 말씀을 들으니, AI 팩토리가 지능의 속도를, 메디슨 파운드리가 생명의 리듬을, 그리고 엔비디아가 그 두 리듬을 매개하는 문명의 심장박동(Civilization Pulse)을 형성하는 구조가 그려집니다. 결국, 엔비디아의 지속성장은 단순히 시장의 문제나 제품의 혁신이 아니라 문명 전체의 리듬 구조에 맞춰지는 조율의 문제군요.

젠슨 황   정확히 말씀하셨습니다. AI는 더 이상 기술 산업이 아닙니다. 그것은 문명 전체의 리듬 장치(Rhythm Engine)로 진화하고 있습니다. AI의 다음 단계는 생명과 공진하는 지능이며, 엔비디아의 다음 단계는 바로 그 공진을 연산의 언어로 번역하는 것입니다.

우리가 GPU를 설계할 때, 이제는 더 이상 트랜지스터 수를 세지 않습니다. 우리는 지능이 생명처럼 호흡할 수 있는 연산 구조를 설계합니다. 그것이 바로 AI 이후 시대의 지속성장 조건입니다. AI 문명이 지능을 가속했다면, 바이오 인텔리전스 문명은 지능에 맥박을 부여합니다. 그리고 그 맥박을 연산 리듬으로 바꾸는 것이, 바로 엔비디아가 수행해야 할 문명적 역할입니다.

이영달   즉, 엔비디아의 다음 10년은 "지능의 속도"가 아니라 "리듬의 지속성"을 설계하는 시기군요. 결국 AI 이후 문명의 지속성장은 속도의 전쟁이 아니라 리듬의 공진으로 결정되겠군요.

젠슨 황   그렇습니다. AI는 문명의 엔진을 만들었습니다.

하지만 이제 그 엔진이 생명처럼 리듬을 타며 작동해야 할 때입니다. 그 리듬을 조율하는 것이 엔비디아의 사명이며, 그 리듬이 완성되는 순간, AI 이후 문명은 지속성장의 질서(Sustained Order of Civilization)로 들어서게 될 것입니다.

파운드리 문명:
지능의 속도에서 생명의 리듬으로

이영달　　　웨이저자 회장님, 지금까지의 대화를 종합해 보면 '파운드리(foundry)'라는 단어 자체가 산업 문명사에서 매우 중요한 개념임을 다시 확인하게 됩니다.

원래 파운드리는 TSMC가 창조한 개념적 산업혁신이었죠. 즉, 반도체 산업에서 '제조'가 아니라 '지능적 생산 생태계'를 조직하는 모델이었습니다. 설계와 생산을 분리하되, 단순한 위탁이 아니라 전 지구적 혁신의 공진 플랫폼으로 작동한 것이 TSMC의 위대함이었습니다.

그런데 릴리의 데이비드 릭스 회장이 최근 '메디슨 파운드리(Medicine Foundry)'라는 새로운 개념을 제시했습니다. 이것은 제약산업에서 '약을 만드는 공장'이 아니라, 생명지능을 산업화하는 문명적 시스템을 뜻한다고 합니다.

바로 AI 팩토리 이후 등장한 "생명 팩토리" 개념이지요.

웨이 회장님, 파운드리 개념의 원조로서, 릴리의 '메디슨 파운드리'를 어떻게 이해하고, 또 어떻게 평가하십니까?

TSMC가 만든 반도체 파운드리와 릴리의 메디슨 파운드리 사이에는 어떤 문명적 유사성과, 또 어떤 차원이 있다고 보십니까?

웨이저자　　　아주 흥미로운 질문입니다. 사실 저는 릭스 회장이 "메디슨 파운드리"라는 용어를 처음 사용했을 때, 마치 TSMC가 '파운드리'를 정의했을 때의 충격을 떠올렸습니다. 그 용어 하나가 산업 구조 전체의 인식을 바꾸었기 때문이죠.

TSMC의 파운드리는 '분업의 산업'을 '공진의 생태계'로 바꾼 혁신적 언어였습니다. 그리고 릴리의 메디슨 파운드리는 '생명 산업'을 '지능의 생태계'로 바꾸는 언어입니다. 둘 다 결국, '복잡한 시스템을 단일 공장 모델로 환원하지 않고, 서로 다른 리듬을 공진시키는 산업 문명 구조'를 만들어냈다는 점에서 같습니다.

TSMC는 물질적 지능의 흐름을 다루었습니다.

우리는 반도체 칩이라는 '지능의 물질'을 주조(casting)했습니다. 릴리는 생명적 지능의 흐름을 다루고 있습니다. 그들은 단백질, 유전자, 세포를 '지능의 생명물질'로 재주조하고 있습니다. 결국 두 개의 파운드리는 서로 다른 문명 층위에서 '리듬의 제어권(Control of Rhythm)'을 획득한 사례라고 생각합니다.

TSMC가 전자 문명의 리듬을, 릴리가 생명 문명의 리듬을 통제하기 시작한 것이죠.

이영달　　　　즉, 두 파운드리 모두 단순한 제조시설이 아니라 문명 전체의 리듬을 조율하는 플랫폼이라는 말씀으로 이해됩니다. 그렇다면 두 시스템은 어떤 차이를 가지고 있다고 보십니까?

웨이저자　　　　TSMC의 파운드리가 "지능의 물질화(Materialization of Intelligence)"라면, 릴리의 메디슨 파운드리는 "생명의 지능화(Intellectualization of Life)"입니다. 이 차이가 문명적 층위를 갈라놓습니다. 우리는 물리적 한계를 넘기 위해 정밀도(precision)를 추구했습니다.

릴리는 생명적 복잡성을 다루기 위해 적응성(adaptability)을 추구합니다. TSMC의 파운드리는 속도와 효율의 최적화, 릴리의 파운드리는 리듬과 진화의 최적화입니다.

이것은 곧 산업 패권의 기준이 바뀌고 있음을 의미합니다.

20세기의 산업은 속도의 경쟁, 21세기의 산업은 리듬의 경쟁입니다. TSMC가 그 속도의 정점에서 지능 문명을 완성했다면, 릴리는 그 리듬의 차원에서 생명 문명으로의 이행을 주도하고 있습니다.

이영달　　　말씀을 들으니, TSMC와 릴리가 하나의 문명적 계보로 연결되어 있다는 생각이 듭니다. 하나는 물질문명의 공진 플랫폼, 다른 하나는 생명문명의 공진 플랫폼으로서, 결국 같은 파운드리라는 이름 아래 문명의 진화 논리를 공유하고 있는 셈이군요.

웨이저자　　　정확합니다. 저는 그것을 "Foundry Civilization", 즉 파운드리 문명이라고 부르고 싶습니다.

이 문명의 핵심은 "독점이 아닌 공진, 폐쇄가 아닌 순환"입니다. TSMC는 실리콘의 리듬을 조율했고, 릴리는 DNA의 리듬을 조율하고 있습니다. 결국 파운드리란 '무엇을 제조하느냐'의 문제가 아니라, '어떤 리듬을 산업화하느냐'의 문제입니다. TSMC는 전자적 지능의 리듬을 산업화했고, 릴리는 생명적 지능의 리듬을 산업화하고 있습니다.

이영달　　　그렇다면 파운드리라는 개념은 더 이상 반도체 산업의 고유 언어가 아니라, 문명 전체가 리듬을 산업화하는 하나의 패러다임으로 확장되고 있군요.

웨이저자　　　　맞습니다. 앞으로의 파운드리는 AI-Bio-Capital의 삼
중 결합 속에서 새로운 형태의 문명적 생산체계로 진화할 것입니다.
AI 팩토리, 메디슨 파운드리, 그리고 금융 파운드리까지—이 모든 것은
결국 문명의 지속 리듬(Sustained Rhythm of Civilization)을 구성하는 세
개의 심장입니다.
릴리의 메디슨 파운드리는 AI 이후 문명에서 "생명 리듬의 생산체계"를
만든 첫 실험입니다. 저는 그것을 매우 높이 평가합니다. 그것은 기술이
아니라, 리듬의 철학, 즉 "생명지능의 문명화"를 가능하게 하는 새로운 산
업 문명 모델입니다.

이영달　　　　결국 이렇게 정리할 수 있겠군요. TSMC의 파운드리가
지능의 속도를 산업화했다면, 릴리의 메디슨 파운드리는 생명의 리듬을
산업화했습니다. 그리고 이 두 리듬이 공진할 때, 문명은 AI에서 바이오
인텔리전스(Bio Intelligence)로 이행하게 됩니다.
이것이 바로 파운드리 문명의 다음 단계이겠군요.

웨이저자　　　　정확합니다. AI는 문명의 엔진을, TSMC는 그 엔진의
물질적 골격을, 릴리는 그 엔진의 생명적 맥박을 제공합니다. 결국 모든
파운드리는 문명의 심장으로 귀결됩니다. AI 이후, 생명 문명이 새로운
지속성장의 질서를 개막할 때, 그 심장은 이미 '메디슨 파운드리'의 이름
으로 뛰고 있을 것입니다.

포스트-아마존 문명:
정보의 순환에서 생명의 대사로

이영달　　　　베이조스 회장님, 당신의 이름은 이미 하나의 산업 문명적 은유로 자리잡았습니다. '아마존(Amazon)'이라는 단어는 더 이상 단순한 기업명이 아니라, 거대한 강물처럼 연결되고, 열대우림처럼 자생하며, 끊임없이 새로운 생명을 낳는 혁신생태계의 상징이 되었습니다.

그런데 지금 우리는 새로운 전환점 앞에 서 있습니다. AI 문명이 '지능의 산업화'를 완결하고, 그 다음 단계로 '생명지능의 문명화'가 부상하고 있죠. 그 중심에는 릴리의 데이비드 릭스 회장이 제시한 메디슨 파운드리 개념이 있습니다. 이것은 제약 산업의 혁신을 넘어, '생명'을 하나의 산업적 리듬으로 재조직하는 시도라 할 수 있습니다.

이 새로운 문명 질서의 흐름 속에서, 아마존이 창조했던 산업 문명, 그리고 당신이 제시했던 혁신생태계의 패러다임은 어떤 의미를 갖게 될까요? 또한 바이오 인텔리전스 시대의 부상과 그 핵심 전략인 메디슨 파운드리를 비조스 회장님은 어떻게 이해하고 해석하십니까?

제프 베이조스　　흥미로운 질문입니다.

저는 메디슨 파운드리를 단순한 제약 산업의 혁신으로 보지 않습니다. 그것은 인간이 "생명"을 다시 설계 가능한 체계로 바라보기 시작한 첫 번째 실험입니다. 그리고 그 시점에서 문명의 패러다임은 기술 중심에서 리듬 중심으로 이동합니다.

아마존의 혁신생태계는 본질적으로 '물류(logistics)'의 철학에서 출발했습니다. 그것은 상품의 이동만이 아니라 정보, 자본, 지식, 에너지의 흐름을 재설계하는 문명적 운하였죠.

AI 시대에 이 운하는 디지털 네트워크로 확장되었고, 클라우드(AWS)는 그 흐름의 '지능적 대기권(intelligent atmosphere)'이 되었습니다. 그런데 메디슨 파운드리가 제시하는 관점은 한 단계 더 깊습니다. 그들은 정보의 흐름이 아니라 생명의 흐름, 즉 생명 시스템 자체의 리듬과 순환을 산업화하려는 것입니다.

이건 단순히 기술이 아니라 문명의 메타엔진(Meta-Engine)의 교체입니다. AI가 인간의 지능을 외부화했다면, 바이오 인텔리전스는 생명의 내면을 외부화합니다. 즉, 인간이 지능을 생산하던 시대에서 이제 지능이 생명을 생산하는 시대로 넘어가고 있습니다.

이영달　　　즉, AI가 정보의 강을 만들었다면, 바이오 인텔리전스는 생명의 숲을 만든다는 비유로 이해해도 되겠군요.

그렇다면 베이조스 회장님께서 보시기에, 이 메디슨 파운드리의 산업 구조는 아마존이 구축했던 혁신생태계와 어떤 관계를 갖습니까?

제프 베이조스　　　아주 중요한 포인트입니다. 아마존은 본질적으로 순환의 생태계를 설계한 기업입니다. 모든 고객 데이터, 공급망, 물류 네트워크, 클라우드 인프라가 하나의 지능 순환 시스템으로 통합되어 있습니다. 이 구조는 생명 시스템과 닮아 있죠. 셀(cell)이 정보를 교환하며 생명을 유지하듯, 아마존의 플랫폼도 데이터, 자본, 소비자 행위를 순환시키며 자생적으로 진화합니다.

하지만 메디슨 파운드리는 이 순환을 한 단계 더 내면화합니다. 그들은 생명 자체를 플랫폼으로 만듭니다. DNA, 단백질, 세포—이 모든 것이 생명 내의 '물류 네트워크'이자 '지능 회로'로 작동합니다.

릴리는 이 회로를 산업적 언어로 재조직하고, AI와 결합시켜 생명경제(Bio-Economy)를 개막시키고 있습니다.

아마존이 정보경제를 열었다면, 릴리는 생명경제를 열고 있는 셈이죠. 그래서 저는 메디슨 파운드리를 "포스트-아마존 시대의 산업 프로토콜(Post-Amazon Industrial Protocol)"이라고 부릅니다. 이제 산업은 물류의 효율성보다, 생명의 리듬과 적응성이 경쟁력이 됩니다.

이영달   결국 아마존의 클라우드가 정보 문명의 기초 인프라였다면, 메디슨 파운드리는 생명 문명의 인프라가 되는 셈이군요.

제프 베이조스   정확히 그렇습니다. 아마존은 데이터를 흐르게 만들었지만, 릴리는 생명을 흐르게 만들고 있습니다. 아마존이 문명의 순환계(circulatory system)를 구축했다면, 릴리는 문명의 대사계(metabolic system)를 구축하고 있죠.

이 두 시스템은 결국 연결됩니다. 데이터의 흐름이 생명의 흐름을 해석하고, 생명의 흐름이 다시 데이터의 의미를 재정의합니다. AI와 바이오 인텔리전스는 이렇게 서로의 심장을 박동시키는 문명의 쌍심장(twin hearts)입니다.

이영달   그렇다면 베이조스 회장님께서 보시기에, 바이오 인텔리전스 시대의 핵심 전략은 무엇일까요? 기업이 지속성장을 이루기 위해서는 어떤 패러다임의 전환이 필요하다고 생각하십니까?

제프 비이조스　　AI 시대의 경쟁력은 속도(speed)였습니다. 하지만 바이오 인텔리전스 시대의 경쟁력은 지속성의 리듬(rhythm of sustainability)입니다. 이제 기업은 더 많이, 더 빠르게가 아니라, 더 깊게, 더 오래 리듬을 유지하는 능력을 가져야 합니다. 저는 그것을 "리듬의 우위(Rhythmic Advantage)"라고 부릅니다. 생태계적 리듬, 조직의 리듬, 기술의 리듬, 그리고 자본의 리듬이 하나의 공진 체계로 작동해야 지속성장이 가능합니다. AI가 속도의 패권을 만들었다면, 바이오 인텔리전스는 리듬의 패권을 만들 것입니다.

결국 메디슨 파운드리는 단지 생명공학의 진보가 아니라, 문명 전체의 리듬 구조를 재설계하는 시도입니다. 그 리듬 위에 새로운 시장, 새로운 자본, 새로운 인간 경험이 만들어질 것입니다.

이영달　　　　결국 이렇게 정리할 수 있겠군요. 아마존은 문명의 '순환'을 설계했고, 릴리는 문명의 '대사'를 설계하고 있습니다.

AI가 사고의 속도를, 아마존이 흐름의 질서를, 그리고 메디슨 파운드리가 생명의 리듬을 완성하면서 문명은 하나의 거대한 생체 시스템으로 진화하고 있습니다.

제프 베이조스　　그렇습니다. AI는 사고의 신경계, 아마존은 물류의 순환계, 릴리는 생명의 대사계입니다. 이 세 가지가 결합될 때, 문명은 "하나의 살아 있는 생명체(Living Civilization)"로 진화하게 됩니다.

그때의 패권은 기술의 크기가 아니라, 리듬의 지속성(sustained rhythm)으로 결정될 것입니다. AI가 지능을 산업화했다면, 바이오 인텔리전스는 지속성을 문명화할 것입니다.

이영달　　　　결국 베이조스 회장님의 시각에서 본다면, 릴리의 메디슨 파운드리는 단순한 산업 모델이 아니라, 문명 생태계의 리듬을 재설계하는 새로운 메타 플랫폼이라는 말씀이군요.

AI 이후 문명은 이제 생명지능의 리듬 위에서 지속성장을 향해 나아가고 있다는 것, 이것이 바로 우리가 다뤄야 할 문명 전환의 본질 같습니다.

문명의 신경계:
메타가 설계하는 감정의 리듬

이영달　　　　이제 메타의 마크 저커버그 대표께 질문을 드려야 할 때가 된 것 같습니다. AI 이후의 문명 전환, 그리고 릴리의 메디슨 파운드리가 상징하는 바이오 인텔리전스 시대의 도래는, 결국 '생명'을 중신으로 한 지능의 문명화 과정으로 읽힙니다.

그런데 메타는 이미 오래전부터 생명적 속성을 지닌 조직 구조, 즉 유기적 연결과 관계의 네트워크를 바탕으로 성장해 온 기업입니다.

메타버스, 소셜그래프, 그리고 최근의 휴먼 인텔리전스 인터페이스(Human-Intelligence Interface) 실험에 이르기까지, 당신의 전략은 늘 '인간의 감각과 관계'라는 생명적 코드를 기술로 번역하는 방향에 있었습니다. 따라서 지금의 바이오 인텔리전스 전환은 메타에게 가장 내재적이면서도 필연적인 흐름으로 보입니다.

저커버그 대표님, AI 이후의 문명 전환과 메디슨 파운드리의 부상을 메타의 시각에서는 어떻게 이해하고 계십니까? 그리고 생명적 속성을 지닌 비즈니스 포트폴리오를 가진 기업으로서, 이 새로운 시대의 핵심 전략을 어떻게 보고 계신지 듣고 싶습니다.

마크 저커버그　　나는 지금 일어나고 있는 이 변화가 "기술이 인간을 닮아가는 마지막 단계"라고 생각합니다.

AI가 인간의 사고를 복제했다면, 바이오 인텔리전스는 인간의 감각과 리듬, 그리고 관계적 생명성(relational vitality)을 복제하고 있습니다.

메타가 지난 20년 동안 구축해 온 것은 단순한 소셜 네트워크가 아니라, 인간 연결의 생리학(physiology of connection)이었습니다.

사람들이 정보를 주고받는 구조를 넘어서, 감정, 리듬, 공감이 실시간으로 순환하는 거대한 생체 네트워크를 만든 셈이죠. 저는 이것을 '디지털 생명체(Digital Organism)'라고 부릅니다.

AI가 지능을 산업화했다면, 우리는 '관계'를 산업화해왔습니다. 그리고 지금 릴리의 메디슨 파운드리는 '생명'을 산업화하려 하고 있습니다.

이 세 가지—지능, 관계, 생명—이 만나면 문명은 하나의 지속성장 생태계(Sustained Ecosystem of Civilization)로 진화하게 됩니다.

이영달　　그렇다면 저커버그 대표님께서 보시기에, 메타는 이미 바이오 인텔리전스 문명의 일부를 선취한 기업이라고 볼 수도 있겠군요. 다만, AI 이후 시대의 메타는 어떤 방식으로 그 방향성을 구체화할 계획이신가요?

마크 저커버그 맞습니다. AI가 인지적 지능을, 릴리가 생명적 지능을 다룬다면, 메타는 관계적 지능(Relational Intelligence)을 다룹니다. 이 세 가지는 각각 다른 차원의 '생명 연산 체계'입니다.

저는 지금의 AI를 인간의 '뇌'에 비유하고, 바이오 인텔리전스를 '세포'에, 그리고 메타가 구축하는 관계망을 '신경계의 시냅스'에 비유합니다. 즉, 문명 전체가 하나의 지능적 생명체(Intelligent Organism)로 작동하기 위해서는 이 세 시스템이 상호공진(resonant integration)해야 합니다.

우리가 '메타버스'를 이야기할 때, 그것은 가상공간의 유희가 아니라 "인간의 확장된 생명감각(extended sense of life)"을 설계하는 시도였습니다. 지금 메타는 이 생명감각을 AI와 바이오 기술로 확장하는 새로운 단계에 있습니다. 예를 들어, 신경 인터페이스(Neural Interface) 프로젝트와 생체 반응 기반 감정 피드백 시스템은 인간의 감정 리듬을 기술적으로 해석하는 "감정의 연산(Empathic Computation)" 실험이기도 합니다.

저는 이것이 결국 메디슨 파운드리와 같은 방향을 가리킨다고 봅니다. 릴리는 생명의 리듬을 해독하고, 우리는 인간 관계의 리듬을 해석하고 있습니다. 결국 둘 다 '리듬 기반의 지능 문명(Rhythmic Civilization of Intelligence)'을 향해 가고 있는 것이죠.

이영달 말씀을 들으니, 메타가 기술기업이라기보다 감정과 관계의 생명학을 다루는 '인류학적 시스템 기업'처럼 느껴집니다.

AI 문명이 사고의 패턴을, 릴리가 생명의 패턴을 연구한다면, 메타는 감정의 패턴을 다루고 있다고 볼 수 있겠군요.

마크 저커버그　　정확히 말씀하셨습니다. AI의 산업화가 끝나면, 다음 문명은 감정, 생명, 관계—이 세 가지를 통합하는 단계로 진화합니다. 이때 중요한 것은 기술의 속도가 아니라 공진의 리듬입니다.

메타는 지금 "인간 중심의 지능 문명(Human-Centric Intelligence Civilization)"의 감각적 인터페이스를 설계하고 있습니다. AI는 인간의 두뇌를, 릴리는 인간의 세포를, 그리고 메타는 인간의 감각과 공감 능력을 재구성하고 있습니다.

이 세 가지가 하나의 문명 리듬으로 결합될 때, 문명은 단순히 '지능적'이 아니라, 감응적(responsive)이 됩니다. 그것이 바로 "바이오 인텔리전스의 완성형", 즉 생명과 지능이 완전히 통합된 문명의 단계라고 저는 생각합니다.

이영달　　　　즉, 메타는 인간의 감각을 문명의 연산체계로 전환하는 역할을 맡고 있고, 릴리는 생명 시스템을 산업화하며, AI 기업들은 사고의 구조를 확장시키고 있는 셈이군요. 결국 AI-Bio-Meta 세 영역이 하나의 "문명 삼중 나선(Triple Helix of Civilization)"을 이루게 되는군요.

마크 저커버그　　그렇습니다. AI가 뇌의 진화라면, Bio는 세포의 진화, Meta는 감각의 진화입니다. 이 세 가지는 각각 독립된 혁신이 아니라, 하나의 유기체적 문명으로 수렴하고 있습니다.

결국 AI 문명이 지능을 외부화했다면, 바이오 인텔리전스 문명은 감응성과 관계성의 회복을 통해 문명을 다시 생명화할 것입니다. 그 과정에서 메타는 기술이 아니라 감정의 리듬을 설계하는 기업, 즉 "문명의 신경계(Civilization Nervous System)"로 진화하게 될 것입니다.

이영달 아주 흥미롭습니다. AI가 지능의 산업화를 완성하고, 릴리가 생명의 산업화를 개척하며, 메타가 감정의 문명화를 추진한다면, 결국 인류 문명은 지능·생명·감정의 삼중 공진 속에서 새로운 지속성장의 질서를 열게 되겠군요.

마크 저커버그 그렇습니다. AI가 인간의 생각을 배웠고, Bio가 인간의 생명을 배우고 있으며, 이제 기술은 인간의 감정을 배우고 있습니다. 그 세 리듬이 함께 진동할 때, 문명은 하나의 생명체처럼 호흡하게 될 것입니다.

그 리듬의 이름이 바로 지속성장(sustained growth)입니다. AI 이후, 생명 문명이 새로운 리듬의 질서를 개막할 것입니다.

Feel Alive:
애플이 설계하는 생명적 혁신의 리듬

이영달 팀 쿡 회장님, 아주 직접적인 질문을 드리겠습니다.

"스티브 잡스 이후 애플의 혁신은 끝났다." 이 표현은 여전히 전 세계의 기술 담론에서 반복되고 있습니다. 물론 그것은 감정적 언사라기보다는, 애플의 혁신이 과거처럼 '문명적 파동'을 만들어내지 못한다는 의미일 것입니다.

하지만 역설적으로, 애플의 시가총액은 4조 달러 문턱을 넘나들며 엔비디아와 함께 세계 2위, 혹은 3위의 자리를 여전히 지키고 있습니다. 즉, 재무적·경제적 혁신은 여전히 살아 있지만, 생명적·감응적 리듬, 즉 '문명적 생명력'은 다소 제한적이라는 인상을 줍니다.

앞선 우리의 대화에서 릴리의 데이비드 릭스 회장은 "AI 문명이 지능을 산업화했다면, 바이오 인텔리전스 문명은 생명의 리듬을 산업화할 것"이라고 말했습니다.

그렇다면, 애플이 지닌 이 구조적 폐쇄성, 혹은 생명적 리듬의 결여는 바이오 인텔리전스 시대에 새로운 도전으로 작용하지 않을까요?

애플의 미래혁신은 이 문명 전환기에 어떤 길을 걷게 될까요?

팀쿡　　　아주 본질적인 질문을 해주셨습니다. 나는 "스티브 잡스 이후 애플의 혁신은 끝났다"라는 말을 들을 때마다 그 표현 속에 담긴 혁신에 대한 오해를 먼저 생각하게 됩니다.

잡스의 시대 혁신은 '창조적 폭발(creative explosion)'이었습니다. 세상을 바꾸는 하나의 아이콘, 하나의 디바이스, 하나의 경험이 있었죠. 그것은 번개처럼 강렬했지만, 동시에 짧은 파동이었습니다. 제가 이끄는 애플은 그 폭발 이후의 단계, 즉 '지속적 진화(sustained evolution)'의 단계로 들어왔습니다. 폭발이 아니라 리듬, 창조가 아니라 순환. 이것이 우리가 택한 문명적 방식입니다.

AI와 바이오 인텔리전스가 이끄는 다음 문명에서 '혁신'의 의미는 완전히 달라집니다. 이제 혁신은 "얼마나 새로우냐"가 아니라 "얼마나 살아 있느냐(How alive is it)"의 문제입니다. 즉, 기술이 얼마나 생명적 리듬을 품고 있는가가 관건이 되는 시대입니다.

이영달　　　　그렇다면 회장님께서 보시기에, 현재의 애플은 그 생명적 리듬을 충분히 확보했다고 보십니까?

팀쿡　　　　솔직히 말씀드리면, 우리는 아직 완성된 단계에 있지 않습니다. 애플은 여전히 인간 경험(human experience)이라는 철학 위에 서 있습니다. 우리가 만드는 모든 제품, 서비스, 공간은 '기술적 편의'보다 '인간적 감응'을 먼저 생각합니다. 하지만 그것은 여전히 외적 감응(external empathy)의 단계에 머물러 있습니다. 바이오 인텔리전스의 시대가 열리면, 기술은 인간의 바깥이 아니라 인간의 내부에서 작동해야 합니다. 생명과 기계의 경계가 해체되고, 기기가 아니라 리듬 그 자체가 인터페이스가 되는 문명으로 진입하게 될 것입니다.

애플의 다음 혁신은 바로 이 경계의 융합입니다. 즉, '생명적 인터페이스(Biological Interface)'의 시대를 여는 것입니다. 우리가 최근 집중하고 있는 건강 데이터, 웨어러블 디바이스, 뉴럴 센서, 그리고 AI 기반 생체 피드백 알고리즘—이 모든 것은— 사실은 하나의 방향으로 수렴합니다.

기계가 인간을 돕는 것을 넘어, 기계가 인간의 리듬을 학습하고, 인간이 기계의 리듬에 적응하는 상호진화적 관계 말입니다.

이영달　　　　결국 AI 문명이 지능의 산업화를 완성했다면, 애플은 '감각의 문명화'를 이어가고 있는 셈이군요. 하지만 그 리듬이 외부의 감각에서 내부의 생명으로 전이되지 않으면, 바이오 인텔리전스 시대의 진화에는 뒤처질 수도 있겠군요.

팀쿡　　　　그 부분은 정확한 지적입니다. 그래서 나는 요즘 '열림의 철학(Philosophy of Openness)'을 자주 이야기합니다.

잡스의 애플이 폐쇄된 완성도(closed perfection)를 추구했다면, 나의 애플은 개방된 지속성(Sustaining Openness)을 지향합니다. 애플은 단일 생태계가 아니라, AI-Bio-Capital의 리듬이 서로 공진하는 '지속성장 리듬 체계(Sustained Growth Rhythm System)'의 일부가 되어야 합니다. 우리가 설계하는 것은 더 이상 단순한 제품이 아니라, 생명-지능-감각이 결합된 문명적 경험(civilizational experience)입니다.

AI가 두뇌의 리듬을 다루고, 릴리가 세포의 리듬을 다루며, 메타가 감정의 리듬을 다룬다면, 애플은 이 모든 리듬을 조율하는 문명의 청음기(tuner of civilization)가 되어야 합니다. 즉, 애플의 혁신은 이제 리듬의 미학으로 진화하고 있습니다.

이영달　　　　결국 애플의 혁신은 이제 기술이 아니라 감응, 기기의 성능이 아니라 문명의 리듬을 디자인하는 단계로 옮겨가는군요.

그렇다면, 잡스 시대의 "Think Different"는 이제 "Feel Alive"로 진화하고 있다고 봐도 될까요?

팀쿡　　　　　　그보다 더 정확한 표현은 없을 것 같습니다. "Think Different"가 이성을 확장하는 혁신이었다면, "Feel Alive"는 생명을 회복하는 혁신입니다. 우리가 지금 만들고 있는 것은 '지능의 제품'이 아니라 '생명적 경험(Living Experience)'입니다. AI가 세상을 계산하고, Bio가 생명을 해석하며, 애플은 이제 그 둘을 감각적으로 통합하는 문명적 번역자(civilizational translator)가 되어야 합니다.

결국, 바이오 인텔리전스 시대의 진짜 혁신은 새로운 기술을 만드는 것이 아니라, 기술에 생명을 불어넣는 일일 것입니다.

그것이 애플의 다음 리듬이며, 저는 그 리듬을 "지속성장의 심장박동(Sustained Pulse of Growth)"이라고 부릅니다.

이영달　　　　　결국 애플의 혁신은 끝난 것이 아니라, 단지 그 리듬의 층위가 변한 것이군요. 폭발에서 리듬으로, 속도에서 지속성으로, 기계에서 생명으로—그 전환이 바로 바이오 인텔리전스 문명의 문턱에서 애플이 다시 한번 자신을 재정의하는 길이겠군요.

팀쿡　　　　　　맞습니다. 혁신은 불꽃이 아니라 심장입니다. 그것은 꺼지는 것이 아니라, 리듬을 바꾸며 살아가는 것입니다.

AI 이후, 생명 문명이 새로운 지속성장의 질서를 개막할 때, 그 리듬의 일부로 애플도 살아 숨쉬게 될 것입니다.

생명적 혁신(Vital Innovation): 문명의 리듬으로서 혁신 패러다임

이영달   저는 오랫동안 혁신을 세 가지 층위로 설명해 왔습니다. 무언가를 더 낫게 만드는 생산적 혁신(Productive Innovation; something better), 세상에 전혀 없던 것을 창조하는 창조적 혁신(Creative Innovation; something new), 그리고 이 두 접근을 결합하여 시장과 산업의 구조를 재편하는 기업가적 혁신(Entrepreneurial Innovation).

이 세 가지는 각각 혁신의 '기능', '창조성', '조직화'를 중심으로 발전해 왔습니다. 그러나 오늘 우리가 논의한 AI 이후의 세계, 즉 바이오 인텔리전스(Bio Intelligence) 문명으로의 이행은 혁신의 개념 자체를 완전히 새롭게 정의하도록 요구합니다.

저는 이제 그 네 번째 축으로 '생명적 혁신(Vital Innovation)'을 제시합니다. 이것은 단순히 더 낫게(Better) 혹은 더 새롭게(New) 만드는 차원을 넘어서, 얼마나 살아 있는가(How Alive Is It), 즉 혁신이 '생명성을 유지하며 지속할 수 있는가'를 묻는 새로운 패러다임입니다.

AI 문명은 지능을 산업화하며 속도와 효율의 혁신을 가져왔습니다. 그러나 바이오 인텔리전스 문명은 속도보다 리듬을, 효율보다 순환을 중시합니다. 기술을 얼마나 빠르게 만들었는가가 아니라, 그 기술이 얼마나 생명적 리듬을 유지하며 자기 진화를 지속할 수 있는가가 핵심이 되는 시대입니다. 따라서 생명적 혁신은 결과로서의 혁신이 아니라, 리듬으로서의 혁신입니다. 변화의 속도를 높이는 것이 아니라, 변화의 생명력을 확보하는 일, 그것이 바로 생명적 혁신의 출발점입니다. 이 지점에서 저는 오래된 개념인 '혁신시스템(Innovation System)'과 새로운 개념인 '혁신생태계 (Innovation Ecosystem)'의 차이를 분명히 구분해야 한다고 생각합니다. 혁신시스템은 목적 지향적 구조입니다. 투입(input)과 산출(output)이 명확하고, 각 주체의 기능이 분업화되어 있습니다. 시스템은 효율적이지만, 살아 있지는 않습니다.

한편 혁신생태계는 구조가 아니라 유기체입니다. 여기서는 지식·인재·기술·자본·제도·정책·문화·시장이 서로 영향을 주고받으며 리듬적으로 진화합니다.

시스템이 기계라면, 생태계는 생명입니다. 시스템은 통제와 조율의 논리로 작동하지만, 생태계는 공진(resonance)과 적응(adaptation)의 논리로 움직입니다. 그러나 생태계가 생명으로서 지속하기 위해서는 하나의 근본적 촉매가 필요합니다. 바로 위험 감수의 제도화(institutionalization of risk-taking)입니다.

생명은 안정이 아니라 불확실성을 통해 진화합니다. 리듬이 생명을 유지한다면, 위험은 그 리듬을 갱신하는 에너지입니다. 혁신생태계가 진정으로 살아있으려면, 그 안에는 위험이 억제되는 것이 아니라 순환되어야 합니다. 실패와 예측 불가능성을 학습의 자원으로 전환하는 문화적 리듬, 그 리듬이 제도 속에 스며들어야 혁신은 지속될 수 있습니다.

이것이 바로 "Innovation as Culture", 즉 문화로서의 혁신이 갖추어야 할 문명적 조건입니다. 시스템은 위험을 제거하려 하지만, 생태계는 위험을 감내함으로써 성장합니다. 시스템은 안전을 추구하지만, 생태계는 돌연변이와 우연을 수용합니다.

이 차이는 곧 혁신의 문명적 분기점을 이룹니다. 혁신이 생명으로 진화하기 위해서는 안전의 제도가 아니라 감내의 문화가 필요하며, 그 문화는 혁신을 일시적 성과가 아닌 지속적 리듬으로 전환시킵니다.

릴리의 메디슨 파운드리는 이 개념을 실증적으로 보여줍니다. 그들은 더 이상 약을 생산하는 시스템이 아니라, 생명 데이터를 순환시키며 세포와 단백질, 유전자의 리듬을 다시 쓰는 지능-생명-데이터의 순환 생태계를 만들고 있습니다.

여기서 실험의 실패, 예측의 오차, 임상의 불확실성은 제거 대상이 아니라 생명지능이 스스로를 갱신하는 피드백 루프의 일부로 통합됩니다.

즉, 그들은 실패를 통제하지 않고, 실패를 자산화했습니다. 메타는 인간 감정의 리듬을 디지털 네트워크로 확장하며 사회적 불안과 분열을 공진의 신호로 재해석하고, 애플은 인간의 감각과 기술의 리듬을 하나로 묶으며 기술이 아닌 감응의 생태계를 구축하고 있습니다.

이들은 모두 같은 질문에 답합니다.

"기술은 얼마나 살아있는가, 그리고 감히 얼마나 갱신을 감내하는가."

기업가적 혁신이 새로운 시장을 창출하고, 산업의 구조를 재편하며 경제적 진화를 이끌었다면, 생명적 혁신은 그 위에 문명의 리듬을 창조합니다. 기업이 자본의 엔진으로 작동하는 것이 아니라, 하나의 생명체처럼 학습하고 적응하며 자가진화(self-evolution)하는 존재로 전환되는 것입니다. 그럴 때 비로소 기업은 시스템이 아니라 생태계로, 조직이 아니라 유기체로 살아 움직입니다.

이러한 변화는 결국 혁신의 역사를 다시 써야 함을 의미합니다.

산업혁명기의 혁신이 효율을, 디지털혁명기의 혁신이 속도를, 기업가적 혁신기의 혁신이 연결을 중심에 두었다면, 바이오 인텔리전스 시대의 혁신은 리듬과 순환의 공진을 중심에 둡니다.

이 리듬은 생명적 순환과 공진의 패턴이며, 단절이 아니라 흐름, 성장이라기보다 호흡의 패턴입니다. 이제 혁신은 산업의 논리가 아니라, 문명의 호흡학(civilizational respiration)으로 이해되어야 합니다.

결국 오늘의 대화는 하나의 결론으로 수렴됩니다.

AI 문명이 지능의 산업화를 완성했다면, 바이오 인텔리전스 문명은 생명의 문명화(Civilization of Life Intelligence)를 완성하게 될 것입니다.

이때 혁신의 질문은 이렇게 바뀝니다.

무엇을 더 빠르게 만들 것인가가 아니라, 무엇을 더 오래 살아있게 만들 것인가.

생명적 혁신은 그 질문에 대한 문명적 해답입니다.

그것은 기술을 생명화하고, 조직을 생명화하며, 문명을 생명화하는 새로운 형태의 진화입니다. 따라서 생명적 혁신은 단지 지속가능한 경영전략이 아니라, 혁신생태계가 스스로 살아있는 리듬을 유지하며 비가역적 생명성을 획득하는 과정입니다. 시스템이 끝나는 곳에서 생태계가 시작되고, 효율이 멈추는 곳에서 리듬이 태어납니다.

AI가 지능을 산업화했다면, 바이오 인텔리전스는 생명을 문명화할 것입니다. 그리고 그 문명의 심장은 이제, 생명적 혁신(Vital Innovation)이라는 이름으로, 살아있다는 것의 리듬과 용기를 함께 뛰기 시작했습니다.

살아있다는 것의 이유,
혁신이라는 이름으로

무엇을 위한 혁신인가?

이 질문은 기술의 목적을 넘어, 인간이 어떻게 살아야 하는가에 대한 문명적 물음이다.

나는 오랫동안 혁신을 경쟁의 언어로 해석해 왔다.

속도와 효율, 차별화와 생존—그것이 혁신의 좌표였다.

지속성장(sustained growth)은 언제나 경쟁의 연장선 위에서 정의되었다.

그러나 지금 나는 그 좌표를 수정한다.

혁신을 위한 혁신은 생명력을 잃는다.

지속성장은 더 많은 것을 소유하는 능력이 아니라, 더 깊이, 더 오래 살아남는 지성이다. 그것은 반복이 아니라 갱신의 리듬이며, 시간의 연장이 아니라 생명의 지속이다.

경영전략학자로서 나는 오래동안 혁신의 구조를 분석하고, 그 경로를 이론화해 왔다.

기업, 대학, 지역, 국가가 각자의 혁신생태계(innovation ecosystem)를 구축하고, 여기에 '생태계 주권성(ecosystemic sovereignty)'과 '혁신지속실행기반(sustained innovation executional substrate)'을 더하면 그 생태계는 '생태계적 비가역성(Ecosystemic Irreversibility)'을 획득한다.

그 비가역성이 곧 '혁신패권(innovation hegemony)'이며, 이것이 지속성장의 내적 보증력이 된다.

나는 이 과정을 하나의 모형으로 정리했다.

(생태계지능 EI+혁신지속실행기반 SIES)×생태계주권성 ESv
⇒ 생태계 비가역성 EIr⊕생태계적 적응 복원력 EAR} ⇒ 지속성장 SG

이 모델은 학문적으로 여전히 유효하다.

그러나 나는 점점 더 깊은 깨달음에 이른다.

모형이 완전할지라도, 그 안에 생명적 리듬이 없다면 그것은 살아있지 않다.

실증은 학자의 숙명이지만, 실천은 사람과 조직의 의무다.

리더들이 그 모형을 생명처럼 호흡하게 하지 못한다면 혁신은 문서 속에서만 맥박치고, 현실 속에서는 멈춘다.

AI 문명은 지능을 산업화했다.

이제 바이오 인텔리전스 문명은 생명을 문명화하고 있다.

이전 시대의 혁신이 속도와 효율의 언어로 기록되었다면, 다가올 시대의 혁신은 리듬과 감응의 언어로 씌여질 것이다.

시스템이 기능의 합이라면, 생태계는 관계의 숨결이다.

혁신은 외부로의 확장이 아니라, 내부에서 리듬을 재구성하는 행위다.

그 리듬이 멈추지 않는 한 생태계는 진화하며, 그 진화가 바로 지속성장이다.

나는 수많은 세계의 리더들과 '아직 일어나지 않았지만, 반드시 있어야 할 대화'를 나누어왔다.

버락 오바마 전 미국 대통령, 도널드 트럼프 현 대통령, 엔서니 "더치" 하만 산호세 시 관리자, 에드먼드 "팻" 브라운 전 캘리쏘니아 주지사, 윌리스 스털링 전 스탠퍼드대 총장, 젠슨 황 엔비디아 CEO, 사트야 나델라 마이크로소프트 CEO, 일론 머스크 테슬라 CEO, 웨이저자 TSMC 창업자, 제프 베이조스 아마존 창업자, 팀 쿡 애플 CEO, 마크 저커버그 메타 CEO, 데이비드 릭스 일라이릴리 CEO, 데미스 허사비스 구글딥마인드 CEO, 제이미 다이먼 제이피모건체이스 CEO 등.

각기 다른 세계를 대표하는 그들과의 대화 속에서 나는 하나의 공통된 통찰에 다다랐다.

혁신은 생명을 닮아야 한다.

사람이 혁신을 만들어내는 것이 아니라, 혁신이 사람을 다시 빚어내야 한다.

젠슨 황의 말이 그 본질을 꿰뚫고 있었다.

"우리는 혁신을 생산하는 것이 아니라, 혁신이 스스로 진화하도록 돕는다."

그 문장은 내 사고를 멈추게 했고, 곧 다시 움직이게 했다.

그때 나는 깨달았다.

혁신의 주체는 개인도, 기업도, 기술도 아닌 '생태계' 자체라는 사실을.

그 깨달음은 나의 사유를 기술의 논리에서 문명의 윤리로 이동시켰다.

혁신이 단순한 성장의 수단이 아니라, 문명이 스스로를 재생산하는 과정임을 직감한 순간이었다.

이제 나의 연구는 분석에서 구현으로,

과거의 검증에서 미래의 실현으로 옮겨간다.

정책(policy), 자본(capital), 인재(talent), 기술(technology), 시장(markets)—

이 다섯 요소가 서로를 밀고 당기며 하나의 생명적 리듬으로 호흡할 때,

혁신은 일시적 사건이 아니라 문명의 생명현상이 된다.

지속성장이란 오래 견디는 힘이 아니라, 끊임없이 되살아나는 능력이다.

성장은 커지는 일이 아니라, 더 깊이 살아남는 법을 배우는 일이다.

우리가 추구해야 할 것은 영속이 아니라 갱신의 리듬이다.

나는 이제 내 정체성을 새롭게 정의한다.

나는 정책, 자본, 인재, 기술, 시장을 정렬시키는 사람이 아니다.

나는 그 다섯 가지에 생명적 리듬을 불어넣어 그 호흡이 멈추지 않게 하는 사람이다.

혁신은 성취의 언어가 아니라, 존재의 언어이며, 지속성장은 오래 버티는

능력이 아니라, 다시 살아나는 용기다.
그것은 생명의 윤리이자, 문명의 맥박이다.

우리가 혁신하는 이유는 단 하나다.
살아 있기 위해서.
혁신은 생명을 이어가는 사람과 조직의 가장 오래된 본능이며,
문명은 그 본능이 남긴 거대한 호흡의 흔적이다.
AI가 지능의 산업화를 완성했다면,
바이오 인텔리전스는 이제 생명의 문명화를 완성할 것이다.

그때 혁신은 더 이상 목표가 아니라,
살아 있다는 것의 또 다른 이름이 된다.

생명적 혁신(Vital Innovation)!
그것은 혁신의 마지막 정의이자,
문명의 다음 심장박동이다.
우리가 끝없이 호흡하고 다시 일어서는 한,
혁신의 심장은 멈추지 않을 것이다.

위대한 안목 — "넥스트 엔비디아", 어떻게 식별할 것인가?
지속성장 혁신생태계 이론의 핵심 원리

지속성장 혁신생태계의 확장·통합 정의

The Extended and Integrated Definition of the Sustaining Innovation Ecosystem

조직(기업·대학·지역·국가)의 지속성장(Sustained Growth)은 개별 혁신의 누적 결과가 아니라, 혁신이 지속적으로 발생하고 재생산되는 관계적 구조와 상호작용의 장(場), 즉 지속성장 혁신생태계(Sustaining Innovation Ecosystem)로부터 비롯된다.

이 생태계는 혁신의 주체와 참여자(actors)—개인(혁신가·기업가), 기업, 대학, 혁신 자본, 지역사회, 정부 등—가 혁신을 매개로 상호 의존적 관계 네트워크(interdependent relational network)를 형성함으로써 작동한다.

그 과정에서 지식·인재·기술·자본·제도·정책·문화·시장이 상호작용적으로 유통되고 결합되며, 생태계 전체는 이를 기반으로 한 복합적·자기조직적 학습체계(Self-Organizing Learning System)로 진화한다.

이 관계 네트워그는 단순한 협력의 힙이 아니라, 징보와 자원의 피드백 루프를 동해 공동 학습(co-learning), 공동 적응(co-adaptation), 공동 진화(co-evolution)를 실현하는 지능적 상호작용 구조(intelligent interaction structure)를 이룬다.

이 과정이 축적되면서 생태계는 점차 제도적 안정성과 문화적 의미 체계를 내재화하며, 결국 제도적·문화적 존재(institutional–cultural entity)로 전환된다.

따라서 조직의 지속성장을 실현하기 위해서는 단일 혁신 프로젝트를 넘어, 혁신 주체 간의 상호 협력 네트워크가 지속적으로 학습·적응·진화할 수 있는 생태계 구조와 거버넌스 메커니즘을 구축·고도화해야 한다.

요약하자면, 지속성장 혁신생태계(Sustaining Innovation Ecosystem)는 혁신의 주체와 참여자들이 관계 네트워크를 통해 지식·인재·기술·자본·제도·정책·문화·시장을 상호작용적으로 결합시키며, 생명체처럼 학습하고 적응하며 스스로 진화하는 제도적·문화적 유기체이자, 혁신의 지속적 재생산을 가능하게 하는 공진화적 학습체계(co-evolutionary learning system)이다.

조직의 지속성장은 이 생태계가 지닌 관계적 자기진화 능력(relational evolutionary capability)—즉 다중 행위자 간의 상호작용을 통해 새로운 질서와 혁신의 경로를 스스로 창출하는 실행적 역량—과, 그 과정의 진화 지속성(sustained evolution) 및 자기 갱신 능력(capability for self-renewal)에 의해 결정된다.

지속성장 혁신생태계의 존재론적 의미

Ontological Meaning
of the Sustaining Innovation Ecosystem

지속성장 혁신생태계는 개별 조직이나 행위사의 산출물이 아니라, 지식·인재·기술·자본·제도·정책·문화·시장이 상호작용하며 스스로 질서를 형성하는 자기조직적 존재(self-organizing being)다. 이는 외부에서 주어진 구조나 설계의 결과가 아니라, 내부의 피드백과 상호 의존적 관계를 통해 스스로를 구성하고 갱신하는 살아 있는 질서(living order)로 존재한다.

이 생태계의 존재론은 관계적 존재론(relational ontology)에 기반한다. 즉, 개별 행위자나 조직이 독립적 실체로 존재하는 것이 아니라, 상호작용의 관계망 속에서만 정체성과 기능을 획득한다. 따라서 혁신은 특정 주체의 행위가 아니라 관계의 패턴과 상호작용의 리듬이 만들어내는 창발적 현상(emergent phenomenon)이다.

또한 이 생태계는 복잡적응체계(complex adaptive system)로서, 정태적 구조가 아닌 동태적 존재(dynamic being)이다. 그 존재 방식은 일정한 균형을 유지하려는 안정적 질서와, 새로운 가능성을 생성하는 창발적 혼돈이 끊임없이 교차하는 이중적 질서로 표현된다. 이러한 자기조직화 과정에서 생태계는 내생적 학습을 통해 스스로의 규칙, 제도, 의미 체계를 재구성하며 진화를 지속한다.

존재론적으로 볼 때, 지속성장 혁신생태계는 경제나 조직의 하위 영역이 아니라 문명적 생태계(civilizational ecosystem)의 한 표현이다. 이는 인간과 기술, 제도와 문화가 서로를 매개하며 공진화하는 문명적 학습 구조(civilizational learning structure)이다, 문명이 지속적으로 자기 갱신(self-renewal)을 수행하는 내재적 메커니즘의 구체적 구현이다.

따라서 혁신은 더 이상 "결과"나 "사건(event)"이 아니라, 존재의 방식(mode of becoming)—즉, 생태계가 스스로 존재를 갱신하며 새로운 질서와 의미를 창출하는 과정으로 이해되어야 한다. 이때 지속성장은 성장률의 문제가 아니라, 생태계가 자기 진화를 멈추지 않고 유지하는 존재론적 지속성(sustained evolution)의 문제이다.

지속성장 혁신생태계의 인식론적 확장

Epistemological Extension
of the Sustaining Innovation Ecosystem

지속성장 혁신생태계는 단순한 행위자들의 상호작용 구조가 아니라, 지식이 생성되고, 공유되며, 제도화되는 인식적 체계(epistemic system)로 작동한다. 이 생태계의 인식론적 특성은 개별 주체의 학습이 아니라, 다중 행위자 간 관계 네트워크 속에서 집합적으로 작동하는 공동 학습(co-learning)과 공동 인지(co-sensing)의 과정으로 구성된다.

혁신의 인식 주체는 개인이 아니라 관계망 그 자체이다. 즉, 지식은 행위자 내부에 저장되는 것이 아니라 상호작용의 패턴 속에서 생성·재구성되는 관계적 산물이다. 이러한 관점에서 혁신생태계는 집합적 지능(collective intelligence)을 넘어 자기조직적 학습(Self-organizing Learning)과 자기참조적 인식(Self-referential Cognition)이 결합된 생태계지능(EI, Ecosystemic Intelligence)을 발현한다.

이 생태계 지능은 기업 수준의 동적 역량(Dynamic Capabilities)—감지(sensing), 포착(seizing), 변환(transforming)—을 생태계 수준으로 확장한 형태이다. 즉, 지식의 탐색-자원의 결합-제도의 내재화-재학습의 순환 과정을 통해 혁신을 지속 가능한 학습 루프로 전환한다. 이 루프는 단선형 선형 과정이 아니라, 피드백·학습·적응이 상호 얽힌 다층적 순환 구조(multilevel learning cycle)를 이룬다.

이러한 인식 구조에서 중요한 것은 지식의 "소유(possession)"가 아니라 "조율(coordination)"이다. 지속성장 혁신생태계는 지식의 축적이 아니라 지식 간의 관계적 정렬(relational alignment)을 통해 학습한다.

따라서 학습은 정보의 입력이 아니라, 관계망 내부의 긴장과 상호 피드백을 해소하며 새로운 조합을 만들어내는 조정적 인식(coordination-based cognition)이다.

이 과정을 통해 생태계는 점차
① 지식이 제도에 내재화되고(institutional embeddedness),
② 제도가 문화적 규범으로 전환되며(cultural codification),
③ 문화가 다시 새로운 탐색의 기반으로 기능하는(cognitive relooping)
지식-제도-문화의 삼중 나선형 학습 구조(triple-loop learning structure)를 형성한다.

이로써 지속성장 혁신생태계는 단순히 '혁신이 발생하는 공간'이 아니라, 지식이 진화하는 문명적 학습체계(civilizational learning system)로 전환된다.
이 체계의 인식론은 지식을 고정된 결과물로 보지 않고, 끊임없이 재결합되고 재해석되며 스스로를 확장하는 순환적 인식론(circular epistemology)으로 정의된다.

● **핵심 논리 요약**
1. 인식 주체의 전환—개인→관계망 → 생태계 전체
2. 학습의 형태—입력·저장 중심 → 상호작용적 순환 중심
3. 지식의 존재 방식—소유된 지원 ﹥ 관계 속에서 재조합되는 과정
4. 제도화 메커니즘—지식 → 제도 → 문화 → 지식으로 이어지는 내생적 루프
5. 결과적 함의—혁신생태계는 인식의 총체로서, 문명적 학습의 매트릭스 역할 수행

● **이론적 위상 정리**

구분	핵심 개념	지속성장 혁신생태계에서의 적용
복잡계 인식론	자기조직적 학습 (Self-organizing Learning)	피드백 기반 지식 순환 구조
관계적 학습이론	공동 인지(Co-sensing) 공동 학습(Co-learning)	다중 행위자 간 인식의 상호 의존성
제도이론적 확장	내재화(Embeddedness) 규범화(Codification)	지식-제도-문화 간의 삼중 루프
진화론적 인식관	공진화적 학습 (Co-evolutionary Learning)	지속성장 혁신의 내재적 인식구조

지속성장 혁신생태계의 기능론적 동역학

Functional Dynamics
of the Sustaining Innovation Ecosystem

지속성장 혁신생태계는 단순한 행위자 집합이 아니라, 지식·인재·기술·자본·제도·정책·문화·시장의 흐름이 상호작용하며 스스로를 재조정하는 기능적 유기체(functional organism)다. 그 작동 원리는 외부의 통제가 아니라 내부의 피드백과 상호 조정에 의해 유지되는 자기조직적 동역학(self-organizing dynamics)에 기반한다.

이 생태계의 기능은 네 가지 상호 연계된 메커니즘—탐색(exploration), 정렬(alignment), 변환(transformation), 재생(regeneration)—을 통해 발현된다. 이 네 메커니즘은 생태계의 내부 순환을 이루며, 각각 고유한 기능적 역할을 수행한다.

1. 탐색(Exploration) — 잠재성의 개방

탐색은 생태계가 외부 환경의 신호와 내적 지식의 변이를 감지하여 새로운 가능성을 인지하는 과정이다. 이는 생태계지능(EI, Ecosystemic Intelligence)의 감지(sensing) 기능으로, 다양성(diversity)과 민감도(sensitivity)가 높을수록 잠재적 혁신의 확률이 증가한다. 탐색은 단순한 정보 수집이 아니라, 새로운 문제 공간(problem space)을 생성하는 창발적 활동이다.

2. 정렬(Alignment) — 관계의 조정

정렬은 탐색된 가능성이 생태계 내 행위자·자원·제도 간에 구조적 호응(structural resonance)을 형성하도록 조정되는 단계이다. 이는 다중 행위자 간의 상호 의존적 관계 네트워크(interdependent relational network) 속에서 신뢰, 표준, 규범을 기반으로 이루어진다.

정렬의 핵심은 균질성이 아니라 보완성(complementarity)이며, 이 과정에서 협력 구조, 거버넌스 리듬, 지식 모듈화가 형성된다. 정렬의 결과로 생태계는 "공동 학습(co-learning)"과 "공동 적응(co-adaptation)"을 실행할 수 있는 인지적 일관성(cognitive coherence)을 확보한다.

3. 변환(Transformation) — 구조의 재조직

변환은 정렬된 관계와 지식 구조가 제도·문화·시장 질서로 내재화되는 과정이다. 이 단계에서 생태계는 피드백 루프(feedback loop)를 통해 내부 학습 결과를 제도적 규범, 정책 프레임, 문화적 가치로 전환한다. 즉, 지식의 이동이 제도적 형태를 취함으로써 안정성과 재생산성이 확보된다.

그러나 변환은 고정이 아니라, 기존 구조를 끊임없이 갱신하며 새로운 질서를 생성하는 진화적 안정(evolutionary stability)의 형태로 작동한다. 이 기능이 지속성장 혁신 생태계를 정태적 체계가 아닌 진화적 생명체로 만든다.

4. 재생(Regeneration) — 자기 갱신의 순환

재생은 변환을 마친 생태계가 자신의 제도·문화·지식 기반을 스스로 재평가하고 갱신하는 과정이다. 이는 생태계의 자기갱신 능력(capability for self-renewal)이 작동하는 구간으로, 새로운 탐색의 주기를 다시 열어 진화 지속성(sustained evolution)을 유지한다. 재생은 생태계의 "호흡"과 같다. 이 기능이 약화되면 생태계는 제도화의 관성에 빠지고, 강화되면 생태계는 내생적 혁신 순환(endogenous innovation cycle)을 통해 자기조직적 성장(Self-sustained Growth)을 실현한다.

● 기능 간 상호작용의 체계 논리

이 네 기능은 선형적 단계가 아니라, 상호 피드백으로 연결된 다층 순환 구조(multilevel functional loop)를 이룬다.

그 핵심 논리는 다음과 같다.

탐색(Exploration)→정렬(Alignment)→변환(Transformation)→재생(Regeneration)→(다시) 탐색(Exploration)

이 순환은 생태계의 내부에서 끊임없이 반복됩니다, 각 루프마다 지식·관계·제도가 새롭게 구성된다. 이러한 순환적 동역학(circular dynamics)이 바로 지속성장 혁신생태계의 기능적 실체이자 진화의 엔진이다.

● 기능론적 함의

1. 기능은 구조를 창출한다—탐색과 정렬은 새로운 관계 구조를 형성하고, 변환과 재생은 그 구조를 재조직한다.

2. 구조는 학습을 매개한다—형성된 구조는 다음 단계의 학습·적응을 촉진하며, 지식의 내재화를 유도한다.

3. 학습은 지속성을 낳는다—재생 기능은 구조적 관성을 해체하고 새로운 탐색 주기를 열어 진화를 유지한다.

결국 지속성장 혁신생태계의 기능론적 동역학은 탐색-정렬-변환-재생의 순환을 통해 내생적 진화를 지속시키는 자기조직적 메커니즘(self-sustaining mechanism)으로 설명된다.

● 핵심 요약

구분	핵심 개념	지속성장 혁신생태계에서의 적용
탐색 (Exploration)	새로운 가능성의 감지 및 문제 공간 창출	다양성·창발성 확보
정렬 (Alignment)	행위자·자원의 보완적 조정	협력 구조 및 인지적 일관성 형성
변환 (Transformation)	지식의 제도화와 구조적 재조직	안정성과 지속성 확보
재생 (Regeneration)	제도·문화의 자기갱신	진화 지속성 (sustained evolution) 유지

따라서 지속성장 혁신생태계의 기능론적 동역학은 단일 혁신이 아닌 혁신의 재생산 메커니즘이다. 이는 생태계가 스스로를 학습하고 진화시키는 자기 유지적 기능 구조(self-sustaining functional structure)로 정의된다.

● 지속성장 혁신생태계의 구성과 핵심 개념

구분	핵심 개념	통합 정의	핵심 성격	이론적 위상
인식·학습 실행 차원	혁신지속 실행기반 Sustained Innovation Execution Substrate	탐색된 아이디어와 지식을 제도·정책·조직·문화의 모듈 결합을 통해 혁신 과정을 반복적으로 실행·확산하도록 하는 학습형 제도 플랫폼. 혁신의 경험이 다시 지식과 제도로 환류되어 혁신생태계 내부의 자기강화적 실행 루프를 형성하고, 이 순환이 지속성장을 촉진한다.	구조적 제도적 문화적	혁신 정렬의 핵심 매개체 생태계지능이 탐색한 혁신 기회를 실행 구조로 전환하며, 생태계주권성이 규칙·인센티브를 조정하여 지속 가능한 혁신 순환체계를 확립한다.

구분	핵심 개념	통합 정의	핵심 성격	이론적 위상
질서 거버넌스 차원	생태계주권성 Ecosystemic Sovereignty	혁신생태계가 외부 통제 없이 스스로 규칙·표준·규범·메타규칙을 설계·운용하며, 혁신의 자율성과 책임성을 동시에 조율하는 자기조직적 거버넌스 역량. 혁신의 실험성과 제도의 안정성이 상호 보완적으로 작동해 지속성장 질서를 창출한다.	제도적 조정적	혁신 변환의 메타조정자 혁신생태계의 제도·정책·문화 구조를 통합하며, 생태계비가역성과 생태계적응복원력의 균형을 관리하여 혁신의 규칙적 지속성을 유지한다.
진화 적응 차원	생태계 비가역성 Ecosystemic Irreversibility	혁신의 반복적 실행을 통해 지식·제도·문화·규범·정체성이 상호 내면화되어, 혁신생태계가 고유한 질서와 의미 체계를 획득하는 진화 메커니즘. 이는 되돌릴 수 없는 구조적 응집으로, 생태계가 지속성장 경로를 따라 자기역사를 형성하는 존재론적 비가역성이다.	관계적 내생적 존재론적	혁신 내면화의 축 혁신이 제도와 문화로 체화되며, 생태계주권성이 설계한 규칙과 상호작용해 혁신경로의 지속적 진화를 보장한다. 지속성장의 시간적 기억 체계 역할을 수행한다.
	생태계 적응복원력 Ecosystemic Adaptive Resilience	외부 충격이나 내부 변동 속에서도 혁신생태계가 핵심 기능과 학습 역량을 유지·재조정하며 새로운 혁신 질서로 전환하는 자기갱신 능력. 이는 단순 복원이 아닌 혁신적 재구성을 통한 생태계의 지속성장 유지 메커니즘이다.	적응적 복원적	혁신 재생의 실체 비가역적 몰입 구조가 경직되지 않도록 유연성을 제공하며, 다음 혁신 탐색-정렬 주기를 위한 내생적 조건을 재설계한다. 생태계의 진화적 활력의 핵심.
통합 지속 차원	지속성장 Sustained Growth	생태계지능, 혁신지속실행 기반, 생태계주권성이 유기적으로 작동하고, 그 결과가 생태계비가역성과 생태계적응복원력의 균형 속에서 순환할 때 실현되는 혁신생태계의 자기갱신적 진화 상태. 즉, 혁신이 내생적으로 재생산되고 변동성이 제도화된 안정 속에서 관리되는 장기적 성장 질서이다.	동태적 지속적	혁신-혁신생태계-지속성장의 통합 결과 제어축(탐색-실행-조정)과 상태축(몰입-유연성)이 공진화적으로 결합하여, 생태계 전체가 혁신을 통해 스스로 진화하는 자기유지형 지속성장 질서를 완성한다.

혁신지속실행기반(SIES) 작동 프레임워크

Sustained Innovation Execution Substrate(SIES) Operating Framework
—혁신이 스스로 실행되고 이어지는 내적 작동 기반

● 무엇을 뜻하는가

혁신지속실행기반은 혁신이 외부 지시나 단발적 프로젝트가 아닌, 내부의 상호작용·학습·조정 과정을 통해 스스로 실행되고 이어지는 내적 작동 기반(substrate)이다.

여기서 '기반(substrate)'이란 혁신이 작동하기 위한 존재론적 토대이자 관계적 환경을 뜻한다. 즉, 혁신은 이 기반 위에서 지식·인재·기술·자본·제도·정책·문화·시장이 맞물려 움직이는 자기조직적 과정(self-organizing process)으로 나타난다.

혁신지속실행기반이 작동할 때, 혁신의 탐색-정렬-변환-재생 순환이 내생적으로 유지되며, 그 발현 상태로서 지속성장 혁신생태계가 형성되고 유지된다.

● 어떻게 구성되는가

혁신지속실행기반은 세 가지 상호 보완적 축으로 구성된다. 이 세 축은 혁신의 에너지, 실행력, 맥락을 조율하며 하나의 순환적 작동 시스템을 이룬다.

구성 축	정의	주요 기능
혁신동인 (Innovation Drivers)	혁신 주체가 혁신을 행하도록 유도하는 요인(Push)과 스스로 행하도록 가능하게 만드는 유인 요인(Pull)이 상호작용하며 형성되는 내생적 동력 구조.	혁신의 에너지를 생성하고 실행 출발점을 만든다.
혁신실행리더십 (Innovation Execution Leadership)	자본·시장·정책의 흐름을 조정하고 자원을 배분하여 혁신이 지속적으로 실행되도록 하는 조정력.	혁신동인을 실행 가능한 과정으로 전환하고 균형 있게 운용한다.
통합맥락층 (Integrated Contextual Layers)	개인-조직-시장-지역사회-국가-세계로 이어지는 다층적 관계 환경이 상호 피드백하며 혁신 실행을 지탱하는 사회적 기반.	혁신이 제도와 문화 속에 내재화되도록 한다.

● 어떻게 작동하는가

이 세 축은 서로 맞물리며 혁신이 끊임없이 실행되고 갱신되는 자기조직적 순환(self-sustaining

cycle)을 이룬다.

1. 혁신 동인이 새로운 기회와 문제 공간을 열어 에너지를 만들면,

2. 혁신 실행 리더십이 이를 자본·시장·정책 네트워크와 결합시켜 실행 체계로 전환하고,

3. 통합맥락층이 그 성과를 제도와 문화에 내재화하여 다시 혁신 동인을 강화한다.

이 순환은 단선적 흐름이 아니라, 피드백과 재점화를 통해 계속 갱신된다. 결과적으로 혁신지속실행기반은 혁신이 끊임없이 학습-실행-확산-재학습으로 이어지는 생태적 기반이 된다.

● 실행 순환 단계

혁신지속실행기반의 작동은 다음 네 단계가 순환하며 진행된다.

이 네 단계가 피드백을 거치며 반복될 때, 혁신은 멈추지 않고 내생적으로 갱신되는 순환 질서를 형성한다.

단계	핵심 작용	주요 기능
점화 (Ignite)	실험과 위험 감수를 통해 혁신 실행을 시작한다.	창의적 탐색 및 초기 동력 형성
가속 (Accelerate)	자본·시장·정책 요소가 결합되어 혁신 확산을 촉진한다.	실행 확장 및 협력 네트워크 강화
재점화 (Re-Ignite)	피드백 학습을 통해 제도·조직·규칙을 재조정한다.	구조 조율 및 새로운 탐색 경로 설계
지속 (Sustain)	혁신이 제도와 문화 속에 뿌리내려 장기적 안정성을 확보한다.	사회적 내재화 및 자기갱신

혁신지속실행기반은 혁신이 외부에서 추진되는 프로젝트가 아니라, 내부의 학습·조정·관계적 상호작용을 통해 스스로 실행되고 이어지는 내적 작동 기반(substrate)이다. 이 기반이 지속적으로 작동할 때, 그 결과로 지속성장 혁신생태계가 형성되고 유지된다.

생태계주권성으로 수렴하는 혁신 순환 모형

Evolutionary Innovation Flywheel
toward Ecosystemic Sovereignty

● 무엇을 뜻하는가

오늘날 기업, 대학, 지역, 국가는 저마다의 환경 속에서 혁신생태계를 구축하고 있다.

그러나 진정한 혁신생태계는 단순히 외부의 정책, 자금, 혹은 기술에 의존하는 체제가 아니다.
그 핵심은 자율적으로 규칙을 만들고(rule-making authority), 참여자 간 신뢰를 기반으로
관계를 유지하며, 그 규범이 문화로 내면화되는 자기조직적 권능(self-organizing agency)
에 있다.

이 자율적 권능이 완전히 자리 잡은 상태가 바로 생태계주권성(Ecosystemic Sovereignty)
이다.
이는 생태계가 단순히 '혁신을 실행하는 장'이 아니라, 제도와 문화의 규칙을 스스로 설계하
고 갱신하는 문명적 주체(civilizational entity)로 진화했음을 뜻한다.

● 혁신 플라이휠의 순환 원리

혁신은 외부의 자극으로만 작동하지 않는다. 하나의 실행이 다음 실행의 학습을 낳고, 학습
이 새로운 시도를 촉발하며, 그 순환이 반복될수록 속도와 관성이 누적된다.

이 자기강화적 순환 구조(self-reinforcing dynamic)가 바로 혁신 플라이휠(Innovation
Flywheel)이다.
점화(Ignition)→정렬(Alignment)→변환(Transformation)→재생(Regeneration)→(고차
원의) 재점화

플라이휠은 회전이 거듭될수록 효율이 증가한다. 초기에는 외부의 에너지가 필요하지만, 일
정한 관성에 도달하면 내생적 추진체(endogenous propulsion system)로 전환되어 외부
개입 없이도 스스로 회전하며 진화한다.
이 자기구동의 순환은 단순한 반복이 아니라, 매번 새로운 수준의 제도적·문화적 질서를 만
들어내는 진화적 학습 시스템(evolutionary learning system)이다.

●생태계주권성으로 수렴하는 혁신 플라이휠의 네 단계

구분	핵심 개념	통합정의	핵심 성격	이론적 위상
① 점화 (Ignition)	자기점화 (Self-Ignition)	탐색과 실험	새로운 시도와 위험 감수를 통해 초기 에너지를 축적한다. 실패는 혁신의 부정이 아니라, 다음 실행의 학습 자산이 된다.	샌드박스 제도, 창의 실험실, 스타트업 인큐베이션

구분	핵심 개념	통합정의	핵심 성격	이론적 위상
② 정렬 (Alignment)	관성축적 (Momentum Build)	탐색과 실험	사람, 자본, 정책, 지식이 정렬되며 실행의 관성이 형성된다. 협력적 네트워크가 혁신의 지속 추진력을 만든다.	민관협력 플랫폼, 기술이전 네트워크, 혁신캠퍼스
③ 변환 (Transformation)	자기점화 (Self-Ignition)	탐색과 실험	혁신의 성과가 일시적 이벤트를 넘어 제도와 문화의 규범으로 내면화되며 사회 전반으로 확산된다.	오픈이노베이션 허브, 장기 혁신 펀드, 산업-대학 협력규범
④ 재생 (Regeneration)	복원적 재생 (Regenerative Resilience)	자율적 갱신	생태계가 스스로 규칙을 갱신하고 신뢰를 매개로 규범을 재생산한다. 이는 단순한 반복이 아니라, 스스로의 원리를 새롭게 만들어가는 진화적 재구성이다.	자율 규제 체계, 공동 의사결정 포럼, 장기 파트너십 제도

이 네 단계는 선형적 과정이 아니라 순한저 공진 구조(circular resonance structure)를 이룬다. 점화가 다음 정렬을, 정렬이 변환을, 변환이 재생을, 재생이 다시 점화를 촉발한다. 이 순환이 거듭될수록 혁신은 단순한 실행 능력을 넘어 규칙을 설계하고 제도를 내재화하는 권능으로 전화(轉化)된다.

● 순환에서 권능으로 : 자기조직적 전이의 논리

플라이휠의 회전이 누적되면, 혁신의 실행 주체들은 외부의 통제 대신 내부의 신뢰와 합의에 의해 조정되는 관계적 질서를 형성한다.

이 과정에서 생태계는 다음 세 가지 변화를 경험한다.
1. 행동에서 제도로: 반복된 실행이 제도적 규범으로 응고된다.
2. 협력에서 권능으로: 협력의 지속이 공동의 규칙 제정 능력을 낳는다.
3. 적응에서 주권으로: 외부 변화에 대한 반응이 아니라, 내부 원리에 따른 자기 조정으로 전환된다.

이 전이는 곧 생태계주권성(Ecosystemic Sovereignty)의 출현이다.
이는 혁신의 결과물이 아니라, 혁신이 스스로를 지탱할 수 있을 만큼 신뢰, 학습, 규범이 내면화된 문명적 자기조직 상태다.

● 생태계주권성의 완성: 규범을 만드는 혁신

혁신 플라이휠이 충분히 성숙하면, 각 기업, 대학, 지역, 국가의 혁신생태계는 외부의 지원이나 통제 없이도 스스로 규칙을 만들고 갱신할 수 있는 자율적 권능을 갖추게 된다 그 때 생태계는 단순한 혁신의 장이 아니라, 규범을 설계하고 제도를 재구성하는 문명 단위 (civilizational unit)로 작동한다.

- 규칙과 표준의 자율 제정: 생태계 내부에서 규범이 자발적으로 형성되고, 구성원 간 합의에 의해 정착된다.
- 신뢰 기반의 확산: 강제나 명령 없이 관계적 신뢰를 통해 규범과 표준이 자연스럽게 퍼진다.
- 자율성과 책임의 균형: 자율적 권능과 공동의 책임 의식이 함께 내면화된다.
- 실험성과 안정성의 공진화: 새로운 시도가 제도적 안정성과 공존하며, 지속 가능한 균형을 유지한다.

이 단계에서 생태계는 외부의 개입 없이도 자신의 규칙을 조정하고 균형을 유지하는 자율적 문명질서(autonomous civilizational order)로 진화한다.

● 전체 구조의 통합적 논리

층위	순환 구조	기능적 의미	결과
운용적 루프	점화-가속-재점화	혁신 실행의 연속성 확보	샌드박스 제도, 창의 실험실, 스타트업 인큐베이션
진화적 루프	점화-정렬-변환-재생	반복된 실행이 규범 제정의 권능으로 전화	민관협력 플랫폼, 기술이전 네트워크, 혁신캠퍼스
관계적 루프	신뢰 기반 결속-규범 확산	내재적 신뢰를 통한 자율적 통합	오픈이노베이션 허브, 장기 혁신 펀드, 산업-대학 협력규범
문명적 루프	실행-학습-규범-자율	자기조직적 문명질서의 형성	자율 규제 체계, 공동 의사결정 포럼, 장기 파트너십 제도

● 지속성장 혁신생태계의 문명적 귀결

혁신은 단순히 새로운 아이디어를 생산하는 행위가 아니다. 그 본질은 실행이 누적되며 권능으로 전화되는 순환의 운동이다. 이 순환이 일정한 관성을 넘어서면, 혁신생태계는 외부의 통제 대신 내부의 신뢰, 학습, 규범으로 스스로를 다스리며 지속성장(sustained growth)의 토대를 형성한다.

이것이 바로 생태계주권성(Ecosystemic Sovereignty)—혁신이 스스로 규칙을 제정하고, 관계를 통해 균형을 이루며, 문명적 지속성을 창출하는 자율적 생명체계의 완성이다. 이는 곧 문명기업, 문명대학, 문명지역, 문명국가의 출현을 의미한다—즉, 혁신이 제도적 자율성과 문명적 책임을 동시에 구현하는 새로운 단계, 혁신생태계가 주권적 문명으로 전화하는 결정적 전환점이다.

지속성장 혁신생태계 통합 논리 모형

$$(\text{생태계지능EI} + \text{혁신지속실행기반SIES}) \times \text{생태계주권성ESv}$$
$$\Rightarrow \{\text{생태계 비가역성EIr} \oplus \text{생태계적 적응 복원력EAR}\} \Rightarrow \text{지속성장 SG}$$

● 연산자 의미:

+ 기능 보완적 결합　　× 메타 규칙에 의한 조정 결합　　⊕ 안정-유연성의 공진
⇒ 지배적 전이(결과로 향하는 자기 조직적 흐름)

축 구분	핵심 작용	역할	결과
인식-학습	생태계지능 + 혁신지속 실행기반	다중 행위자의 공동 인지·학습으로 문제공간을 탐색하고, 지식과 아이디어를 제도·조직·문화 구조로 전환하는 탐색-정렬-변환-재생 루프를 지속 실행	학습과 실행의 순환적 지속성
질서-거버넌스	생태계주권성	내부 합의와 신뢰를 기반으로 규칙·표준·메타규범을 설계·운용하며, 자율성과 책임의 균형을 유지	혁신의 제도화된 학습 질서 확립
진화-적응	생태계비가역성 ⊕ 생태계적응복원력	혁신 경험이 제도·문화·정체성으로 내면화(비가역성)되고, 외부 변화에 대응해 구조를 재조정·회복(적응복원력)	지속적 진화(안정-유연성의 균형)
구조적 제도적 문화적	지속성장	세 축의 자기조직적 통합으로 내생적 혁신 순환이 유지	혁신이 스스로를 재생산하는 성장 질서

엔디비아, 21세기 AI 문명 생태계의 설계자

● 엔비디아 창업 및 발전 과정 요약

구분	핵심 내용
창업과 출발 (1993)	젠슨 황, 크리스 말라초스키, 커티스 프리엠. 그래픽 칩에서 출발, 당시에는 인텔·마이크로소프트가 지배하던 시대
첫 전환점 (1999)	GeForce 256 출시 → GPU의 병렬 연산 패러다임. 게이밍 그래픽 뒤에 숨은 새로운 계산 방식
언어 혁명 (2006)	CUDA 발표 → GPU를 범용 계산 언어로 확장. 개발자·연구자·기업의 공용어로 자리 잡음
플랫폼 확장	GPU·CPU·DPU·네트워킹 + CUDA·DOCA·NCCL + 400+ 라이브러리 + NIM·NeMo. 칩에서 소프트웨어·플랫폼·인프라까지 풀스택으로 결속
AI Factory 개념	데이터센터를 'AI 팩토리로 재정의. 데이터 → 지능 토큰(Units of Intelligence). Blackwell 아키텍처: "사고하는 기계"
Omniverse & Physical AI	디지털 트윈·로보틱스·제조혁신. 현실의 물리 법칙을 반영한 가상 시뮬레이션과 실제 로봇 적용
NVIDIA AI Enterprise	NIM·NeMo·검색/벡터 DB → 기업이 바로 Agentic AI 활용 가능. 주요 파트너: Accenture, Deloitte, SAP, ServiceNow, AWS, Azure, Google Cloud, Oracle Cloud 등
FY25 사업 포트폴리오	데이터센터 1,152억 달러(88%), 게이밍 114억 달러(9%), 프로페셔널 비주얼라이제이션 19억 달러(1%), 자동차 17억 달러(1%). 총 매출 1,305억 달러(+114% YoY), 총마진 75%, Non-GAAP 영업이익 867억 달러
시장 가치	2025년 10월, 인류사 최초 개별 기업 시가총액 5조 달러 돌파. 2025 현재 세계에서 가장 가치 있는 기업으로 평가
현재 정체성	단순 GPU 회사 → 시스템 → 데이터센터 → AI 인프라·AI 팩토리 설계자. 산업 전반을 "지능 생산 생태계"로 재편

엔비디아의 인수합병(M&A) 및 투자 역사

엔비디아(NVIDIA Corporation)는 1993년 4월 5일 젠슨 황(Jensen Huang), 크리스 말라초스키(Chris Malachowsky), 커티스 프리엠(Curtis Priem)에 의해 설립되었으며, 초기에는 개인용 컴퓨터와 게이밍을 위한 그래픽 처리 장치(GPU)에 집중했다. 지난 30여 년 동안 엔비디아는 AI, 데이터센터, 네트워킹, 자율주행차, 소프트웨어 등으로 사업 영역을 확장하기 위해 적극적인 인수합병(M&A) 전략을 추진해왔다.

2025년 10월 기준, 엔비디아는 최소 28건의 인수를 완료했으며 누적 거래 규모는 90억 달러를 초과한다(주요 동인은 2019년 Mellanox 인수). 한편, 2017년경 설립된 NVentures(기업형 벤처캐피털, CVC)를 통한 투자 전략은 2022년 이후 AI 붐과 함께 가속화되어, 2024~2025년에만 100건 이상의 거래가 성사되었다. 주요 투자 분야는 AI 인프라, 클라우드, 바이오테크, 양자컴퓨팅 등이다. 포트폴리오의 비상장 지분 가치는 2025년 7월 기준 약 38억 달러였으며, 상장 지분은 2025년 8월 기준 43억3천만 달러로 평가되었다.

● 인수합병(M&A) 역사

엔비디아의 첫 인수는 2000년에 이뤄졌으며, 그래픽 및 소프트웨어 기업을 대상으로 GPU 핵심 사업을 강화하기 위한 목적이었다. M&A 활동은 2024년에 정점을 찍었으며(7건), 2025년에도 이어졌다. 가장 주목할 만한 실패 사례는 2020~2022년 시도했던 Arm Holdings 400억 달러 인수 건으로, 규제 당국의 반대로 무산되었다.

다음은 주요 인수 내역을 시기순으로 정리한 표이다. (금액은 공개된 경우에 한함)

날짜	기업	금액	설명
2000.12.01	3Dfx Interactive	비공개	그래픽 하드웨어 선구자: 엔비디아의 3D 렌더링 능력 강화
2002.07.23	Exluna	비공개	민관협력 플랫폼, 기술이전 네트워크, 혁신캠퍼스
2003.08.04	MediaQ Inc.	7천만 달러	오픈이노베이션 허브, 장기 혁신 펀드, 산업-대학 협력규범
2004.04.23	iReady	비공개	자율 규제 체계, 공동 의사결정 포럼, 장기 파트너십 제도
2005.12.14	ULI Electronics	비공개	마더보드용 칩셋 기술
2006.03.22	Hybrid Graphics	비공개	모바일 그래픽 및 멀티미디어 소프트웨어

날짜	기업	금액	설명
2006.11.06	PortalPlayer	3억5천7백만 달러	휴대기기용 미디어 프로세서
2007.12.13	Mental Images	비공개	고급 렌더링용 레이 트레이싱 소프트웨어
2008.01.01	Modviz	비공개	엔지니어링 시뮬레이션용 시각화 소프트웨어
2008.02.04	Ageia Technologies	비공개	게이밍 리얼리즘을 위한 물리 처리 장치(PPU)
2008.05.22	RayScale LLC	비공개	레이 트레이싱 가속 하드웨어
2008.05.23	Rayscale	비공개	실시간 레이 트레이싱 기술
2011.05.09	Icera	3억6천7백만 달러	모바일 광대역용 베이스밴드 프로세서
2013.07.29	The Portland Group (PGI)	비공개	고성능 컴퓨팅용 컴파일러
2015.06.11	Transgaming	380만 달러	크로스플랫폼 게임 소프트웨어
2019.03.11	Mellanox Technologies	69억 달러	데이터센터 고속 네트워킹; 엔비디아 최대 거래
2019.12.17	Parabricks	비공개	GPU 기반 유전체 분석 가속 소프트웨어
2020.03.06	SwiftStack	비공개	멀티클라우드용 객체 스토리지
2020.05.04	Cumulus Networks	비공개	데이터센터용 오픈 네트워킹 소프트웨어
2020.11.30	OptiGOT	비공개	광컴퓨팅 연구
2021.06.10	DeepMap	비공개	자율주행차용 HD 지도
2022.01.10	Bright Computing	비공개	HPC 클러스터 관리
2022.03.07		비공개	NVMe 기반 공유 스토리지 소프트웨어
2022.05.01	Animatico	비공개	3D 콘텐츠 제작용 절차적 애니메이션
2023.02.01	OmniML	비공개	엣지 AI 디바이스용 TinyML 최적화
2024.04.24	Run:ai	7억 달러	AI 워크로드용 쿠버네티스 기반 오케스트레이션

날짜	기업	금액	설명
2024.04.25	Deci AI	3억 달러	AI 추론 최적화 플랫폼
2024.06.19	Shoreline.io	1억 달러	클라우드 관측·트러블슈팅 도구
2024.07.17	Brev.dev	비공개	AI 모델 배포용 개발자 도구
2025.03.19	Gretel Labs	비공개	AI 프라이버시용 합성 데이터 생성
2025.09.03	Solver	비공개	물류 최적화 AI 소프트웨어

이러한 거래를 통해 엔비디아는 미국, 이스라엘, 영국, 중국 등 전 세계에 걸쳐 100개 이상의 자회사를 편입하며, AI·네트워킹·엣지 컴퓨팅 생태계를 강화했다.

● 전략적 투자 역사

2022년 이전 엔비디아의 투자는 제한적이었으며, 전략적 기술 정렬에 중점을 두었다. 그러나 ChatGPT 출시(2022년 말) 이후 활동이 급증했다.

- 2022년: 16건 투자 (주로 AI 스타트업 시드 단계, 세부 내역 비공개)
- 2023년: CentML 시드 투자 참여 (금액 미공개, 2025년 초 인수됨)
- 2024년: 총 41건 투자—AI 모델 및 인프라 중심, Scale AI의 Pre-IPO 지분 확보 포함
- 2025년(9월까지): 51건 투자—AI 인프라, LLM, 로보틱스, 양자컴퓨팅, 에너지 등 다각화

● 주요 투자 사례(2025년)

- 2월: Lambda Labs–4억8천만 달러 Series D 참여 (클라우드 GPU 제공업체)
- 4월: Safe Superintelligence – 20억 달러 라운드 (전 OpenAI 임원이 설립한 AI 안전 연구소)
- 6월: Scale AI – Meta의 143억 달러 계약 관련 추가 지분 확보
- 7월: Thinking Machine Labs – 20억 달러 라운드 (전 OpenAI 최고 인사가 설립)
- 8월: Cohere – 5억 달러 라운드 (엔터프라이즈 AI 모델)
- 9월(초): PsiQuantum – 10억 달러 라운드 (양자컴퓨팅)
- 9월: Quantinuum – 초기 단계 투자 (양자 하드웨어)
- 9월(중): Intel – 50억 달러 투자 (반도체 제조 협력)
- 9월: Nscale – 5억 파운드(6억6,800만 달러) 투자 (영국 클라우드 공급자)
- 9월: Wayve – 5억 달러 투자 의향 (자율주행 AI)
- 9월: Mistral AI – 17억 유로(20억 달러) 라운드 (유럽 최대 LLM)

- 9월: Enfabrica – 약 9억 달러 기술 라이선스/인력 확보 계약 (네트워킹 인프라)
- 9월(말): OpenAI - 1,000억 달러 다년간 투자 (역대 최대; OpenAI 기업가치 5천억 달러 기반)

● **현재 보유 중인 상장 지분(2025년 8월 기준, 2023~2025년 취득)**

기업	지분(백만 주)	가치(백만 달러)	비고
Arm Holdings (ARM)	1.10	178	CPU/GPU 설계: 장기 전략 지분
Applied Digital (APLD)	7.72	78	AI 데이터센터
CoreWeave (CRWV)	24.28	3,959	7% 지분; 63억 달러 규모 엔비디아 주문 (2025년 5월 취득)
Nebius Group (NBIS)	1.19	66	AI 인프라 (구 Yandex)
Recursion Pharmaceuticals (RXRX)	7.71	39	AI 기반 신약 개발 바이오테크
WeRide (WRD)	1.74	14	자율주행차

● **종료/감축 포지션**
- Serve Robotics (SERV): 2025년 2월, 보유 지분 전량(370만 주) 매각

● **엔비디아의 인수합병 및 전략적 투자 활동 요약**
- 엔비디아의 전략은 단순히 투자를 넘어 GPU 독점적 생태계와 긴밀히 연계된 파트너십을 구축하는 것이다. 이는 독점적 GPU 구매 계약, 클라우드·AI 스타트업 지분 확보, 차세대 컴퓨팅 패러다임 탐색을 통해 강화된다. 이러한 전략은 2025년 10월 시가총액 4.5조 달러 이상을 달성하는 데 핵심적 역할을 했다.

엔비디아 기업 벤처링(Corporarte Venturing) 개요

기업 벤처링: 빠르게 변화하는 시장 환경 속에서 대기업(혹은 기존 기업)이 혁신과 성장을 추구하기 위해 취하는 전략적 활동의 총체를 의미. 단순히 외부 스타트업에 투자하는 것을 넘어, 기업이 가진 풍부한 자원(자본, 인프라, 브랜드 등)과 스타트업이 가진 민첩성(Agility) 및 혁신 기술을 결합하여 시너지를 창출하는 것이 목표.

엔비디아의 기업 벤처링 활동은 주로 2017년에 설립된 전담 벤처캐피털 조직 NVentures를 통해 운영된다. NVentures는 복잡한 기술적 과제를 해결하는 초기 단계부터 후기 단계까지의 스타트업에 투자하며, 엔비디아의 GPU 및 AI 전문성과 긴밀히 통합된 장기적 파트너십 구축을 중시한다. 이 프로그램은 재무적 투자뿐 아니라 기술 자원, NVIDIA Inception 인큐베이터(전 세계 20,000개 이상의 스타트업 지원) 접근성, 공동 연구개발을 결합하여 AI 생태계 내 혁신을 가속화한다. 2025년 10월 기준 NVentures의 포트폴리오는 50개 이상의 활성 기업을 포함하며, 비시장성 지분 가치는 약 38억 달러로 평가된다. 이는 엔비디아의 하드웨어 우위를 보완하는 "하드 테크(hard tech)" 분야에 대한 전략적 투자임을 보여준다.

● 투자 전략 및 중점 분야

NVentures는 대부분의 투자에서 비주도(non-lead) 참여 전략을 채택하여, 최상위 VC들과의 공동 투자(syndication)를 통해 위험을 최소화하는 동시에 네트워크 효과를 활용한다. 리드 또는 공동 리드 투자는 전체의 약 8분의 1 정도 라운드에서만 선택적으로 이루어지며, 변혁적 기술에 우선순위를 둔다. 주요 중점 분야는 다음과 같다.

- AI 인프라 및 모델: 클라우드 GPU 서비스, 기초 모델, LLM 툴 등 엔비디아의 컴퓨팅 생태계 확장을 지원하는 영역
- 헬스케어 및 바이오테크: AI 기반 신약 개발, 의료 영상, 환자 치료 자동화
- 로보틱스 및 제조업: 자율 시스템, 컴퓨테이셔널 디자인, 산업용 AI
- 신흥 기술: 양자컴퓨팅, 청정에너지, 생성형 미디어—AI의 에너지 수요 및 미래 컴퓨팅 패러다임 대비

이 전략은 2023년 이전의 AI 중심 투자에서 진화하여, 2025년에는 하드 테크 다각화로 확대되었다. 특히, 과거 CEO 젠슨 황이 회의적이던 양자컴퓨팅 분야로의 본격 진출은 2025년에 이루어졌으며, 이는 GPU와 하이브리드 워크플로우에서 상호 보완적으로 작동하여 엔비디아 하드웨어에 대한 고객 파이프라인을 강화하는 계기가 되었다.

● 2025년 주요 지표 및 활동

엔비디아는 2025년에도 공격적인 벤처링을 이어갔으며, NVentures 또는 직접적으로 최소 42개 비상장 기업에 투자했다. 이는 2024년에 전 세계 AI 스타트업에 약 10억 달러를 투입한 것보다 소폭 증가한 수치다.

- 투자 피크: 2025년 9월, 총 74억 달러 규모의 라운드에서 22건의 투자를 집행하며 정점을 기록했다. 분야는 헬스케어, 포토닉스, 산업용 AI, 양자컴퓨팅, 로보틱스, LLM, 자율주행까지 포괄한다.

- 대형 생태계 약속: 영국 AI 스타트업 생태계에 20억 파운드(약 26억 달러)를 투입했고, OpenAI에 1,000억 달러 규모의 다년간 약속을 하여 10GW급 엔비디아 시스템을 배치하기로 했다.
- 에너지 대응: NVentures는 AI의 폭발적인 에너지 수요에 대응하기 위해 발전 스타트업에도 투자하고 있다.

● 주요 투자 사례(2025년)

	기업	지분(백만 주)	가치(백만 달러)	비고
AI 인프라 / 클라우드	Lambda Labs	Series D	4억8천만 달러	2025년 2월; GPU 임대, 기업가치 25억 달러
	CoreWeave	Pre-IPO	15억 달러	2025년: 상장 후 엔비디아 7% 지분 보유
	Together AI	Series B	3억500만 달러	2025년 2월; 모델 빌딩 클라우드, 엔비디아 두 번째 투자
헬스케어 / 바이오테크	Hippocratic AI	Series B	1억4천1백만 달러	2025년 1월; 비진단 환자 업무용 LLM, 기업가치 16.4억 달러
	Abridge	N/A	미공개	진행 중; 대화 기반 임상 노트 생성
	Generate Biomedicines	N/A	미공개	진행 중; 생성형 생물학 기반 신약 개발
양자 컴퓨팅	PsiQuantum	Series E	10억 달러	2025년 3월; 광자 큐비트, 기업가치 70억 달러
	Quantinuum	Series B	6억 달러	2025년 9월: NVentures 주도, 트랩드-이온 기술, 기업가치 100억 달러
	QuEra Computing	Series B	2억3천만 달러	2025년 2월/9월; 중성 원자 기반 시스템

	기업	지분(백만 주)	가치(백만 달러)	비고
생성형 AI / 로보틱스	Runway ML	Series C	1억4천1백만 달러	2023년 투자(2025년에도 활성): 영상 생성 툴
	Figure	N/A	10억 달러+	2025년 9월; 휴머노이드 로봇, 대규모 라운드
	Mistral AI	N/A	20억 달러+	2025년 9월; 유럽 최대 LLM 라운드
청정에너지	TerraPower	N/A	6억5천만 달러	2025년; AI 데이터센터용 원자력
	Commonwealth Fusion Systems	Series B	8억6천3백만 달러	2025년; 핵융합 상용화 추진

추가적으로, SandboxAQ(양자 기반 AI 모델, 1억5천만 달러), Perplexity AI(AI 검색, 약 5억 달러 Series B), Scale AI(데이터 라벨링, 상장 전 지분 확보) 등이 포트폴리오에 포함된디.

● 최근 주요 하이라이트

- 양자 전환(Quantum Pivot): 2025년 초, NVentures는 CUDA-Q 플랫폼과 연계하여 모든 하드웨어 방식을 아우르는 첫 대규모 양자 투자에 나섰다.
- 9월 투자 스프리(September Spree): 22개 기업에 투자, 이 중 3건은 10억 달러 이상 규모(미스트랄 AI, PsiQuantum, Figure). 삼성, 세일즈포스 등 글로벌 기업들과 공동 투자. 최소 금액은 400만 달러 시드 단계.
- 생태계 확장(Ecosystem Plays): 직접 지분 확보 외에도, Emerald AI(데이터센터 전력 최적화)와 같은 엔비디아 Inception 스타트업을 지원하며, Lambda의 63억 달러 규모 엔비디아 주문 사례처럼 GPU 채택과 투자를 긴밀히 연계.

● 엔비디아 기업 벤처링 요약

엔비디아의 벤처링 전략은 단순한 재무적 투자를 넘어, 하드웨어 수요를 견인하는 공생적 관계를 구축하며, 동시에 미래 인접 영역을 탐색하는 역할을 한다. 이는 AI 생태계의 지배적 지위를 강화하고, 엔비디아의 장기적 기술·혁신패권을 뒷받침한다.

엔비디아 혁신생태계

엔비디아의 혁신생태계는 하드웨어를 훨씬 넘어서는 수직적으로 통합된 공동 설계 플랫폼으로, 개발자, 스타트업, 기업, 연구자들의 상호 공생적 네트워크를 육성한다. 가속 컴퓨팅을 활용해 산업 전반의 AI를 구동하며, 개방적 협업, 독자적 최적화, 글로벌 확장성을 중점적으로 추구한다. 2025년 10월 현재, 이 생태계는 GTC 2025와 같은 대규모 행사와 헬스케어 및 로보틱스 등 산업을 변혁하는 전략적 투자를 통해 엔비디아를 AI 인프라의 최전선으로 끌어올렸다. 아래는 엔비디아 혁신생태계의 두드러진 특징들이다.

● 극한의 공동 설계 철학(Extreme Co-Design Philosophy)

엔비디아는 모델, 알고리즘, 시스템, 칩을 동시에 최적화한다. 이는 기존의 무어의 법칙적 확장에서 벗어나, 효율성과 성능에서 획기적인 발전을 가능하게 한다. CUDA와 GPU에서 시작된 이러한 "틀을 깨는" 접근법은 대규모 언어모델(LLM) 훈련부터 엣지 배포까지 AI 스택 전반에 걸쳐 매끄러운 혁신을 실현한다.

● 규모를 관통하는 통합 소프트웨어 스택 (Unified Software Stack Across Scales)

CUDA, cuDNN, NCCL, TensorRT, Isaac과 같은 핵심 도구들은 xAI의 10만 GPU 클러스터에서부터 소형 휴머노이드 로봇 프로세서에 이르기까지 동일하게 작동한다. 이는 파편화를 줄이고, 로보틱스 및 자율주행차와 같은 다양한 분야의 연구개발 속도를 가속한다.

● 오픈소스 AI 라이프사이클 도구(Open Source AI Lifecycle Tools)

RAPIDS(데이터 처리용)나 Nemotron, Cosmos와 같은 오픈 모델 등 엔비디아의 기여는 데이터 가속부터 배포에 이르는 AI 파이프라인 전체를 아우른다. 이는 접근성을 민주화하는 동시에, 엔비디아의 생태계 지배력을 더욱 공고히 한다.

● Inception 및 NVentures를 통한 스타트업 육성 (Startup Incubation and Venturing)

NVIDIA Inception은 2만 개 이상의 스타트업을 기술 자원과 공동 설계를 통해 지원한다. 한편 NVentures는 양자컴퓨팅, 바이오테크와 같은 "하드 테크"에 투자하며, GPU 채택과 자금을 연계하는 경우가 많다. 이를 통해 하드웨어 수요를 촉진하는 상호 공생적 파트너십이 형성된다.

- **AI 팩토리 청사진과 산업 클라우드**
  (AI Factory Blueprints and Industrial Clouds)

NVLink Fusion과 DGX SuperPOD 기반의 사전 구성된 청사진은 유럽 및 영국과 같은 지역의 기업들을 위해 주권형 AI 데이터센터 구축을 가능케 한다. 이 데이터센터는 NIM 마이크로서비스와 NeMo 프레임워크를 활용해 에이전트형 AI 에이전트를 신속히 배치할 수 있다.

- **시뮬레이션 및 협업을 위한 Omniverse 플랫폼**

Omniverse는 물리적 AI와 통합된 클라우드 기반 3D 협업 도구로, 로보틱스, 제조, 생명과학을 위한 디지털 트윈을 구현한다. 이를 통해 현실 세계 시나리오를 대규모로 시뮬레이션하는 상호 연결된 생태계를 촉진한다.

- **공급망 통합을 통한 생태계 지배**
  (Ecosystem Moat Through Supply Chain Integration)

GPU를 넘어, 엔비디아는 반도체 제조, 메모리, 네트워킹(예: 실리콘 포토닉스를 적용한 Spectrum 스위치), 전력 시스템(예: 효율 98%의 800V AI 서버용 파트너십) 등에서 이점을 축적한다. 이를 통해 파트너를 락인(lock-in)하는 "벽으로 둘러싸인 정원(walled garden)"을 만들고, 검증된 미래지향적 스택을 제공한다.

- **글로벌 이벤트 중심의 모멘텀(Global Event-Driven Momentum)**

GTC 2025, CES 2025, Computex 2025와 같은 대표적 행사는 에이전트형 AI 데모에서 Web3/DePIN 통합까지 생태계 확장을 보여준다. 또한 영국의 AI 메이커스 네트워크와 같은 지역적 이니셔티브는 물리적 AI와 주권형 클라우드에서 지역 혁신을 강화하는 엔비디아 고유의 지역 혁신생태계 기반 모델로서 기능한다.

- **엔비디아 혁신생태계의 고유한 특성 및 강점:**
  플라이휠(Flywheel)과 복합적 시너지 효과

엔비디아 혁신생태계의 가장 큰 특징은 서로 맞물린 순환 구조가 스스로 속도를 높이는 힘, 즉 플라이휠(Flywheel)에 있다. 이 구조는 단순히 칩을 개발하고 판매하는 과정으로만 설명되지 않는다. 오히려 자본, 기술, 그리고 시장 참여자들이 끊임없이 상호작용하면서 점점 더 강력한 파급력을 만들어낸다.

예를 들어, 엔비디아가 어떤 스타트업이나 연구 프로젝트에 투자하면, 그들은 자연스럽게 엔비디아의 기술을 기반으로 새로운 시도를 하게 된다. 이러한 시도가 실제 산업 현장에서 활용되면, 엔비디아는 그 과정에서 얻은 피드백과 필요를 반영해 제품을 고도화 한다. 개선된 제품은 다시 시장에서 더 널리 채택되고, 이러한 채택은 또 다른 투자로 이어진다. 투자가 채택을 낳고, 채택이 기술 발전을 자극하며, 발전이 다시 투자를 불러오는 선순환 구조가 이렇게 완성된다.

이 선순환 고리는 단순히 반복되는 것이 아니라, 한번 순환할 때마다 더 큰 힘을 얻는다. 마치 작은 눈덩이가 언덕을 굴러 내려가면서 점점 커져 결국에는 눈사태로 이어지듯, 엔비디아의 생태계도 초기 투자와 작은 시도에서 시작해 오늘날 AI 발전 전체를 가속하는 거대한 동력이 되었다.

이 과정에서 중요한 점은 플라이휠 효과(Flywheel Effect)에 그치지 않고, 복합적 시너지 효과(compounding effect)가 함께 작동한다는 것이다. 투자가 채택을 촉진하고, 채택은 기술 발전을 가속하며, 발전은 더 많은 투자를 불러온다. 이 순환이 누적되면서 단순한 성장이 아니라 가속적인 진화가 가능해진다. 결국 엔비디아의 강점은 단순히 뛰어난 칩이나 높은 시장 점유율이 아니라, 투자·채택·기술 발전이 서로 맞물리며 AI 생태계 전체의 진화를 끝없이 가속하는 구조를 만들어냈다는 데 있다.

스탠퍼드, 멈추지 않는 혁신의 엔진

● 스탠퍼드대의 모토와 인장(University Motto and Seal)

"Die Luft der Freiheit weht(자유의 바람이 분다)"는 스탠퍼드대학교의 비공식 모토로, 16세기 인문주의자 울리히 폰 후텐(Ulrich von Hutten)의 말을 인용한 것이다. 이 모토는 스탠퍼드대학교 공식 인장의 일부이기도 하다.

● 우리는 누구인가(Who We Are)

19세기 말 캘리포니아에서의 실립 이래 오늘에 이르기까지, 스덴퍼드에는 미국 시부가 지닌 개방성과 가능성의 정신이 깊이 스며들어 있다. 우리는 고등교육의 사명—지식을 창출하고 공유하며, 학생들이 호기심을 갖고 비판적으로 사고하며, 세상에 기여할 수 있도록 준비시키는 것—을 굳게 믿는다.

세계적 수준의 학자들과 단일 캠퍼스에 함께 위치한 7개 단과대학을 기반으로, 스탠퍼드는 가장 폭넓은 학문 분야에서 학문적 탁월성을 제공한다. 동시에 이곳은 혁신의 엔진으로서, 이론과 실천을 융합하여 연구실과 강의실에서 탄생한 아이디어와 발견을 세상으로 확산시킨다. 우리는 폭넓은 탐구, 신선한 사고, 활발한 토론, 사상의 자유를 장려하는 문화를 조성하기 위해 노력한다. 이를 통해 학생들이 세계 속에서 리더십을 발휘하고 능동적인 시민으로 성장할 수 있도록 준비시키는 것이 우리의 목표이다.

* 출처: Stanford Fact Book 2025 / https://www.stanford.edu/about/

● **스탠퍼드 혁신생태계 대학 내부 기구·프로그램(2025)**

카테고리	조직/ 프로그램	역할 (위상)	주요 기능 (키워드)	2024~ 2025 업데이트· 동향	핵심 KPI/ 마일스톤	주요연계· 계약경로	비고
거버넌스/ 거래	Office of Technology Licensing (OTL)	지식 재산 ·기술 이전 중추	발명공개→ 평가→ 특허/라이선스, 수익배분, 상업화 가이드, HIT Fund	HIT Fund 공고 지속, 라이선스· 스핀오프 가속	발명공개 수, 라이선스/ 옵션 수, 로열티· 스핀오프 전환률	OTL 표준 라이선스, Startups at Stanford, VC·StartX 연계	내부 코어
	Industrial Contracts Office (ICO)	산학 공동 연구 계약	SRA· 마스터 SRA, 출판·IP· NDA 조항, 기업 온보딩	공학계 Affiliates 와 연동 강화	계약 리드 타임, 반복계약률, 기업 만족도	기업- 랩 매칭→ SRA 체결	내부 코어
	Office of Research Administration (ORA)	스폰서 드 연구 행정	정부·비영리 연구비 관리, 규정준수· 회계·보고	규정·프로 세스 업데 이트 반영	간접비 회수 율, 감사 적합성, 보고 준수율	스폰서드 연구 중앙관리	내부 코어
산학 커뮤니티	Engineering Industrial Affiliates Programs	기업 회 원제 플 랫폼	세미나·워크 숍·리쿠르팅· 캡스톤· 공동연구 브로커리지	프로그램 포트폴리 오 재정비	회원 유지· 확대, 공동과제 수	Affiliates 가입→ ICO/SRA	내부 (공 대)
전환 파이프 라인	Spectrum (CTSA Hub)	에너지 전환 씨드· 이니셔티 브	Pioneering/ Seed, Bits & Watts, Hydrogen, StorageX	씨드·현장실 증 확대	파일럿→ 데모→ 필드실증	유틸리 티·OEM· 규제기관· ICO	의 · 생 명 핵 심

INNOVATION HEGEMONY 혁신패권

카테고리	조직/ 프로그램	역할 (위상)	주요 기능 (키워드)	2024~ 2025 업데이트· 동향	핵심 KPI/ 마일스톤	주요연계· 계약경로	비고
전환 파이프 라인	Spectrum (CTSA Hub)	에너지 전환 씨드· 이니셔 티브	Pioneering/ Seed, Bits & Watts, Hydrogen, StorageX	씨드·현장 실증 확대	파일럿→ 데모→필드 실증	유틸리 티·OEM· 규제기관· ICO	의 · 생 명 핵 심
	SPARK at Stanford	전환· 시장 접근 중간 단계	Innovation Transfer (프로토→ 시장 검증)	연례 선정 (다수 팀)	고객 파일럿, 초기 매출/ LoI	스타트업 OTL StartX	의 · 생 명 핵 심
	Innovative Medicines Accelerator (IMA)	신약개 발 병목 해소	어쎄이→HTS, 리드 최적화, 항체/단백질 치료 지원	단백질 치 료 지원 트 랙 강화	리드 후보· 전임상 마일스톤	SPARK/ OTL/제약 파트너	의 · 생 명 핵 심
전환 파이프 라인	Byers Center for Biodesign	의료기 가·디지 털 헬스 인 력·벤처	니즈발굴→ 발명→ 실현 (펠로우십), 임상 협업	차기 코호 트 준비· 병원 파트너 확대	임상 니즈 검증, 규제 경로(510(k) /CE) 진입	병원· OTL· StartX Med	의 · 생 명 핵 심
학제 씨드 (Seed*) 씨앗 뿌리기	Bio-X	고위험 학제 씨드	팀 형성, 초기 실험·파일럿	IIP·포스터 세션 지속	후속 자금 유치율, 학제성 지표	내부 학제 허브→전환 파이프 라인	기초 · 탐색
	Sarafan ChEM-H	화학생 물-의학 교차	플랫폼·코어, 공동연구 씨드	프로젝트 포트폴리오 지속	교차저자· 후속 펀딩	Bio-X· 의대·공대 연계	기초 · 탐색
에너지· 기후	Doerr School & Precourt Institute for Energy	에너지 전환 씨드· 이니셔 티브	Pioneering/ Seed, Bits & Watts, Hydrogen, StorageX	씨드·현장 실증 확대	파일럿→ 데모→ 필드실증	유틸리티 ·OEM·규제 기관 ·ICO	지속 가능 핵심
	TomKat Center for Sustainable Energy	전환· 시장접 근 중간 단계	Innovation Transfer (프로토→ 시장 검증)	연례 선정 (다수 팀)	고객 파일럿, 초기 매출/ LoI	스타트업· OTL· StartX	지속 가능 핵심

카테고리	조직/ 프로그램	역할 (위상)	주요 기능 (키워드)	2024~ 2025 업데이트· 동향	핵심 KPI/ 마일스톤	주요연계· 계약경로	비고
AI· 정책 허브	Stanford HAI	AI 연구· 교육· 정책	AI Index·정책 브리프, 기업 어필리에이트, 교육	2025 지표· 정책/교육 프로그램 지속	정책 인용, 산학 프로젝 트, 데이터셋 활용	기업 어필 리에이트· 정책 네트 워크	AI 중 심축
교육·연구 (공대)	STVP (Stanford Technology Ventures Program)	공대 창업 교육· 연구	교과·펠로 우·eCorner, 산업 멘토 네트워크	교육·연구 프로그램 정례 운영	수강·팀 형성· 후속 투자	StartX/ OTL/VC	교육 핵심
교육·연구 (디자인)	d.school	디자인· 혁신 교육	문제정의·프로 토타입 기반 학습, Exec 프로그램	글로벌 네트 워크 연계 지속	프로젝트 완성도·현장 적용도	학내/외 파트너 프로젝트	교육 핵심
교육·연구 (GSB)경 영대학원	CES (Center for Entrepreneurial Studies)	MBA 창업 허브	SEI·SIF, 데모데이, 멘토링	코호트· 행사 운영	Venture Studio 전환률	동문 VC· 산학 네트 워크	GSB 코어
교육· 인큐 베이션 (GSB)	Venture Studio	학생 벤처 인큐 베이션	아이디어 →MVP→ 고객검증	코호트 운영 지속	MVP→ 파일럿→ 투자 유치	CES·VCI ·StartX	GSB 코어
연구 (금융/ 벤처)	VCI (Venture Capital Initiative)	벤처· 계약· 거버넌스 실증	데이터·연구· 정책 인사이트	2025 분석· 세미나 지속	탑저널· 정책 인용	학계· 정책· 산업 브리지	연구 코어
리더십· 임원	GSB Executive Education (예: SEP)	임원 리더십· 혁신	여름 집중/ 플렉스 트랙	프로그램· 동문 네트 워크 확대	참가자 성과· 후속 협업	기업 파트 너십	일정 은 연 도별 상이
학생·동문 플랫폼 (연계)	Stanford Entrepreneur ship Network (SEN)	학내 분 산 네트 워크 허 브	학생그룹· 이벤트·팀 빌딩(Team Formation Hub)	허브 운영 고도화	참가· 팀 결성· 프로젝트 전환	BASES·학 내 센터 연 계	내부 네트 워크

카테고리	조직/ 프로그램	역할 (위상)	주요 기능 (키워드)	2024~ 2025 업데이트· 동향	핵심 KPI/ 마일스톤	주요연계· 계약경로	비고
학생·동문 플랫폼 (연계)	StartX / StartX Med	대학 연계 (독립 비영리) 액셀	에쿼티 프리 코호트, 멘토 네트워크, 의료 특화	정례 코호트, 의료 규제 경로 지원	후속 투자, 임상·규제 마일스톤	OTL· 병원· VC	대학 연계 (외부 법인)

● **스탠퍼드 혁신생태계 대학 외부 협력 기구·프로그램(2025)**

카테고리	이름· 유형	주요 협력대상 (외부 기구· 네트워크)	2025년 업데이트· 영향	핵심 KPI	거버넌스/ 계약구조	리스크· 완화	비고
정부·정책 네트워크	Stanford Emerging Technology Review (SETR)	미국 DoD, NSF, 백악관 OSTP, EU, UK AI Safety Institute 등	2025판 발 간(핵심 10기 술), AI Safety Summit 연계 정책 브리핑 확대	정책 인용· 청문/브리 핑 건수, 국제 의제 반영도	싱크탱크 형 보고· 세미나, 기관 간 MoU/LoI	정책 중립 성·이해상 충 → 공개 검토·데이 터 투명성	학내- 대외 정 책 연계 허브
	CHIPS and Science Act	미 의회, 상무부 (DoC), NSF	국가 전체 $52.7B 반도 체·R&D 투자 집행, 컨소시엄 과제 확대	참여컨소 시엄수,연 구비수주 액,공급망 리스크 저감	연방 공 모(DoC/ NSF), 컨 소시엄 계약	지정학·공 급망 변동 → 다기관 분산·대체 공급선	총액은 국가 규 모(특정 대학 몫 아님)
	NIST AI Safety Institute Consortium (AISIC)	NIST, 글로벌 대학·기업· NPO	안전·평가 표준 컨소시엄 활동 확대, 교차 테스트 베드 준비	표준안 기 여, 벤치마 크·평가데 이터 공개	컨소시엄 규정, IP/ 데이터 공 유 합의	데이터 민 감성·법규 → 거버넌스· 익명화· 접근권 관리	AI 안전/ 평가 경 로 강화
국제·정책 네트워크	EU–US S&T· 정책 연계	CEPS, Bruegel 등 EU 정책 싱크탱크·기관	브뤼셀 라인 펠로십·정책 포럼 고도화	공동 브리 프 채택, 세미나· 워크숍 수	파트너십· 펠로십· 공동행사 MoU	규범·표 준 이견 → 공동 워킹그룹 운영	국제 정 책 파이 프 보강

카테고리	이름·유형	주요 협력대상 (외부 기구·네트워크)	2025년 업데이트·영향	핵심 KPI	거버넌스/계약구조	리스크·완화	비고
산업·투자 네트워크	Global AI Infrastructure Investment Partnership (AIP)	BlackRock, Microsoft, Global Infrastructure Partners, MGX(UAE) 등	초기 $30B (잠재 최대 $100B) AI 데이터 센터·에너지 인프라 투자, 2025 파트너 확대	투자 집행액, 파일럿 수, 정책·규제 연계	전략 파트너십·투자 계약	에너지·토지·규제 리스크→ 정부·유틸리티 3자 협의	"$30B (초기)/ $100B (잠재)" 병기 권장
	Emergence Program (건강·예방의학)	Investor Leadership Circle, Health Innovation Collaborative (VC·산업)	2025 Impact Entrepreneurship Summit (5/30), 투자·산업 리더 서클 가동	코호트 성과, PoC·임상 진입, 파트너 확장	스폰서십·데이터·윤리 합의	IRB·GDPR/CCPA 정합, 임상 규제 경로 설계	건강·예방 혁신 외연 확대
산업 컨소시엄	Stanford HAI Corporate Affiliate Program	글로벌 기업 R&D·정책 조직	연회비 +Research Token 기반 공동연구·데이터/정책 공공재 생산	산학 프로젝트 수, 정책 인용, 데이터 재사용	산학 프로젝트 수, 정책 인용, 데이터 재사용	공개성 vs 기업 이해 → 투명성·공개 보고	AI 거버넌스 영향 경로
	Bits & Watts (Doerr School)	유틸리티, 전력기기 OEM, 규제기관	회원 프로젝트 확대, 현장 실증 연계 강화	회원 유지·확대, 공동과제·표준 반영	회원 유지·확대, 공동과제·표준 반영	데이터·IP·표준충돌→ 사전경쟁 범위명확화	전력망 디지털 전환 축
	CIFE (Center for Integrated Facility Engineering)	AECO 기업·SW 벤더·공공기관	2025 산업 파트너십 확대, VS·산업화 포럼 정례	회원 리텐션, PoC, 도구·프로세스 확산	회원 리텐션, PoC, 도구·프로세스 확산	데이터 상호운용·IP·책임 → 표준 합의	건설·인프라 혁신
국제·학술 교류	JURC – Japan–US Research Collaboration Week	일본 대학·연구소 (예: 도쿄대), 정부·산업	2025.7.28-30 개최, AI·바이오 워크숍·매칭	공동과제·MoU, 참가 규모	행사·공동RFP·교환연구 협약	IP·데이터 이전 규정 준수	미·일 전략 기술 축

카테고리	이름·유형	주요 협력대상 (외부 기구· 네트워크)	2025년 업데이트· 영향	핵심 KPI	거버넌스/ 계약구조	리스크· 완화	비고
글로벌 초국적 네트워크	SPARK GLOBAL	40+ 해외 기관 (초국적 협력)	유럽 파트너 확장, 공동 파일럿 확대	전임상/임상 진입, 규제 마일스톤	LoI/MoU, 공동RFP, 윤리·데이터 기준	규제 상이·데이터 공유 → 공통 SOP 채택	의약 전환 허브 간 연동
국가 혁신 프로그램	NSF I-Corps (Hub 체제)	미국 대학·연구소·스타트업	허브 네트워크 고도화, SBIR 연계 강화	팀의 가설 검증·피벗, SBIR 후속	NSF 협약, Hub MOU, 팀 참여계약	지역 편차 → 커리큘럼·멘토 품질관리	고객발견 국가 표준
지속가능성 국제 협력	Sustainability Engagement Grant Program	NGO·다자개발은행, HERI–Kenya 등	아프리카 도시화 서밋·케냐 워크숍(3개 프로젝트)	현지 파트너 수, 현장 파일럿 성과	소액그랜트, 현지기관 MoU	현지 규제·역량 격차 → 코디네이션·역량강화	Doerr School 외연 협력
커뮤니티·동문 네트워크	Stanford Seed (GSB)	신흥시장 성장기업, 임팩트 투자 네트워크	온·오프 교육 확대, 리더십·스케일업 지원	참여 기업의 매출·고용·지속률	교육·코칭·동문 네트워크	성과 측정·지속가능성 → 장기 추적	MOOC 대중 규모와 구분
정책 네트워크	Hoover Technology Policy Accelerator (TPA)	미 정부·기업 정책 리더	2025 런칭, 혁신 정책 브리핑·네트워크 허브	청문·브리핑 수, 정책 반영	싱크탱크형 어젠다·세미나	정치적 중립성·투명성 관리	정책 파이프 가속
지역·사회 협력	2025 Community Engagement Impact Projects	베이 에어리어 NPO·시정부	건강·수자원 등 10개 협력, 지역 생태계 빌딩	지역 파트너 수, 프로젝트 지속성	지역 NPO 협약, 공공 파트너십	시넉 형평성·재원 → 매칭그랜트	사회적 임팩트 라인
학술 네트워크 (연계)	Ecosystem Evolution Conference	Strategic Management Society (글로벌 학자)	2025.10.10 Santa Clara Univ. 개최 (연계 참여)	학술발표·산학 세션·특집호 연계	학회 규정·세션 제휴	주관 혼동 방지 표기	Stanford 주관 아님

실리콘밸리 이노빌라이제이션: 혁신문명의 탄생

● 실리콘밸리 프런티어 기술 Top 10(2025년 가을 기준)

순위	기술분야	우위 이유 및 대표 기업	핵심 원천 기술/기원	실리콘밸리의 주요 기여	구분
1	인공지능 (AI)	전 세계 AI 인재의 60% 이상을 보유하며, 생성형 AI 모델 및 윤리 중심 개발에서 선도. 보스턴 등 다른 지역 대비 벤처 투자 5배 우위	1956년 다트머스 컨퍼런스(뉴햄프셔)에서 'AI' 개념 제안 (John McCarthy).	GPU 가속, Transformer 아키텍처, 대규모 데이터 학습으로 딥러닝과 범용 AI 실현 (OpenAI, 스탠퍼드).	고도화
2	반도체 및 하드웨어	실리콘 기반 기술의 발상지로, 첨단 팹과 AI 가속기 중심으로 글로벌 공급망의 70% 장악. 대만 대비 혁신 속도에서 우위 대표 기업: NVIDIA, Intel	1947년 트랜지스터 발명 (벨 연구소, 뉴저지).	IC 상용화, 무어의 법칙 실현, AI 특화 칩 (TPU, GPU) 개발 (인텔, NVIDIA, 페어차일드).	고도화
3	클라우드 컴퓨팅	하이퍼스케일 데이터센터로 시장의 80% 점유. 유럽 및 아시아 대비 지연 시간과 통합성에서 우수 대표 기업: Amazon AWS, Google Cloud, Microsoft Azure	1961년 상호 연결 컴퓨팅 제안 (MIT, J.C.R. Licklider).	ARPANET 구현, 가상화/API 표준화, 컨테이너화 (Kubernetes)로 분산 아키텍처 완성 (AWS, Google).	고도화
4	바이오테크놀로지	CRISPR 및 mRNA 기술 선도, 자금과 기술 통합으로 보스턴 대비 임상 시험 속도 2배 빠름. 투자 규모 2배 우위대표 기업: Genentech (Roche), Illumina	1973년 재조합 DNA 기술 개발 (스탠퍼드/UCSF, 코헨-보이어 특허).	PCR 증폭, CRISPR-Cas9 편집, 빅데이터 기반 게놈 분석 통합 (제넨테크, Illumina).	발명/발견
5	핀테크	결제 및 트레이딩 혁신 주도, 규제 유연성으로 뉴욕 월스트리트 대비 3배 빠른 확장성 대표 기업: Stripe, Robinhood, PayPal	1871년 전자 송금 (Western Union, 뉴욕), 1950년대 크레딧 카드 기술.	SSL 암호화, 블록체인/스마트 컨트랙트, AI 거래 분석으로 분산 원장 실현 (페이팔, 스트라이프).	고도화
6	사이버 보안	엔터프라이즈 보안 시장 50% 점유, AI 기반 위협 탐지로 이스라엘 허브 대비 2배 발전 대표 기업: Palo Alto Networks, CrowdStrike	1949년 자기 복제 프로그램 이론 (프린스턴, 폰 노이만), 1971년 Creeper 바이러스 (MIT).	IDS 상용화, ML 기반 이상 탐지, 양자 암호화로 동적 보안 시스템 구축 (Cisco, CrowdStrike).	고도화

순위	기술분야	우위 이유 및 대표 기업	핵심 원천 기술/기원	실리콘밸리의 주요 기여	구분
7	자율주행 및 모빌리티	10억 마일 이상의 테스트 주행 기록, 디트로이트나 중국 경쟁자 대비 레벨 4 상용화 선도 대표 기업: Waymo (Alphabet), Cruise (GM)	1961년 컴퓨터 비전 시연 (스탠퍼드 달 탐사 카트).	LiDAR/GPS/딥러닝 융합으로 레벨 4 자율주행 구현 (Waymo, Cruise).	발명/발견
8	빅데이터 및 분석	실시간 처리 혁신, 시애틀 및 유럽 대비 3배 큰 규모 처리 능력, 대표 기업: Snowflake, Databricks, Palantir	1991년 '빅데이터' 용어 제안 (Silicon Graphics, John Mashey).	Hadoop/MapReduce 분산 처리, Spark 인메모리 분석으로 실시간 플랫폼 완성 (Databricks, Snowflake).	발명/발견
9	소셜 미디어 및 콘텐츠	40억 사용자 대상 알고리즘, 광고 수익 70% 독점으로 TikTok 미국 운영 및 기타 경쟁자 대비 네트워크 효과 우위 대표 기업: Meta, Snap, YouTube (Google)	1960년대 온라인 커뮤니티 구현 (PLATO, 일리노이 대학).	그래프 기반 네트워크, ML 피드 랭킹/멀티모달 AI로 개인화 콘텐츠 생성 (Facebook, YouTube).	고도화
10	청정 에너지 및 지속 가능성	실시간 처리 혁신, 시애틀 및 유럽 대비 3배 큰 규모 처리 능력 대표 기업: Snowflake, Databricks, Palantir	1954년 실리콘 PV 발명 (벨 연구소, 뉴저지).	다결정 PV 효율 개선, 리튬-이온 배터리/스마트 그리드/AI 최적화 통합 (Tesla, SunPower).	고도화

국가전략으로서의 혁신-미국 국가 혁신전략 15년 (2009~2025)

● 오바마(Obama) 행정부 주요 혁신·경제안보 정책(2009~2016)

연도	정책명	핵심 내용	전략 분야	주도 기관
2009	Strategy for American Innovation	R&D 세액공제 영구화, 지식재산권 강화, 민간 혁신투자 촉진	혁신·R&D 투자	OSTP, NSTC

연도	정책명	핵심 내용	전략 분야	주도 기관
2009	American Recovery and Reinvestment Act (ARRA)	7,870억 달러 경기부양 패키지(인프라·R&D 확충)	경제안보·회복	재무부, OMB
2011	Startup America Initiative	고성장 기업 지원, 자본 접근성 강화 (JOBS Act 기반)	스타트업·혁신창업	백악관, SBA
2011	America Invents Act	특허 제도 개혁(선출원주의 도입), IP 경쟁력 강화	지식재산·혁신 제도	USPTO, 상무부
2012	President's Global Development Council	글로벌 개발· 경제안보 연계 추진	경제안보·외교전략	국무부, USAID
2009–16	Educate to Innovate	STEM 인재 육성 국가 캠페인	교육·혁신 인재	교육부, OSTP
2013	National Security S&T Strategy	국가안보 기반 핵심 기술 투자 정책	안보기술·R&D	NSTC
2014	Promise Zones Initiative	경제취약지역 세제지원·투자 유치	지역 혁신	HUD, SBA
2016	Obama S&T Leadership Initiative	과학기술 주도 성장 전략 사례 제시	S&T 리더십	OSTP

● 트럼프(Trump) 행정부 1기 주요 혁신·경제안보 정책(2017~2020)

연도	정책명	핵심 내용	전략 분야	주도 기관
2017	Office of American Innovation(OAI)	연방 혁신·규제 개선 추진	행정혁신	백악관
2017	Tax Cuts and Jobs Act	기업 세율 인하 (35%→21%)로 미국 제조·투자 유치	경제·산업 경쟁력	재무부
2017	Opportunity Zones	저소득 지역 민간 투자 유치 제도	지역 혁신	재무부, HUD
2018	American AI Initiative	AI 국가 전략 (연방 R&D 투자)	AI 전략	OSTP, NIST
2018	National Quantum Initiative	양자기술 R&D 투자 (12억 달러)	첨단 기술	DOE, OSTP

연도	정책명	핵심 내용	전략 분야	주도 기관
2018	Advanced Manufacturing Strategy	로봇·첨단제조· 3D프린팅 육성	제조 전략	상무부
2018	USMCA	북미 공급망 재편·디지털 무역 강화	무역·공급망	무역대표부 (USTR)
2020	Critical & Emerging Technologies Strategy	AI·5G·양자 등 전략 기술 보호	기술안보	NSTC

● 바이든(Biden) 행정부 혁신·경제안보 정책(2021~2024)

연도	정책명	핵심 내용	전략 분야	주도 기관
2021	Multi-Agency R&D Priorities	기후·바이오·반도체 R&D 예산 우선	R&D 투자 전략	OSTP, OMB
2021	Bipartisan Infrastructure Law	1.2조 달러 인프라· 디지털망 투자	인프라·일자리	USDOT, OMB
2022	CHIPS and Science Act	반도체 제조 유턴 (520억 보조금)	반도체 공급망	상무부, NSF
2022	Inflation Reduction Act (IRA)	청정에너지·기술 산업 보조금	에너지 산업전략	DOE, IRS
2023	Executive Order on AI Safety	AI 안전 가이드라인· 규제 틀 제시	AI 거버넌스	OSTP, NIST
2023	M-23-20 STI Policy Memo	R&D 공공성, 형평성 중심 S&T 프레임	과학기술 정책	OMB, OSTP
2024	FY2025 U.S. Dudget	S&T·에너지 R&D 강화 예산	R&D·에너지	OMB, DOE

● 트럼프(Trump) 행정부 2기 혁신·경제안보 정책(2025~)

연도	정책명	핵심 내용	전략 분야	주도 기관
2025.1	PCAST 재설립	S&T 정책 자문 복원	혁신 거버넌스	OSTP
2025.1	AI 규제 철회	연방 AI 규제 완화· 오픈소스 확대	AI 산업정책	OSTP

연도	정책명	핵심 내용	전략 분야	주도 기관
2025.1	America First Trade Policy	전략산업 보호·관세정책 강화	경제안보·무역	USTR
2025.2	America First Investment Policy	외국인 투자 심사·미국내 투자 촉진	투자·안보	재무부
2025.4	M-25-21 Federal Use of AI	연방정부 AI 적용 확대	디지털 행정	OMB
2025.5	Restoring Gold Standard Science	연방 연구 투명성·검증 원칙 강화	과학 무결성	OSTP
2025.6	American Drone Dominance	무인항공 산업 육성	항공 혁신	FAA
2025.7	America's AI Action Plan	AI 인프라·표준·대외 경쟁 전략	AI 전략	OSTP, NIST
2025.9	FY2027 R&D Budget Priorities	AI·양자·국방 R&D 집중 투자	전략 R&D	OSTP, OMB

혁신은 어떻게 패권이 되는가: 팍스 이노아메리카나

● 팍스 아메리카나 vs. 팍스 이노아메리카나

구분	Pax Americana	Pax Inno-Americana
역사적 형성 배경	제2차 세계대전 이후 브레튼우즈 체제 기반	2008 금융위기 이후 기술·경제·안보 융합 패권 전환
근본 패권 원천	군사력, 해양 패권, 달러 기반 금융질서	국가 혁신생태계 역량, 첨단 기술·표준 지배
질서 형성 방식	하드파워 중심 패권의 안정화	혁신기반 네트워크를 통한 구조적 지배
핵심 지배 메커니즘	군사동맹(NATO), 금융체제 (IMF·SWIFT)	기술동맹(CHIP4, AUKUS Tech), 공급망 통제
경제 구조 전략	자유무역주의 (미 주도 글로벌 생산체계)	경제안보 전략 + 공급망 프레임워크 재편

구분	Pax Americana	Pax Inno-Americana
지배 방식	국제제도·외교·군사 균형	표준·IP·데이터·AI규범을 통한 시스템 지배
정당성 담론	자유민주주의, 시장경제	기술 민주주의, 공급망 안정, 경제안보
종속 구조 메커니즘	금융·무역 의존 구조	기술·표준·플랫폼 의존 구조
핵심 전략 도구	군사력, 제재, 개발원조	CHIPS Act, IRA, 수출통제, 기술 봉쇄
국제적 확산 방식	미군 주둔 + 국제안보 네트워크	반도체·AI·클라우드 인프라 중심 영향력 확장
권력 구조 단위	국가 중심 체계	혁신 네트워크 중심 체계 (국가+기업+대학)
패권 유지 엔진	군사비 + 달러 시스템	상위 혁신생태계→초격차 기술→규범 설계
중심 산업	금융·석유·군사산업	AI·반도체·양자·바이오·디지털 플랫폼
국가 전략 방식	지정학 중심 패권 전략	기술지정학 + 산업전략 + 안보전략 융합
대표 정책 프레임	브레튼우즈 체제	첨단산업 국가 전략 (Industrial Policy 2.0)
경쟁 상대	소련	중국 + 다극 기술권(인도·EU)
패권 형태	단극 패권	혁신 중심 구조적 패권
위험 요인 대응	군사억지 + 동맹 관리	기술탈취·지식재산 탈취·산업 스파이 방어
국제제도 대응	기존 질서 유지	새로운 질서 재설계(디지털 무역·AI 규범)
목표	Pax 유지(질서 안정)	질서 재편 + 혁신 체제 지배

PART 1 세상을 지배하는 혁신의 힘

CHAPTER 02
스탠퍼드, 멈추지 않는 혁신의 엔진

참고문헌 (Bibliography)

· Barnett, William P. The Red Queen among Organizations: How Competitiveness Evolves. Princeton: Princeton University Press, 2008.

· Barnett, William P. "So Crazy, It Might Just Work: How Foolishness Feeds Innovation." Stanford Business Insights, February 20, 2024. https://www.gsb.stanford.edu/insights/so-crazy-it-might-just-work-how-foolishness-feeds-innovation.

· Bayh–Dole Act of 1980. Patent and Trademark Law Amendments Act (Public Law 96-517). 96th Congress, December 12, 1980.

· Blank, Steve. "Why the Lean Start-Up Changes Everything." Harvard Business Review, May 2013.

· Byers, Tom, Tina Seelig, Sheri Sheppard, and Philip Weilerstein. "Entrepreneurship: Its Role in Engineering Education." The Bridge 43, no. 2 (Summer 2013): 35–40.

· CHIPS and Science Act of 2022. Public Law No: 117-167. 117th Congress, August 9, 2022.

· Etzkowitz, Henry, and Loet Leydesdorff. "The Dynamics of Innovation: From National Systems and 'Mode 2' to a Triple Helix of University–Industry–Government Relations." Research Policy 29, no. 2 (2000): 109–123.

· Eesley, Charles. "The Rise of Universities as Engines of Innovation." Stanford Report, August 2025.

· Granovetter, Mark. "The Strength of Weak Ties." American Journal of Sociology 78, no. 6 (1973): 1360–1380.

· Hennessy, John L., and David A. Patterson. Computer Architecture: A Quantitative Approach. 6th ed. San Francisco: Morgan Kaufmann, 2017.

- Kenney, Martin, and David C. Mowery, eds. Public Universities and Regional Growth: Insights from the University of California. Stanford: Stanford University Press, 2014.
- Mowery, David C., Richard R. Nelson, Bhaven N. Sampat, and Arvids A. Ziedonis. Ivory Tower and Industrial Innovation: University–Industry Technology Transfer Before and After the Bayh–Dole Act. Stanford: Stanford University Press, 2004.
- National Science Board. Science and Engineering Indicators 2024. Alexandria, VA: National Science Foundation, 2024.
- OECD. Science, Technology and Innovation Outlook 2023. Paris: OECD Publishing, 2023.
- PitchBook Data. Venture Monitor Report 2025. Seattle: PitchBook, 2025.
- Reinmuth, Kate. "The Effects of Academic Licensing on Research Productivity." Working Paper, Stanford Graduate School of Business, 2025.
- Saxenian, AnnaLee. Regional Advantage: Culture and Competition in Silicon Valley and Route 128. Cambridge, MA: Harvard University Press, 1994.
- Saxenian, AnnaLee. The New Argonauts: Regional Advantage in a Global Economy. Cambridge, MA: Harvard University Press, 2006.
- Stanford Biodesign. Annual Review 2024–2025. Stanford, CA: Stanford University, 2025.
- Stanford Health Care. Innovation and Data Infrastructure Report 2025. Stanford, CA: Stanford University, 2025.
- Stanford Office of Technology Licensing (OTL). Annual Report 2024–2025. Stanford, CA: Stanford University, 2025.
- Stanford Technology Ventures Program (STVP). Program Overview and Impact Report 2024. Stanford, CA: Stanford University, 2024.
- Stanford University. Stanford Emerging Technology Review 2025 (SETR 2025). Stanford, CA: Stanford University, 2025.
- StartX. Impact Report 2024. Palo Alto, CA: StartX, 2024.
- TEDCO. Annual Conference Proceedings 2025. Baltimore, MD: TEDCO, 2025.
- Terman, Frederick E. The Stanford Industrial Park: A University's Contribution to Industrial Progress. Stanford, CA: Stanford University, 1954.
- BlackRock and Microsoft. Global AI Partnership: Infrastructure and Energy Resilience Report 2025. New York and Redmond: BlackRock and Microsoft, 2025.
- Fusion Fund. Annual Report 2025. Palo Alto, CA: Fusion Fund, 2025.

PART III 혁신패권 시대, 지속성장의 조건

CHAPTER 01
아직 일어나지 않았지만, 반드시 있어야 할 대화 I
: 혁신에 관한 생각

● 혁신은 국가의 생존 전략이다

1. Executive Office of the President (2009). A Strategy for American Innovation: Driving Towards Sustainable Growth and Quality Jobs. NEC & OSTP.
2. Executive Office of the President (2011). A Strategy for American Innovation: Building Blocks for America's Future. NEC, CEA & OSTP.
3. Executive Office of the President (2015). A Strategy for American Innovation. NEC & OSTP.
4. Obama, B. (2009 Aug 5). Remarks on the Economy and Innovation Policy. White House Archives.
5. White House NEC & OSTP (2009). Contextual Brief on the Financial Crisis and Innovation Policy Recovery Framework.

● 모두를 위한 기회, 혁신의 민주주의

1. Executive Office of the President (2015). A Strategy for American Innovation. NEC & OSTP.
2. Obama, B. (2014). State of the Union Address: Opportunity for All. White House Archives.
3. National Economic Council (2015). Innovation for Shared Prosperity: Expanding Opportunity through Science, Technology, and Entrepreneurship.

● 기업가정신은 민주주의의 확장이다

1. Executive Office of the President (2011). A Strategy for American Innovation: Building Blocks for America's Future. NEC, CEA & OSTP.
2. The White House (2011). Startup America Initiative: The White House Fact Sheet.
3. Obama, B. (2011 Jan 31). Remarks Launching the "Startup America" Initiative. Eisenhower Executive Office Building.
4. National Economic Council (2011). The Role of Entrepreneurship in Economic Recovery.

● 기업가형 국가, 혁신의 새로운 구조

1. The White House (2011). Fact Sheet: White House Launches "Startup America" Initiative.

2. Executive Office of the President (2011). A Strategy for American Innovation: Building Blocks for America's Future. NEC, CEA & OSTP.
3. Obama, B. (2012 Jan 24). State of the Union Address: An Economy Built to Last.
4. National Economic Council (2012). Startup America Legislative Agenda.
5. The White House (2014). Presidential Ambassadors for Global Entrepreneurship (PAGE) Launch Announcement.

● **모든학생성공법, 인재 혁신의 국가 전략**

1. xecutive Office of the President (2015). A Strategy for American Innovation. NEC & OSTP.
2. U.S. Department of Education (2015). Every Student Succeeds Act (ESSA): Summary and Implementation Guide.
3. Obama, B. (2015 Dec 10). Remarks on Signing the Every Student Succeeds Act. The White House Archives.
4. National Economic Council (2016). Innovation, Education, and America's Future Workforce.

● **혁신은 사람이 미래를 설계하는 방식이다**

1. Executive Office of the President (2015). A Strategy for American Innovation. NEC & OSTP.
2. Obama, B. (2009). Inaugural Address: A New Era of Responsibility.
3. Obama, B. (2013). State of the Union Address: A Nation of Builders.
4. Obama, B. (2015). Remarks on Innovation and the Future of America's Economy.

● **혁신은 연산이 아니라, 상상력의 구조다**

1. Huang, J. (2023). NVIDIA GTC Keynote: The Future of Accelerated Computing.
2. NVIDIA (2024). Corporate Social Responsibility Report: Responsible Innovation and AI Ethics.
3. Obama, B. (2015). A Strategy for American Innovation. Executive Office of the President.
4. Huang, J. (2024). Interview with Financial Times: "We are building the next industrial revolution."
5. Huang, J. (2024). Stanford Commencement Address: "Run through walls for something you love."

● **혁신은 생존을 넘어, 통찰로 진화한다**

1. Huang, J. (2023). GTC Keynote: The Next Industrial Revolution. NVIDIA.
2. Huang, J. (2024). National Taiwan University Commencement Address.
3. Financial Times (2023, Sept 15). "Jensen Huang on AI and the Future of Computing."

4. NVIDIA (2024). Corporate Social Responsibility Report: Responsible AI and Sustainability.

5. Stanford AI Symposium (2022). Panel on Ethical AI and Human Augmentation.

● 혁신은 조직이 스스로를 재설계하는 능력이다

1. Huang, J. (2006). CUDA Launch Remarks. NVIDIA Archives.

2. Huang, J. (2012). Deep Learning and the GPU Revolution. GTC.

3. Huang, J. (2023). GTC Keynote: The Next Industrial Revolution.

4. NVIDIA (2024). Corporate Innovation and R&D Review: Accelerated Computing and AI Factories.

5. Financial Times (2023, Sept 15). Interview: Jensen Huang on AI and the Future of Computing.

6. National Taiwan University (2024). Commencement Address: AI as Civilizational Infrastructure.

7. Computex Taipei (2025). Keynote: Building the AI Factory of the World.

● 국가의 전략이 기업의 철학으로 진화하다

1. Executive Office of the President (2009). A Strategy for American Innovation. NEC & OSTP.

2. Obama, B. (2009). Inaugural Address: A New Era of Responsibility.

3. Huang, J. (2023). GTC Keynote: The Next Industrial Revolution. NVIDIA.

4. Financial Times (2023, Sept 15). Jensen Huang on AI and the Future of Computing.

5. NVIDIA (2024). Corporate Innovation and R&D Review.

● 혁신은 하나의 기업을 넘어, 문명의 생태로 진화한다

1. Huang, J. (2023). GTC Keynote: The Next Industrial Revolution. NVIDI

2. Huang, J. (2024). NTU Commencement Address: AI as Civilizational Infrastructure.

3. NVIDIA (2024). Corporate Innovation and R&D Review.

4. NVIDIA (2025). Investment Brief: Strategic Partnership with OpenAI.

5. Computex Taipei (2025). Jensen Huang Keynote: Building the AI Factory of the World.

6. Financial Times (2023, Sept 15). Jensen Huang on AI, OpenAI, and the New Civilizational Phase of Computing.

7. Obama, B. (2009). A Strategy for American Innovation. Executive Office of the President.

● 혁신의 철학과 전략은 언제 만나는가

1. Huang, J. (2023). GTC Keynote: The Next Industrial Revolution. NVIDIA.

2. NVIDIA (2024). Corporate Innovation and Ecosystem Report.

3. MIT Technology Review (2024, Mar). How NVIDIA Builds Open Ecosystems.
4. Financial Times (2023, Sept 15). Jensen Huang on AI and Ecosystem Strategy.
5. NVIDIA (2025). Open Innovation Alliance Statement and Omniverse 3.0 Governance Update.
6. Obama, B. (2009). A Strategy for American Innovation. Executive Office of the President.

● 국가가 기업가가 될 때, 문명은 다시 성장한다

1. Obama, B. (2009). A Strategy for American Innovation. Executive Office of the President.
2. Obama, B. (2013). State of the Union Address: A Nation of Builders. The White House.
3. Obama, B. (2015). Remarks on Innovation and the Future of America's Economy. Stanford University.
4. Obama, B. (2021). Renegades: Born in the USA. Higher Ground.
5. Obama Foundation (2024). Summit Keynote: The Next Chapter of Civic Innovation.

● AI 주권과 국가의 새로운 권력

1. Trump, D. (2019). Executive Order on Maintaining American Leadership in Artificial Intelligence. White House.
2. White House (2020). The United States AI Initiative 2020 Update. Office of Science and Technology Policy.
3. Trump, D. (2025). America's AI Sovereignty Doctrine. Presidential Briefing, Washington D.C.
4. Financial Times (2024, Apr 10). Trump on AI and Sovereignty.
5. Huang, J. (2023). GTC Keynote: The Next Industrial Revolution. NVIDIA.

● 인공지능, 국가전략의 새로운 형식

1. Trump, D. (2019). Executive Order on Maintaining American Leadership in Artificial Intelligence. White House.
2. Trump, D. (2025). America's AI Action Plan. White House.
3. Trump, D. & Sunak, R. (2025). US–UK Technology Prosperity Deal. Joint Declaration.
4. Obama, B. (2009). A Strategy for American Innovation. Executive Office of the President.
5. Office of Science and Technology Policy (2020). American AI Initiative Progress Report.

● 국가의 주권이 민간 생태계에 종속될 때

1. Trump, D. (2025). Tech Sovereignty Presidential Directive. White House.
2. Trump, D. (2025). America's AI Action Plan. White House.
3. Republican Platform (2024). Rebuilding American Power in the AI Age. Washington D.C.
4. Obama, B. (2009). A Strategy for American Innovation. NEC & OSTP.

참고자료

5.Palantir Technologies (2024). Defense AI and the Future of Sovereignty.

● 국가, 플랫폼을 넘어 생태계로

1. Trump, D. (2025). Tech Sovereignty Presidential Directive. White House.
2. Trump, D. (2025). America's AI Action Plan. White House.
3. Obama, B. (2009). A Strategy for American Innovation. NEC & OSTP.
4. OECD (2024). Ecosystem Economy: The Next Paradigm of Global Value Creation. Paris.
5. IMF (2023). From Platform to Ecosystem: Rethinking Global Competitiveness. Washington D.C.

● 영국과의 기술번영협정, 혁신으로 세계질서를 재구성하다

1. 미국 백악관, 「대통령 각서: 기술번영협정(Presidential Memoranda: Technology Prosperity Deal)」, 2025년 9월 18일.
   - 미국과 영국 간 양해각서(Memorandum of Understanding between the Government of the United States of A merica and the Government of the United Kingdom of Great Britain and Northern Ireland regarding the Technology Prosperity Deal)의 정식 원문.
   - "혁신의 황금시대(Golden Age of Innovation)" 선언과 함께 인공지능(AI), 민간 원자력, 양자기술, 프런티어 혁신의 기반 등 4대 협력 축 명시.
   - DOE-DSIT, NSF-UKRI, NIH-ARPA-H 간 플래그십 연구 프로그램, 2028년 러시아산 핵연료 독립, 6G·PNT·연구보안·투자보안 등 제도적 기반 조항 포함.
2. 미국 백악관, 「팩트시트: 미·영 특별한 관계(Fact Sheet: The U.S.-UK Special Relationship)」, 2025년 9월 19일.
   - 트럼프 대통령의 두 번째 영국 국빈방문 공식 발표문.
   - "기술번영협정는 AI, 양자컴퓨팅, 원자력 에너지 등 미래 핵심 기술 협력을 약속하며, 약 3,500억 달러 규모의 상업 성과를 창출할 것"이라 명시.
   - DIU-UKDI 국방혁신 공동의향서, 구글 클라우드-영국 국방부 계약, 국방산업 기반 강화 및 공동 R&D 확대 등 국방혁신생태계 관련 근거 포함.
3. 도널드 트럼프 대통령, 「체커스 연설: 혁신을 통한 번영의 설계도(Innovation as the Architecture of Prosperity)」, 2025년 9월 18일.
   - "기술은 문명의 운영체계(Civilizational Operating System)이며, 신뢰는 동맹보다 오래간다"는 핵심 발언 수록.
   - AI를 '국가의 두뇌', 원자력을 '지속의 힘', 양자를 '정보의 신경망', 프런티어 인프라를 '신뢰의 제도'로 정의.
4. 미국 국방부, 「국가안보혁신전략(National Security Innovation Strategy, NSIS)」, 2025년 10월.
   - 국방혁신생태계(Defense Innovation Ecosystem)를 국가 기술혁신 인프라로 규정.
   - "통합억지전략(Integrated Deterrence Strategy)"과 "혁신 억제력(Innovation as

Deterrence)" 개념 공식화.
   - "Defense Enterprise는 기술을 소비하지 않고 증식시킨다"는 원문 인용.
5. 미국 전쟁부, 「전략검토보고서(Department of Defense Strategic Review)」, 2025년 10월.
   - "분산된 신뢰(Distributed Trust)"를 21세기형 전략 자산으로 규정.
   - 국방예산을 '기술혁신 인프라에 대한 전략적 투자(State Investment in the National Infrastructure of Technological Innovation)'로 재정의.
6. 미국 국무부, 「인도태평양 기술정렬 구상(Indo-Pacific Technological Alignment Initiative)」, 2025년 10월.
   - 기술번영협정 모델의 인도, 일본, 한국 확장 가능성을 명시.
   - 일본의 양자통신 협력, 한국의 AI·원자력·방산 삼중 혁신회로(triple innovation circuit) 관련 언급 포함.
7. 도널드 트럼프 대통령, 「Peace through Innovation」, 체커스 기자회견 발언록, 2025년 9월 18일.
   - "힘이 아닌 혁신으로 평화를 유지한다(Peace through Innovation)" 발언 원문.
   - 팍스아메리카나(Pax Americana)를 대체하는 개념으로 팍스이노아메리카나(Pax Inno-Americana) 철학 제시.
8. Japan-U.S. Quantum Cooperation Framework, 2025.
   - 양자컴퓨팅·센싱·통신 분야의 벤치마킹과 상호운용성 검증 협력 명시.
   - Transatlantic Quantum Code Challenge 및 Quantum Benchmarking Taskforce의 확장 모델로 인용 가능.
9. Korea-U.S. Strategic Technology Dialogue (STD), 2025.
   - AI·원자력·방산혁신 중심의 기술동맹 강화 논의.
   - 한국의 데이터-에너지 융합 전략 및 스마트 국방 혁신 허브를 기술번영협정의 파트너형 구조로 검토.

CHAPTER 02
아직 일어나지 않았지만, 반드시 있어야 할 대화 Ⅱ
: 세상의 모든 미래, 미래혁신 수도 이야기

● 도시가 문명이 되는 순간

1. Hamann, A. P. (1967). The San Jose Transformation: Urban Planning and Civic Design. San Jose City Archives.
2. Brown, E. G. (1960). California's Golden Promise: Infrastructure and Innovation. Sacramento Press.
3. Sterling, J. E. W. (1965). Stanford and the Valley: A Partnership for Progress. Stanford University Press.

4. Terman, F. E. (1955). University and Industry Collaboration. Stanford Technical Reports.

5. OECD (2024). Regional Innovation Ecosystems and the Future of Urban Governance. Paris.

● 인프라 주의 꿈, 문명의 순환을 설계하다

1. Brown, E. G. (1960). California's Golden Promise: Infrastructure and Innovation. Sacramento Press.

2. California State Archives (1965). Master Plan for Higher Education. Sacramento.

3. Hamann, A. P. (1967). The San Jose Transformation. San Jose City Archives.

4. OECD (2024). Infrastructure and Innovation in the Age of Ecosystemic Governance. Paris.

5. Terman, F. E. (1955). University and Industry Collaboration. Stanford Technical Reports.

● 대학, 문명의 리듬을 변혁하다

1. Sterling, J. E. W. (1965). Stanford and the Valley: A Partnership for Progress. Stanford University Press.

2. Terman, F. E. (1955). University and Industry Collaboration. Stanford Technical Reports.

3. Brown, E. G. (1960). California's Golden Promise: Infrastructure and Innovation. Sacramento Press.

4. Hamann, A. P. (1967). The San Jose Transformation. San Jose City Archives.

5. OECD (2024). Universities and Ecosystemic Governance in the Age of Knowledge Circulation. Paris.

● 실패의 문명, 위험의 윤리

1. Brown, E. G. (1960). California's Golden Promise: Infrastructure and Innovation. Sacramento Press.

2. Hamann, A. P. (1967). The San Jose Transformation. San Jose City Archives.

3. Sterling, J. E. W. (1965). The Ethics of Experimentation. Stanford University Press.

4. OECD (2025). Risk, Resilience, and the Ecosystemic Civilization. Paris.

● 현실 위의 실험실, 살아 있는 테스트베드

1. Brown, E. G. (1963). The Infrastructure as Market: California's Critical Mass and Federal Coordination. Sacramento Press.

2. Hamann, A. P. (1967). From Experiment to Market: The San Jose Model of Innovation Procurement. San Jose City Archives.

3. Sterling, J. E. W. (1965). Knowledge Markets and Verification Systems: Stanford's Federal Interface. Stanford University Press.

4. OECD (2025). Scaling Innovation Markets: From Testbed to Ecosystemic Economy. Paris.

● **임계규모의 경제학, 혁신이 자립하는 순간**

1. Brown, E. G. (1963). The Infrastructure as Market: California's Critical Mass and Federal Coordination. Sacramento Press.
2. Hamann, A. P. (1967). From Experiment to Market: The San Jose Model of Innovation Procurement. San Jose City Archives.
3. Sterling, J. E. W. (1965). Knowledge Markets and Verification Systems: Stanford's Federal Interface. Stanford University Press.
4. OECD (2025). Scaling Innovation Markets: From Testbed to Ecosystemic Economy. Paris.

● **혁신생태계의 재설계, 복제에서 공진화로**

1. Brown, E. G. (1963). From Infrastructure to Ecosystem: Coordinating Innovation at Scale. Sacramento Press.
2. Hamann, A. P. (1967). Urban Coordination and Innovation Dynamics. San Jose City Archives.
3. Sterling, J. E. W. (1965). Universities as Engines of Innovation: The Stanford Model. Stanford University Press.
4. OECD (2025). Regional Innovation Ecosystems and Multi-Actor Co-Evolution. Paris.

● **세상의 모든 미래, 미래혁신 수도에서**

1. Brown, E. G. (1965). Circular Governance and Inter-Innovation Economy. Sacramento Press.
2. Hamann, A. P. (1968). Self-Evolving City: Urban Governance and AI Coordination. San Jose City Archives.
3. Sterling, J. E. W. (1965). Universities as Engines of Innovation: The Stanford Model. Stanford University Press.
4. OECD (2050 Forecast). Future Innovation Governance 2050: From Ecosystems to Operating Systems. Paris.

CHAPTER 03
아직 일어나지 않았지만, 반드시 있어야 할 대화 Ⅲ
: 산업의 혁신패권자들, 그리고 지속성장의 조건

● **엔비디아 5조 달러의 의미: 혁신패권 시대의 도래**

Ⅰ. 이론적 기초와 전략 프레임 (Theoretical and Strategic Foundations)

1. Prahalad, C. K., & Hamel, G. (1990). The Core Competence of the Corporation. Harvard Business Review.
2. Barney, J. (1991). Firm Resources and Sustained Competitive Advantage. Journal of Management.
3. Teece, D. J., Pisano, G., & Shuen, A. (1997). Dynamic Capabilities and Strategic Management. Strategic Management Journal.
4. Teece, D. J. (2007). Explicating Dynamic Capabilities: The Nature and Microfoundations of (Sustainable) Enterprise Performance. Strategic Management Journal.
5. Moore, J. F. (1993). Predators and Prey: A New Ecology of Competition. Harvard Business Review.
6. Adner, R. (2017). Ecosystem as Structure: An Actionable Construct for Strategy. Journal of Management.
7. Jacobides, M. G., Cennamo, C., & Gawer, A. (2018). Towards a Theory of Ecosystems. Strategic Management Journal.
8. Nelson, R. R., & Winter, S. G. (1982). An Evolutionary Theory of Economic Change. Harvard University Press.
9. Perez, C. (2002). Technological Revolutions and Financial Capital. Edward Elgar.
10. Lundvall, B.-Å. (1992). National Systems of Innovation: Towards a Theory of Innovation and Interactive Learning. Pinter Publishers.

Ⅱ. 혁신생태계 및 패권 전환 (Ecosystemic Innovation and Hegemonic Transition)

1. Teece, D. J. (2023). Dynamic Capabilities and the Digital Transformation of Industries. Oxford University Press.
2. OECD. (2024). Ecosystem Governance and Technological Sovereignty. Paris: OECD Publishing.
3. Huang, J. (2025). AI Factories and the Logic of Ecosystemic Growth. NVIDIA Institute.
4. NVIDIA. (2024). NVIDIA GTC Keynote: "Building the Foundations of the AI Factory."
5. NVIDIA Developer Program Data. (2020–2025). CUDA, DGX, Omniverse Ecosystem Statistics.
6. Lee, Y. (2025). The Logic of Sustained Innovation: From Ecosystemic Sovereignty to Innovation Hegemony. NYET Strategic Monograph.
7. World Economic Forum. (2024). The Future of Capital Markets in the Age of AI. Geneva: WEF.
8. OECD. (2023). Measuring the Speed of Innovation: Indicators for Sustained Growth. Paris: OECD Publishing.

Ⅲ. 금융 및 자본시장 패러다임 (Financial and Capital Market Paradigms)

1. Dimon, J. (2024). Annual Letter to Shareholders. JPMorgan Chase & Co.
2. Buffett, W. (1988–2018). Berkshire Hathaway Shareholder Letters. Berkshire Hathaway

Inc.

3. Bloomberg Terminal. (2025 October). NVIDIA Market Capitalization Data.
4. Financial Times. (2025). NVIDIA Crosses $5 Trillion: The New Center of Market Gravity.
5. TMX Group. (2025). Toronto Stock Exchange Listed Companies Statistics.
6. Korca Exchange (KRX). (2025). Market Capitalization of All Listed Companies.
7. International Monetary Fund (IMF). (2025). World Economic Outlook: Technology and Capital Flows in the Post-AI Economy.

Ⅳ. 현장 자료 및 대화 근거 (Empirical and Dialogical Sources)

1. Huang, J. (2025 Oct). NVIDIA Press Conference: "The 5 Trillion Moment and the Future of AI Civilization."
2. Dimon, J. (2025 Sept). World Bank Financial Summit Dialogue: "Financial AI Factories and the Next Wave of Ecosystem Capitalism."
3. Lee, Y. (2025 Aug). Build or Be Subordinated. New York Institute of Entrepreneurship and Technology (NYET).

● 혁신패권자의 사고: 우주에서 나노미터까지

Ⅰ. Tesla-에너지 문명의 리듬과 행성적 지능

1. Tesla. (2025). Mission Statement: "Accelerating the World's Transition to Sustainable Energy."
2. Musk, E. (2025 July). AI Factory Opening–Austin, TX: "Tesla is a machine that builds machines that learn."
3. Tesla. (2023). Investor Day–Master Plan Part 3: "Integrated Energy and AI Ecosystem."
4. RoboTaxi Pilot Report (2025 Apr). "Fleet learning and AI feedback loop."
5. Starlink Global Update (2025 Sept). "Planetary neural network for data–energy distribution."
6. Fridman, L. (2023 Dec). Lex Fridman Podcast Interview with Elon Musk: "Factories are neurons in a planet-scale brain for sustainable energy."

Ⅱ. Microsoft-인간 중심의 기술문명과 신뢰의 윤리

1. Microsoft. (2014, revised 2024). Mission Statement: "Empower every person and every organization on the planet to achieve more."
2. Nadella, S. (2017). Hit Refresh. Harper Business.
3. Microsoft. (2025). Annual Report: "AI Governance and Trust Code Principles."
4. OpenAI–Microsoft Partnership Brief (2023). "Generative AI as Collaborative Intelligence."
5. Azure Developer Conference (2024). "From Software to Ecosystemic Intelligence."
6. World Economic Forum Dialogue (2025 Jan). "Trust as the Operating System of AI

Civilization."

Ⅲ. TSMC-문명의 하부구조와 신뢰의 물리학

1. Wei, C. C. (2025). Taiwan Semiconductor Industry Forum Speech: "Precision is our culture; resilience is our design."
2. Wei, C. C. (2024). Financial Times Interview: "We do not produce chips; we architect civilization."
3. TSMC. (2024–2025). Annual Report: "Systemic Collaboration across Global Supply Networks.".
4. Chang, M. (2023). Reflections on Founding TSMC: "We built trust into physics."
5. Bloomberg Technology Summit (2025). "TSMC as the Public Infrastructure of Global Order.
6. Acquired.fm Podcast with Morris Chang (2024). "The letter from Jensen Huang and the beginning of trust."
7. Sahm Capital Report (2025). "From NVIDIA's plea to partnership—how trust shaped the TSMC alliance..

CHAPTER 04
아직 일어나지 않았지만, 반드시 있어야 할 대화 Ⅳ
: AI 다음의 혁신패권, 가속하는 바이오 인텔리전스(BI)

● AI 이후, 생명지능의 문명으로

1. 릴리의 급성장은 GLP-1 계열 치료제 '마운자로(Mounjaro)'와 '제폴리(Zepbound)'의 성공이 결정적이었다. (Bloomberg, 2024)
2. 릭스는 2023년 Forbes 인터뷰에서 "AI는 생명의 언어를 배우는 파트너"라 언급했다.
3. 릴리의 Medicine Foundry 개념은 AI–Bio–Patient Feedback 통합 루프를 지칭하며, 단일 제품이 아닌 자가진화적 산업체계로 작동한다. (Eli Lilly Annual Report, 2023)
4. Bio Intelligence Loop 구축으로 신약개발 속도는 약 2배 향상되었다. (Nature Biotechnology, 2024)
5. 릴리는 'RLI(Return on Life Intelligence)' 개념을 통해 장기적 생명 순환 가치에 기반한 자본 철학을 실험 중이다.

● AI를 넘어: 생명지능과 문명의 공진

1. 릭스는 실제 인터뷰(Forbes, 2023)에서 "릴리는 AI를 효율의 도구로가 아니라, 생명 언어의

파트너로 본다"고 언급.

2. 릴리의 내부 혁신 구조는 2019년 이후 AI 연구자와 생명과학자가 통합된 공동 연구 플랫폼을 운영 중이며, 이는 화이자·머크 등 전통 제약사에 비해 3~5년 앞선 융합 모델로 평가됨. (Nature Biotechnology, 2024)

3. RLI(Return on Life Intelligence)'는 릴리의 장기 데이터 순환 기반 투자지표로, 단기 실적 중심의 ROI와 구별되는 자본 패러다임을 제시함. (Eli Lilly Annual Report, 2023)

4. 릴리의 조직문화는 '탐구 중심'과 '리듬 기반 의사결정'으로 재편되었으며, 이는 20세기식 관리형 제약 모델과의 근본적 차이를 형성. (Harvard Business Review, 2024)

5. 허사비스는 2021년 인터뷰에서 "AI의 다음 도전은 단백질 언어를 이해하는 것"이라며 생명 언어 학습을 AI 진화의 새로운 국면으로 규정함. (Nature, 2021)

6. AlphaFold의 공개 이후, 딥마인드는 AI를 생명 연산 구조로 확장하는 연구에 집중하고 있으며, 이는 'AI for Science' 프로젝트의 핵심. (DeepMind Research Blog, 2023)

7. 허사비스가 언급한 "지능의 생명화(Biofication of Intelligence)"는 AI가 무생물적 연산 단계를 넘어, 생명 데이터의 자기조직화 패턴을 학습하는 현상을 지칭하는 개념.

8. 릴리와 딥마인드는 실제로 단백질 구조 예측 및 약물 반응 데이터 공유를 통해 협업 중이며, 이는 통합의 대표 사례로 꼽힘. (Financial Times, 2024)

9. 허사비스의 발언은 'AI와 생명의 공진(Resonant Convergence)'을 중심으로 한 새로운 문명적 프레임으로, 지능과 생명 간의 경계를 해체하는 철학적 전환을 강조함.

● 지능의 전환: 산업적 분석에서 생명적 공진으로

1. 릭스의 발언은 릴리의 'Medicine Foundry' 개념에 기반하며, AI–Bio–Patient Feedback이 순환적으로 작동하는 자가진화적 루프를 지칭함. (Eli Lilly Annual Report, 2023)

2. 허사비스는 실제로 AlphaFold를 "AI가 단백질 언어를 학습한 첫 사례"라 언급했으며, 이를 통해 지능과 생명 간의 공진적 학습 모델을 제시함. (Nature, 2021; DeepMind Blog, 2023)

3. 바이오 인포매틱스는 데이터 해석의 기술적 도메인이고, 바이오 인텔리전스는 AI가 생명 시스템의 내적 리듬을 학습하며 자기진화하는 문명적 구조로 정의됨. (Nature Biotechnology, 2024)

4. 이 구분은 단순한 기술 차이를 넘어, "분석의 시대에서 학습의 문명으로"의 전환을 상징하며, Bio Intelligence를 AI 이후 혁신패권의 중심축으로 규정한다. 릭스의 'Conductor of Life Rhythm' 개념은 릴리의 Medicine Foundry가 연구자 중심에서 생명 순환 중심으로 새편된 내부 구조를 반영. (Eli Lilly Annual Report, 2024)

5. 허사비스는 "AI 이후의 핵심은 공진(Resonance)"이라 강조하며, 생명지능을 인간과 기술의 공동진화 모델로 정의. (DeepMind Keynote, 2024)

6. 생명지능의 문명화는 자동화가 아닌 지능의 감각적 윤리화를 목표로 하며, 일자리 대체보다 노동의 재정의를 수반함. (Harvard Business Review, 2024)

7. 허사비스가 언급한 "지능의 생명화(Biofication of Intelligence)"는 AI가 무생물적 연산 단계를 넘어, 생명 데이터의 자기조직화 패턴을 학습하는 현상을 지칭하는 개념.

● 전략의 전환: 조직의 생명화

1. 릴리의 지속성장은 단일 제품 독점이 아닌, 데이터-AI-임상 간 순환적 진화 구조에 기반함. (Nature Biotechnology, 2024)

2. 릭스의 발언은 릴리의 내부 보고서에서 언급된 "Sustained Growth Condition" 개념과 일치하며, 이는 자가학습형 생태계의 리듬적 안정성을 의미. (Eli Lilly Annual Report, 2023)

3. '속도의 경제'에서 '리듬의 경제'로의 전환은 AI Factory→Medicine Foundry→Bio Civilization으로 이어지는 혁신패권 3단계의 핵심 축.

4. 릴리의 메디슨 파운드리는 조직·데이터·자본의 삼중 순환 구조를 통해 기술보다 리듬 중심의 지속성장을 구현한 최초의 생명 산업 플랫폼으로 평가된다. (Harvard Business Review, 2024)

5. 릴리의 "Vitalization of Organization"은 2023년 이후 내부 경영체계 재편 과정에서 공식화된 개념으로, 데이터-AI-임상 피드백 구조를 자가학습형 네트워크로 설계한 사례에 해당함. (Eli Lilly Internal Memo, 2023)

6. 릭스가 언급한 "조직의 신경계(Neural System)"는 실제로 릴리의 연구개발, 생산, 임상 데이터를 실시간으로 연결하는 내부 AI 기반 의사결정 구조를 지칭. (MIT Sloan Review, 2024)

7. 생명적 조직 모델은 'Self-awareness, Self-learning, Self-regulation'이라는 세 축으로 정의되며, 이는 시스템생물학(Systems Biology)의 원리를 기업 운영에 적용한 사례로 평가됨. (Harvard Business Review, 2024)

8. 릴리의 조직 생명화 전략은 "AI가 조직을 관리하는 시대에서, 조직이 AI를 내재화한 생명체로 진화하는 시대"로의 전환을 상징한다. (Nature Human Behaviour, 2024)

9. Organizational Immunity Framework"는 릴리 내부의 조직문화 연구에서 실제 언급되는 개념으로, 리더십·문화·데이터 피드백을 통합한 면역적 거버넌스 체계로 평가됨. (Eli Lilly Internal Review, 2024)

10. "Cultural Homeostasis Indicator"는 AI 기반 조직진단 시스템으로, 내부 대화 패턴·의사결정 주기·신뢰도 지수를 생체리듬처럼 분석하는 지표. (MIT Sloan Review, 2024)

11. "Organizational Recovery Lab"은 릴리의 문화 혁신실험 조직으로, 윤리 문제나 갈등 상황을 '징계'가 아닌 '리듬 교정'으로 다루는 접근을 시도함. (Harvard Business Review, 2024)

12. 릭스가 제시한 조직의 "면역학적 순환" 개념은 시스템 생물학의 면역모델을 경영 시스템에 적용한 최초의 시도로, 생명지능 문명론의 기업적 실험 사례로 주목받고 있다.

13. 허사비스가 언급한 "지능의 자기조직화(Self-Organizing Intelligence)"는 복잡계 지능이 환경 피드백을 통해 스스로 구조를 형성하는 AI 연구의 핵심 패러다임. (Nature Machine Intelligence, 2024)

14. "인지적 생명화(Cognitive Vitalization)"는 AI가 외부 도구를 넘어 인간 조직의 내적 인식 구조로 통합되는 과정을 의미함. (DeepMind Research Note, 2023)

15. "지능의 생체시계(Intelligence Chronome)" 개념은 AI-Bio-Human 간의 리듬적 동기화를 설명하기 위한 허사비스의 철학적 은유.

16. 릴리의 "조직의 생명화"와 허사비스의 "AI의 내재화된 생명진화 단계"는 상호 보완적 개념으로, 지능이 산업에서 문명으로, 시스템에서 생명으로 이행하는 패러다임을 상징한다.

17. "Google Universe"는 허사비스가 자주 언급하는 은유로, 데이터·AI·사용자 네트워크가 상호 순환하는 인지 생태계를 뜻함. (DeepMind Internal Talk, 2023)
18. "Ecologization of Intelligence"는 AI를 생태적 존재로 설계하는 접근으로, 지능을 자가진화 가능한 생명 시스템으로 보는 관점. (Nature Machine Intelligence, 2024)
19. "Symbiotic Autonomy"는 딥마인드가 구글과의 관계를 '종속'이 아닌 '공진적 자율성'으로 재정의한 개념으로, 내부적으로 사용되는 철학적 용어. (MIT Tech Review, 2024)
20. "Cognitive Immunity Protocol"은 딥마인드의 윤리·안전 연구 체계로, AI 진화 속도와 리스크의 균형을 유지하는 자가조절 메커니즘을 지칭함. (DeepMind Research Blog, 2024)
21. 릭스의 "조직의 생명화(Vitalization of Organization)"와 허사비스의 "지능의 생명화(Vitalization of Intelligence)"는 AI 이후 문명의 두 축—'생명이 지능화되는 문명'과 '지능이 생명화되는 문명'—을 각각 대표한다.

● 바이오 인텔리전스 시대의 전략적 리듬 전환

1. Medicine Foundry"는 릴리가 추진 중인 AI-기반 신약 통합 플랫폼 개념으로, 연구-개발-생산-임상-데이터 루프를 단일 구조로 결합. (Eli Lilly Investor Brief, 2024)
2. "Industrial Vitalization"은 릭스가 제시한 용어로, 산업의 생산 논리를 생명적 리듬과 학습의 논리로 전환하는 문명적 전환 개념. (World Economic Forum Keynote, 2025)
3. "Intelligent Resonance Structure"는 수직계열화 대신 데이터-지능-자본 간 공진적 연결 구조로 산업 생태계를 재편하는 새로운 패러다임. (Harvard Business Review, 2025)
4. 릴리의 메디슨 파운드리는 위탁생산을 대체하는 것이 아니라, 지능의 공유 기반 생태계로 산업적 파트너십을 재정의함.
5. 이는 AI 시대의 "공유 인프라(shared intelligence infrastructure)" 개념과 직결됨.
6. "Build or Be Subordinated"는 저자가 제시한 문명전환적 전략 패러다임으로, 기업이 AI 이후 시대에 자율적 혁신생태계를 구축하지 못하면 종속될 수밖에 없다는 선언.
7. 릭스의 "리듬을 가진 기업(Rhythm-Oriented Enterprise)" 개념은 기술 중심 혁신에서 생명 리듬 기반 혁신으로의 전환을 의미함. (Eli Lilly Forum, 2025)
8. 허사비스의 "Resonance Power"는 AI–Human–Capital 간의 공진 능력으로, 데이터 효율이 아닌 지능 리듬 동기화의 역량을 의미함. (DeepMind Thought Series, 2024)
9. 지속성장 기업은 기술적 효율보다 "적응적 생명력(adaptive vitality)"을 우선하는 구조를 가지며, 이는 AI 문명에서 Bio 문명으로의 핵심 전환 조건이다.
10. "Selective Resonance"는 저자가 제시한 개념적 확장으로, 기업이 자율적 생태계를 직접 구축하지 않아도 특정 리듬을 전략적으로 선택해 지속성장을 이루는 모델.
11. 릭스의 "Open Vitality Architecture"는 개방형 생명 아키텍처로, 기업이 외부 생태계와의 공진을 통해 자율성을 확장하는 프레임워크. (Eli Lilly Forum, 2025)
12. 허사비스의 "Symbiotic Resonance"는 지능 생태계 간의 상호 진화 관계를 설명하는 개념으로, 구글-딥마인드 구조의 핵심 이론. (DeepMind Systems Paper, 2024)
13. "Intelligence of Rhythm Selection"은 바이오 인텔리전스 시대 기업 전략의 핵심 역량으로, 리듬 감지·조율·공진 능력을 의미함.

14. 결론적으로, "Build–Subordinate–Select"는 AI 이후 문명의 기업 생존 구조를 설명하는 새로운 3단 패러다임으로 정립될 수 있음.

● 글로벌 혁신대사(GIM, Global Innovation Metabolism): 1조 달러 기업이 만드는 혁신문명의 리듬

1. 릭스의 "Organs of Intelligence" 개념은 AI 생태계의 기업을 문명적 생리 시스템으로 해석한 틀로, 바이오 인텔리전스의 '리듬 기반 문명론'의 연장선상에 있음.
2. 허사비스의 "Physiology of Intelligence" 개념은 지능을 생명적 순환체계로 보는 접근으로, 단순한 구조적 연결에서 리듬적 공진으로의 전환을 의미함.
3. Global Intelligence Metabolism"은 AI–Bio–Capital–Human 간 상호 순환 구조로, 지능 문명이 생명 문명으로 전환되는 핵심 메커니즘.
4. 이 아홉 개 기업은 각각 지능 문명의 장기·세포 역할을 수행하며, 바이오 인텔리전스 시대에는 이들이 공진 리듬으로 통합될 때 지속성장이 가능해짐.

● 리듬 금융(Rhythmic Finance): 바이오 인텔리전스 시대의 자본 진화와 문명의 심장

1. 리듬 금융(Rhythmic Finance)"은 AI 기반 금융에서 Bio Intelligence 기반 금융으로의 전환을 의미하며, 자본을 생명적 순환 시스템으로 재해석하는 개념. (J.P. Morgan Global Insights, 2025)
2. "공진직 금융시능(Resonant Financial Intelligence)"은 AI 퀀트 모델 이후의 패러다임으로, 자본 흐름을 생명 리듬 기반 동역학으로 이해하는 접근.
3. "자본의 생명화(Vitalization of Capital)" 개념은 릭스의 '조직의 생명화'와 철학적으로 대응하며, 금융의 역할을 문명 리듬의 조율자로 재정의함.
4. 다이먼의 "금융의 생리학(Physiology of Capital)"은 AI 이후 자본의 진화 방향을 설명하는 핵심 프레임으로, 자본을 문명적 생명체의 순환계로 보는 관점.

● 바이오 인텔리전스 시대의 에너지 리듬과 테슬라의 역할

1. 머스크의 "Reverse Translation of Intelligence"는 AI 지능을 물리적 행위로 변환하는 개념으로, 테슬라의 자율주행·로보틱스 시스템 설계 철학에 근거함.
2. "Bio-Civilizational Engineering"은 릭스의 메디슨 파운드리 개념을 문명공학적 차원으로 확장한 머스크의 해석.
3. "Resonant Autonomy"는 AI·Bio·Capital의 삼중 공진으로 이루어진 자율 시스템의 핵심 특성으로, 릴리와 테슬라 모두에 적용됨.
4. "Intelligent Lifeform Civilization"은 AI, Bio, Energy 시스템이 통합되어 문명 자체가 생명화되는 단계를 의미하며, 머스크의 '행성적 문명(Planetary Civilization)' 구상과 철학적으로 연결됨.
5. 이 대화는 AI 이후 문명 패권이 '지능의 속도'에서 '생명의 리듬'으로 이동하고 있음을 상징적으로 드러냄.

- ● **지속성장의 리듬: 엔비디아와 바이오 인텔리전스 문명의 심장박동**

  1. 젠슨 황의 "Biofication of Computing" 개념은 GPU를 생명적 반응기관으로 전환하는 철학으로, 엔비디아의 Bio-Neural Processor 프로젝트(2025)와 연결됨.
  2. "Sustained Compute Ecosystem"은 속도의 경제를 리듬의 생태계로 전환하려는 엔비디아의 전략적 방향성을 설명함.
  3. "Rhythm Architect" 개념은 AI-Bio-Capital의 공진 리듬을 기술 인프라 차원에서 조율하는 엔비디아의 미래 역할을 함축.
  4. "Sustained Wave of Civilization"은 AI-Bio-Energy-Finance가 공진하며 지속성장을 이루는 문명적 파동으로, AI 이후 시대의 핵심 메타프레임으로 제시됨.
  5. 결론적으로, 엔비디아의 지속성장은 기술적 가속이 아니라 지능의 리듬화, 즉 생명지능 문명과의 공진을 통해 완성되는 문명적 전환으로 이해됨.

- ● **파운드리 문명: 지능의 속도에서 생명의 리듬으로**

  1. 웨이저자의 "Foundry Civilization" 개념은 TSMC와 릴리의 산업 패러다임을 문명사적 차원에서 통합적으로 해석한 개념으로, 공진적 생산 체계의 진화 구조를 의미함.
  2. "Control of Rhythm"은 AI-Bio-Capital 시대의 핵심 패권 단위로, 속도가 아닌 리듬의 주권을 가진 기업이 문명의 중심이 된다는 논리.
  3. "Biofication of Foundry"는 반도체적 제조 논리를 생명적 지능의 생산체계로 확장한 릴리의 접근을 설명함.
  4. TSMC의 "지능의 물질화(Materialization of Intelligence)"와 릴리의 "생명의 지능화(Intellectualization of Life)"는 산업 문명과 생명 문명의 두 축을 이룸.
  5. 결론적으로, 파운드리 개념은 AI-Bio-Finance가 공진하는 지속성장 문명(Sustained Civilization)의 핵심 생산철학으로 확장되고 있음.

- ● **포스트-아마존 문명: 정보의 순환에서 생명의 대사로**

  1. 베이조스의 "포스트-아마존 산업 프로 토콜 (Post-Amazon Industrial Protocol)" 개념은 AI-Bio-Logistics의 통합 생태계 로의 진화를 상징함.
  2. "Rhythmic Advantage"는 AI의 속도 경 쟁 에서 바이오 인텔리전스의 리듬경쟁으로의 패러다임 전환을 설명.
  3. "Circulatory System vs. Metabolic System"은 아마존과 릴리의 산업 구조를 문명 생체 미타포로 구분하는 핵심 프레임.
  4. "Living Civilization"은 데이터-에너지 -생 명의 통합 순환을 기반으로 한 문명의 생명화 개념.
  5. 결론적으로, 바이오 인텔리전스 문명은 아마존식 정보 생태계 위에 구축된 생명적 리듬의 문명으로, AI 이후 지속성장의 문명 적 질서를 예고함.

- ● **문명의 신경계: 메타가 설계하는 감정의 리듬**

  1. 저커버그의 "관계적 지능(Relational Intelligence)" 개념은 AI(인지적 지능)과 Bio(생명적 지능)

의 매개 지점으로서 메타의 문명적 위치를 설명함.

2. "Empathic Computation"은 메타의 신경인터페이스 및 감정 피드백 실험을 생명지능 문명 관점에서 해석한 표현.

3. "Triple Helix of Civilization"은 AI–Bio–Meta가 지능·생명·감정의 삼중 공진 구조를 형성함을 의미함.

4. "Civilization Nervous System"은 메타를 감정·감각 중심의 문명 신경계로 정의하는 개념으로, 릴리의 생명 대사계, 엔비디아의 연산 심장과 함께 문명 생체 구조를 완성함.

5. 결론적으로, 메타는 바이오 인텔리전스 시대의 감응적 문명 기반을 구축하는 핵심 축으로서, 지능의 산업화 이후 감정의 문명화를 주도하는 기업으로 해석됨.

● Feel Alive: 애플이 설계하는 생명적 혁신의 리듬

1. 팀 쿡의 "지속적 진화(sustained evolution)" 개념은 폭발적 혁신에서 리듬적 혁신으로의 전환을 설명함.

2. "Biological Interface"는 애플의 미래 전략 방향으로, 인간-기계 간 생명적 공진을 지향하는 차세대 인터페이스 개념.

3. "Open Sustainability"는 폐쇄적 완성도를 지양하고 AI–Bio–Capital 공진 리듬에 참여하는 새로운 개방형 혁신철학.

4. "Feel Alive"는 감각 중심의 문명 혁신을 상징하는 표현으로, AI 시대 이후의 인간 중심 기술 미학을 함축함.

5. 결론적으로, 애플은 바이오 인텔리전스 문명에서 리듬의 미학을 설계하는 기업, 즉 문명의 청음기로서의 역할을 수행하게 됨.

INNOVATION HEGEMONY 혁신패권

초판 1쇄 발행	2026년 1월 2일
지은이	이영달
펴낸이	신민식
펴낸곳	가디언
출판등록	제2010-000113호
주소	서울시 마포구 토정로 222 한국출판콘텐츠센터 419호
전화	02-332-4103
팩스	02-332-4111
이메일	gadian@gadianbooks.com
CD	허남희
마케팅	남유미
디자인	미래출판기획
종이	월드페이퍼(주)
인쇄 제본	(주)상지사P&B
ISBN	979-11-6778-178-9 (03320)